lonely planet

100 WEEK-ENDS POUR REDÉCOUVRIR la FRANCE

Introduction

Redécouvrir la France ! Prendre le temps de voir ou de revoir ses trésors, ces sites et destinations que tout un chacun connaît au moins de nom, et qui méritent assurément une ou plusieurs visites. Lorsqu'on en dresse la liste et qu'on la confronte à nos expériences de voyage, on est toujours surpris par l'ampleur des territoires qu'il nous reste à découvrir. Quoi, vous n'avez pas encore parcouru la route des Crêtes qui surplombe les gorges du Verdon ? Comment, les cathédrales de Rouen et de Strasbourg ont encore des secrets pour vous ? Non ! vous n'avez jamais goûté aux huîtres du bassin d'Arcachon, les pieds dans le sable ?! Mais pourquoi ne pas avoir pris le temps de relier Cancale et Saint-Malo par le sentier des Douaniers ?

Il serait bien sûr vain de vouloir faire rentrer toute la France dans un seul livre, mais en la quadrillant façon puzzle, de manière à organiser ses visites à l'échelle d'un court séjour, on obtient une carte pour d'innombrables escapades dont on n'est pas près de faire le tour. Et, quand bien même y parviendrait-on, il serait toujours temps de recommencer tant la richesse d'un lieu ne s'épuise pas en une fois ! Pays Toy ou Camargue, Périgord noir ou Vosges mosellanes, Marais poitevin ou Côte Fleurie, Val de Loire ou haute Maurienne, choisissez votre terrain de découverte en fonction de ses attraits culturels, des activités qui vous inspirent, de la saison, ou tout simplement de votre humeur. Et ne vous laissez pas rebuter par les distances. Après tout, le réseau de lignes à grande vitesse met Lille et Marseille, Nantes et Strasbourg, Bordeaux et Montpellier à plus ou moins 5 heures l'une de l'autre, et les gares hébergent leur lot de loueurs de voitures.

Chacun de ces *100 Week-ends pour redécouvrir la France* met en avant une destination choisie par nos auteurs, tous grands voyageurs et spécialistes des régions françaises. Entre nature et culture, vous voilà convié à succomber aux délices de l'Anjou, à explorer le paysage volcanique des monts Dore, à vous cultiver aux confins du Cotentin, à vous perdre dans le désert des Agriates ou à marcher dans les pas des rois en Champagne.

Autour de chacune de ces propositions, quatre ou cinq expériences, incontournables ou singulières, permettent de varier les plaisirs durant son week-end, voire de le prolonger en séjour de 3 ou 4 jours. Ainsi, de Lille, on fait un détour par Roubaix pour admirer La Piscine ou la villa Cavrois ; la découverte de la presqu'île de Guérande se prolonge sur la pointe de Pen-Bron ou dans le marais de Brière ; une visite de Narbonne va de pair avec une flânerie le long du canal du Midi ; on profite d'une plongée dans l'Histoire sur les plages du Calvados pour goûter à la nature du bucolique Pays d'Auge.

Ce guide se veut aussi une boussole : les infos pratiques (où se loger, quand partir, comment s'y rendre) donnent des pistes pour s'organiser. Un encadré sur la culture locale invite le visiteur à s'immerger dans l'histoire des lieux qu'il s'apprête à parcourir. Saviez-vous que Bourges fut la capitale du royaume de France ? Que la crème chantilly n'a (presque) rien à voir avec Chantilly ? Que Rimbaud écrivit *Une saison en enfer* dans une ferme au milieu des Ardennes ?

En France comme ailleurs, tout voyage est unique, et votre malle à souvenirs va très vite se remplir ! Alors, plus d'hésitation, empaquetez le nécessaire pour quelques jours, et en route !

Sommaire

Les 100 week-ends en un clin d'œil

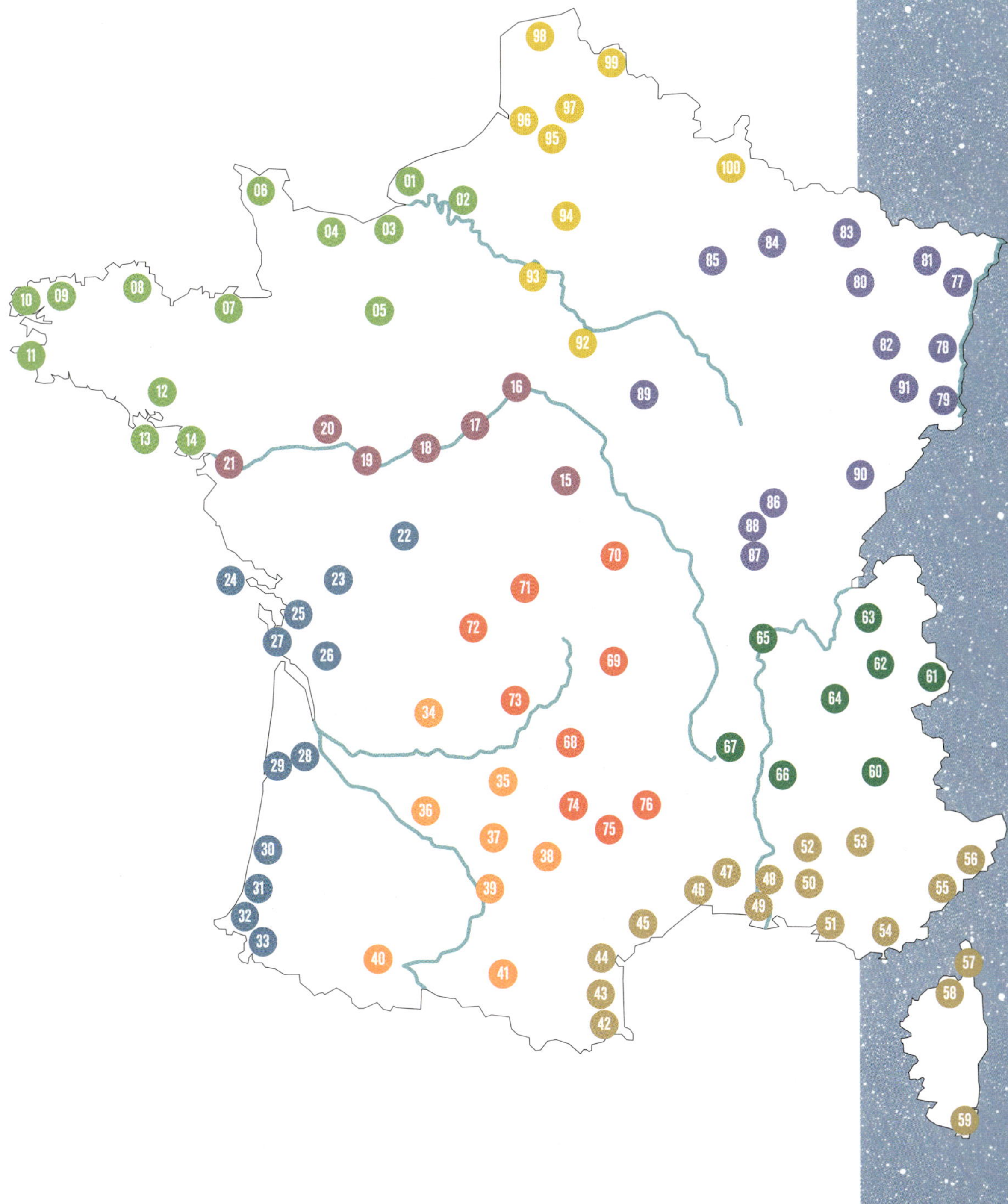

La Bretagne et la Normandie

01

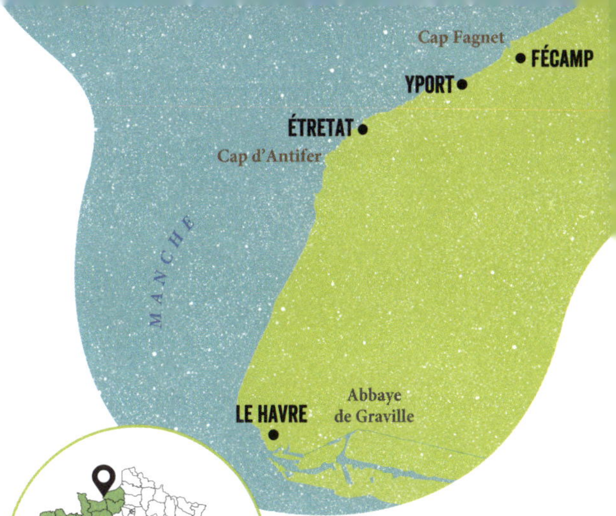

SEINE-MARITIME

Prendre un bol d'air vivifiant SUR LA CÔTE D'ALBÂTRE

Avec ses falaises de craie blanche percées de valleuses s'enfonçant dans la campagne, la Côte d'Albâtre est une invitation à flâner dans un air vivifiant parmi de charmantes stations balnéaires. Au-delà de la carte postale des falaises d'**Étretat** (ci-contre), immortalisées par les impressionnistes, deux cités du **pays de Caux** méritent que l'on s'y attarde. Si l'image du **Havre** a longtemps souffert de sa reconstruction en béton de l'après-guerre, ses larges rues bordées d'immeubles bas sont devenues aujourd'hui un patrimoine mondial ! Les amateurs d'architecture apprécieront les perspectives comme la variété des édifices, de l'église Saint-Joseph au centre culturel du "Volcan" (Scène nationale), en passant par le musée d'Art moderne. Une quarantaine de kilomètres plus au nord, **Fécamp** possède cette authenticité propre aux villes de pêche, dont on découvre l'histoire aux Pêcheries, le musée consacré, et l'ampleur en grimpant en haut du **cap Fagnet**, d'où se dévoile un splendide point de vue sur la cité, comme sur les falaises verdoyantes. Un panorama illustrant les atouts de ce territoire entre ville et nature, en bord de Manche.

Plonger dans l'histoire du palais Bénédictine

Une usine étonnante ! Entre architectures néogothique et néo-Renaissance, associées au style normand, le palais Bénédictine est une folie qui date de la fin du XIXe siècle. Il a été bâti à Fécamp par Alexandre-Prosper Le Grand pour abriter sa production de liqueur Bénédictine, dont on peut découvrir l'histoire dans le musée, en plus d'une collection d'art ancien (peintures, ivoires, ferronneries). www.benedictinedom.com

S'immerger dans la collection impressionniste du MuMa

À quelques centaines de mètres du port de plaisance du Havre, le musée d'Art moderne André-Malraux abrite la deuxième collection impressionniste de France, avec des œuvres de Boudin, Renoir, Degas, Pissaro et Monet. Par son architecture exaltant l'espace et la lumière et sa situation exceptionnelle, l'édifice offre une expérience de visite des plus agréables, ce qui ne gâche rien ! 02 35 19 62 62 ; www.muma-lehavre.fr

Randonner autour de la valleuse d'Antifer

Depuis le parking de la rue du Moulin, au Tilleul, la valleuse d'Antifer vous mènera d'abord à une superbe plage au terme d'une promenade de 2 km. En grimpant sur la falaise à gauche, vous pourrez ensuite rejoindre le cap d'Antifer, ses vues splendides sur la mer et les vaches normandes. Après le phare, empruntez la route de la Côte, puis la rue de la Sauvagère pour une balade vivifiante d'environ 8 km.

Visiter l'appartement-témoin de Perret

Détruit à 85% pendant la Seconde Guerre mondiale, Le Havre (ci-contre) a été reconstruit selon les préceptes de l'architecte Auguste Perret. La passionnante visite de l'appartement-témoin permet de plonger dans la réalité d'un logement havrais au lendemain du conflit. Bénéficiant d'une double orientation pour l'ensoleillement, celui-ci a été remeublé comme à l'époque, avec réfrigérateur, gazinière, machine à écrire, livres, fauteuils... www.lehavreseine-patrimoine.fr

Marcher sur les traces d'Arsène Lupin à Étretat

Le plus célèbre personnage d'Étretat est bien entendu Arsène Lupin ! Un héros de roman lié éternellement à l'Aiguille creuse, qui s'observe depuis la digue et sous laquelle serait caché un trésor. Le Clos Lupin, maison de l'écrivain Maurice Leblanc, le père d'Arsène, propose un parcours sur les traces du gentleman cambrioleur. 02 35 10 59 53

PLUS DE TEMPS ?

→ **YPORT ET LES PETITES-DALLES** Moins célèbres (et donc moins fréquentées) qu'Étretat, ces deux stations balnéaires, nichées dans leurs valleuses respectivement au sud et au nord de Fécamp, sont tout simplement ravissantes !

→ **ABBAYE DE GRAVILLE** Dans Le Havre, mais à l'écart de l'agitation, cette abbaye avec son église d'art roman (page ci-contre) abrite un musée exposant une riche statuaire religieuse, mais aussi une étonnante collection de 150 maquettes de maisons.

Les galets

D'abord outils et armes, puis destinés ensuite à l'empierrement de chemins, pour des murs ou des soubassements, avant d'être utilisés pour fabriquer de la porcelaine, de la céramique ou du gravier, les galets de la Côte d'Albâtre ont longtemps été exploités par l'homme. Des ramasseurs parcouraient les valleuses avec leurs hottes. Au XXe siècle, le port du Havre expédiait ainsi les galets au bout du monde ! Érosion oblige, désormais, il est interdit de les ramasser.

CARNET PRATIQUE

COMMENT S'Y RENDRE

Le Havre et Fécamp disposent d'une gare. Depuis Paris-Saint-Lazare, Le Havre est accessible en 2 heures environ et Fécamp en 2 heures 50.

En voiture, comptez un peu moins de 3 heures depuis Paris.

OÙ SE LOGER

Le Havre permet de profiter de la vie nocturne.

À Fécamp, l'*Hôtel Vent d'ouest* est une bonne adresse à prix doux. À partir de 60 € ; 02 35 28 04 04 ; www.hotelventdouest-fecamp.fr

À Étretat, la *Villa d'Isba* dispose d'un appartement pour 2 à 4 personnes. 02 35 27 07 63

AGENDA

En juillet, au Havre, Moz'aïque Sessions (mozaique.lehavre.fr) vous fait voyager au son des musiques du monde.

À l'été 2022, Fécamp inaugure Fécamp Grand'Escale (www.fecampgrandescale.com), avec des centaines de bateaux traditionnels et des animations autour du patrimoine maritime.

02

EURE, SEINE-MARITIME

Se mettre à l'art
DANS LA VALLÉE DE LA SEINE

Si la Normandie est une terre bénie des impressionnistes, les boucles de la Seine, entre Rouen et Giverny, où résida Claude Monet, en sont le cœur. Pour s'en rendre compte, il faut aller admirer la cathédrale de **Rouen**, puis rejoindre le musée des Beaux-Arts de la ville où sont réunis des chefs-d'œuvre du maître, mais également d'autres peintres du mouvement : Pissarro, Sisley, Caillebotte… On filera ensuite se recueillir dans les jardins de Monet à **Giverny**. Entre ces deux étapes, aux **Andelys** (ci-contre), Poussin peignit deux siècles plus tôt une Normandie romantique dans le décor des ruines de **Château-Gaillard**. Emboîtez le pas à ces artistes en découvrant en aval du fleuve les trésors que tient cachés dans ses méandres la vallée de la Seine, tels que les ruelles du village de **La Bouille** ou les vestiges de l'**abbaye de Jumièges**. Non loin, on pourra explorer le **Vexin normand** avec ses hêtraies et ses bourgs maintes fois vus au cinéma. Enfin, à l'embouchure de la Seine, le musée du **Havre** possède une remarquable collection d'œuvres impressionnistes, parfait aboutissement de ce périple artistique.
www.pnr-seine-normande.com

S'émerveiller du patrimoine rouennais

Cité d'art et d'histoire, la capitale de la Normandie est marquée par de grandes figures littéraires et artistiques (Flaubert, Monet, Corneille, etc.). Cathédrale Notre-Dame, abbatiale Saint-Ouen, église Saint-Maclou, palais de justice... Le centre historique de Rouen recèle de multiples témoignages d'une prospérité bâtie sur le commerce maritime et l'industrie textile. La quantité de choses à voir et à faire ne cesse de croître au fil des années grâce à la transformation du centre-ville et des berges de la Seine. rouen.fr ; www.rouentourisme.com

Tomber sous le charme de Giverny

Giverny est devenu célèbre par l'amour que lui porta un peintre : Claude Monet. Installé dans le hameau en 1893, et suivi par une cohorte d'artistes, le père de l'impressionnisme fit du village le bastion incontesté de ce courant pictural. Certains se rendront à Giverny comme on fait un pèlerinage, d'autres voudront surtout profiter d'un jardin extraordinaire (page ci-contre). Quelle que soit la saison, les couleurs qui animent les allées rappellent l'univers de Monet. Près de l'église de Giverny, la tombe du peintre offre un cadre plus intime. Avril-octobre ; 02 32 51 28 21 ; fondation-monet.com

Contempler la Seine des remparts de Château-Gaillard

Aux Andelys, il faut grimper à pied (20 minutes) en haut de la falaise de craie pour pénétrer dans le château fort bâti par Richard Cœur de Lion, roi d'Angleterre et de Normandie. En fin de journée, quand les reflets dorés du soleil balaient la silhouette imposante de la forteresse, le fleuve devient un long ruban qui serpente parmi les coteaux boisés et les champs, où paissent tranquillement les troupeaux de brebis. Mai-octobre ; 02 32 21 31 29 ; www.ville-andelys.fr/chateau-gaillard

Se perdre dans la plus grande hêtraie de France

Parcourez les allées de la forêt domaniale de Lyons pour en admirer les somptueuses futaies "cathédrales". Puis faites un arrêt à Lyons-la-Forêt, un bourg plein de charme ayant souvent servi de décor de tournage. Sa place centrale, ses halles couvertes, ses maisons à colombages et ses restaurants donnent envie de s'y attarder.

Parcourir les siècles à l'abbaye de Jumièges

Célébrées par Victor Hugo, les ruines de Jumièges (ci-dessous) racontent son histoire tourmentée : fondée au VIIe siècle, elle fut malmenée successivement par les Vikings, la guerre de Cent Ans, les huguenots, puis la Révolution, avant de servir de carrière de pierres au début du XIXe siècle. Aujourd'hui, ses ruines se dressent avec élégance sur un tapis vert, au creux d'une boucle de la Seine. La nef, privée de toit, laisse ses hauts murs dialoguer en direct avec le ciel. 02 35 37 24 02 ; www.abbayedejumieges.fr

PLUS DE TEMPS ?

→ **VÉLOROUTE DES BOUCLES DE LA SEINE (V33)** Cet itinéraire à vélo reliant Paris au Havre n'est pas praticable partout, mais la section entre Les Andelys et Rouen est bien sécurisée, comme la jolie portion entre Vernon et Giverny, et celle qui se prolonge jusqu'à Gisors (Avenue verte). Tout au long du trajet, on pourra grimper dans un train (ligne Vernon-Rouen) pour raccourcir une étape ou éviter une section moins plaisante (entre Vernon et Les Andelys). www.laseineavelo.fr

→ **MUSÉOSEINE** À Caudebec-en-Caux, ce musée retrace l'histoire de la navigation fluviale sur la Seine, depuis l'Antiquité jusqu'à l'épopée industrielle, en passant par les invasions vikings. 02 35 95 90 13 ; www.museoseine.fr

L'architecture rouennaise

À Rouen, plusieurs dizaines de maisons du centre historique présentent une façade avec encorbellement. Il s'agit d'une saillie d'un ou plusieurs étages qui permettait, à l'époque médiévale, de gagner de la place au sol et de protéger les pans de bois de l'édifice du ruissellement des pluies. Cette technique fut interdite en 1520 pour lutter contre les incendies. L'édifice le plus célèbre, la Maison qui penche, se trouve place Barthélémy.

CARNET PRATIQUE

COMMENT S'Y RENDRE

En train, Rouen se trouve à 1 heure 15 de Paris-Saint-Lazare, et à une cinquantaine de minutes du Havre. Le trajet jusqu'à la gare de Vernon-Giverny depuis Paris dure environ 50 minutes.

En voiture, Rouen est à un peu moins de 2 heures de Paris via l'A13 (148 km), et à environ 1 heure du Havre (92 km).

Des bus permettent de relier Le Havre à Caudebec-en-Caux (ligne 20), puis à Rouen (ligne 30).

OÙ SE LOGER ET SE RESTAURER

Rouen constitue une base idéale pour rayonner dans la région. Le vieux centre dispose de plusieurs adresses de charme et de quelques (très) bonnes tables, à des tarifs relativement abordables.

À une vingtaine de kilomètres en aval de Rouen, dans le coquet petit port de La Bouille, l'hôtel-restaurant *Le Bellevue*, labellisé Logis de France, offre un panorama apaisant sur la Seine. À partir de 70 € ; 02 35 18 05 05 ; www.hotel-le-bellevue.com

Profitez de votre séjour à Rouen pour goûter le fameux canard à la rouennaise, spécialité du cru mise à l'honneur à *La Couronne*, une institution chic fondée en 1345, et autoproclamée "plus vieille auberge de France". Menu à partir de 38 €, canard 56 € ; 02 35 71 40 90 ; www.lacouronne-rouen.fr

AGENDA

Tous les 4 à 6 ans, Rouen accueille l'Armada, dont la prochaine édition doit avoir lieu en juin 2023. Durant cet événement majeur du monde nautique, les plus grands voiliers du monde accostent le long des quais rouennais. www.armada.org

03

CALVADOS

Rêver sur la Côte Fleurie, DE HONFLEUR À DEAUVILLE

De Deauville à l'embouchure de l'Orne, les stations balnéaires ont fleuri à la faveur de l'engouement pour les bains de mer qui a débuté au milieu du XIXe siècle. Ambiance **mondaine à Deauville**, pionnière dans le tourisme parisien grâce au percement de la ligne de chemin de fer venue directement de la gare Saint-Lazare, plus **familiale à Trouville**, qui a su aussi conserver son esprit normand. Les deux stations n'en restent pas moins complémentaires, et chacun trouvera son bonheur : immenses plages, champs de courses, restaurants et terrasses en pagaille, marchés colorés, casinos ou boutiques arty... Tout à l'ouest de la Côte Fleurie, **Cabourg** force l'admiration avec ses élégantes villas, et cultive son esprit nostalgique avec son festival du film romantique et son ambiance décrite par Marcel Proust. À l'autre bout du littoral, **Honfleur** (ci-contre) est depuis longtemps la coqueluche des Britanniques, avec ses maisons en ardoise se reflétant dans son Vieux Bassin, où se serrent bateaux de plaisance et vieux gréements.

Admirer le pont de Normandie

Présenté comme la vitrine du génie français, ce pont à haubans (le plus long du monde à son inauguration en 1995 ; ci-dessous) survole avec grâce l'estuaire de la Seine entre Honfleur et Le Havre. Pour admirer la silhouette de l'édifice et en saisir l'ampleur, gagnez l'émouvante chapelle Notre-Dame-de-Grâce, à une petite demi-heure à pied du centre de Honfleur. Autre possibilité, louer un vélo et passer sous le pont, facilement accessible depuis Honfleur. On peut ensuite prolonger la balade grâce à la piste cyclable qui remonte la rive gauche de la Seine jusqu'à Berville-sur-Mer.

Suivre les pas de Marguerite Duras à Trouville

En 1963, Marguerite Duras achète un petit appartement dans l'ancien hôtel des Roches Noires, face à l'immense plage de Trouville. Jusqu'à sa mort en 1996, elle habite tous les étés ce petit trois-pièces (le n°105), voisin du logement (n°110) qu'occupa Proust à la fin du XIXe siècle. L'ancien hôtel ne se visite pas mais, en octobre de chaque année, les Rencontres Marguerite Duras permettent de faire vivre l'œuvre de l'auteure.

Rencontrer Erik Satie à Honfleur

Claude Debussy disait du compositeur Erik Satie qu'il était "égaré dans son siècle". Ce musée drôle et poétique, à la scénographie immersive, invite à pénétrer dans l'esprit du musicien, né à Honfleur en 1866. Entre rêverie et contemplation, chaque pièce du musée renferme un secret. Les enfants apprécieront, comme les adultes, ce lieu vivant et un rien fou. Maisons Satie : 02 31 89 11 11 ; www.musees-honfleur.fr

Assister à une course à Deauville

Deauville aime les chevaux de course ! Deux hippodromes, l'un quasiment dans le centre-ville (Deauville-La Touques), le second (Deauville-Clairefontaine) à 2 km en direction de Villers-sur-Mer, attirent les amateurs et les curieux pour des courses de trot ou de galop. Des visites guidées des hippodromes et de certains haras, comme celui d'Écajeul, sont régulièrement organisées. www.hippodrome-deauville-clairefontaine.com, harasdecajeul.wordpress.com

Explorer l'estuaire de la Seine en bateau

Dans le port de Honfleur, plusieurs compagnies proposent des sorties commentées de 1 heure 30 environ pour mieux comprendre la complexité de ce territoire entre mer et fleuve. Outre le passage de l'écluse et l'impressionnante vision du pont de Normandie, vous profiterez de beaux points de vue sur le pont de Tancarville, le Havre, les hauteurs de Honfleur, la pointe de Villerville... Pâques-Toussaint ; adulte/enfant 14/8 € ; 06 71 64 50 46 ; www.promenade-en-bateau-honfleur.fr

PLUS DE TEMPS ?

→ **MARAIS VERNIER** À 25 km de Honfleur, sur près de 5 000 ha parcourus de sentiers, on traverse des pâturages à l'herbe grasse où paissent vaches et chevaux, une immense tourbière peuplée d'oiseaux, et des chaumières à colombages aux toits coiffés d'iris qui parachèvent ce tableau d'une campagne idéale.

→ **CAMBREMER** Dans le pays d'Auge, Cambremer, capitale du cidre, abrite d'extraordinaires jardins créés par deux amoureux des végétaux, des couleurs et des formes. On y passe de bosquets en mares, de massifs de fleurs en maisonnettes normandes. www.lesjardinsdupaysdauge.com

Les Planches, promenade pour cinéphiles

Les Planches sont à Deauville ce que la Croisette est à Cannes. Cette longue promenade (656 m de long sur 7 m de large), constituée de planches en bois d'azobé, a été créée en 1923 pour permettre aux dames de profiter de la plage sans salir leurs atours. Succès immédiat : de Mistinguett à Coco Chanel, le Tout-Paris des Années folles s'y presse. En 1966, Claude Lelouch y filme les retrouvailles d'Anouk Aimé et de Jean-Louis Trintignant dans *Un homme et une femme*, signant là l'une des scènes culte du cinéma français. Et, depuis 1975, année de la création du Festival du cinéma américain de Deauville, les stars du cinéma mondial foulent les Planches chaque mois de septembre.

CARNET PRATIQUE

COMMENT S'Y RENDRE

La station Deauville-Trouville est desservie par le TER (ligne Paris Saint-Lazare passant par Évreux, Lisieux et Pont-l'Évêque).

Honfleur est reliée à Deauville par le bus. On peut aisément louer un vélo pour explorer le bord de mer.

OÙ SE LOGER

Si Deauville offre quelques belles prestations pour dormir, c'est à Trouville que vous trouverez des adresses sympathiques et plus abordables. Les hôtels les plus charmants sont situés à deux pas de la grande plage de Trouville.

À Cambremer, le *Domaine de la Cour au Grip* propose un hébergement insolite dans un gros tonneau qui prend la forme d'un coquet petit nid. 105 € ; 06 49 54 13 75 ; www.domainedelacouraugrip.com

AGENDA

Le week-end de la Pentecôte, la fête des Marins, à Honfleur, s'accompagne d'une bénédiction de la mer et d'une procession jusqu'à la chapelle Notre-Dame-de-Grâce.

En septembre, Deauville déroule le tapis rouge pour son Festival du cinéma américain. www.festival-deauville.com

04

CALVADOS

Sentir se lever le vent de l'Histoire DANS LE CALVADOS

D'abord il faut se rendre à Caen, où la rénovation du château de Guillaume le Conquérant, débutée en 2017, s'achèvera en 2027. Une décennie pour mettre à jour des vestiges, remonter les tourelles, rouvrir les portes, aménager les douves de cette enceinte, l'une des plus vastes d'Europe. Un symbole pour une ville qui a été dévastée à 65% lors des bombardements alliés de 1944. Mais **Caen**, c'est également une histoire plus récente, avec l'indispensable **Mémorial**. Et aujourd'hui une destination qui donne envie d'y poser son sac. **Active, culturelle, pédestre**, Caen séduit le visiteur grâce à ses nouveaux quartiers et à la rénovation de son centre historique. D'autant que la cité a gardé quelques témoignages de son passé : abbayes, églises, musées, maisons à pans de bois, etc. Pour humer le vent de l'Histoire, on se rendra aussi sur les **plages du Débarquement**, dont certaines sont sublimes sous les lumières changeantes du ciel normand. Replongeant les visiteurs dans ces heures décisives de l'histoire du monde, ces lieux de mémoire ne laissent personne indifférent. Chaque plage, site, mémorial, musée et cimetière relate une multitude de destinées humaines que l'on écoute comme le battement d'un cœur, fragile et persistant.

Comprendre le besoin de paix

Les plages du Débarquement évoquent avec force le jour J et la guerre contre l'Allemagne nazie. À Caen, la Cité de l'Histoire pour la paix, l'autre nom du Mémorial de Caen, a été créée autour d'une scénographie immersive pour honorer le souvenir des victimes des bombardements de la ville. Mais cet édifiant musée prône aussi l'esprit de réconciliation, et, loin de se limiter à la Seconde Guerre mondiale, mène une réflexion passionnante sur le présent à la lumière des événements traumatiques du XXe siècle. 19,80 € ; www.memorial-caen.fr

Longer le littoral normand en kayak

Rejoignez l'École de voile de Grandcamp-Maisy qui propose des excursions en kayak le long du littoral normand et en particulier pour voir les falaises prises d'assaut par les Rangers lors du Débarquement. Un point de vue unique pour une leçon d'histoire qui donne la chair de poule. Une sortie qui permet aussi d'observer les nombreuses espèces d'oiseaux et quelques colonies de phoques veaux-marins. 02 31 21 46 00 ; www.isigny-omaha-tourisme.com

Toucher du doigt le drame de la guerre

À l'ouest de la plage d'Omaha, la pointe du Hoc fut le théâtre de l'un des épisodes les plus dramatiques et héroïques du débarquement du 6 juin 1944. Hautes de près de 30 m, les falaises escarpées étaient un objectif stratégique des Alliés. Mais rien ne se passa comme les officiers l'avaient prévu, et la mission des soldats du 2e bataillon des Rangers américains se transforma en cauchemar. Le site se visite librement, à l'aide d'un dépliant et de panneaux explicatifs.

Revivre le jour J à Arromanches-les-Bains

Il suffit de lever les yeux vers la mer pour voir les vestiges des ports flottants construits par les Britanniques au lendemain du jour J. Ici, on a l'impression de toucher l'histoire contemporaine, superbement racontée au sein du musée du Débarquement (8,40/6 €, musee-arromanches.fr), agrandi en 2022. Installé sur la colline qui domine la station balnéaire, Arromanches 360° (7/6 €, www.arromanches360.fr) permet aussi de se plonger dans l'action grâce à des séquences filmées par les correspondants de guerre pendant la bataille de Normandie. Saisissant !

Parcourir l'Histoire avec la tapisserie de Bayeux

Sans doute réalisée vers 1070 en Angleterre, cette broderie de 70 m de long (ci-contre) retrace, en 58 scènes pleines d'énergie et de réalisme, l'histoire du duc de Normandie, Guillaume, qui débarqua en Angleterre et livra la bataille d'Hastings, le 14 octobre 1066, pour ravir la couronne anglaise. Musée de la Tapisserie de Bayeux ; www.bayeuxmuseum.com

PLUS DE TEMPS ?

→ **SUISSE NORMANDE** À 30 km au sud de Caen, ce petit territoire au relief accidenté est un terrain de jeu pour les sportifs : escalade, cyclotourisme et kayak se pratiquent facilement. La région compte même trois sites de deltaplane et de parapente et s'avère un paradis pour les amateurs de randonnée. www.suisse-normande-tourisme.com

→ **PAYS D'AUGE** Cidre, calvados, livarot ou camembert, le Pays d'Auge (page ci-contre) est un trésor pour les amateurs de bons produits. C'est aussi un havre de paix aux paysages bucoliques et préservés. Un régal pour le palais et pour les yeux. www.terredauge-tourisme.fr

La victoire à un fil

On le sait grâce au travail des historiens, le succès du Débarquement du 6 juin n'a tenu qu'à un fil. Celui d'abord de la météo qui offrit au commandement allié une ouverture dans une tempête qui empêchait toute action d'envergure depuis plusieurs jours. Ensuite, l'état-major allemand était réuni à Rennes dans le cadre d'un exercice de simulation, tandis que le général Rommel, commandant en chef des troupes de Normandie, s'était envolé pour Berlin la veille afin de fêter l'anniversaire de sa femme… et demander à Hitler davantage d'hommes pour défendre la côte.

CARNET PRATIQUE

COMMENT S'Y RENDRE

Caen est reliée en train à Paris-Saint-Lazare. De Caen, des trains conduisent à Bayeux.

En voiture, Caen est à 3 heures de Paris, 1 heure 45 de Rennes et 4 heures de Lille.

OÙ SE LOGER

Caen est une excellente base pour explorer les environs et les plages du Débarquement. En plein centre de la ville, la *Maison de Famille* est une chambre d'hôtes au caractère bourgeois et confortable. À partir de 80 € ; 06 61 64 88 54 ; www.maisondefamille.sitew.com

Pour rester dans l'ambiance du Débarquement et entendre vrombir les moteurs des chasseurs, passez la nuit dans l'une des chambres du *D-Day Aviators*, deux maisons d'hôtes tenues par un couple passionné d'aviation. À partir de 97 € ; 06 78 80 50 78 ; www.ddayaviators.fr

AGENDA

Chaque année, aux alentours du 6 juin, les sites principaux du Débarquement reçoivent la visite de vétérans, dignement fêtés : feux d'artifice, défilés, festivals, manifestations officielles. Tous les 5 et 10 ans, les cérémonies prennent une ampleur spectaculaire.

05

ORNE, SARTHE

S'évader dans les collines DU PERCHE

De la verdure à perte de vue, des animaux qui paissent ou ruminent paisiblement dans les champs, le bocage du Perche est une véritable ode à la ruralité ! Les possibilités de promenades y sont nombreuses, que ce soit en forêt ou sur les voies vertes – d'anciens tronçons de chemin de fer. À pied, à vélo ou pourquoi pas en voiture, laissez-vous porter sur les "Routes tranquilles", série de circuits proposés par le **parc naturel régional du Perche** (www.parc-naturel-perche.fr/voir-faire/les-routes-tranquilles). Églises, fermes et manoirs vous attendent au détour des virages. Au milieu de la verdure, le Perche offre de ravissants bourgs. **Bellême** et **La Perrière**, séparés par une forêt, sont d'incontournables lieux de visite, où l'on prend plaisir à flâner entre vieilles pierres, boutiques d'antiquaires, ateliers d'artistes et brocantes. La capitale du Perche, **Mortagne**, une agréable cité de 3800 habitants aux ruelles et venelles bordées d'hôtels particuliers, vaut aussi le détour !

Sillonner la campagne attelé à un cheval percheron

Qui dit Perche... dit percheron. Ce cheval issu de croisements entre les juments locales et des étalons arabes ramenés des croisades est taillé pour porter de lourdes charges. Plusieurs éleveurs proposent des balades en attelage, parfois en complément de la visite de leur ferme, comme à l'Élevage du Verger de Bernard Boblet. À partir de 20 € par personne la balade de 1 heure 15 en forêt et dans La Perrière ; Belforêt-en-Perche ; 06 22 27 46 55

Flâner dans la "Venise de l'Ouest"

Dans le Perche dit Émeraude, La Ferté-Bernard (page ci-contre) est surnommée la "Venise de l'Ouest" en référence aux canaux qui l'entourent, que l'on peut emprunter en canot électrique. Derrière la porte Saint-Julien encadrée de grosses tours avec créneaux et mâchicoulis, un joli centre-ville aux maisons à pans de bois abrite une église de style gothique flamboyant considérée comme l'une des plus belles du département.

Admirer la basilique Notre-Dame de Montligeon

Immanquable lorsque l'on approche du village de La Chapelle-Montligeon, la "cathédrale des champs", longue de 74 m sur 32 m de large, domine la campagne avec ses flèches de 60 m de hauteur. L'édifice qui fut bâti à la fin du XIXe siècle sous l'impulsion de l'abbé Paul-Joseph Buguet est désormais un lieu de pèlerinage. montligeon.org

Découvrir l'art de la dentelle au musée d'Alençon

Patrimoine culturel immatériel de l'Unesco, la dentelle au point d'Alençon est une excellente raison de faire une incursion dans la capitale de l'Orne, à une demi-heure de Mortagne-au-Perche. Dans l'ancien collège des Jésuites, le musée (ci-contre) décrypte cette technique, avec en point d'orgue la présentation d'un voile de mariée du XIXe siècle... de 7 m^2 ! 02 33 32 40 07 ; museedentelle.cu-alencon.fr

Randonner en forêt de Bellême

Entre Bellême et La Perrière, une forêt de 2 400 ha offre de multiples possibilités de randonnées. Les deux hauts lieux en sont le majestueux chêne de l'École, qui veille sur le Perche depuis 355 ans, et le bucolique étang de la Herse, à 8 km de là. Une fontaine d'origine gallo-romaine aux vertus thérapeutiques supposées se trouve à proximité. rando-perche.fr

PLUS DE TEMPS ?

→ **ÉCOMUSÉE DU PERCHE** Installé dans un ancien prieuré à Saint-Cyr-la-Rosière, cet écomusée constitue une belle occasion d'explorer savoir-faire et histoire rurale de la région. 02 33 73 48 06 ; www.ecomuseeduperche.fr

→ **THERMES DE BAGNOLES-DE-L'ORNE** Outre son agréable quartier Belle Époque, Bagnoles-de-l'Orne s'enorgueillit d'être la seule cité thermale du nord-ouest de la France, à 1 heure de Mortagne-au-Perche. Des soins à base de pommes à cidre y sont proposés !

Le boudin de Mortagne

Chaque troisième week-end de mars, Mortagne-au-Perche est en ébullition pour son traditionnel Concours international du boudin noir (www.boudin-mortagne.com). Sous l'égide de la confrérie des chevaliers du Goûte-Boudin, le jury départage 600 boudins dans la capitale du boudin noir. Évidemment, la spécialité charcutière garnit les étals des marchands et est au menu des restaurants tout au long de l'année : nature, pimenté, aux pommes, aux noix... Dégustation indispensable !

CARNET PRATIQUE

COMMENT S'Y RENDRE

Le Perche se situe à 2 heures de Paris par la route.

Nogent-le-Rotrou, La Ferté-Bernard et Alençon sont desservies par le train. Sur place, une voiture est nécessaire.

OÙ SE LOGER ET SE RESTAURER

Vous trouverez des chambres à tarifs doux au *Montligeon* (02 33 83 81 19 ; www.hotelmontligeon.fr), à La Chapelle-Montligeon.

L'hôtel-restaurant *Le Tribunal* à Mortagne-au-Perche prend place dans des demeures des XVIe et XVIIIe siècles (chambre à partir de 81 €, menu 34-39 € ; 02 33 25 04 77 ; www.hotel-tribunal.fr).

AGENDA

En juin-juillet, la musique de chambre s'écoute dans des manoirs, églises et chapelles avec les Musicales de Mortagne et du Perche. musicalesdemortagne.fr

À la Pentecôte, un marché d'art réputé se tient à La Perrière. marchedart.com

06

MANCHE

Se cultiver

AUX CONFINS DU COTENTIN

Entre deux grands bols d'air iodé, la péninsule du Cotentin abrite des lieux où il fait bon se réfugier quand les gouttes apparaissent. À **Cherbourg**, le gigantesque bâtiment Art déco de l'ancienne gare transatlantique, bâti en 1923, héberge l'immanquable **Cité de la mer** (02 33 20 26 69 ; www.citedelamer.com), qui procure trois expériences mémorables : la reconstitution des dernières heures du *Titanic*, la visite du sous-marin nucléaire *Le Redoutable*, et une plongée dans l'immensité des océans avec plusieurs expositions agencées autour d'un aquarium de 11 m de profondeur. La capitale du Cotentin abrite aussi un **musée des Beaux-Arts** qui possède l'une des plus belles collections de **Jean-François Millet** au monde, avec une trentaine de tableaux. Très réussie, la scénographie apaisante des lieux invite à la contemplation de belles scènes marines... que l'on retrouve "pour de vrai" le long du **sentier des Douaniers**, qui délimite à flanc de falaise la pointe de la Hague. Du **Nez de Jobourg** à la **pointe de Goury**, en passant par la **baie d'Écalgrain**, la "petite Irlande" offre des paysages grandioses.

S'offrir une sortie maritime dans la rade de Cherbourg

Au départ du port de Cherbourg, on embarque pour des excursions le long des côtes de la Hague et de la plus grande rade artificielle du monde, superbe ouvrage des XVIIIe et XIXe siècles. L'occasion de jeter un œil indiscret sur l'arsenal voulu par Napoléon, qui assure aujourd'hui la construction des sous-marins nucléaires français (ci-dessous). 06 61 14 03 32 ; hagueapart.com

Se promener dans le jardin exotique de Vauville

À 20 km à l'ouest de Cherbourg, ce jardin botanique bénéficie de la douceur apportée par le Gulf Stream depuis les Bahamas. Eucalyptus, palmiers de Chine, fougères de Tasmanie, rhubarbes géantes du Brésil... Les plantes subtropicales s'épanouissent et nous transportent très loin. 02 33 10 00 00 ; www.jardin-vauville.fr

Visiter la maison de Prévert à Omonville-la-Petite

À 70 ans, Jacques Prévert (1900-1977) emménagea à Omonville-la-Petite au bout de la pointe de la Hague. Environnés de végétation et de fleurs, la maison et l'atelier du poète exposent de nombreux collages, moyen d'expression privilégié par l'artiste à la fin de sa vie. Touchant et passionnant. 02 33 52 72 38 ; www.musees-normandie.fr

Voler en Aréoplume® à Écausseville

La pointe de la Hague compte parmi les plus beaux sites de parapente en bord de mer en France. Mais, pour les disciples moins téméraires d'Icare, direction le hangar d'Écausseville à 30 km au sud-est de Cherbourg. Harnaché sous un mini-dirigeable gonflé à l'hélium, les bras prolongés par des ailes en spi, on se meut ici en apesanteur à la vitesse ébouriffante de 6 km/h. Le corps et l'esprit légers. 06 41 98 32 97 ; aeroplume.fr

Arpenter le village natal de Jean-François Millet

Dans le hameau de Gruchy, à 17 km à l'ouest de Cherbourg, la maison natale de Jean-François Millet (1814-1875) héberge un petit musée qui montre l'influence de la campagne cotentinoise sur l'œuvre du peintre. Le sentier côtier bordant le bourg aux maisonnettes joliment restaurées est jalonné de lutrins présentant les toiles du maître inspirées par les paysages environnants. 02 33 01 81 91 ; www.manche.fr/patrimoine

PLUS DE TEMPS ?

→ **SAINT-VAAST-LA-HOUGUE** Ce port de pêche et de plaisance, à 30 km à l'est de Cherbourg, affiche ses bateaux colorés et ses quais animés tout au long de l'année.

→ **ÎLE DE TATIHOU** Pour une virée dépaysante, prenez la navette qui mène en 15 minutes de Saint-Vaast à l'île de Tatihou : oiseaux et plantes des quatre coins du monde ont trouvé refuge sur ce caillou fortifié par Vauban. Comptez 3 heures pour en faire le tour, incluant la visite du Musée maritime logé dans l'ancien lazaret à l'entrée de l'île.

→ **BARFLEUR** Si vous souhaitez goûter la blonde de Barfleur, moule sauvage de pleine mer pêchée localement, filez au port de Barfleur, classé parmi les "Plus Beaux Villages de France".

Les Parapluies de Cherbourg

Cherbourg est indissociable du film musical *Les Parapluies de Cherbourg* réalisé par Jacques Demy et mis en musique par Michel Legrand. Tourné en décor naturel en 1963, le film débute dans la boutique de parapluies tenue par Mme Émery, mère de l'héroïne incarnée par Catherine Deneuve. Située au 13 de la rue du Port, au cœur de la vieille ville, elle abrite aujourd'hui une mercerie. Quant au "Parapluie de Cherbourg", il s'agit désormais d'une marque haut de gamme de... parapluies, prisée jusqu'à l'Élysée !

CARNET PRATIQUE

COMMENT S'Y RENDRE

En voiture, Cherbourg est à 1 heure 30 de Caen et à 4 heures de Paris. Par la route départementale 901, le cap de la Hague est à 35 minutes de Cherbourg.

OÙ SE LOGER ET SE RESTAURER

Posté sur la côte, l'hôtel-restaurant *Au Landemer* (02 33 04 05 10 ; www.le-landemer.com) semble flotter sur l'eau.

Pour un verre dans une ambiance de bout du monde, au contact direct des éléments, direction les terrasses d'*Ô p'tit crabe* (02 33 52 77 01) à Goury, de l'*Auberge des Grottes* (02 33 52 71 44 ; www.aubergedesgrottes.com) sur le Nez de Jobourg, ou de *l'Erguillère* (02 33 52 75 31 ; www.hotel-lerguillere.com) à Port Racine, le plus petit port de France.

AGENDA

Tous les deux ans, de juillet à septembre, la biennale du Neuvième Art créée en 2002 expose des artistes majeurs de la BD au musée des Beaux-Arts de Cherbourg.

07

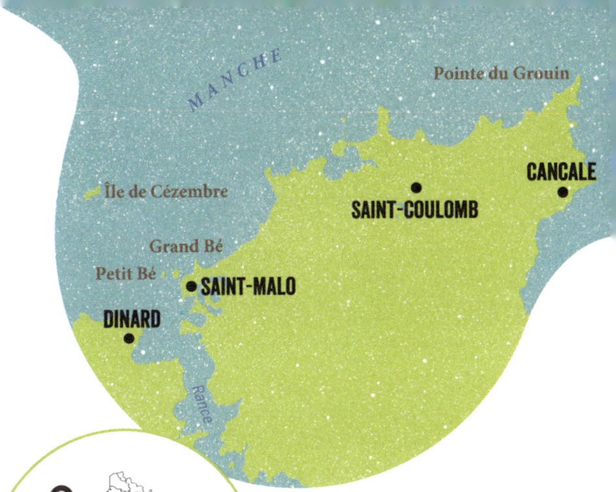

ILLE-ET-VILAINE

Épouser la vie de corsaire SUR LA CÔTE D'ÉMERAUDE

Il souffle sur la Côte d'Émeraude, terre de marins et de navigateurs, qui doit son nom à la couleur de ses eaux, un vent d'aventure délicieusement grisant. Ville du corsaire Surcouf, du découvreur du Canada Jacques Cartier et du comte de La Bourdonnais, amiral de France, **Saint-Malo** (ci-contre) connut la prospérité grâce à la mer. En témoigne, à hauteur de la porte Saint-Louis, l'imposant **hôtel Magon** (02 99 56 09 40 ; demeure-de-corsaire.com) qui a appartenu au début du XVIIIe siècle au riche armateur malouin Auguste Magon de la Lande, l'un des directeurs de la Compagnie des Indes. Flaubert disait de la cité qu'elle sentait "Terre-Neuve et la viande salée, l'odeur rance des longs voyages". Chateaubriand l'aimait tant qu'il en fit sa dernière demeure. Aujourd'hui station balnéaire phare de la Côte d'Émeraude, elle forme avec **Dinard**, constellé de villas Belle Époque, et **Cancale**, tourné vers le monde ostréicole, un triangle d'or ponctué de paysages spectaculaires et de plages de rêve. La section d'une trentaine de kilomètres du **sentier des Douaniers** entre Cancale et Saint-Malo permettra aux plus enclins à la marche d'en prendre la mesure.

Prendre la barre d'un bateau légendaire

Dans la baie de Saint-Malo, aussi surnommée la "baie des Corsaires", embarquez à bord du *Renard*, réplique de l'ultime cotre de Surcouf, armé par ce dernier en 1812, pour découvrir les îles de Grand Bé et de Petit Bé, l'île de Cézembre et le phare du Grand Jardin, mais aussi les remparts vus de la mer. Au gré du voyage, les voiles sont déployées et les passagers participent aux manœuvres. S'il est à quai, ne manquez pas de visiter un autre navire de la même compagnie, l'*Étoile du Roy*, réplique parfaite d'une frégate corsaire du XVIIIe siècle. Adulte/enfant à partir de 37/22 € ; 02 99 40 48 72 ; www.etoile-marine.com

Déguster l'afternoon-tea à Dinard

À seulement 10 minutes de Saint-Malo par la mer (départ de la cale de Dinan, au pied des remparts), de l'autre côté de l'estuaire de la Rance, celle que l'on surnomme la "Nice du Nord" fut la coqueluche des têtes couronnées européennes et des aristocrates anglais de la Belle Époque. Il faut absolument se balader entre la pointe de la Malouine et la pointe du Moulinet encadrant la plage de l'Écluse (page ci-contre) pour admirer l'architecture ostentatoire de ses villas, aux bow-windows invariablement tournés vers la mer. Aller-retour adulte/enfant 8-8,70/5,40-5,90 € ; compagniecorsaire.com

Faire le tour des remparts de la cité corsaire

Les remparts de Saint-Malo ont entièrement réchappé des bombardements alliés de 1944, contrairement à la ville intra-muros, ravagée à 80%. Ils donnent lieu à une belle balade de près de 2 km. Vous y croiserez les statues grandeur nature des navigateurs qui marquèrent l'histoire de la ville. Au large, Dinard et ses villas Belle Époque se dévoilent, de même que le Grand Bé, l'îlot où fut enterré Chateaubriand – debout, conformément à son souhait de pouvoir contempler la mer éternellement.

Lézarder plein sud sur l'île de Cézembre

Cette petite île qui se rejoint depuis Saint-Malo et Dinard en 20 minutes de bateau est prisée pour sa plage paradisiaque, la seule orientée plein sud de la Bretagne nord. Refuge naturel pour les oiseaux marins, l'île s'est depuis peu dotée d'un sentier de découverte serpentant entre plusieurs bunkers – Cézembre, occupée par les Allemands pendant la guerre, fut en effet le théâtre d'un déluge d'obus et de bombes. Vous trouverez sur place un bar-restaurant ouvert en saison, Le Repaire des corsaires. Aller-retour adulte/enfant 16,30/9,80 € ; compagnie corsaire.com

PLUS DE TEMPS ?

→ **MALOUINIÈRES** Ces opulentes propriétés permettaient aux riches armateurs et corsaires malouins de s'extraire des affaires de la cité. Toutes sont situées dans un rayon de 12 km autour de Saint-Malo. La Ville Bague (Saint-Coulomb ; 02 99 89 02 17 ; www.la-ville-bague.com) compte parmi les plus connues.

→ **POINTE DU GROUIN** À 4 km au nord de Cancale, cette pointe qui s'élève à près de 50 m au-dessus du niveau de la mer dévoile un panorama éblouissant du cap Fréhel au Mont-Saint-Michel.

→ **CANCALE** Dans cette ville entièrement tournée vers le monde ostréicole – ces huîtres se cultivent dans la baie –, vous aurez l'occasion d'en manger directement sur le port.

Pirate ou corsaire ?

Certes, pirates et corsaires poursuivent un même but : s'emparer de navires marchands et de leur cargaison. Mais, à la différence des premiers qui sont des hors-la-loi, les corsaires y sont autorisés par le roi. Une sorte de pirate "officiel" n'œuvrant qu'en temps de guerre et exclusivement à l'encontre de navires ennemis. La "guerre de course" (dérivé du latin *cursus* qui donnera le mot "corsaire"), née au XIIIe siècle lorsque le roi d'Angleterre en permit pour la première fois la pratique, fut relancée lors de la conquête du Nouveau Monde, puis encouragée par Vauban au XVIIe siècle afin de ruiner le commerce de nations concurrentes – entendez l'Angleterre et la Hollande pour la France.

CARNET PRATIQUE

QUAND PARTIR

Préférez juin ou septembre à la période estivale, saturée.

COMMENT S'Y RENDRE

Saint-Malo est sur le réseau TGV : comptez 45 minutes depuis Rennes, 2 heures 30 depuis Paris.

OÙ SE RESTAURER

À la maison *Roellinger*, à Saint-Malo, une boutique inspirée par la route des épices et la Compagnie des Indes, où trouver de fantastiques épices brutes ou mélangées, infusions, algues ou encore condiments... 02 23 15 13 91 ; www.epices-roellinger.com

AGENDA

Durant le week-end de la Pentecôte, le festival Étonnants Voyageurs de Saint-Malo est le rendez-vous incontournable des amoureux de littérature et de voyage. www.etonnants-voyageurs.com

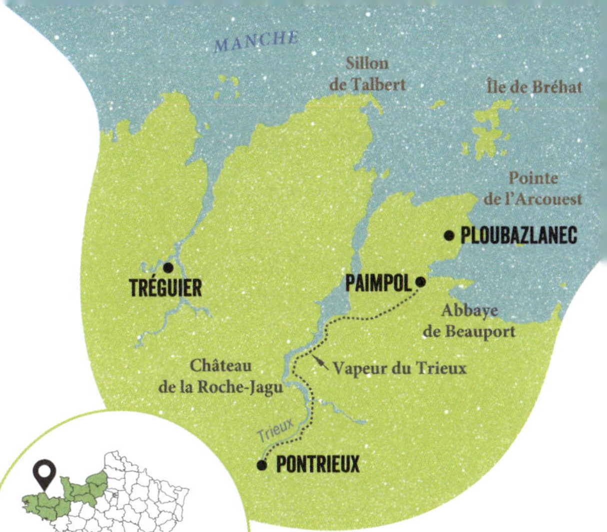

08

CÔTES-D'ARMOR

Entonner des chants marins AU PAYS DU GOËLO

Du milieu du XIXe siècle aux années 1930, la pêche à la morue en mer d'Islande fut l'activité principale des marins du Goëlo, aux épopées ponctuées de misères et de naufrages – bien loin de l'image édulcorée longtemps véhiculée. La ville de **Paimpol** et ses alentours leur rendent hommage. Popularisé par le roman de Pierre Loti *Pêcheur d'Islande* (1886) et la chanson de Théodore Botrel "La Paimpolaise" (1895), le petit port breton défend fièrement son ancrage maritime. Ruelles et placettes bordées de maisons d'armateurs rappellent son riche passé, sujet de prédilection des nombreux artistes qui s'y sont depuis installés – en 2021, Paimpol a obtenu le label "Villes et Métiers d'art". **Ploubazlanec**, sur la route de la **pointe de l'Arcouest** (actuel embarcadère vers l'**île de Bréhat**, véritable joyau en mer ; ci-contre), livre les témoignages historiques les plus émouvants : la commune abrite un mur des Disparus, une croix des Veuves et une "chapelle des Naufragés", en plus de son tout récent **centre Milmarin**.

Se recueillir à l'abbaye maritime de Beauport

Blottie dans l'anse de Paimpol, l'abbaye de Beauport (page ci-contre), fondée il y a huit siècles, est un des exemples d'architecture religieuse les plus importants de Bretagne. Aujourd'hui propriété du département et du Conservatoire du littoral, l'ensemble, lové dans un écrin de verdure de 120 ha dessiné par le va-et-vient des marées, se dédie entièrement à la culture et à la nature qui l'environne. De nombreux événements y sont organisés, dont de féeriques spectacles nocturnes en été. Route de Kérity ; abbayebeauport.com

Remonter le cours du Trieux en train à vapeur

Au départ de Paimpol, la Vapeur du Trieux, authentique locomotive datant de 1913, longe les rives du petit fleuve côtier jusqu'à Pontrieux en filant à 70 km/h. Ce voyage aux accents d'autrefois, dans des wagons en bois, est l'occasion de découvrir de splendides paysages et panoramas. La vue sur le château de La Roche-Jagu surplombant l'estuaire est l'un des points d'orgue de l'itinéraire. Comptez 2 heures de trajet aller-retour, avec une escale et des animations au gré du parcours. Adulte/enfant 23/16 € ; www.vapeurdutrieux.com

Pédaler sur l'île de Bréhat

Cette petite île fleurie – le passage du Gulf Stream à proximité lui confère un microclimat profitant à la végétation –, située à seulement 1 km des côtes armoricaines, se découvre avec bonheur à vélo. Fraîchement débarqué de la pointe de l'Arcouest, louez votre monture et arpentez ce petit bout de terre cerclé de granit rose, long de 3,5 km sur 1,5 km de large. Attention, de nombreux sentiers en bord de mer, en particulier sur l'île nord, leur sont interdits. Il vous faudra alors vous délester de votre bicyclette. Aller-retour adulte/enfant 10,30/8,80 € ; 02 96 55 79 50 ; www.vedettesdebrehat.com

Plonger dans le passé à Milmarin

Modernité et interactivité sont de mises à Milmarin, récent centre de découverte maritime basé à Ploubazlanec. Son musée Mémoire d'Islande y retrace l'épopée des marins du cru, qui embarquaient pour la pêche à la morue vers Terre-Neuve et l'Islande. La marine marchande d'aujourd'hui est aussi à l'honneur, racontée par les marins du Goëlo eux-mêmes. Une belle et émouvante incursion dans l'aventure de la grande pêche, laquelle marqua profondément l'histoire de la région sur près d'un siècle. 02 96 55 49 34 ; www.milmarin.bzh

PLUS DE TEMPS ?

→ **SILLON DE TALBERT** Cette langue de galets, de gravier et de sable s'avançant dans l'océan sur 3,2 km est un site d'exception classé réserve naturelle. À 30 minutes de Paimpol via Lézardrieux.

→ **TRÉGUIER** Cathédrale gothique, manoirs en granit, port de plaisance niché le long d'un estuaire sauvage, maisons à pans de bois, et ruelles étroites et pentues : le tableau offert par la capitale historique du Trégor a de quoi séduire. À 20 minutes de Paimpol.

→ **CHÂTEAU DE LA ROCHE-JAGU** Cet édifice du XVe siècle dominant fièrement une boucle sauvage du Trieux accueille une riche programmation culturelle. À 25 minutes de Paimpol en direction de Pontrieux. 02 96 95 62 35 ; www.larochejagu.fr

Les cocos de Paimpol

Le coco de Paimpol, cultivé exclusivement dans la partie nord-ouest des Côtes-d'Armor, n'est rien de moins que le premier légume frais à avoir obtenu le label AOC (1998), lequel précéda sa reconnaissance au niveau européen qui le sacra AOP. Ce haricot demi-sec se récolte depuis 1928, moment où un marin dit "Coco le Coco" en rapporta d'Argentine et en sema sur la côte du Goëlo. Chaque année, au mois d'août, ils sont aujourd'hui des milliers à venir perpétuer une technique ancestrale consistant à "plumer" ce haricot à la main – en référence au plumage des volailles qui s'effectue à même les genoux, et auxquelles se substituent ici les tiges et les feuillages dont il faut séparer les gousses.

CARNET PRATIQUE

COMMENT S'Y RENDRE

Paimpol est accessible en 3 heures 45 de train depuis Paris et 2 heures 15 depuis Rennes, avec correspondance à Guingamp.

OÙ SE RESTAURER

Face à la mer, sur le pittoresque petit port de Loguivy-de-la-Mer (réputé pour son homard bleu), ou sur la pointe de Kerarzic à Kérity, dans un bar à huîtres à la vue exceptionnelle.

AGENDA

À la mi-août, les années impaires, le festival du Chant de marin et des Musiques des mers du monde, à l'ambiance conviviale et arrosée, anime pendant trois jours les quais cernant le port de Paimpol.

09

FINISTÈRE

Osciller entre terre et mer
AU PAYS DES ABERS

Profondes percées océaniques dans les terres soumises aux marées, les abers sont protégés à leurs embouchures par une armée d'îles et de récifs. Édens préservés où mer et fleuve s'entremêlent, ils sont les gardiens d'un patrimoine culturel bien vivant, où les **huîtres** tiennent la vedette. À marée basse, ils se transforment en de vastes étendues de vase peuplées d'oiseaux. Si le Finistère compte plusieurs abers (l'**aber Ildut** plus au sud face à la mer d'Iroise, mais aussi les embouchures de l'Élorn et de l'Aulne dans la rade de Brest), l'**aber Benoît** et l'**aber Wrac'h** sont les plus profonds. Ils sont aussi les plus bucoliques et les plus sauvages. Pour en savoir plus sur leurs richesses, cap sur les **musées** qui leurs sont dédiés : le musée des Goémoniers et de l'Algue à **Plouguerneau**, et la Maison des abers à **Saint-Pabu**, un petit centre d'interprétation posé sur la dune de Corn-Ar-Gazel, qui organise également des sorties nature. Le très animé port de l'Aber Wrac'h, peuplé de vieux loups de mer et de jeunes voileux, de même que **Lilia** et son bord de mer sur la commune de Plouguerneau, font d'excellentes bases.

Pagayer en mer au large de l'aber Wrac'h

Erch, Cézon, Wrac'h et Stagadon, petits paradis aux eaux turquoise posés au large de l'aber Wrac'h, sont autant d'occasions de belles randonnées accompagnées en kayak. Cézon abrite un fort construit en 1694 par Vauban pour commander l'entrée de l'aber, Stagadon, un gîte restauré et une jolie plage. Autres options : remonter l'aber ou partir à la journée à la découverte de l'île Vierge. Contactez l'école de voile de l'aber Wrac'h. Balade de 3 heures adulte/enfant 25/12 € ; www.cvl-aberwrach.fr

Admirer la vue depuis le phare de l'île Vierge

Haut de 82,5 m, il s'agit du plus haut phare en pierre de taille au monde (ci-dessous). Cette formidable sentinelle sur les abers et les îles environnantes, postée en mer, marque l'entrée de l'aber Wrac'h et signale aux marins le continent. Pour profiter de la vue, il vous faudra gravir 397 marches au total, le long de murs habillés de petits carreaux d'opaline (ci-dessous). Pour vous y rendre, embarquez sur une vedette à la pointe du Castel Ac'h, à Lilia. Aller-retour adulte/enfant 12/8 €, visite du phare 3,50/2 € ; 02 98 04 74 94 ; www.vedettes-des-abers.com

Prendre un verre chez Hoalen à Lilia

Cet Ocean Store de la marque de vêtements bretonne Hoalen, le premier de l'enseigne, est situé à Lilia-Plouguerneau, face au phare de l'île Vierge, dans un ancien hangar à bateaux. Le panorama, exceptionnel, en fait un lieu idéal en été pour prendre un verre en extérieur (l'adresse fait aussi coffee shop). Lieu-dit Kelerdut ; hoalen.com

Suivre le sentier des Douaniers

Au départ du port de l'aber Wrac'h, une randonnée en boucle de 23 km (environ 6 heures), fraîchement balisée, vous permettra de prendre la mesure des paysages changeants des abers, rythmés par les marées. Elle passe notamment par la presqu'île Sainte-Marguerite, saillie dans la Manche déroulant des dunes sauvages face à de somptueux panoramas, et longe la rive nord de l'aber Benoît. Téléchargez la Rand'Abers n°2 sur www.abers-tourisme.com.

PLUS DE TEMPS ?

→ **MENEHAM** Un hameau de pêcheurs du XIXe siècle entièrement restauré et transformé en musée, célèbre pour sa Maison des douaniers nichée entre deux amas rocheux. À 15 km au nord de Plouguerneau.

→ **BASILIQUE NOTRE-DAME DU FOLGOËT** Un chef-d'œuvre de l'art gothique flamboyant truffé de détails sculptés, et riche en légendes. À 15 km à l'est de Lannilis.

→ **LANDERNEAU** Découvrez la vieille ville et son magnifique pont de Rohan, merveille d'architecture médiévale aux maisons en encorbellement. À 30 km de Plouguerneau.

Les huîtres des abers

Introduite à Lannilis par l'industriel français Édouard Delamare-Deboutteville à la fin du XIXe siècle, l'huître a trouvé dans les abers un milieu idéal. Une dizaine d'entreprises divisées entre les abers Benoît et Wrac'h se partagent aujourd'hui le savoir-faire ostréicole. Dans les abers, l'eau de mer, naturellement brassée et riche en plancton, côtoie l'eau douce des fleuves, elle-même chargée en nutriments. Il en résulte un produit du terroir aux saveurs singulières, reconnu des plus grandes tables – les saveurs des huîtres élevées à l'embouchure des abers sont iodées, celles élevées plus en amont presque sucrées. La maison Prat-ar-Coum (www.prat-ar-coum.fr), implantée dans l'aber Benoît depuis 1898, est une référence en la matière.

CARNET PRATIQUE

COMMENT S'Y RENDRE

Brest se situe à 3 heures 45 de Paris en train. Saint-Pabu, Lannilis et Plouguerneau sont à une trentaine de kilomètres de route au nord de la capitale finistérienne.

OÙ SE RESTAURER

Au bar à huîtres de la *Maison Legris* (www.huitres-legris.com) posté face à la mer à Lilia, pour manger des huîtres des abers ; ou sur la plage après un passage aux *Viviers Bretons*. Autre adresse de choix : *Prat-ar-Coum* (www.prat-ar-coum.fr), vivier-restaurant de la famille Madec, posé sur les rives de l'aber Benoît.

AGENDA

Les Abers, des fêtes maritimes se tenant sur trois jours fin juillet au port de l'aber Wrac'h, font honneur aux métiers de la mer et accueillent un rassemblement de vieux voiliers.

10

FINISTÈRE

Voguer sur les eaux turquoise DE LA MER D'IROISE

Dernière halte avant l'océan, le pays d'Iroise est un bout du monde en prise directe avec le large. Du **goulet de Brest** au **Pays des Abers**, son littoral dentelé épouse des flots aux reflets chatoyants, dissimulant criques sublimes et petits ports colorés. Mais la féerie des lieux cache une autre réalité : classée **Réserve de biosphère** par l'Unesco depuis 1988, la mer d'Iroise est aussi considérée comme l'une des plus dangereuses d'Europe. Elle accueille un chapelet d'îles – auxquelles le **port du Conquet** donne accès –, fascinants microcosmes aux modes de vie singuliers, environnées d'une nature aussi grandiose qu'hostile. Ici, les **phares** scintillant de la nuit tombée aux premières lueurs du jour sont plus nombreux qu'ailleurs – on parle de la plus forte densité de France. Ils rappellent aux marins et aux voyageurs la dangerosité des lieux, tout en pointant le spectacle permanent de cette mer.

Admirer la vue à la pointe Saint-Mathieu

Ses falaises dominant de 20 m la mer d'Iroise, son abbaye mi-romane, mi-gothique en ruine et son phare construit en 1835 composent un tableau grandiose, où les époques se superposent. Une fois au sommet du phare commandant l'entrée du goulet de Brest, le spectacle est saisissant. Adulte/enfant 3,50/1,50 €

Défier le vide au fort de Bertheaume

Édifié par Vauban pour la défense du goulet de Brest, ce fort des XIVe et XVe siècles niché sur un îlot, aujourd'hui accessible par une passerelle, accueille un parcours de tyroliennes et de via ferrata. Les moins téméraires se contenteront de la visite du fort (3/1,50 €), au cadre exceptionnel. Bertheaume Iroise Aventure ; 18 € ; avril-septembre ; 07 84 46 36 44 ; www.bertheaume-iroise-aventure.fr

Parcourir la route touristique de Landunvez

Corniche sur l'Iroise, cette route permet de sillonner une côte sauvage sur près de 5 km, de la plage de Penfoul à Portsall : découvrez le chenal du Four et les roches de Portsall, la chapelle Saint-Samson, le château de Trémazan… Vous pourrez aussi réaliser l'itinéraire à pied via le GR®34.

Randonner en kayak depuis l'île de Molène

Confetti en mer à 30 minutes du Conquet en bateau (adulte/enfant 30-35/20-25 € selon la saison), l'île de Molène donne son nom à un archipel constitué de terres inhabitées (exception faite de Quéménès et sa ferme insulaire), un sanctuaire marin d'une valeur exceptionnelle classé Réserve de biosphère. De l'île de Molène, 3 heures de randonnée encadrée en kayak jusqu'aux îles de Balanec et Triélen permettent de l'explorer silencieusement, et d'en observer les phoques gris et les dauphins. Breizh Kayak Évasion ; adulte/enfant 35/15 € ; juillet-août ; 06 71 51 53 30 ; bke29molene.wixsite.com/bke29

Assister au retour de pêche sur le port du Conquet

Les belles demeures en granit de cette petite ville pittoresque et commerçante posée le long d'un aber témoignent de son riche passé maritime. Baladez-vous au gré de ses ruelles escarpées, dévalant jusqu'aux quais et ménageant de beaux points de vue sur la mer. Son port (ci-dessous), qui accueille les navettes menant les voyageurs vers Molène et Ouessant, est aussi l'un des premiers en France pour la capture des tourteaux. Il s'anime particulièrement au retour des pêcheurs, dans l'après-midi et dans la soirée. À la nuit tombée, place au ballet des faisceaux lumineux des phares.

PLUS DE TEMPS ?

→ **ÎLE D'OUESSANT** À 20 km au large du Conquet, Ouessant est la plus lointaine des îles bretonnes (1 heure 15 de trajet) et la plus grande de la mer d'Iroise. On s'y balade à vélo, même à la nuit tombée, à la lueur des phares, en compagnie d'un guide.

→ **BREST** La capitale du Finistère est une ville portuaire et militaire installée face à l'une des plus belles et plus vastes rades du monde. Visitez son château, son aquarium et ses vieux quartiers réhabilités. À 25 km à l'est du Conquet.

→ **SAINT-RENAN** Nichée dans les terres, la capitale du pays d'Iroise dévoile un charmant patrimoine médiéval. À une quinzaine de kilomètres du Conquet.

Le drame de l'Amoco Cadiz

Le 16 mars 1978, l'*Amoco Cadiz*, pétrolier américain immatriculé au Liberia, s'échoue sur les roches de Portsall après avoir essuyé une forte tempête, avec 220 000 tonnes de pétrole à bord. Ce dramatique événement est considéré comme la pire marée noire du siècle. Dans les mois qui suivent, une armée de bénévoles se relaie pour nettoyer les 360 km de côte qui sont touchés de Brest à Saint-Brieuc. Du point de vue écologique et économique, le bilan est épouvantable. Au terme de 14 années de procès, 192 millions d'euros viendront indemniser les communes sinistrées. L'épave repose aujourd'hui par 30 m de fond.

CARNET PRATIQUE

COMMENT S'Y RENDRE

Des bus permettent de rejoindre Le Conquet en 1 heure depuis Brest, à 3 heures 45 en train de Paris.

OÙ SE RESTAURER

Sur le port du Conquet, à 16h, quand les femmes de pêcheurs vendent en direct les prises du jour.

AGENDA

Concerts et animations diverses sont programmés tout au long de l'été lors des Mercredis musicaux au Conquet (place de la Mairie).

Tous les 15 août sur l'île de Molène, la fête de la Mer et de la SNSM rend honneur aux disparus en mer et à Notre-Dame-du-Bon-Retour.

11

FINISTÈRE

Scruter le large AU CAP SIZUN

Entre les hautes falaises battues par les vagues et la lande rase fouettée par les vents, le spectacle des éléments est permanent au cap Sizun. Ici, le regard se perd au large, et l'Histoire se teinte de légendes d'un autre temps. La **pointe du Raz** (ci-contre), mythique éperon granitique, y dévoile un panorama à couper le souffle sur le phare de la Vieille et son chaos marin, avec en arrière-plan l'**île de Sein**. Porte d'entrée nord du cap, la dynamique ville de **Douarnenez** s'attache quant à elle, à travers ses trois ports – le vieux port de pêche du Rosmeur, le Port-Rhu, devenu musée à flot, et le port de plaisance de Tréboul –, à entretenir le souvenir de la pêche à la sardine qui contribua à sa prospérité. Au sud du cap et proche de **Plouhinec**, la jolie ville d'**Audierne**, sans rien renier de son identité de port de pêche, révèle un visage plus balnéaire. La plage de Trescadec, immense, y déploie un sable d'une finesse et d'une blancheur rare. Dans les terres, le cap a aussi sa "Petite Cité de Caractère", **Pont-Croix**, à hauteur de laquelle l'estuaire du Goyen prend à marée haute des allures de petite mer. Au cap Sizun, l'océan n'est jamais bien loin...

En prendre plein la vue à la pointe du Raz

La pointe du Raz attire à juste titre la plupart des visiteurs dans cette partie du Finistère. Sculptées par le vent et l'océan, ces falaises du bout du monde dominent du haut de leurs 72 m le raz de Sein, passage redouté des marins pour ses brisants et ses forts courants. Classé Grand Site de France depuis la fin des années 1990, le lieu est admirablement préservé (800 m séparent son entrée de la pointe elle-même). Sur place, la Maison du site fournit des renseignements utiles et organise des visites. Parmi elles, la très complète "Raz, conte-moi la pointe" permet d'appréhender toutes les facettes de ce site grandiose. Réservation obligatoire. Tarif plein/réduit 10/5 €, gratuit -10 ans ; 06 76 47 48 95 ; www.pointeduraz.com

Voyager au port-musée de Douarnenez

Unique en son genre, le port-musée de Douarnenez célèbre les bateaux et les cultures maritimes du monde entier. À l'extérieur, il est possible de monter à bord de quatre embarcations : langoustier, gabarre sablière, baliseur et remorqueur ; à l'intérieur, on découvre une remarquable collection de bateaux et de maquettes, consacrée tant à la navigation de travail que de plaisance. Caboteur portugais, pirogue de Lanyu et cotre de Carantec font partie des pièces exposées. www.port-musee.org

Rider la vague parfaite dans la baie des Trépassés

Située dans une échancrure de côte à équidistance des pointes du Van et du Raz, la baie des Trépassés (une légende raconte que les cadavres des naufragés s'y échouaient régulièrement) est tapissée d'une longue plage de sable fin baignée d'eaux turquoise et exposée aux houles du large. L'endroit tout indiqué pour pratiquer surf et Bodyboard, se baigner (interdit en dehors de l'été), ou simplement se délecter du spectacle offert par les riders au coucher du soleil. Pour vous initier aux joies de la glisse, prenez contact avec l'école de surf d'Audierne. 45 € la séance de 2 heures ; www.esb-audierne.com

Assister à des fouilles archéologiques à Plouhinec

Chaque été, des campagnes de fouilles sont menées sur le site de Menez Dregan, grotte qui contient des traces de foyers parmi les plus anciens du monde. L'office du tourisme organise de passionnantes visites guidées pour voir les archéologues à l'œuvre. Une manière originale de découvrir la pointe du Souc'h, dont la situation privilégiée attira nos ancêtres il y a près de 450 000 ans. Un sentier jalonné de pupitres sur le thème de la préhistoire et de l'archéologie relie sur 700 m les trois sites archéologiques de la pointe. Un centre d'interprétation est installé sur place. www.capsizuntourisme.fr

PLUS DE TEMPS ?

→ **QUIMPER** Admirez le patrimoine historique et architectural du vieux Quimper, avec sa fameuse cathédrale et son musée des Beaux-Arts, dont une riche section est consacrée à la peinture bretonne. À 30 minutes de route de Douarnenez.

→ **ÎLE DE SEIN** Explorez à pied cette île plate et minuscule (ci-dessus) à 8 km de la pointe du Raz. À 1 heure de trajet en bateau depuis la cale de Sainte-Évette, à 3 km du centre d'Audierne, avec la compagnie Penn ar Bed (02 98 70 70 70 ; pennarbed.fr).

→ **LOCRONAN** Ce joli village à l'ambiance médiévale est prisé des tournages pour son unité architecturale rare. Nombreuses boutiques d'artistes et d'artisans. À seulement 10 km à l'est de Douarnenez.

La mythique ville d'Ys

La baie de Douarnenez, aux abords de l'île de Sein, ou de la baie des Trépassés, aurait servi d'écrin à la riche et mythique cité d'Ys. Bâtie sous le niveau des flots, celle-ci aurait été protégée des marées par une digue et des portes de bronze, dont seul le roi Gradlon détenait la clé. Dahud, sa fille, qui chaque nuit prenait un nouvel amant qu'elle jetait ensuite du haut de la falaise, fut un jour séduite par le diable en personne, déguisé en homme. À la demande de ce dernier, Dahud déroba la clé. L'imposteur ouvrit les portes, et la cité fut engloutie. Si père et fille purent s'enfuir, le châtiment divin les rattrapa : le roi Gradlon dut sacrifier sa fille, qui survécut sous les traits de Marie Morgane, la sirène qui attire les marins vers leur perte.

CARNET PRATIQUE

QUAND PARTIR

Au printemps, pour découvrir la lande couverte d'ajoncs et de bruyères en fleurs.

COMMENT S'Y RENDRE

Prenez le bus (lignes 51 pour Douarnenez et 53 pour la pointe du Raz via Audierne, notamment) depuis Quimper, ville du Finistère sud reliée au réseau SNCF.

OÙ SE RESTAURER

Pour déjeuner, rendez-vous chez *Monsieur Papier*, une adresse à la vue spectaculaire sur la route de la pointe du Raz. Plogoff ; 02 98 64 84 14 ; www.monsieurpapier.fr

À Douarnenez, le vieux port du Rosmeur, piéton et bordé de cafés et de restaurants, est un autre spot de choix. Ne quittez pas la ville sans avoir goûté un kouign-amann, gâteau breton vedette gorgé de beurre et natif du cru. La *Boulangerie des Plomarc'h* en confectionne dans les règles de l'art. 02 98 92 37 24 ; www.kouign-douarnenez.com

AGENDA

Tous les deux ans, en été, les Fêtes maritimes de Douarnenez sont l'occasion d'un grand rassemblement de voiliers traditionnels du monde entier. www.tempsfete.com

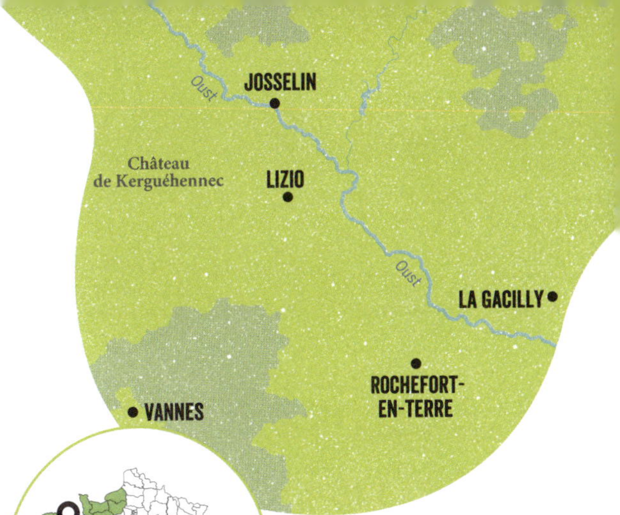

12

MORBIHAN

Découvrir les richesses DU MORBIHAN INTÉRIEUR

L'Argoat, c'est l'autre face de la Bretagne. Une Bretagne intérieure éloignée de l'Armor, pays de la mer qui magnétise les voyageurs. Fief de la puissante **famille de Rohan**, c'est ici que l'histoire de la région s'est faite. Il en résulte un **patrimoine architectural** de toute beauté empreint de confidentialité. Ce territoire au paysage verdoyant sillonné de canaux fait également la part belle à l'art et à la culture. De nombreux artistes et artisans y ont élu domicile, et une **exposition photo** d'envergure s'y établit plusieurs mois dans l'année. De **Josselin**, pittoresque petite ville médiévale dissimulée derrière les trois tours de son château (www.chateaudejosselin.com ; ci-contre), à **Rochefort-en-Terre** et **La Gacilly**, village typique aux maisons en pierre de schiste, mettez le cap sur cette contrée demeurée à l'écart des foules, et dont les charmes restent entiers quelle que soit la saison.

Franchir les écluses sur l'Oust à Josselin

Josselin est aménagé de part et d'autre de l'Oust, rivière faisant partie du canal de Nantes à Brest (page ci-contre). Au pied du château, on peut louer des bateaux électriques ou des canoës-kayaks et s'amuser à passer les écluses. Vous pouvez aussi louer des vélos ou marcher le long du chemin de halage ; une courte promenade mène à l'île de Beaufort, dont les berges herbeuses et ombragées se prêtent au pique-nique. Ti War An Dour ; 24 € la location de bateau ; gite-flottant.fr

Se détendre au spa Yves Rocher à La Gacilly

Le village de La Gacilly est connu pour abriter les unités de production Yves Rocher. La marque cosmétique y a aussi ouvert une maison dédiée, comprenant un musée, ainsi qu'un éco-hôtel spa en bordure de ville, La Grée des landes. Euphorbes, bruyères et ajoncs vous escortent jusqu'à un bâtiment tout de bois, où le bassin à débordement intérieur s'ouvre sur la végétation extérieure, et où les bains de fleurs sont le prélude à de sublimes rituels beauté. Massage à partir de 52 € ; 02 99 08 50 50 ; www.lagreedeslandes.com

Arpenter la cité médiévale de Rochefort-en-Terre

Établi sur un éperon rocheux, Rochefort-en-Terre, a été élu "Village préféré des Français" en 2016. Les maisons à encorbellement qu'il abrite, avec leurs perrons de pierre, lucarnes et autres détails architecturaux hérités des siècles passés, lui confèrent un cachet fantastique. Nombreux sont les artisans d'art à s'y être installés. L'intérieur du château (en cours de restauration) ne se visite pas, mais ses jardins sont en accès libre, et d'intéressantes visites guidées proposées par l'office du tourisme lui sont consacrées. www.rochefortenterre-tourisme.bzh

S'initier au land art au château de Kerguéhennec

Sur la commune de Bignan, ce vaste domaine de 175 ha dédié à la culture accueille des expositions temporaires de qualité. Si le château lui-même et ses communs, réalisés par l'architecte vannetais Olivier Delourme, sont représentatifs des belles demeures du XVIIIe siècle, le parc de sculptures donne à voir les œuvres de grands noms de l'art contemporain. 02 97 60 31 84 ; www.kerguehennec.fr

PLUS DE TEMPS ?

→ **UNIVERS DU POÈTE FERRAILLEUR** Un décor à la Tim Burton où les maisons, machines délirantes et autres automates sont le fruit de matériaux de récupération. À Lizio. Adulte/enfant 7,50/6,50 € ; avril-octobre ; www.poeteferrailleur.com

→ **ÉGLISE DE KERNASCLÉDEN** L'un des joyaux de l'art gothique flamboyant breton, édifié durant la seconde moitié du XVe siècle avec l'appui des Rohan. La proche commune du Faouët abrite deux autres merveilles d'architectures religieuses (ci-dessus). À 1 heure de Josselin et 30 minutes de Pontivy.

→ **PONTIVY** Le château des Rohan, les ruelles sinueuses de la vieille ville, et l'agencement rigoriste napoléonien valent le détour.

La famille de Rohan

La famille de Rohan fut l'une des plus puissantes familles du duché de Bretagne (939-1547). Sur près de six siècles, ils rivalisèrent avec les ducs de Bretagne au gré de leurs intérêts, ne cessant d'accroître leur influence territoriale. Leur filiation est établie avec Alain de Porhoët, qui fit ériger au début du XIIe siècle à Castennec, sur un promontoire rocheux dominant le Blavet (Roc'h an, "le petit rocher" en breton), une forteresse, prélude à la maison. Dès le XVIIe siècle, les membres de la puissante famille acquise à la monarchie possédaient la plupart des terres du centre de la Bretagne et des châteaux à Pontivy et à Josselin, sans compter des chapelles, palais et autres manoirs sur tout le territoire.

CARNET PRATIQUE

QUAND PARTIR

En été, loin des foules massées sur les côtes.

COMMENT S'Y RENDRE

Pour rejoindre le Morbihan intérieur, on peut gagner au préalable Rennes ou Vannes en train avec le réseau TGV de la SNCF (respectivement à 1 heure 15 et 2 heures de train de Paris), puis rallier en bus les différentes destinations.

OÙ SE LOGER ET SE RESTAURER

Dans les villages pittoresques de Rochefort-en-Terre et de La Gacilly, truffés de bonnes adresses.

Les Jardins sauvages, restaurant "bio et locavore" de la marque Yves Rocher, ont été auréolés d'une assiette Michelin et d'une étoile verte. Menu à partir de 72 € ; www.lagreedeslandes.com

AGENDA

Le festival Photo La Gacilly se tient en plein air de juillet à octobre. Un millier de photos dont les thématiques changent chaque année habillent alors les murs et les espaces verts de la ville. www.festivalphoto-lagacilly.com

13

MORBIHAN

Respirer les embruns À BELLE-ÎLE-EN-MER

Peu d'îles portent si bien leur nom, tant il est vrai que ce morceau de Bretagne au large de Quiberon est un diamant brut. Au temps où régnaient les fées, la légende raconte que la plus vaste des îles bretonnes s'échappa du golfe du Morbihan en compagnie de ses voisines, **Houat** et **Hoëdic**. À de beaux paysages de campagne vallonnés, parfois boisés, où paissent vaches et moutons, succèdent de douces plages aux eaux translucides. La côte intérieure égrène un chapelet de criques idylliques au sable blond, tandis que la côte sauvage offre le spectacle fascinant de falaises abruptes balayées par les embruns. La beauté de ces chaos rocheux subjugua d'ailleurs le peintre Claude Monet. L'île se partage entre une commune-capitale, **Le Palais**, un port de carte postale, **Sauzon** (ci-contre), et des bourgs discrets, **Locmaria** et **Bangor**. Belle-Île est par ailleurs réputée en matière de sports nautiques (kayak, voile) et pour ses sites de plongée (la Basse de Palais ou le Cochon). Sur terre, outre le **sentier côtier** qui fait le tour de l'île, vous trouverez également des itinéraires cyclables, ainsi que des circuits à cheval, voire à dos d'âne.

Jouer les Robinsons à Hoëdic

Cette île plate et ventée de 2,5 km de long et 1 km de large possède un charme austère. On y découvre un village, de petites plages, ainsi qu'une flore unique, entre lys de mer, chardons bleus et œillets des dunes. Calme même en été, le lieu est parfait pour ceux qui apprécient de se sentir coupés du monde. Il n'y a pas de voitures, et les enfants ont ainsi toute latitude pour évoluer librement. La Compagnie Océane dessert la destination toute l'année. Adulte/enfant 16-17,50/9 €, selon la saison ; 0820 056 156 ; www.compagnie-oceane.fr

Arpenter le sentier côtier

Pour découvrir les splendeurs de Belle-Île, empruntez le sentier côtier qui en fait le tour en une centaine de kilomètres. Rejoignez notamment la pointe des Poulains depuis Sauzon en environ 1 heure 20 de marche (5,3 km) ou, à l'autre extrémité de l'île, la jolie plage de Port-Blanc depuis Le Palais (5 heures 30 ; 17 km), ou les fameuses aiguilles de Port-Coton, site emblématique de la côte sauvage. Ces rochers aux formes singulières, soumis aux variations de lumière, ont été immortalisés par Claude Monet en 1886. Non loin, la sublime plage de Donnant, parcourue de courants violents, est très prisée des surfeurs. Le sentier est le seul moyen d'atteindre certains espaces isolés de toute beauté, comme la pointe du Skeul, au sud de Locmaria.

Célébrer Sarah Bernhardt à la pointe des Poulains

Battue par les vents et dominée par un phare haut de 20 m (ci-dessous), la pointe des Poulains réserve un panorama grandiose. Ici, l'espace sonore est investi par le chant des mouettes et le fracas des vagues contre les falaises. Une plage de sable et de galets offrant un cadre idyllique dessine le seul passage vers l'îlot piqué du phare. La comédienne Sarah Bernhardt (1844-1923) découvrit ce site en 1894 et fut frappée par sa beauté sauvage. Elle y acquit un fortin militaire désaffecté et y fit construire deux villas où elle vint régulièrement jusqu'à sa mort.

Se jeter à l'eau à La Basse de Palais

Outre ses charmes terrestres, Belle-Île recèle de nombreux sites de plongée dignes d'intérêt. Débutant ou confirmé, en stage ou en famille, enfilez une combinaison et chaussez vos palmes pour emprunter l'un des fabuleux parcours sous-marins jalonnés de failles et de rochers, tels La Basse de Palais ou Le Cochon, un haut-fond émergeant à marée basse, au nord-ouest de la pointe des Poulains, sans oublier les épaves comme *Le Hanan*, qui gît par 24 m de fond. Angélus Plongée ; à partir de 35 € ; avril-novembre ; Le Palais ; 06 85 13 83 76 ; angelus-plongee.com

PLUS DE TEMPS ?

→ **QUIBERON**
Centre névralgique de la presqu'île, Quiberon arbore un front de mer urbanisé, longé d'une grande plage et doté de nombreuses activités nautiques. À l'ouest se déroule la côte sauvage, aux falaises pittoresques.

→ **ÎLE DE HOUAT** Ce petit caillou de 5 km de long et 1,3 km de large déploie une lande rase fouettée par le vent, des falaises bordées d'eaux cristallines, et de grandes plages dont on a la sensation d'être le premier à fouler le sable. Avec sa petite église du XVIIIe siècle et ses maisons blanches à volets bleus, le bourg est adorable.

La citadelle Vauban

Surplombant l'entrée du port du Palais, la citadelle Vauban est un patrimoine historique militaire unique. Ses remparts s'étirent sur près de 4 km, et la citadelle occupe une superficie d'une dizaine d'hectares. Construite sur les vestiges du château des Gondi, elle fut rachetée par Fouquet, puis fortifiée par Vauban à la fin du XVIIe siècle, avant de subir diverses attaques au XVIIIe siècle. Elle fut occupée par l'armée allemande pendant la Seconde Guerre mondiale, puis finit par tomber en ruine. Propriété privée depuis 1960, la citadelle abrite le musée d'Art et d'Histoire, qui retrace le passé de l'île. Le site, fermé pour restauration, rouvrira au printemps 2023. 02 97 31 84 17 ; www.citadellevauban.com

CARNET PRATIQUE

QUAND PARTIR

La fréquentation touristique de Belle-Île est très saisonnière : en dehors des mois de juillet et d'août, l'île retrouve son calme.

COMMENT S'Y RENDRE

La manière la plus simple d'accéder à l'île est d'emprunter les navettes maritimes de la Compagnie Océane (0820 056 156 ; www.compagnie-oceane.fr) au départ du port de Quiberon. À certaines saisons, vous pourrez faire la traversée en bateau depuis Vannes, Port-Navalo, La Turballe ou le Croisic – ces derniers ports se prêtant davantage à des excursions à la journée.

Sur place, vous trouverez quelques lignes de bus (02 97 31 56 64 ; www.lescarsbleus.com).

OÙ SE LOGER ET SE RESTAURER

À Sauzon, l'*Hôtel du Phare*, au bout du port, propose studios et appartements au décor recherché. À partir de 325 € la semaine ; 02 97 31 37 27 ; www.hotelduphare-belle-ile.fr

Planté dans un environnement grandiose face à la côte sauvage, l'hôtel-restaurant du *Grand Large* ne manque pas de panache. À partir de 83 € ; 02 97 31 80 92 ; www.hotelgrandlarge.com

14

LOIRE-ATLANTIQUE

S'enivrer d'air iodé EN PAYS GUÉRANDAIS

La presqu'île de Guérande rencontre l'océan sur la baie de La Baule (officiellement du Pouliguen), l'une des plus belles d'Europe. Si vous la longez à pied, vous marcherez 9 km entre la pointe du Bé, à **Pornichet**, et celle de Penchâteau, au **Pouliguen**. La Baule, perle de la Côte d'Amour, est aujourd'hui le paradis du farniente et des sports nautiques, mais, au XIXe siècle, c'était encore un littoral composé de dunes instables et inondables… Depuis l'époque celte, la richesse de la région provient du sel, et c'est bien **Guérande**, ville médiévale ceinte de remparts, qui a donné son nom à toute la presqu'île et qui commande encore à ce **"pays blanc"** des marais salants. Le littoral se poursuit ensuite jusqu'à la pointe du Croisic (ci-contre) en une **côte sauvage** où alternent plages de sable et criques rocheuses, reliées par le sentier des Douaniers et la **piste cyclable du Vélocéan** (tourisme-loireatlantique.com/velocean-littoral-velo), agréable à parcourir et très pratique en saison pour éviter la cohue des voitures.

Sillonner les salines guérandaises

Entre Batz-sur-Mer et Guérande s'étendent les marais salants les plus septentrionaux d'Europe : un univers protégé qui forme une marqueterie de damiers liquides se confondant avec l'horizon. Pour les contempler, suivez la D774, à vélo ou en voiture, de préférence au lever ou au coucher du soleil. L'accès aux salines n'est possible que lors d'une visite guidée avec un producteur indépendant ou un guide de l'écomusée La Maison des paludiers (09 53 07 74 06, 07 69 58 89 20 ; maisondespaludiers.fr) ou de Terre de Sel (02 40 62 08 80 ; www.terredesel.fr).

Explorer la ville close de Guérande

Ville entourée de remparts, Guérande ("pays blanc" en breton) doit sa richesse au sel. La monumentale porte Saint-Michel (page ci-contre) donne accès à un dédale de rues bordées de maisons en granit, abritant boutiques, galeries d'art et restaurants. La collégiale Saint-Aubin est entourée d'un marché les mercredis, vendredis, samedis et dimanches – et d'un marché aux livres chaque jeudi en juillet-août. Réservez une visite à l'office du tourisme pour accéder aux balcons de l'église paroissiale, de style gothique flamboyant breton. 02 40 24 34 44 ; www.labaule-guerande.com

Galoper sur la plage de La Baule

Pour profiter du sable le plus fin de la baie, étendez votre serviette sur la plage Benoît. Mais vous en apprécierez pleinement le cadre lors d'une balade à cheval sur la plage, autorisée hors des pics de fréquentation, soit tôt le matin, soit au crépuscule (centres équestres sur www.labaule-guerande.com), avant de parcourir la forêt de pins d'Escoublac. Enfin, réservez un dîner à La Table du Saint-Christophe (02 40 62 40 00 ; www.st-christophe.com), parmi les villas chics du quartier des Oiseaux.

Traverser le traict du Croisic jusqu'à Pen-Bron

Bâtie sur une péninsule s'avançant sur 5 km dans la mer, la belle cité animée du Croisic allie le cachet d'un port de pêche breton aux joies des activités nautiques. Le site naturel protégé de la pointe de Pen-Bron lui fait face, de l'autre côté du traict du Croisic, grand bassin d'eau de mer qui alimente les marais salants. Un bateau privé, *Le Galipétant* (06 88 67 73 05 ; www.labaule-guerande.com), assure la traversée. Une fois débarqué, vous rejoindrez les plages du cordon dunaire, dont une des rares plages naturistes de la région. Pen-Bron comprend aussi un marais salant, le Mulon de Pen-Bron (02 40 15 64 28, 06 72 01 83 78 ; www.lemulondepenbron.com).

Suivre le chemin côtier à Pornichet

À Pornichet, il est plaisant de suivre la promenade qui relie la pointe du Bé à la plage de Sainte-Marguerite (5 km). Vous découvrirez la pointe de Congrigoux et le paysage dunaire de la plage de Bonne-Source, où vous pourrez déjeuner dans l'un des meilleurs restaurants de plage de la côte, Le Récif (02 40 61 61 20) – si vous trouvez une table libre !

PLUS DE TEMPS ?

→ **CANAUX DE BRIÈRE** Pour passer du pays blanc (celui du sel) au pays noir des tourbières, égayé d'iris au printemps, cap sur le marais de Brière (ci-dessus). Découvrez ses canaux et roselières au gré d'une balade en barque ou à pied. www.parc-naturel-briere.com

→ **PORT DE LA TURBALLE** La flottille turballaise compte quelque 80 bateaux de pêche. Vers 5h30, la criée entre en effervescence : le poisson débarqué est mis aux enchères. Une visite accompagnée (sur inscription à l'office du tourisme) permet d'y assister. 02 40 24 34 44 ; www.labaule-guerande.com

Les salines, milieu protégé

Depuis plus de 1500 ans, les paludiers ont aménagé le milieu naturel pour en faire un marais saumâtre destiné à récolter, en été, un sel riche en minéraux, qui répond aujourd'hui à l'appellation "sel de Guérande". L'eau de mer circule au fil de diverses parcelles avant de s'évaporer sous l'effet du vent et du soleil, et de laisser des dépôts de sel. Les salines, qui forment un biotope privilégié pour de multiples espèces, notamment les oiseaux et les plantes, comme la salicorne, sont à ce titre un site protégé.

CARNET PRATIQUE

COMMENT S'Y RENDRE

Les gares de Pornichet, de La Baule et du Croisic sont desservies par le TGV Atlantique au départ de Paris-Montparnasse (3 heures 15 à 3 heures 30 de trajet) et par des TER Pays de la Loire.

OÙ SE LOGER ET SE RESTAURER

Il est difficile de se loger à bon prix dans les stations du littoral. Guérande compte des adresses plus accessibles, mais il faudra une voiture.

Partout, des tables de qualité permettent de se régaler de repas de poissons et de fruits de mer… et de crêpes !

AGENDA

Début juin, une fête médiévale a lieu dans la ville close de Guérande.

Autour de la Loire

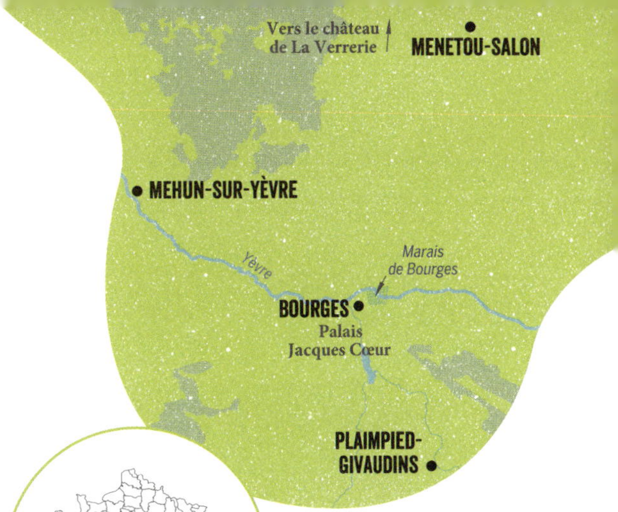

15

CHER

Se payer une tournée royale DANS LA RÉGION DE BOURGES

En découvrant le vieux Bourges, on n'a aucun mal à s'en convaincre : la cité était bel et bien la capitale du royaume de France au début du XVe siècle. La magnifique **cathédrale Saint-Étienne**, dont la façade est un véritable livre de pierre, les **430 maisons médiévales** à colombages du centre-ville, les édifices **Renaissance**, dont l'incontournable hôtel Lallemant... Autant de richesses patrimoniales qui rappellent avec force les heures royales de la ville. Imaginé par le richissime argentier de Louis XVII, le **palais Jacques-Cœur** (ci-contre) est un chef-d'œuvre du gothique flamboyant. L'ancien hôtel des Échevins abritant les œuvres du **peintre Maurice Estève** fait écho au très bel hôtel particulier du XVe siècle, accueillant les célèbres **pleurants** du **musée du Berry**. Et s'il vous reste du temps, le Cher regorge de trésors injustement éclipsés par les châteaux de la Loire : l'**abbatiale de Plaimpied-Givaudins** et ses trésors romans, le **donjon de Mehun-sur-Yèvre**, vestige de ce qui fut l'un des palais les plus fastueux du royaume... Sans compter les **vignobles de Menetou-Salon**, qui ondulent une vingtaine de kilomètres au nord.

Exhumer le "Versailles" du dauphin

En 1422, Charles VII se réfugie avec sa cour à Mehun-sur-Yèvre. Dans cette cité baignée par les eaux vert émeraude de l'Yèvre, 15 km à l'ouest de Bourges, il anoblit Jeanne d'Arc en 1429 et meurt en 1461. Avant lui, son grand-oncle, le duc Jean de Berry, avait choisi Mehun pour édifier un palais fastueux, décoré par les plus grands artistes du pays. N'en reste aujourd'hui que le donjon (02 48 57 00 71) coiffé d'une terrasse panoramique délivrant une belle vue sur la ville, sur les jardins bordant la rivière et sur la collégiale Notre-Dame du XIe siècle. L'atmosphère de gloire passée émanant des lieux a quelque chose de réellement magique.

Admirer une étonnante Tentation du Christ

À 15 km au sud de Bourges, l'abbatiale de Plaimpied-Givaudins est un haut lieu du patrimoine roman. Sculptés au XIIe siècle avec une rare finesse, les chapiteaux du chœur déclinent des figures classiques : griffon, sirène, monstres affamés, singes grimaçants... et d'autres plus singulières pour l'époque comme des chats ou un acrobate. Plus remarquable encore, le chapiteau de la Tentation, sans équivalent en Europe, figurant un Christ expressif chassant deux démons effrayés. Pensez à prendre une paire de jumelles.

Sillonner les marais de Bourges

On peut les parcourir en barque, à vélo ou tout simplement à pied. Dans tous les cas, bien qu'accolé au centre-ville, ce damier de jardinets (ci-dessous) délimités par de petits canaux aux eaux limpides vous transportera loin du brouhaha urbain. Plusieurs restaurants disposent de terrasses vous permettant de manger "les pieds dans l'eau". Une vraie parenthèse nature en pleine ville.

Mener l'enquête sur la Route Jacques-Cœur

Prêt à explorer un château à l'affût des indices susceptibles de démasquer l'assassin de son propriétaire ? Crime au palais Jacques-Cœur, Crime au château de Mehun-sur-Yèvre, Crime au château de La Verrerie... Sorte de Cluedo grandeur nature, les soirées "Crime au château" (16-20 € ; 02 48 65 31 55 ; www.route-jacques-coeur.com) redonnent un vrai coup de jeune à la "Route Jacques-Cœur", parcours touristique créé en 1954 par plusieurs propriétaires de châteaux désireux de valoriser leurs biens.

PLUS DE TEMPS ?

→ **MENETOU-SALON**
Le Cher est aussi une terre de grands crus. Au nord de Bourges, les producteurs de menetou-salon (www.vins-centre-loire.com) et de sancerre (www.maison-des-sancerre.com) ouvrent les portes de leur domaine pour de gouleyantes séances de dégustation.

→ **CHÂTEAUMEILLANT** Au sud du département, une excursion au cœur des vignobles de Châteaumeillant peut se doubler de la visite de trois édifices absolument remarquables : l'abbaye de Noirlac, le château gothique flamboyant de Meillant et la forteresse médiévale d'Ainay-le-Vieil.

Le roi de Bourges

En 1418, Charles de Ponthieu, dauphin du royaume de France, se réfugie à Bourges pour échapper au duc de Bourgogne, nouveau maître de Paris. Son père Charles VI, atteint de folie, est incapable de gouverner. Depuis la capitale du Berry et sa résidence royale de Mehun-sur-Yèvre, celui que ses ennemis surnomment "le petit roi de Bourges" va peu à peu restaurer l'autorité royale avec l'aide de Jeanne d'Arc (vers 1412-1431), qui le conduira au sacre de Reims. En remportant la victoire de Castillon, en 1453, Charles VII clôt la guerre de Cent Ans. Son fils Louis XI, né en 1423 à Bourges, continuera de renforcer la puissance du roi de France.

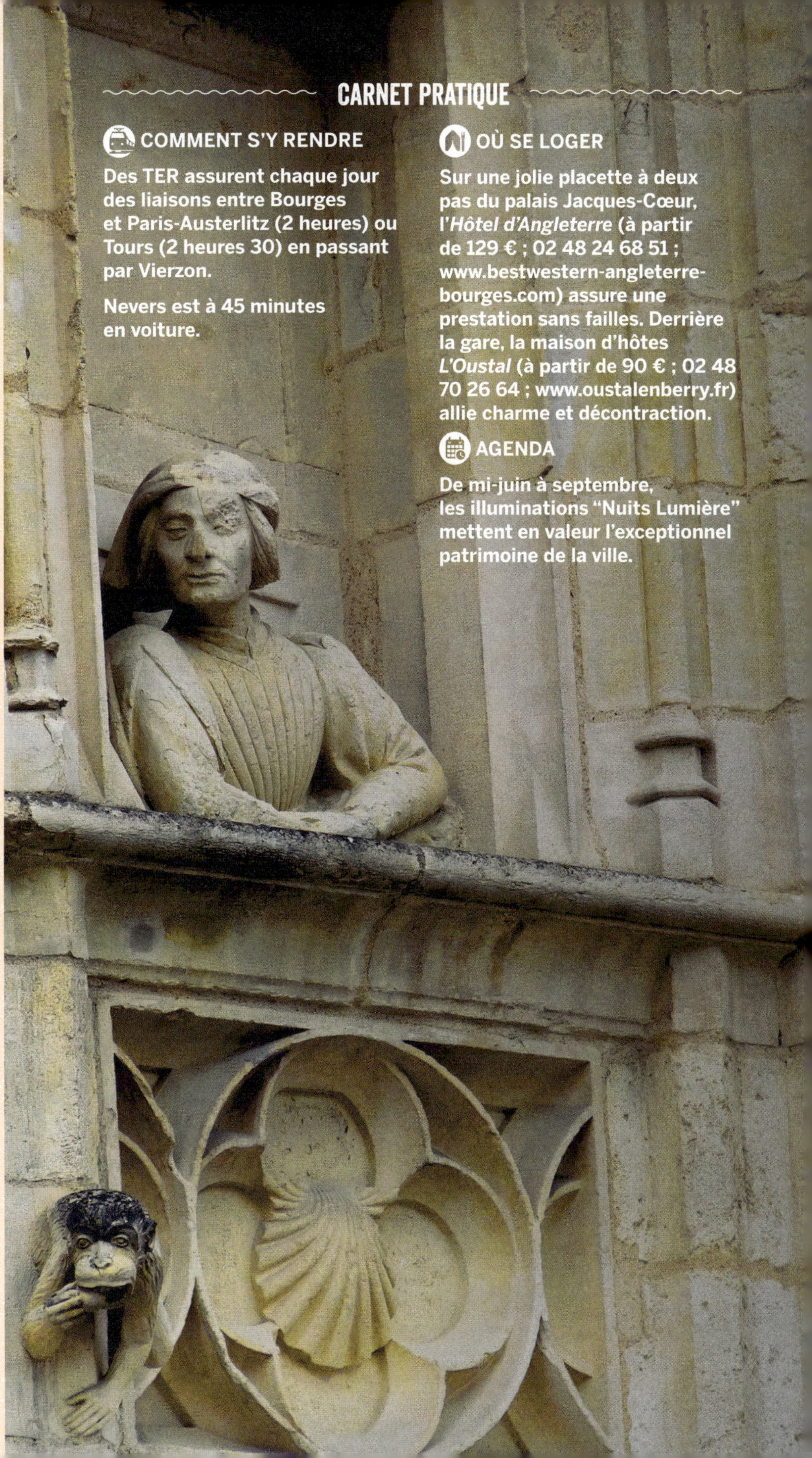

CARNET PRATIQUE

COMMENT S'Y RENDRE

Des TER assurent chaque jour des liaisons entre Bourges et Paris-Austerlitz (2 heures) ou Tours (2 heures 30) en passant par Vierzon.

Nevers est à 45 minutes en voiture.

OÙ SE LOGER

Sur une jolie placette à deux pas du palais Jacques-Cœur, l'*Hôtel d'Angleterre* (à partir de 129 € ; 02 48 24 68 51 ; www.bestwestern-angleterre-bourges.com) assure une prestation sans failles. Derrière la gare, la maison d'hôtes *L'Oustal* (à partir de 90 € ; 02 48 70 26 64 ; www.oustalenberry.fr) allie charme et décontraction.

AGENDA

De mi-juin à septembre, les illuminations "Nuits Lumière" mettent en valeur l'exceptionnel patrimoine de la ville.

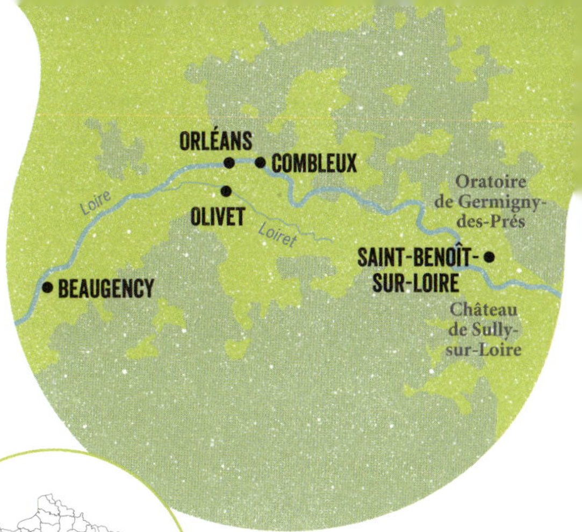

16

LOIRET

Tenir un siège DANS L'ORLÉANAIS

En amont de ses célèbres châteaux, le Val de Loire cache des trésors insoupçonnés. Pour les découvrir, posez vos valises à Orléans (ci-contre). Outre un centre ancien de toute beauté réunissant **maisons médiévales et demeures Renaissance**, la capitale du Loiret aimante depuis quelques années une kyrielle de **jeunes restaurateurs** avides de revisiter les produits de la région. Entre deux balades le long des ruelles pavées, découvrez la **cathédrale Sainte-Croix**, étonnant mélange de gothique flamboyant et d'architecture classique. À deux pas, le **musée des Beaux-Arts** renferme un superbe cabinet des pastels, considéré comme le plus riche de France après celui du Louvre. La visite de la **maison de Jeanne d'Arc**, demeure de l'héroïne durant le siège d'Orléans en 1429, retrace cet épisode majeur de l'histoire de France. Pour prolonger le voyage dans le passé, faites escale dans la cité médiévale de **Beaugency** ou au **château de Meung**, dont la visite est passionnante. Pour une échappée nature, suivez le **canal d'Orléans** ou les **berges du Loiret**, où se nichent villages de mariniers et bourgs coquets. www.tourisme-orleansmetropole.com

Naviguer sur la Loire en toue sablière

En toue sablière (bateau traditionnel à fond plat qui transportait le sable de la Loire) ou en toue cabanée (bateau de marinier surmonté d'un toit), la mini-croisière commentée d'une demi-heure sur la Loire permet d'en apprendre beaucoup sur le dernier fleuve sauvage d'Europe. On peut aussi louer des bateaux électriques pour naviguer en autonomie le long du canal d'Orléans jusqu'à Combleux. 02 38 24 05 05 ou 06 95 02 20 62 ; www.balade-bateau-orleans.com

Faire un bout de la Loire à vélo

Emprunter cette véloroute mythique pendant quelques kilomètres le long de la Loire donne un bel aperçu des ingrédients à l'origine de son succès : une piste facile et bien balisée, au plus près des berges d'un fleuve tourmenté et fascinant. Pour rejoindre La Loire à vélo, dirigez-vous vers le pont René-Thinat, à deux pas du centre-ville. De là, la base de loisirs de l'île Charlemagne, les lacs et forêts du parc de la Loire sont à moins de 10 minutes. www.loireavelo.fr

Explorer Beaugency

À 30 km à l'ouest d'Orléans, cette cité médiévale des bords de Loire a conservé un patrimoine exceptionnel : un donjon militaire roman du XIe siècle, une abbatiale du XIIe siècle, un château mi-gothique mi-Renaissance du XVe siècle, ainsi qu'un élégant hôtel de ville de la première Renaissance, abritant huit tentures rarissimes brodées au XVIIe siècle. Tous les ingrédients pour une fabuleuse promenade dans le temps.

Suivre les premiers moines ligériens

Dans l'ombre des célèbres châteaux de la Loire, deux joyaux de l'art religieux se cachent à 40 km à l'est d'Orléans. L'oratoire de Germigny-des-Prés (02 38 58 27 97) est une chapelle carolingienne du IXe siècle décorée d'une mosaïque byzantine, composée de 130 000 tesselles argentées. Non loin, le village de Saint-Benoît-sur-Loire abrite une splendide basilique romane du XIIIe siècle (02 38 35 79 00) dont les colonnes de la tour-porche arborent de splendides chapiteaux sculptés.

PLUS DE TEMPS ?

→ **COMBLEUX**
S'il fait beau, avalez en douceur les 6 km de la jolie balade le long de la Loire orléanaise jusqu'à ce coquet village de mariniers très prisé des promeneurs. À l'arrivée, une jolie plage de sable fin pour pique-niquer et la possibilité d'une virée sur la Loire en barque à fond plat. 06 22 19 87 56

→ **SULLY-SUR-LOIRE** Si vous préférez la voiture, lancez-vous dans un road-trip de 50 km le long de la Loire, avec pour objectif la visite du château de Sully-sur-Loire, doté d'une incroyable charpente du XIVe siècle en arc brisé fabriquée en bois de chêne.

Les secrets d'une bonne poire

Banlieue cossue d'Orléans, Olivet est le siège de la boutique Covifruit (02 38 69 70 88), à l'origine d'un produit emblématique du Loiret : l'excellente poire d'Olivet. Il s'agit d'une eau-de-vie contenue dans une bouteille à l'intérieur de laquelle une poire Williams a tranquillement mené sa croissance. Pour ce faire, on introduit au printemps les poires naissantes dans les flacons que l'on attache ensuite aux branches des poiriers. Dans un verger dont l'emplacement est tenu secret...

CARNET PRATIQUE

COMMENT S'Y RENDRE

Des trains Corail relient Orléans à Paris-Austerlitz en 1 heure 15. Des TER assurent des liaisons régulières depuis Tours en 1 heures 15 en passant par Blois, Amboise et Beaugency.

OÙ SE LOGER

Le centre d'Orléans est très bien pourvu en hôtels confortables, du haut standing à l'établissement familial abordable. En milieu de gamme, l'*Hôtel de l'Abeille* (à partir de 80 € ; 02 38 53 54 87 ; hotel-abeille.com) est bien tenu et idéalement situé entre la gare et la place du Martroi.

AGENDA

Défilés médiévaux, son et lumière, set électro... : c'est le programme des fêtes de Jeanne d'Arc, qui se tiennent fin avril-début mai. Quant au Festival de Loire, plus grand rassemblement de marine fluviale d'Europe, il a lieu tous les deux ans, à la fin septembre.

17

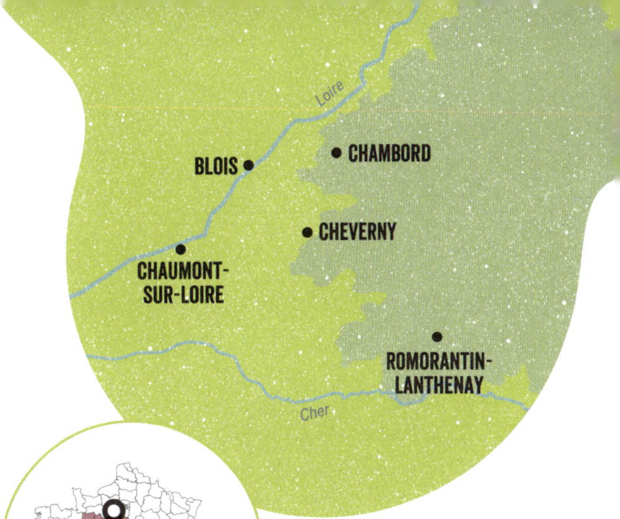

LOIR-ET-CHER

→ *Conquérir le cœur* DU VAL DE LOIRE

Pour un séjour royal inoubliable dans le Val de Loire, posez vos valises à Blois. Au centre d'un **triangle d'or Chambord-Cheverny-Chaumont-sur-Loire** (ci-contre), la capitale du Loir-et-Cher rayonne sur le département. En été, des navettes desservent rapidement et sans difficulté les trois châteaux. À moins que vous ne choisissiez le vélo pour sillonner une terre élue par les rois pour la beauté de ses paysages et sa douceur de vivre. Autour du **château de Blois** (02 54 90 33 32 ; www.chateaudeblois.fr), longtemps lieu de résidence favori de la cour royale, le centre historique allie avec grâce maisons à pans de bois et hôtels particuliers Renaissance. Une escapade urbaine qui passe par les **jardins de l'Évêché** dont la terrasse surplombe la Loire. Pour en savoir plus sur le fleuve royal, sa marine, sa faune, tout en profitant d'une autre jolie vue, direction l'**Observatoire Loire** (02 54 56 09 24 ; www.observatoireloire.fr), lieu polyvalent qui marie exposition, sorties pédagogiques en bateau ou à vélo. Vous pourrez également louer à Blois un **canoë-kayak** (06 62 90 15 43 ; www.loirekayak.com) pour une balade au ras des flots ou pour bivouaquer sur une des îles du fleuve.

S'engager comme bachi-bouzouk à Cheverny

Pourquoi se rendre au charmant village de Cheverny, situé 15 km au sud-est de Blois ? Tout d'abord pour son fameux château du XVIIe siècle en pierre de Bourré (02 54 79 96 29 ; www.chateau-cheverny.fr) ayant inspiré le Moulinsart du capitaine Haddock. Mais aussi pour son château Renaissance de Troussay (02 54 44 29 07 ; www.chateaudetroussay.com), le plus petit du Val de Loire, ceint d'un superbe parc à l'anglaise, et pour son église Saint-Étienne à caquetoire du XIIe siècle. Et *"last but not the least"*, pour ses appellations Cheverny et Cour-Cheverny, à déguster à la Maison des vins de Cheverny (02 54 79 25 16 ; www.maisondesvinsdecheverny.fr).

S'échapper dans le parc de Chambord

Au-delà du château Renaissance et de ses fabuleuses trouvailles architecturales (son escalier à double révolution, ses voûtes sculptées, ses terrasses panoramiques, etc.), Chambord, c'est aussi un parc inscrit au patrimoine mondial par l'Unesco (page ci-contre) : 1 000 ha de forêts, de prairies et de landes peuplés de cerfs, de sangliers et de chats sauvages. À arpenter en totale liberté à pied, à vélo ou en voiturette électrique. 02 54 50 40 00 ; www.chambord.org

S'offrir une parenthèse nature en Sologne

À 40 km au sud-est de Blois, bienvenue en Sologne. Cet immense espace forestier peuplé de gibier, et parsemé d'étangs, de villages de brique rouge et de luxueux manoirs est un monde à part, propice à la déconnexion. Pour comprendre la spécificité de ce paysage, direction le musée de Sologne (02 54 95 33 66 ; www.museedesologne.com) à Romorantin-Lanthenay, ou la Maison des étangs (02 54 88 23 00 ; www.maison-des-etangs.fr). Pour entendre le brame du cerf en rut, de mi-septembre à fin octobre, Sologne Nature Environnement (02 54 76 27 18 ; www.sologne-nature.org) propose de belles sorties nature, et le Domaine national de Chambord (02 54 50 40 00 ; www.chambord.org) organise des excursions payantes dans la zone fermée au public.

Se rendre maître du domaine de Chaumont-sur-Loire

Un bol d'air, d'art et de patrimoine. Venir à Chaumont-sur-Loire, c'est profiter de son exceptionnel château offrant une vue de carte postale sur le Val de Loire. C'est aussi parcourir ses jardins, mis en valeur de fin avril à début novembre lors d'un très couru Festival international des jardins. Et c'est apprécier les œuvres d'art contemporain égayant chaque année les murs et jardins du domaine. Sans oublier la campagne alentour... qui regorge de bonnes adresses gourmandes. 02 54 20 99 22 ; domaine-chaumont.fr

PLUS DE TEMPS ?

→ **EXCURSION EN BATEAU SUR LA LOIRE**
Embarquez au port de Chaumont-sur-Loire pour une balade en bateau traditionnel avec une équipe de passionnés (06 88 76 57 14 ; www.milliere-raboton.net). Vous pouvez aussi partir de Saint-Dyé-sur-Loire, avec Les Marins du port de Chambord (02 54 81 68 07 ; marins-port-chambord.fr).

→ **VOL EN BALLON AU-DESSUS DE LA LOIRE** Et si vous preniez de la hauteur en survolant la Loire et ses châteaux ? Plusieurs prestataires proposent des vols en montgolfière dans le décor féerique de la vallée de la Loire, aux abords de Chambord, Amboise ou Chenonceaux, tel Balloon Revolution (à partir de 169 € par personne ; 06 07 41 09 78 ; www.balloonrevolution.com), basé à Amboise.

Les templiers d'Arville

À l'extrême nord du Loir-et-Cher, la commanderie templière d'Arville fait partie des plus anciens établissements templiers de France. Des textes en font mention dès la première moitié du XIIe siècle, soit dès les premiers temps de l'ordre du Temple, fondé en 1119. On y forme alors les chevaliers avant leur départ en croisade. Aujourd'hui, les anciennes écuries abritent un instructif centre d'histoire des ordres de chevalerie dont on apprend qu'ils passèrent aux mains des hospitaliers de Saint-Jean de Jérusalem après l'arrestation de tous les templiers du royaume, en 1307, sur ordre du roi Philippe IV le Bel. 02 54 80 75 41 ; www.commanderie-arville.com

CARNET PRATIQUE

COMMENT S'Y RENDRE

Blois est desservi par la ligne de TER Paris-Austerlitz-Tours. Depuis Blois, des navettes vous mènent en 30 minutes environ au domaine de Chambord et au château de Cheverny. Chaumont-sur-Loire est relié en navette à la gare d'Onzain desservie par les trains reliant Paris-Austerlitz à Tours.

En voiture, la ville est à 2 heures 10 de Paris et 50 minutes de Tours.

OÙ SE LOGER

Blois possède de très agréables chambres d'hôtes. Pour un séjour plus original, passez la nuit sur un bateau traditionnel au port de Chambord (à partir de 115 € ; www.marins-port-chambord.fr) ou dans les roulottes insolites du camping *L'Heureux Hasard* (à partir de 75 € ; 06 84 25 71 69 ; www.lheureuxhasard.com), près de Cheverny, qui propose aussi de sympathiques randonnées avec des ânes à la découverte des forêts de Sologne (avril-octobre ; 06 84 25 71 69 ; www.lesanesdemadame.com).

AGENDA

En mars, Blois fait son carnaval pour fêter l'arrivée du printemps. De juin à septembre, le festival Des lyres d'été présente concerts, pièces de théâtre et spectacles de rue.

Le festival de Chambord (02 54 50 50 40) a lieu quant à lui la première quinzaine de juillet.

18

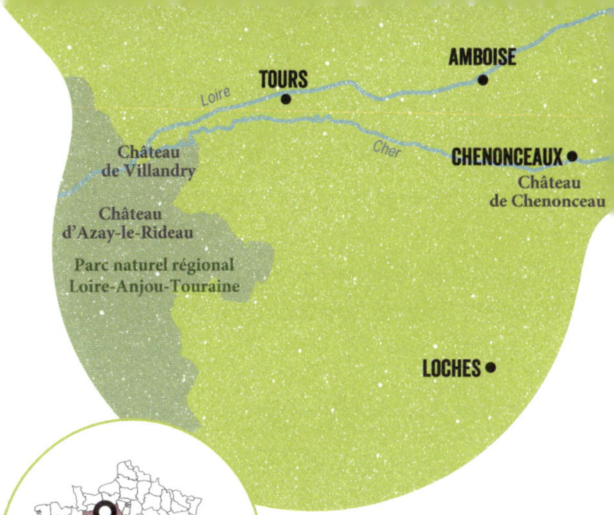

INDRE-ET-LOIRE

Mener la vie de château EN TOURAINE

Quel meilleur camp de base que Tours pour se lancer à l'assaut des châteaux du Val de Loire ? Tout au long de la journée, des trains rallient régulièrement et rapidement les incontournables d'une région devenue au XVe siècle le **berceau de la Renaissance en France**. À **Tours**, autour de la **place Plumereau** – l'une des plus belles de l'Hexagone –, les hautes et étroites maisons des XVe et XVIe siècles rappellent que ce foyer religieux et intellectuel fut durant près d'un siècle la **capitale du royaume de Louis XI**. À la tombée de la nuit, un somptueux "parcours lumière" met en valeur les façades du secteur historique et éclaire d'un regard nouveau les pépites architecturales du Vieux-Tours : la **basilique Saint-Martin**, le **jardin Saint-Pierre Le Puellier**, la **place de Châteauneuf**, etc. Belle mise en appétit avant de partir à la conquête des joyaux disséminés sur les rives du fleuve royal, non sans avoir succombé à l'art de vivre tourangeau lors d'un repas gourmand arrosé de l'un des vins renommés – chinon, bourgueil ou vouvray – d'Indre-et-Loire. www.tours-tourisme.fr

Partir à l'abordage du "château des Dames"

Surnommé ainsi en référence aux femmes l'ayant embelli au cours des siècles (Katherine Briçonnet, Diane de Poitiers, Catherine de Médicis, Marguerite Pelouze), le château de Chenonceau (0820 20 90 90 ; www.chenonceau.com ; page ci-contre) combine avec élégance les influences italiennes et françaises. Laissez-vous tenter par une balade en bateau sous les arches de sa galerie iconique – une évocation du Ponte Vecchio de Florence ! – enjambant le Cher : au départ de Chisseaux (02 47 23 98 64 ; www.labelandre.com), ou en canoë-kayak depuis la maison éclusière de Civray-de-Touraine (06 37 01 89 92 ; www.canoe-company.fr).

Gravir l'escalier d'honneur d'Azay-le-Rideau

Déposé sur une île, au milieu des cèdres, des séquoias et des tulipiers de Virginie, le château d'Azay-le-Rideau symbolise le raffinement de la Renaissance française. L'élégante silhouette de ce "diamant taillé à facettes serti par l'Indre", comme le décrivait Balzac, s'entoure d'un parc romantique et de miroirs d'eau dans le goût "anglais" de l'époque. Une fois gravi le grand escalier d'honneur, remarquable réalisation Renaissance importée d'Italie, la visite des appartements, des salles de réception et des chambres richement décorées plongent le visiteur en plein XVIe siècle. 02 47 45 42 04 ; www.azay-le-rideau.fr

Humer les fleurs du jardin de Villandry

Parfois surnommé le "jardin de la France", le Val de Loire abrite de multiples parcs et jardins remarquables. Outre le domaine de Chaumont-sur-Loire réputé pour son Festival international des jardins, le château de Villandry déploie au fil de ses trois terrasses un foisonnement d'œuvres végétales (ci-dessous) : massifs floraux, jardin d'ornement, potager décoratif… L'art topiaire atteint ici son apogée. À admirer de la terrasse du donjon qui propose un panorama exceptionnel sur le Val de Loire. 02 47 50 02 09 ; www.chateauvillandry.fr

S'imprégner du génie de Vinci à Amboise

Avec sa terrasse panoramique surplombant la Loire, son jardin inspiré des villas napolitaines, sa chapelle de style gothique flamboyant dans laquelle reposerait Léonard de Vinci et ses grandioses chambres d'apparat, le château royal d'Amboise (02 47 57 00 98 ; www.chateau-amboise.com) multiplie les prouesses architecturales. Halte prisée des cyclistes empruntant l'itinéraire La Loire à vélo, la cité historique abrite aussi le Clos Lucé (02 47 57 00 73 ; www.vinci-closluce.com), où le maître vécut ses derniers jours. Ce beau manoir de brique rose et de tuffeau du XVe siècle, résidence d'été des rois de France dès 1490, plonge le visiteur au cœur de l'intimité et des innovations du génie toscan.

PLUS DE TEMPS ?

→ **VALLÉE TROGLODYTIQUE DES GOUPILLIÈRES** Partez à la découverte du mode de vie des paysans tourangeaux qui, du Moyen Âge jusqu'au siècle dernier, habitaient des fermes troglodytiques creusées dans le tuffeau, pierre calcaire qui sera utilisée pour la construction des belles demeures et des châteaux de la Loire. À 3 km du château d'Azay-le-Rideau. www.troglodytedesgoupillieres.fr

→ **LOCHES** Selon l'adage du géographe Onésime Reclus (1837-1916), "à Loches on vit mille ans en un jour" : la vieille ville quasi intacte au pied d'un des donjons les plus impressionnants d'Europe vous transportera 1000 ans en arrière, lorsque Loches était une place forte prospère du royaume de France. À 40 km au sud-est de Tours.

Une terre d'auteurs

L'histoire des lettres françaises passe par la Touraine. Fils d'un avocat de Chinon, François Rabelais (1490-1553) nourrit son imagination des paysages entourant sa maison de Seuilly, siège actuel du musée Rabelais (02 47 95 91 18 ; www.musee-rabelais.fr). À La Riche, juste à l'ouest de Tours, le prieuré Saint-Cosme (02 47 37 32 80 ; www.prieure-ronsard.fr) est resté célèbre pour avoir accueilli Pierre de Ronsard (1524-1585). Descartes, à 60 km au sud de Tours, abrite la maison natale de René Descartes (1596-1650), transformée en musée retraçant la vie du philosophe et la genèse de sa pensée. Né à Tours, Honoré de Balzac (1799-1850) séjourna au château de Saché, devenu musée Balzac (02 47 26 86 50 ; www.musee-balzac.fr).

CARNET PRATIQUE

COMMENT S'Y RENDRE

Tours est relié à Paris plusieurs fois par jour en TGV (1 heure 15). Des TER assurent des liaisons quotidiennes avec Orléans, Blois, Saumur ou Bourges, et les destinations touristiques majeures : Azay-le-Rideau, Chenonceaux, Amboise, Chinon.

En voiture, Tours se situe à 3 heures 30 de Bordeaux, 2 heures 45 de Paris, 2 heures 15 de Nantes, 1 heure 45 d'Orléans, 1 heure 40 de Bourges.

OÙ SE LOGER

À 10 minutes à pied du Vieux-Tours, l'*Hôtel Val de Loire* comprend un jardin, petit havre de paix en ville, pour prendre le petit-déjeuner ou pour bouquiner. À partir de 68 € ; 02 47 05 37 86 ; www.hotelvaldeloire.fr

AGENDA

Les jardins de Villandry sont ouverts en nocturne un week-end début juillet et début août. De début décembre à début janvier, des animations festives sont programmées dans sept châteaux de Touraine.

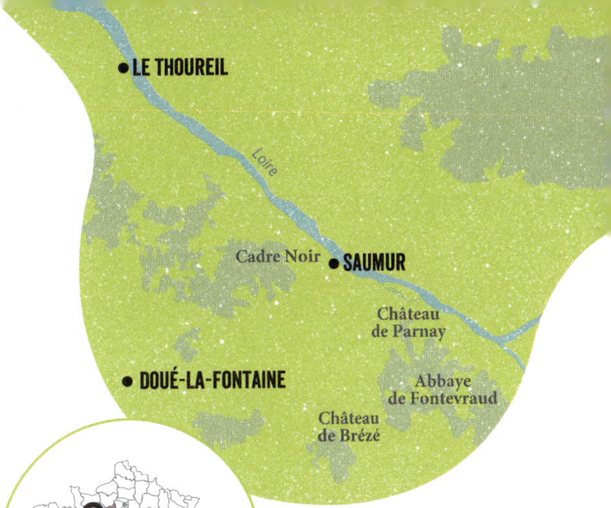

19

MAINE-ET-LOIRE

Couler des jours heureux
DANS LE SAUMUROIS

Modelé par la Loire et recelant des kilomètres de galeries troglodytiques, le Saumurois est une terre de contraste où résonne encore la mémoire des carriers et des mariniers d'autrefois. **Saumur** (ci-contre), perle de l'Anjou posée au bord de l'eau, porte quant à elle la mémoire des ducs et des rois. Avec son **château**, ancienne forteresse royale puis palais des ducs d'Anjou, la ville préside depuis des siècles une région qui doit beaucoup de son élégance à la couleur du **tuffeau**. Partout ici, belles demeures, châteaux et églises côtoient des **parcelles de vigne** s'étendant dans les plaines ou à flanc de coteaux. Entre visites de caves et dégustations, balades à fleur d'eau sur une embarcation traditionnelle et découverte d'un **riche patrimoine** culturel et bâti, prenez la mesure de ce territoire enchanteur loué de tout temps pour sa **douceur de vivre**. La belle **Montsoreau**, toisant un joli coin de Loire, fait une excellente base. www.ot-saumur.fr

Assister à un spectacle équestre au Cadre noir

C'est l'une des grandes fiertés de Saumur. L'École nationale d'équitation et ses célèbres écuyers du Cadre noir sont les représentants de la tradition d'équitation à la française, inscrite sur la Liste représentative du patrimoine culturel immatériel de l'Humanité depuis 2011. Une représentation publique et commentée (les Matinales) dans le grand manège, l'un des plus grands d'Europe, suivie d'une visite guidée du centre d'enseignement permet d'appréhender cet univers très ritualisé. Adulte/enfant 24/17 € ; www.cadrenoir.fr

Filer sur l'eau au départ du Thoureil

Dans un cadre de carte postale, celui d'une petite cité de caractère posée en bord de Loire loin des grands axes routiers, montez à bord d'une très typique toue sablière pour partir à la découverte du fleuve. Différentes formules sont proposées : balade découverte de 1 heure 30, sortie nature et patrimoine de 2 heures, apéro au soleil couchant, journée d'exploration alternant bateau et vélo. De 20 à 80 € par adulte selon les options ; www.revesdeloire.fr

Participer à une dégustation au château de Parnay

Ce château est l'occasion de découvrir le Clos d'Entre-les-Murs, mythique parcelle de chenin classée, dotée de l'ingénieux système développé par Antoine Cristal, ancien propriétaire du domaine ; certains le considèrent comme le "père" du saumur-champigny. La visite-dégustation (2 heures ; 15 € par personne), aux accents très historiques, conduit des chais aux vignobles. châteaudeparnay.fr.

Faire le plein de culture à l'abbaye de Fontevraud

Plus grande cité monastique d'Europe, Fontevraud (ci-contre) fut fondée en 1101 par Robert d'Arbrissel, qui y réunit une communauté mixte. Les gisants polychromes de sa colossale abbatiale en pierre de tuffeau rappellent qu'elle ne fut rien de moins que la nécropole des Plantagenêts. En plus de ce site historique remarquable dont la visite fait appel à des technologies modernes, le domaine compte depuis peu un musée d'Art moderne aux collections d'envergure (Toulouse-Lautrec, Degas, Vlaminck, Van Dongen...). Abbaye et musée adulte/enfant 14/8,50 € ; www.fontevraud.fr

PLUS DE TEMPS ?

→ **ANGERS** Une ville au riche passé médiéval (tenture de l'Apocalypse en tête), truffée de bonnes adresses, que l'on arpente avec bonheur à pied. À 70 km de Saumur.

→ **DOUÉ-LA-FONTAINE** Prenez la mesure de l'univers troglodytique de Doué en visitant son zoo, l'unique au monde du genre, et le site du Mystère des Faluns, un ancien site de carriers faisant l'objet d'une fantastique mise en scène. À une vingtaine de kilomètres au sud de Saumur.

→ **BRÉZÉ** Un château troglodytique tout à fait insolite, considéré comme la plus grande forteresse souterraine d'Europe. À 12 km au sud-est de Saumur.

Les troglodytes

Tout le long de la Loire saumuroise, la falaise est truffée de portes et de fenêtres à flanc de coteau. Derrière, tout un univers troglodytique fait de galeries insoupçonnées se déploie. Plus discrets encore sont les troglodytes de plaine : du côté de Doué-la-Fontaine, des hameaux entiers ont été creusés sous le niveau du sol. Au total, 1 200 km de galeries ont ainsi été taillés dans le tuffeau ou dans le falun. Champignonnières, caves, habitations modestes ou logis seigneuriaux s'y sont installés au fil du temps. Certains de ces endroits singuliers ont conservé leur vocation première, d'autres ont été transformés en hôtel, en restaurant ou encore en musée.

CARNET PRATIQUE

COMMENT S'Y RENDRE

Saumur est située à moins de 2 heures de Paris en train (avec correspondance à Angers).

OÙ SE LOGER

En contrebas du château de Saumur, *Vent D'travers*, une toue cabanée traditionnelle, a été aménagée en gîte flottant. 1/2/3 nuits à partir de 195/260/380 € ; 06 74 90 87 47 ; www.loirevalleyconcept.fr

AGENDA

L'Anjou Vélo Vintage se tient à Saumur début juillet pendant 3 jours. Au programme : randos vélo costumées, village rétro et festival esprit guinguette. www.anjou-velo-vintage.com

Chaque deuxième dimanche du mois, Monsoreau accueille un grand marché au puces. www.ville-montsoreau.fr

20

MAINE-ET-LOIRE

Succomber AUX DÉLICES DE L'ANJOU

Au XVIe siècle, Joachim du Bellay, poète et enfant du pays, célébrait dans ses vers la douceur de vivre en Anjou. Cinq siècles plus tard, **Angers**, particulièrement riche en espaces verts et piétonniers, continue de rafler les récompenses en matière d'art de vivre. Les excellentes tables et les bars animés du quartier de la Cité y contribuent, au même titre qu'un patrimoine médiéval d'exception. Agrémenté de ses maisons à pans de bois de la fin du XVe siècle, le vieil Angers enceint la **cathédrale Saint-Maurice**, dont l'un des portails a conservé sa polychromie, la **collégiale Saint-Martin** (02 41 81 16 00 ; www.collegiale-saint-martin.fr), témoignage rare de l'architecture carolingienne en France, et l'imposant **château** (02 41 86 48 77 ; www.chateau-angers.fr ; ci-contre), au sein duquel se dévoile la tenture de l'Apocalypse, la plus grande tapisserie médiévale conservée au monde. Côté nature, la **Maine** se laisse ici apprivoiser pour de **mini-croisières** en bateau (02 41 95 14 23 ; www.domaine-moulin.fr) ou en gabare traditionnelle (06 85 40 26 23 ; www.atoueloire.com), avec prolongation possible sur la Loire.

Contempler les panoramas de la Loire angevine

Depuis la jolie station fluviale de Bouchemaine, à la confluence de la Maine et de la Loire (10 km au sud d'Angers), jusqu'à Chalonnes-sur-Loire, marquant la limite du Val de Loire classé au patrimoine mondial de l'Unesco, la Loire (page ci-contre) offre ce qu'elle a de plus beau. Entre bancs de sable et coteaux verdoyants, le fleuve dessine un paysage propice à la contemplation. À ne pas manquer : la corniche angevine, route panoramique d'une dizaine de kilomètres dominant les vallées viticoles de la Loire et du Layon, et le château de Serrant (02 41 39 13 01 ; www.chateau-serrant.net), le dernier des grands châteaux de la Loire.

Visiter un zoo troglodytique

Connu pour son falun, pierre calcaire dont l'exploitation a engendré de fabuleux sites troglodytiques, le village de Doué-la-Fontaine abrite l'étonnant bioparc de Doué, labyrinthe minéral féerique incluant une époustouflante grande volière sud-américaine, un cratère des carnivores et un camp des girafes. L'histoire de ces mondes souterrains ayant engendré les majestueuses cathédrales de pierre taillée dans la région est racontée au Mystère des Faluns (02 41 59 71 29 ; les-perrieres.com), non loin du village troglodytique de Rochemenier (02 41 59 18 15 ; www.troglodyte.fr), qui abrite un écomusée consacré à l'habitat troglodytique.

Naviguer à vue en Anjou bleu

Au nord d'Angers, le Haut-Anjou segréen, parfois nommé "Anjou bleu" par opposition à la pierre blanche du Saumurois, se découvre le long de la Sarthe, de la Mayenne ou de l'Oudon, trois rivières bucoliques ouvertes à la navigation de loisir. En bateau sans permis (03 85 53 76 74 ; www.lescanalous.com) ou en croisière commentée (02 41 95 14 23 ; www.domaine-moulin.fr/Hirondelle.php), on approche en douceur ces impressionnantes forteresses que sont les châteaux de la Lorie (02 41 92 10 04 ; www.chateaudelalorie.fr), du Plessis-Bourré (02 41 32 06 72 ; www.plessis-bourre.com) ou du Plessis-Macé (02 41 32 67 93 ; www.chateau-plessis-mace.fr ; ci-contre).

Déguster les vins d'Anjou et de Saumur

Grâce à la douceur de son climat, la diversité de ses sols – entre schiste et tuffeau – et la grande variété de ses cépages, le plus grand vignoble du Val de Loire produit des appellations d'une extrême richesse. Rouge, blanc, mousseux blanc ou rosé... Pour une dégustation-découverte, direction la Maison des vins d'Anjou et de Saumur (02 41 88 81 13 ; www.vinsdeloire.fr) à Angers et Saumur. Pour des sorties dans les vignes à pied, à vélo ou à cheval, avec dégustations, laissez-vous tenter par Le Secret des papilles (06 99 42 36 20 ; lesecretdespapilles.fr).

PLUS DE TEMPS ?

→ **PARCS ET JARDINS DU VAL DE LOIRE** À croire que le Val de Loire est le paradis des jardins du monde entier. Taille en nuage, collection de bonsaïs, jeux d'ombre et de lumière, japonaiseries en tout genre (pagode, temple, pont rouge)... Maulévrier, au sud du Maine-et-Loire, accueille un magnifique parc oriental (02 41 55 50 14 ; www.parc-oriental.com). Plus classique, mais tout aussi enchanteur, les jardins à l'anglaise du château du Pin (06 11 68 61 81 ; www.jardinsduchateaudupin.com) à Champtocé sont réputés pour leur belle collection d'ifs. À moins que vous ne préfériez la roseraie et le jardin à l'anglaise du parc des Chemins de la Rose (02 41 59 95 95 ; www.cheminsdelarose.com) à Doué-la-Fontaine.

L'Apocalypse en tenture

Avec ses 100 m de long pour 4,50 m de haut, il s'agit de la plus grande tapisserie médiévale sauvegardée au monde. Conservée dans une pièce sombre du château d'Angers pour éviter sa détérioration, la tenture de l'Apocalypse nous plonge avec force dans une époque troublée par la peste noire et la guerre de Cent Ans. Tissée en laine, probablement entre 1375 et 1382, elle illustre le combat entre le Bien et le Mal jusqu'au triomphe du Christ, sans s'interdire de surprenants clins d'œil à la vie quotidienne des hommes d'alors : détails architecturaux, vestimentaires, musicaux et faunistiques. Une fascinante immersion en plein Moyen Âge.

CARNET PRATIQUE

COMMENT S'Y RENDRE

Angers est facilement accessible en train. Des TGV la relient quotidiennement à Paris, Nantes, Lyon ou encore Lille. Des TER assurent des liaisons ferroviaires avec Saumur, Tours, Cholet, Nantes, Orléans et Le Mans, via les villes le long de la Loire comme Savennières-Béhuard, Chalonnes-sur-Loire ou Trélazé.

En voiture, par l'autoroute A11, il faut compter environ 2 heures 30 (300 km) entre Paris et Angers, et 45 minutes (90 km) jusqu'à Nantes.

OÙ SE LOGER

Une bonne adresse si vous souhaitez séjourner dans un hôtel troglo : le *Rocaminori Hôtel* (à partir de 110 € ; 02 41 50 03 12 ; www.rocaminori-hotel.fr) à Rochemenier.

Pour une atmosphère champêtre en plein cœur d'Angers, rendez-vous à la chambre d'hôtes *La Petite Charnasserie* (à partir de 65 € ; 06 84 01 86 05 ; www.lapetitecharnasserie.com).

AGENDA

À la mi-septembre, à Angers, se tient le festival des arts de la rue Les Accroche-Cœurs. En janvier, c'est le festival des Premiers Films européens (www.premiersplans.org) qui anime la capitale de l'Anjou.

21

LOIRE-ATLANTIQUE

Sentir souffler un vent de folie EN PAYS NANTAIS

Un vent de créativité souffle sur Nantes et le pays du muscadet, au sud de la Loire. La cité ligérienne exerce un fort pouvoir de séduction : sa **poésie urbaine**, ses grands rendez-vous culturels et ses lieux phares (château des ducs de Bretagne, musée d'Histoire de la ville, cathédrale, musées d'art, passage Pommeraye, Mémorial de l'abolition de l'esclavage, jardins...) renouvellent le regard sur **le patrimoine et la culture** – et dépoussièrent le tourisme citadin. Aux portes de la ville, quand on tourne le dos à l'estuaire de la Loire et à l'influence océanique, s'étend une **région de vignoble**, vallonnée et pleine de charme, irriguée par la Sèvre nantaise et la Maine. **Clisson** en est le point d'orgue. Les villages de producteurs de l'appellation **muscadet sèvre-et-maine** (Saint-Fiacre-sur-Maine, Château-Thébaud, La Haie-Fouassière, Monnières, Gorges, La Chapelle-Heulin ou Vallet, entre autres bourgs) se prêtent à une découverte aussi bien à vélo (mais gare aux mollets !) qu'en voiture, ponctuée de points de vue, de **dégustations** et de visites de **musées** ou de **châteaux**. www.nantes-tourisme.com

Embarquer pour un voyage extraordinaire

Situé sur le site des anciens chantiers navals, sur l'île de Nantes, le fantastique monde des Machines avec son bestiaire mécanique a pour point d'orgue le Carrousel des Mondes Marins et le Grand Éléphant, désormais emblématiques de la ville du XXIe siècle. De la pointe de l'île, une navette fluviale permet de traverser la Loire pour rallier le Jardin extraordinaire, implanté dans une ancienne carrière. Vous découvrirez là une île mystérieuse, où s'épanouit une profusion de plantes exotiques, avant de découvrir la dernière folie nantaise : L'Arbre aux Hérons (35 m de haut, annoncé en 2023). www.lesmachines-nantes.fr

Lancer un hymne au circuit court

Ce secret mérite d'être dévoilé : la cuisine nantaise a une vraie identité, liée à sa situation entre estuaire, parcelles de maraîchage et vignoble. De jeunes chefs séduisent leurs convives avec des produits locaux d'une fraîcheur absolue, des prix sages et des accords mets-vins où le terroir n'a pas fini de vous surprendre. La sélection annuelle des Tables de Nantes est un sésame précieux. www.lestablesdenantes.fr

S'échapper dans l'Étoile verte

Débutée en 2020, l'Étoile verte, un ambitieux projet confié au paysagiste Gilles Clément, relie par des coulées vertes les cours d'eau qui traversent Nantes (Loire, Erdre, Cens, Chézine, Gesvres et Sèvre) mais aussi les parcs et les jardins de la ville. C'est l'occasion d'un formidable bol d'air au cœur d'espaces verts protégés. Pour louer un vélo, L'Îlot familles : 07 60 22 74 81 ; www.ilot-familles.com

Goûter au muscadet

De part et d'autre de la Sèvre nantaise, de nombreux châteaux et domaines viticoles sont ouverts à la dégustation (www.levignobledenantes-tourisme.com). Pour varier les plaisirs, ne manquez pas le point de vue renversant offert par le Porte-Vue, un belvédère qui s'avance telle une flèche au-dessus du vide à Château-Thébaud, ou la visite du musée du Vignoble nantais (www.musee-vignoble-nantais.fr) au Pallet.

Poser ses valises en Toscane !

Cap sur Clisson l'Italienne, son château médiéval et sa halle du XIVe siècle, mais aussi ses toits aux tuiles arrondies, les campaniles de ses églises et les pins parasols plantés ici et là. Cette petite ville romanesque doit tout son cachet à François et Pierre Cacault, des collectionneurs d'art tombés vers 1795 sous le charme de cette cité ravagée par les guerres de Vendée, et qu'ils redessinent avec le sculpteur François Frédéric Lemot, créateur du domaine de la Garenne Lemot (www.domaine-garenne-lemot.fr), en suivant les canons de l'architecture toscane.

PLUS DE TEMPS ?

→ **SÈVRE NANTAISE** Ses eaux, qui irriguent tout le vignoble nantais, se prêtent à d'agréables sorties en canoë-kayak. On peut embarquer à Clisson (www.ckclisson.fr) ou à Vertou (www.canoekayakvertou.com) pour découvrir les paysages verdoyants.

→ **VERTOU** Cette ville bucolique, à 10 km de Nantes, est une destination prisée le week-end pour le charme des bords de Sèvre que les promeneurs traversent grâce à la chaussée des Moines (XVIe siècle) : elle régulait les eaux de cet affluent de la Loire et facilitait la navigation pour assurer un meilleur débouché commercial au vin produit par les moines.

Un parcours artistique décalé

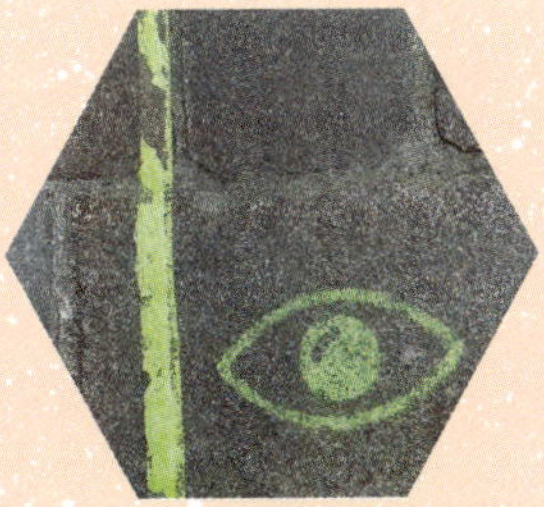

Initié en 2012, le Voyage à Nantes (VAN) est d'abord un parcours pérenne d'une cinquantaine d'étapes, qui s'enrichit chaque été. Les visiteurs n'ont qu'à suivre la ligne verte tracée au sol pour découvrir œuvres artistiques, installations et sites emblématiques. Ces œuvres souvent ludiques, tels *L'Arbre à basket*, *On va marcher sur la Lune*, le *Belvédère de l'Hermitage* ou l'aire de jeux *Dépo Dépo* du jardin des Plantes, sont désormais indissociables de l'esprit singulier qui anime Nantes. www.levoyageanantes.fr

CARNET PRATIQUE

COMMENT S'Y RENDRE

Le TGV relie Nantes à Paris (2 heures) via Le Mans et Angers, à Lyon (4 heures 30) et à Lille (4 heures). Des Intercités circulent entre Nantes et Bordeaux (4 heures 10). Rennes est à 1 heure 30 de Nantes en TER. Clisson est à 35 km de Nantes et accessible en train en 15 minutes.

Mieux vaut avoir une voiture pour circuler dans le vignoble, à moins d'opter pour le vélo. www.levignobledenantes-tourisme.com

OÙ SE LOGER

Au cœur de la ville du XVIIIe siècle, l'*Hôtel de France*, un quatre-étoiles, associe décoration design et grain de folie avec sa chambre d'artiste. Bar glamour (11h-minuit) au rez-de-chaussée. À partir de 80-152 € selon la prestation ; 02 40 73 57 91 ; www.oceaniahotels.com

AGENDA

Nantes accueille les mélomanes en janvier pour la Folle Journée (follejournee.fr) puis les estivants lors de son Voyage à Nantes (www.levoyageanantes.fr) annuel. Clisson est électrisée par le Hellfest (www.hellfest.fr) chaque année en juin.

Du côté de l'Atlantique

22

VIENNE

Se reconnecter à l'essentiel DANS LE POITOU

En dehors du Futuroscope, le département de la Vienne est assez peu connu. La région est pourtant une destination idéale pour profiter d'une nature préservée, véritable invitation à la détente et au bien-être. On y découvre un paysage rural particulièrement riche en patrimoine roman, et **Poitiers**, sa préfecture, est une ville à taille humaine où il fait bon vivre. Plus de 86 monuments y sont classés, et parcourir ses rues pavées reste un incontournable. Plusieurs autres villages typiques de la région mêlant tradition et authenticité méritent un détour, comme **Angles-sur-l'Anglin**, condensé d'histoire aux ruelles tortueuses valant à ce bourg tranquille d'être classé parmi les "Plus Beaux Villages de France". De même, la cité de **Montmorillon** (page ci-contre) offre un retour à l'époque médiévale, et sa Cité de l'écrit et des métiers du livre, où l'on peut déambuler dans de nombreuses librairies et ateliers d'artisans, est un plaisir à visiter. Enfin, pour prendre soin de soi et se ressourcer, direction **La Roche-Posay** et son célèbre spa. Quant aux recettes traditionnelles, le farci poitevin ou le broyé du Poitou vous mettront en appétit.

Découvrir Poitiers, la ville aux cent clochers

Si cette "Ville d'art et d'histoire", baignée par les rivières, est l'ancienne capitale de France, son architecture est également marquée par un riche passé médiéval. Se fondant parfaitement avec les constructions contemporaines, les nombreux joyaux architecturaux de cette époque et le vaste patrimoine religieux vous transporteront à travers l'histoire, tels le baptistère Saint-Jean, l'église Notre-Dame-la-Grande, la cathédrale Saint-Pierre et ses peintures murales du XIIIe siècle, le palais des comtes de Poitou et ducs d'Aquitaine (actuel palais de justice), etc. visitpoitiers.fr

Se hisser jusqu'à la forteresse d'Angles-sur-l'Anglin

Fièrement dressés sur son promontoire, Angles-sur-l'Anglin et les vestiges de son château féodal (page ci-contre) bordent une rivière séparant la partie haute et la partie basse du village. Classé parmi les "Plus Beaux Villages de France", ce dernier est réputé depuis 150 ans pour ses magnifiques broderies à la main, mais aussi pour ses falaises. La dolomite qui couvre la roche et les trous formés par la dissolution de fossiles marins en font un lieu privilégié pour la pratique de l'escalade.

Rechercher les sensations fortes au Futuroscope

Depuis 1987, le parc du Futuroscope propose des attractions ludiques axées sur la science, la technologie et les sensations physiques. Ici, l'innovation et l'expérience sont au centre du jeu. Une immersion dans un univers futuriste pour apprendre tout en s'amusant, en famille. Une des dernières créations, star du moment : Objectif Mars, des montagnes russes sur le thème de l'espace, pour tester votre aptitude à partir en mission sur la planète rouge. Adulte/enfant 1 jour 48/39 €, 2 jours 86/69 € ; Chasseneuil-du-Poitou ; futuroscope.com

S'émerveiller à l'abbaye de Saint-Savin-sur-Gartempe

Avec son programme pictural qui recouvre une grande partie des murs de l'église, l'édifice mérite incontestablement son surnom de "Sixtine romane". Les peintures des XIe et XIIe siècles sont dans un état de conservation remarquable. La cinquantaine d'épisodes de l'Ancien Testament représentés sur la voûte de la nef, dont la célèbre Arche de Noé (ci-dessous), ont été commandités par les moines bénédictins. Ce fleuron de l'art roman, qui s'élève le long de la Gartempe, est classé au patrimoine mondial par l'Unesco depuis 1983. www.abbaye-saint-savin.fr

PLUS DE TEMPS ?

→ **CITÉ DES TANNEURS** Depuis presque 1000 ans, le village de Lavausseau est réputé pour ses tanneries, comme le suggèrent les cornes accrochées aux façades. Si le dernier tanneur a quitté les lieux en 2015, les machines restées en place témoignent de ce passé artisanal. Boivre-la-Vallée ; 05 49 43 77 67 ; www.citedestanneurs-lavausseau.fr

→ **ABBAYE DE CHARROUX** Conservant les reliques de la sainte Croix, l'abbaye bénédictine Saint-Sauveur était l'une des plus puissantes de l'époque carolingienne. Aujourd'hui, il ne reste que la tour octogonale qui domine la ville et ses ruelles anciennes, bordées de vénérables maisons à pans de bois. www.abbaye-charroux.fr

Un château mystérieux

Folie néogothique du XIXe siècle, le château de La Mothe-Chandeniers fut abandonné pendant près de 100 ans, après un incendie en 1932. En 2017, une start-up, Dartagnans, lance une campagne de crowdfunding afin de le sauver. Le projet fait le tour de la planète, et c'est près de 28 000 co-châtelains originaires de 115 pays qui contribuent ainsi à la préservation de ce patrimoine historique. Aujourd'hui, l'édifice entre en totale symbiose avec la nature. Un lieu magique, duquel se dégage une atmosphère mystérieuse et romantique. Les Trois Moutiers ; mothe-chandeniers.com

CARNET PRATIQUE

COMMENT S'Y RENDRE

Poitiers est desservi par des TGV en provenance de Paris (1 heure 30), Bordeaux (1 heure 30) ou Lille (3 heures 30).

En voiture, la ville est accessible par de nombreux axes : elle est reliée à Paris et Bordeaux par l'A10, à Niort et La Rochelle par la RN11, à Angers et Limoges par la RN147, et à Auxerre par la RN151.

OÙ SE LOGER ET SE RESTAURER

Installé dans une ancienne chapelle de jésuites, l'hôtel *Mercure* de Poitiers a aménagé certaines chambres sous des croisées d'ogives ou un clocher. À partir de 87 € ; 05 49 50 50 60 ; all.accor.com

Pour déjeuner, foncez au restaurant du *Confort moderne*, une friche artistique pionnière, qui œuvre depuis le début des années 1980. Produits locaux, de saison, à déguster les pieds dans l'herbe, ou derrière une immense verrière. Menu midi 14-18 € ; 07 66 81 21 04 ; www.confort-moderne.fr

AGENDA

De fin novembre à début décembre se tient le Poitiers Film Festival (poitiersfilmfestival.com) autour de la jeune création cinématographique.

Mi-août, le festival du Livre bat son plein à Angles-sur-l'Anglin.

23

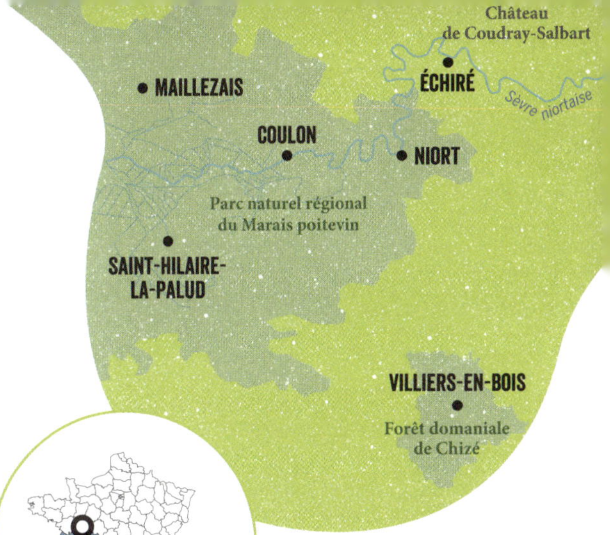

DEUX-SÈVRES, VENDÉE

Embarquer POUR LE MARAIS POITEVIN

Fruit d'un fabuleux mariage de la terre et de l'eau, le Marais poitevin est la deuxième plus grande zone humide de France, après la Camargue. Pour partir à la découverte de ce **biotope très particulier**, en partie forgé par la main de l'Homme, rien de tel que de glisser silencieusement sur ses canaux à bord d'une barque, ou de pédaler à vélo, le long des chemins de halage ou des prés bordés de peupliers ou de saules. Vous pourrez rayonner sur la région et ses nombreux trésors naturels, aussi fortement imprégnée de culture et d'Histoire, en séjournant dans la belle cité médiévale de **Niort**. Labellisée "Ville et Métiers d'art", cette destination de charme au cœur du marais a également été nommée **capitale de la biodiversité** pour son implication et ses efforts en matière de développement durable. Flânez dans le centre historique, grimpez dans le célèbre **donjon d'Aliénor d'Aquitaine** qui surplombe la **Sèvre**, ou ressourcez-vous dans les **jardins de la Brèche**, qui furent au XVIIIe siècle un vaste champ de foire. www.niortmaraispoitevin.com

Sillonner la Venise verte

C'est au cœur du Marais poitevin que se déploie le dense réseau de canaux de la "Venise verte". Embarquez sur une plate (barque traditionnelle à fond plat) et suivez-en les méandres vert émeraude. L'idéal est de faire plusieurs balades en partant de différents embarcadères, chaque secteur du marais ayant ses paysages caractéristiques et ses coins secrets. www.marais-poitevin.com

Observer les oiseaux du marais

Un parc ornithologique accueille sur 8 ha plus de 75 espèces d'oiseaux, dont les migrateurs qui peuplent le Marais poitevin : cigognes, hérons, bernaches du Canada, martins-pêcheurs, etc. Vous accéderez en barque aux zones les plus sauvages du marais mouillé, à la découverte de sa riche biodiversité. Les Oiseaux du Marais poitevin ; avril-octobre ; Saint-Hilaire-la-Palud ; 05 49 26 04 09 ; www.oiseauxmaraispoitevin.com

Explorer la forteresse la mieux conservée de France

Non loin de Niort se dresse le fier château de Coudray-Salbart (ci-contre), une forteresse du XIIIe siècle. Dominant la Sèvre, il se distingue par son architecture originelle, jamais remaniée. D'après la légende, la fée Mélusine l'édifia en trois nuits avec les pierres apportées dans son tablier. Échiré ; 06 03 56 21 36 ; coudraysalbart.fr

Descendre dans les mines d'argent des rois francs

Ici se trouvent les plus anciennes mines d'argent visitables au monde, exploitées du VIIe au Xe siècle. Vous explorerez les tréfonds du réseau minier (plus de 30 km de galeries ont été mis au jour) en quête d'un filon de galène argentifère à partir duquel les miniers pouvaient obtenir du plomb et de l'argent. Le musée du site possède un jardin médicinal carolingien, ainsi qu'une plate-forme archéologique expérimentale des arts du feu. Melle ; 05 49 29 19 54 ; mines-argent.com

Pousser les portes d'un étonnant cabinet de curiosités

Le musée pluridisciplinaire Bernard-d'Agesci est un véritable cabinet de curiosités. Toutes les collections des anciennes institutions niortaises (beaux-arts, Muséum d'histoire naturelle, collection d'instruments à vent d'Auguste Tolbecque, conservatoire de l'éducation, etc.) y ont été réunies en un seul lieu pour former l'un des plus importants musées du Grand Ouest. Installé dans l'ancien lycée de jeunes filles de Niort (1897), il accueille également l'un des rares ateliers nationaux de restauration de peintures. 05 49 78 72 00 ; www.niortagglo.fr

PLUS DE TEMPS ?

→ **PARC ZOODYSSÉE** Ce parc mettant à l'honneur la faune sauvage européenne accueille près de 800 animaux dans un écrin de verdure proche de leur milieu naturel. Au cœur de la forêt domaniale de Chizé, il s'inscrit dans une démarche exemplaire tant à l'égard du bien-être animal que du développement durable. Villiers-en-Bois ; 05 49 77 17 17 ; www.zoodyssee.fr

→ **ABBAYE SAINT-PIERRE DE MAILLEZAIS** Site touristique majeur du Marais poitevin, cet édifice du XIe siècle fut pendant cinq siècles l'une des plus importantes abbayes bénédictines de la région. Aujourd'hui, il se dégage de ses majestueux vestiges une atmosphère des plus romantiques. Mars-octobre ; 02 51 53 66 80

Les dragons de Niort

Selon la légende, au XVIIe siècle, un énorme serpent ailé trouva refuge dans un souterrain proche de l'actuelle rue Saint-Jean. Jacques Allonneau, un soldat déserteur, sollicita alors la grâce royale en promettant en contrepartie de délivrer le pays de ce monstre. Il lui enfonça son glaive dans la gorge, avant d'ôter le masque qui le protégeait de son venin. Malheureusement, le dragon empoisonna le soldat dans un dernier souffle. Aujourd'hui, les quatre dragons de bronze installés rue du Temple et rue Ricard témoignent de cette légende locale, et sont devenus l'un des symboles de la ville.

CARNET PRATIQUE

QUAND PARTIR

Préférez le printemps et le début de l'été, lorsque la nature se pare d'un camaïeu vert, moucheté des nuances or et mauves des iris des marais.

COMMENT S'Y RENDRE

Des TGV desservent Niort depuis Paris (2 heures 20) et Bordeaux (2 heures 30). Il vous faudra ensuite un véhicule pour sillonner la région.

En voiture, Niort est accessible par l'A10 depuis Paris (3 heures 45) et Bordeaux (1 heure 50), et par l'A83 depuis Nantes (1 heure 30).

OÙ SE LOGER ET SE RESTAURER

À Coulon, l'hôtel *Au Marais* est idéalement situé au bord de la Sèvre niortaise. À partir de 100 € ; 05 49 35 90 43 ; www.hotel-marais-poitevin.com

En période estivale, éloignez-vous des villages les plus touristiques ou préférez Niort, proche des commodités. Le restaurant-bar à vins *Les Planches* y sert une cuisine simple, familiale et inventive. Formule midi à partir de 12,50 € ; 05 49 24 90 91 ; www.lesplanches-resto.fr

AGENDA

C'est au printemps que se déroule dans l'agglomération niortaise la 5e Saison, un festival de théâtre, musique, danse et arts du cirque (autour du mois de juin ; 5esaison.niortagglo.fr), et le Niort Jazz Festival (fin juin ; www.niortjazzfestival.com).

24

CHARENTE-MARITIME

Goûter à la sérénité SUR L'ÎLE DE RÉ

Elle est longtemps restée une terre secrète, peuplée de pêcheurs et de paysans, jusqu'à ce qu'elle soit reliée au continent en 1988. Depuis, cette île du **golfe de Gascogne** est prise d'assaut pour ses jolies plages, ses ruelles bordées de roses trémières, sa quiétude, sa météo (le vent y chasse vite la pluie). Dix communes se répartissent autour de l'île de Ré, et toutes valent le détour. À **Saint-Martin-de-Ré**, admirez les fortifications édifiées par Vauban au XVIIe siècle. À **La Flotte**, ne manquez pas la maison du Platin, un petit musée consacré à la culture insulaire. À **Ars-en-Ré**, visitez la maison du Sénéchal, un édifice érigé au XVIe siècle dans un style Renaissance. Prenez surtout le temps de vous attabler à la terrasse d'un café, de manger des huîtres quand bon vous semble, d'admirer les couchers de soleil, de vous balader le long de l'océan. Et évidemment, déplacez-vous à **vélo** ! L'île est plate et quadrillée de pistes cyclables, et on trouve de nombreux loueurs. iledere.com

Goûter aux charmes toniques de l'Atlantique

Les nombreuses plages qui jalonnent les côtes de l'île offrent chacune leur lot d'activités vivifiantes. Du côté du Bois-Plage ou des Portes-en-Ré, les plus sportifs pourront s'initier aux joies du surf ou perfectionner leur technique de glisse en prenant un cours particulier ou en louant une planche (Ré Surf ; à partir de 35-40 € selon la saison ; 06 30 08 12 81 ; www.re-surf.com). Les cavaliers confirmés arpenteront à cheval la superbe conche des Baleines au pied du phare ou bien randonneront à travers l'île, tandis que les plus jeunes expérimenteront les balades à poney (Equipassion ; 06 70 02 35 28 ; www.ilederecheval.com). Les inconditionnels du bain de mer, quant à eux, piqueront une tête à Trousse-Chemise, belle plage sauvage de sable blanc reliée au banc du Bûcheron, qui se découvre à la faveur des marées (en prenant tout de même garde aux courants parfois puissants !).

S'étourdir au phare des Baleines

L'effort vaut le coup (d'œil) ! Il faut certes gravir 257 marches pour atteindre le sommet de ce monument rétais parmi les plus visités (ci-dessous), mais la vue y est splendide et embrasse toute l'île : la côte sauvage, les marais salants, le clocher d'Ars, le pont. Ne manquez pas l'ancienne tour à feu, derrière l'édifice, et le musée qui conte l'histoire et détaille le fonctionnement de l'un des plus puissants phares de la côte atlantique. Saint-Clément-des-Baleines ; 05 46 29 18 23 ; lepharedesbaleines.fr

Faire son marché à La Flotte

L'ambiance des marchés de l'île de Ré vaut le détour. Celui du Bois-Plage-en-Ré est le plus important, celui de La Couarde-sur-Mer le plus familial, et celui de Loix le plus confidentiel. Mais ne manquez en aucun cas celui de La Flotte, un marché médiéval pittoresque avec ses halles pavées et ses étals couverts. Au menu : du sel, des huîtres, des fruits et légumes de saison, des bijoux fantaisie, des sandales et de jolis paniers.

Faire le plein de sel à la presqu'île de Loix

Telle une île dans l'île, ce territoire perdu entre mer et marais est parcouru de sentier sauvages menant à un écomusée qui retrace l'histoire des sauniers rétais et expose les techniques traditionnelles de récolte du sel. Les balades commentées dans les marais sont particulièrement plaisantes. www.marais-salant.com

PLUS DE TEMPS ?

→ **LA ROCHELLE** Traversez le pont et explorez la cité rochelaise, son vieux port animé de terrasses débordant de plateaux de fruits de mer, son riche patrimoine, son centre historique, ses rues à arcades jalonnées de boutiques et tables gourmandes, son superbe aquarium, etc. www.larochelle-tourisme.com

→ **ÎLE D'AIX** Au départ de l'île de Ré ou de La Rochelle, plusieurs croisières permettent de découvrir le pertuis d'Antioche, au sud du pertuis Breton. Visitez notamment l'île d'Aix, confetti de terre de 3 km dont on peut faire le tour à pied en quelques heures pour en admirer les fortifications, et approchez le mythique fort Boyard. Croisières Inter-Îles ; à partir de 36,50 € ; 05 46 50 55 54 ; www.inter-iles.com

L'âne culotté

L'âne en culotte, le baudet du Poitou, est devenu l'emblème du folklore rétais. Vous le reconnaîtrez à ses poils épais, ses jambières rayées ou à carreaux, peut-être au détour d'un rempart de Saint-Martin-de-Ré. Cet accoutrement, à l'origine, servait à protéger les bêtes des coupures, des mouches et des moustiques. En voie de disparition, la race est élevée au parc de la Barbette, à côté du port. Les plus jeunes pourront faire une balade à dos d'âne. Balade 3 € ; 14h-18h30 tous les jours sauf samedi en juillet-août ; www.ane-en-culotte.com

CARNET PRATIQUE

COMMENT S'Y RENDRE

Un pont de 3 km relie l'île de Ré au continent. Des liaisons maritimes existent également entre La Rochelle ou La Tranche-sur-Mer et l'île. Sur place, le vélo reste le meilleur mode de déplacement.

La gare de La Rochelle est reliée par TGV à Paris-Montparnasse et à Nantes et Bordeaux par Intercités.

OÙ SE RESTAURER

Pour le déjeuner, optez pour une cabane à huîtres comme *La Cabane du Fier* (05 46 29 64 84 ; www.lacabanedufier.com), à Ars-en-Ré. Au goûter, optez pour les fameuses glaces italiennes de la *Gelateria Del Mare* (05 46 01 11 65), à La Flotte.

AGENDA

L'été, Jazz au phare est le festival musical incontournable de l'île de Ré, qui se déroule au pied du phare des Baleines. jazzauphare.com

ILE D

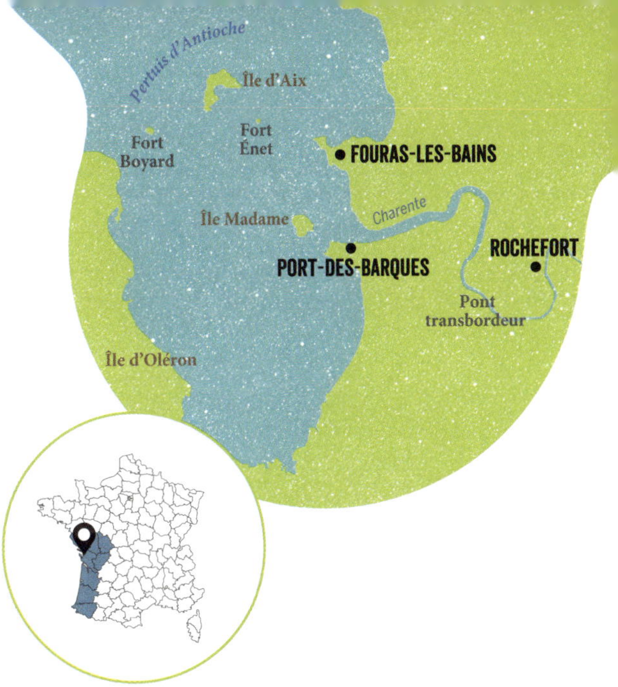

25

CHARENTE-MARITIME

Voyager avec le Roi-Soleil

DANS LE ROCHEFORTAIS

Ville lumineuse blottie dans une boucle de la Charente, qui débouche en plein cœur du pertuis d'Antioche, Rochefort est née en 1666, lorsque Louis XIV choisit le site afin d'y faire construire "le plus grand arsenal du Ponant". À sa demande, Colbert y édifie ex nihilo une cité entièrement dédiée à la **construction navale**, qui restera en activité pendant plus de deux siècles. Aujourd'hui brillamment réhabilité, le site invite à un voyage ludique et instructif, au fil de ses édifices les plus emblématiques : la **Corderie royale**, imposant bâtiment à l'architecture classique reconverti en musée interactif ; le **musée national de la Marine**, aux superbes modèles réduits ; l'**Accro-mâts**, un parcours aventure pour pirates... et bien sûr l'**Hermione**, réplique de la célèbre frégate du XVIIIe siècle. Aux portes de la cité vous attendent l'océan, des **petits ports**, l'**île d'Aix** (ci-contre) et d'autres **îles minuscules** où s'élèvent parfois des forts aussi grands qu'elles, et des coins de **nature sauvage**.

Prendre une bouffée d'iode à l'île Madame

C'est de Port-des-Barques, situé en aval de la Charente, à 15 km de Rochefort, que La Fayette embarqua à bord de l'*Hermione* en 1780 pour apporter son aide aux indépendantistes américains. Dans ce village paisible, on loue aujourd'hui des vélos pour s'aventurer à marée basse sur la Passe-aux-Bœufs – un tombolo naturel fait de sable et de galets – qui mène à l'île Madame. Cette petite langue de terre de 1 km de long, à l'écosystème préservé, offre une belle promenade iodée, ponctuée d'une dégustation d'huîtres, élevées sur place. ilemadame.com

Goûter à l'insularité absolue de l'île d'Aix

Ce petit confetti d'à peine quelques kilomètres carrés possède en condensé tout le charme de ses voisines. Forêt de pins, petites maisons chaulées aux volets verts et bleus (ci-contre), jolies criques, grandes étendues de sable... Et un calme inégalé, dû à l'absence de véhicules motorisés : ici, le vélo est roi. Pour en jouir pleinement, prenez le contre-pied des touristes (qui font l'aller-retour sur la journée) et passez-y la nuit. www.rochefort-ocean.com

Vivre la scène d'ouverture des Demoiselles de Rochefort

Sa haute silhouette métallique enjambant la Charente est la première image du célèbre film musical de Jacques Demy, mettant en vedette Françoise Dorléac et Catherine Deneuve... Élevé en 1900, le pont transbordeur du Martrou permet toujours aux piétons et cyclistes de passer d'une rive à l'autre du fleuve à bord de sa nacelle suspendue. Depuis le centre de Rochefort, la belle balade balisée "Le chemin de la Charente" permet de rejoindre, à pied ou à vélo, cet ouvrage d'art unique, et de pousser vers la station de lagunage, lieu d'observation ornithologique. www.pont-transbordeur.fr

Voguer vers les îles du pertuis d'Antioche

À Fouras-les-Bains, station balnéaire intimiste et coquette, on est au plus près des petites îles du pertuis charentais. On peut ainsi approcher le (très) télégénique fort Boyard, ou son petit frère, le fort Énet, en glissant sur les flots à la force des bras au cours d'une sortie autonome ou accompagnée en kayak (antioche-kayak.fr), ou sans effort, poussé par le vent, à bord d'un catamaran (boyard-croisiere.com).

PLUS DE TEMPS ?

→ **MARENNES** Louez des vélos à l'office du tourisme de Marennes (à 23 km au sud de Rochefort) pour explorer le joli port de La Cayenne. Entre ses cabanes ostréicoles et son musée en plein air, la Cité de l'huître, le fameux mollusque n'aura plus de secrets pour vous. www.ile-oleron-marennes.com

→ **BROUAGE** Entre Rochefort et Marennes, cette cité de caractère, blottie au creux de remparts parfaitement conservés, propose, en saison, une belle programmation culturelle. Les marais qui la cernent sont aussi l'occasion d'agréables balades. www.brouage-tourisme.fr

L'Hermione

L'*Hermione*, la célèbre frégate qui sillonna l'Atlantique et l'océan Indien entre 1779 et 1793, avant de faire naufrage au large du Croisic, fut reconstruite à l'identique à Rochefort, au cours d'un chantier qui dura… 17 ans (1997-2014) ! Il faut dire que les proportions de ce vaisseau sont impressionnantes : 66 m de long, 3 mâts dont un de 54 m de haut, 2 100 m² de voiles, plus de 25 km de cordages, et un poids total de 1 100 tonnes… fregate-hermione.com

CARNET PRATIQUE

QUAND PARTIR

Au mois de juin ou de septembre, pour jouir du beau temps et éviter l'affluence.

COMMENT S'Y RENDRE

Rochefort est régulièrement desservie par les TER et trains Intercités en provenance de Bordeaux, Nantes et La Rochelle.

OÙ SE LOGER ET SE RESTAURER

À *L'Esprit du 8* (à partir de 130-160 € ; 06 79 43 92 77 ; lespritdu8.com) à Rochefort, une maison d'hôtes à la déco pointue et à l'accueil chaleureux, et, sur l'île d'Aix, au contemporain *Hôtel Napoléon* (à partir de 90 € ; mars à mi-novembre ; 05 46 84 00 77).

Sur l'île d'Aix, dégustez quelques huîtres *Chez Franck* (Les Mathes ; franckspeisser.fr), une cabane ostréicole à l'atmosphère on ne peut plus insulaire.

AGENDA

Le parcours son et lumière Oceana Lumina fait vibrer l'Arsenal rochefortais à la tombée de la nuit… Féerie garantie ! Adulte/enfant 18/8,50 € ; 05 46 87 01 90 ; arsenaldesmers.fr

26

CHARENTE

Longer la Charente
DE COGNAC À LA SAINTONGE

L'arrière-pays charentais, trop souvent délaissé au profit du littoral, possède de nombreux attraits. Si la **Saintonge** charme par son côté bucolique, sa douceur et son art de vivre, c'est également une destination privilégiée pour les amateurs d'art et d'Histoire, avec ses **villages** au charme authentique et sa profusion d'**églises romanes**. Autour de **Saint-Jean-d'Angely**, plusieurs circuits mènent sur les routes de l'art roman (destinationvalsdesaintonge.com). Tout comme **Saintes** (ci-contre), incontournable capitale historique de la région, **Cognac** longe le fleuve Charente. Ville connue et reconnue pour son vignoble, son histoire reste liée à la célèbre **eau-de-vie** à laquelle elle donne son nom. Ici, la visite d'une des nombreuses **maisons de production** est un incontournable. Poussez la porte des maisons Hennessy, Martell, ou celle du fameux château de Cognac.

Découvrir le riche passé historique de Saintes

Si la ville, étape du chemin de Compostelle, regorge de trésors architecturaux romans, dont l'abbaye aux Dames et l'église Saint-Eutrope, on y croise par ailleurs de magnifiques vestiges gallo-romains comme l'amphithéâtre (photo p. 114) ou l'arc de Germanicus. Des ruines qui témoignent de l'importance de la ville sous l'Empire romain. Saintes, *Mediolanum Santonum*, était alors la capitale de la Gaule aquitaine. Classée "Ville d'art et d'Histoire", elle s'est engagée dans une démarche de conservation de son riche patrimoine. saintes-tourisme.fr

Voguer sur la Charente en gabarre

La Charente fut longtemps la principale voie commerciale entre la côte Atlantique et l'arrière-pays, parcourue par de lourdes gabarres, des bateaux à fond plat spécialement fabriqués pour transporter des marchandises, dont les eaux-de-vie de Cognac. Plusieurs embarcadères proposent des promenades dans l'un de ces bateaux traditionnels. Vous en trouverez dans le centre-ville de Saintes ou à Saint-Simon, à une vingtaine de kilomètres de Cognac. www.village-gabarrier.fr

Devenir viticulteur d'un jour

Dans les sols calcaires de Charente-Maritime pousse la vigne qui donne naissance à l'une des plus célèbres eaux-de-vie : le cognac. En la mêlant au moût de raisin, on obtient l'emblème de l'apéritif charentais : le pineau. Pour s'immerger dans un chai à la découverte de l'appellation, de ses savoir-faire et de ses secrets, direction Segonzac et le domaine Guillon-Painturaud : ici, on s'initie à la dégustation, mais il est également possible de créer son propre pineau des Charentes au cours d'un atelier d'assemblage. Et, bien évidemment, on repart avec sa bouteille unique. cognac-guillon-painturaud.fr

S'aventurer dans les pas du Chat Botté

Le château de Crazannes (chateaucrazannes.fr), élevé au XIVe siècle à l'emplacement d'une ancienne construction féodale, en a conservé la structure d'origine, somptueuse et féerique. Au XVIIe siècle, le propriétaire, le comte de Caravaz, inspira Charles Perrault pour son personnage du marquis de Carabas. Depuis, on surnomme la demeure "château du Chat Botté". À quelques kilomètres, au château de La Roche-Courbon (www.larochecourbon.fr ; ci-contre), plane également un air de conte de fées. Un château endormi, réveillé au début du XXe siècle par Pierre Loti qui le baptisa "château de la Belle au Bois Dormant".

PLUS DE TEMPS ?

→ **ROYAN** Les élans architecturaux modernistes des années 1950 mêlés aux constructions Belle Époque font la singularité de cette station balnéaire. Pour la baignade, direction la plage de la Grande Conche et ses 2,5 km de sable.

→ **LA FLOW VÉLO** Cette véloroute de 290 km longe la Charente – par ailleurs navigable jusqu'à la mer. Villages de charme, églises romanes, châteaux et vignobles se succèdent entre Cognac et Saintes (38 km). Peu à peu, l'air marin se fait sentir. Plus que 90 km et vous serez à l'île d'Aix ! laflowvelo.com

La pine de Barbezieux

À la période des Rameaux, les vitrines des pâtissiers et boulangers de Barbezieux se parent de petits gâteaux à la forme évocatrice. Cette spécialité locale ancestrale, à base de pâte à chou fourrée de crème chantilly ou de mousseline aromatisée, aurait pour origine un ancien culte païen dédié à l'adoration du symbole de la fécondité. La tradition ne semble pas près de s'éteindre, et déguster cette douceur en famille ou entre amis est un véritable rituel.

CARNET PRATIQUE

COMMENT S'Y RENDRE

La ligne Grande Vitesse relie Paris à Angoulême (1 heure 45) et à La Rochelle (2 heures 30). Cognac et Saintes sont ensuite facilement accessibles par le réseau TER et Intercités.

OÙ SE LOGER ET SE RESTAURER

À Saintes, les anciennes cellules des nonnes de l'abbaye aux Dames sont converties en d'agréables chambres d'hôtel. 52-95 € ; 05 46 97 48 48 ; abbayeauxdames.org

Dans le centre de Cognac, la brasserie *Le Coq d'Or* est une institution depuis 1908. On y mange une bonne cuisine locale dans un cadre chaleureux.

AGENDA

Plutôt classique ou musiques actuelles ? Dans les deux cas, direction l'abbaye aux Dames où se tiennent les deux grands festivals de la région : le Festival de Saintes en juillet et le Coconut Music Festival (www.coconutmusicfestival.org) début septembre.

27

CHARENTE-MARITIME

Prendre un bain de soleil SUR LA CÔTE DE BEAUTÉ

De la forêt domaniale de la Coubre ourlée de kilomètres de plages de sable fin aux falaises dominant l'estuaire de la Gironde, en passant par les stations balnéaires chics et animées de Saint-Palais et Royan, le littoral charentais offre ici son visage le plus solaire. Presque intégralement détruite en 1945, à la suite de bombardements alliés, **Royan** fut reconstruite sous la direction de l'architecte Claude Ferret qui s'inspira de l'école moderniste brésilienne d'Oscar Niemeyer. Parmi les édifices emblématiques de l'**architecture des années 1950** : le marché central couvert, tout en arrondis, ou encore l'église Notre-Dame, impressionnant vaisseau de béton armé... Ajoutez-y par ailleurs, dans les quartiers du Parc et de Pontaillac, de belles **villas Art nouveau et Art déco** ayant survécu à la guerre. D'avril à septembre, profitez des remarquables visites guidées organisées par le service culturel de la ville (6,50/4,10 € ; 05 46 39 94 45).

Embarquer pour le phare de Cordouan

Toujours en activité, le "phare des Rois" a été élevé en pleine mer à la demande d'Henri III et achevé en 1611. Son aménagement, unique, qui comprend notamment un appartement royal et une chapelle, se découvre au cours d'une croisière ayant tout d'une aventure ! Après 45 minutes de traversée depuis le port de Royan, on accoste à marée basse, les pieds dans l'eau, avant de gravir les 301 marches qui débouchent sur l'estuaire de la Gironde à 360°. Avril-novembre ; adulte/enfant 51-63/48-58 € selon saison, croisierelasirene.com ; www.phare-de-cordouan.fr

Découvrir les jolis villages de l'estuaire

Pour s'imprégner des variations de lumière de l'estuaire, suivez l'itinéraire baptisé Canal des Deux-Mers à vélo. Après la forêt de Suzac, où des chemins mènent à de jolies plages de sable, la côte dévoile dans sa falaise calcaire les grottes troglodytiques de Meschers-sur-Gironde (page ci-contre). Paysages de vignes et de marais se succèdent ensuite à fleur d'eau, jusqu'à l'adorable village de Talmont-sur-Gironde et sa belle église romane, surplombant les flots. www.canaldes2mersavelo.com

Pédaler sous les pins jusqu'à la côte sauvage

Sillonné par la Vélodyssée®, le littoral royannais peut aisément se parcourir en petite reine... Depuis la station de La Palmyre, la fameuse véloroute de l'Atlantique s'enfonce, sur 20 km, sous les pins centenaires de la forêt domaniale de la Coubre, à travers la presqu'île d'Arvet. Une balade hautement chargée en chlorophylle, qui mène à la longue plage de la côte sauvage, aux rouleaux indomptés. Du haut du phare rayé de rouge et de blanc qui la toise, la vue est superbe. pharedelacoubre.fr

Profiter des plaisirs balnéaires de la Côte de Beauté

Avec sa Grande Conche aux 2,5 km de sable, située en plein cœur de la ville, et sa succession de jolies criques, reliées entre elles par le très agréable sentier de la corniche, Royan est pleinement dévolue aux joies balnéaires : baignade, voile, surf ou farniente... Tout comme les communes qui la jouxtent – Vaux-sur-Mer, Saint-Palais et La Palmyre au nord ; Saint-Georges-de-Didonne au sud – et qui forment, avec elle, la "Côte de Beauté". royanatlantique.fr

PLUS DE TEMPS ?

→ **MORNAC-SUR-SEUDRE** Rejoignez La Tremblade, à 20 km au nord de Royan, et embarquez dans le Train des Mouettes (traindesmouettes.fr) qui suit les bords de la Seudre au fil de ses villages ravissants. Descendez à Mornac pour une dégustation d'huîtres et une balade en kayak ou en paddle au cœur des marais.

→ **SAINTES** À 40 km de Royan, la capitale historique de la Saintonge invite à une passionnante remontée dans le temps. Au programme, découverte des vestiges gallo-romains, du dense patrimoine religieux et balades sur les eaux de la Charente... www.saintes-tourisme.fr

Picasso à Royan

Encouragé par son ami André Breton, Picasso quitte Paris en septembre 1939 pour s'installer à Royan, accompagné de la photographe Dora Maar. Il y restera près d'une année, durant laquelle il réalisera plus de 750 croquis, dessins, lavis, encres et huiles – dont *Café à Royan*, l'une des toiles les plus connues de cette époque. Le musée de Royan retrace, dans une petite salle dédiée, exposant photos, reproductions de tableaux et témoignages, le séjour de l'artiste dans la station balnéaire. 05 46 38 85 96 ; www.musee-de-royan.fr

CARNET PRATIQUE

QUAND PARTIR

Fin août début septembre, lorsque le flot de vacanciers s'en est allé, que l'eau est encore bonne et que les soirées sont douces.

COMMENT S'Y RENDRE

La gare de Royan est desservie par des TER en provenance de Saintes ou d'Angoulême.

OÙ SE LOGER ET SE RESTAURER

Pour revivre le Royan des années 1950, séjournez à l'hôtel *Le Trident Thyrsé* (à partir de 66-76 € selon saison ;05 46 05 12 83 ; www.letridentthyrse.fr) ou dans le meublé de style *Le Ciel de Royan* (06 77 13 08 34 ; lecielderoyan.com). En matière de bonnes tables, le littoral est prolifique ! Ne manquez pas de goûter aux huîtres du bassin de Marennes et à l'éclade de moules.

BAR de la POSTE
SALADERIE CREPERIE TERRASSE
MACARONS

28

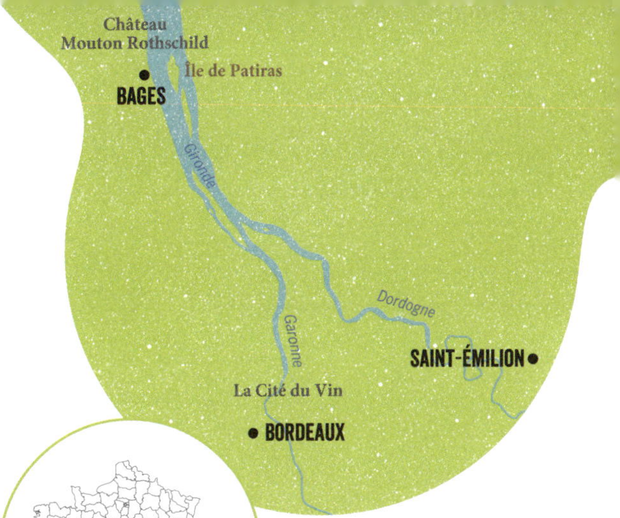

GIRONDE

Célébrer LE BORDELAIS ET SA CAPITALE

Le vignoble bordelais est l'un des plus anciens au monde, il est aussi reconnu pour être le plus prestigieux depuis l'Antiquité. Bordeaux, **capitale mondiale du vin**, est classée au patrimoine mondial de l'Unesco. Et la **Cité du Vin**, un lieu unique au monde, donne le ton. Si les superbes bâtiments du centre de la ville gardent l'empreinte grandiose du siècle des Lumières, c'est sa mixité culturelle qui en fait une métropole si vivante. Pour en découvrir davantage sur le monde fascinant du vin, son histoire et ses enjeux lancez-vous dans l'exploration du **Bordelais**. De la Route des vins du Médoc aux vignobles des Graves et du Sauternais, en passant par le Blayais, **Saint-Émilion** (et sa cité médiévale ; ci-contre) ou l'Entre-deux-Mers, il existe **six grandes routes du vin**. Dans le **Médoc**, de prestigieux domaines bordent la D2, mythique "Route des châteaux" : 80 km entre Margaux, Saint-Julien et Saint-Estèphe, en passant par Pauillac. Mais la région se prête aussi à la randonnée à travers les marais, à la pêche au carrelet, à prendre le temps dans une guinguette au bord de la Gironde.

Visiter l'ancien village viticole de Bages

Au cœur des vignobles de Pauillac, le "village de Bages" est un ancien hameau viticole, longtemps déserté. Entièrement restauré en 2003 à l'initiative de Jean-Michel Cazes, propriétaire du prestigieux Château Lynch-Bages, il est aujourd'hui un lieu touristique dédié à l'art de vivre et de recevoir en Médoc. Au cœur du village, le café Lavinal est une pause gourmande incontournable. Une destination authentique et paisible dans l'un des plus prestigieux vignobles. www.pauillac-medoc.com

Découvrir des étiquettes d'art au château Mouton Rothschild

À Pauillac, le long du plus vaste estuaire d'Europe, Mouton Rothschild est l'un des plus prestigieux châteaux de la région bordelaise. Son "Grand Chai", conçu en 1926 par l'architecte Charles Siclis, offre une perspective de 100 m sur les tonneaux de chêne. Dans un chai plus ancien, l'une des salles du musée du Vin dans l'Art présente les originaux des étiquettes réalisées par les plus grands artistes contemporains pour habiller chaque millésime de ce vin légendaire depuis 1945 – entre autres, Marc Chagall, Keith Haring, Salvador Dalí, Pierre Soulages, Annette Messager ou encore Andy Warhol ! www.chateau-mouton-rothschild.com

Flâner sur les quais à Bordeaux

À pied ou à vélo, les immeubles de pierre blonde s'égrènent sur plus d'un kilomètre. Côté Garonne, une promenade de 4,5 km épouse la courbe du fleuve. Au départ du pont de Pierre (ci-dessous) se succèdent la porte de Bourgogne, la porte Cailhau, puis la place de la Bourse et le Miroir d'eau, l'un des symboles du renouveau de la ville. Au-delà de l'esplanade des Quinconces, les Chartrons et leur marché du dimanche matin, sont parfaits pour déguster quelques huîtres. Passé le skatepark, on découvre l'immensité du pont Chaban-Delmas. En redescendant par la rive droite, arrêtez-vous au Hangar Darwin, un espace alternatif occupant une ancienne caserne militaire.

Entrer dans le temple du vin

Au cœur de Bordeaux, la Cité du Vin épouse les contours du fleuve, déployant la forme arrondie d'un verre de vin en mouvement. Le lieu, dédié aux cultures du vin, propose une approche internationale et thématique, avec un focus sur les civilisations et les cultures (vendanges, vinification, routes fluviales du vin, portraits de vignerons, vin et divin, nouvelles tendances, figures littéraires, etc.). La visite se termine un verre à la main au Belvédère d'où l'on profite d'une vue à 360°. Adulte/enfant 21/9 € ; www.laciteduvin.com

PLUS DE TEMPS ?

→ **ÎLE DE PATIRAS** Apparue en 1625, l'île de Patiras est aujourd'hui couverte de cultures et de vignes. On y accède en bateau depuis Pauillac, avant de grimper les 122 marches de son phare qui domine le vignoble du Médoc et l'estuaire de la Gironde. Croisière avec déjeuner ; adulte/enfant 69/40 € ; www.croisieres-les2rives.com

→ **SAINT-ÉMILION** À Saint-Émilion, il y a les vins et il y a le village, entouré de ses précieux vignobles inscrits au patrimoine mondial de l'Unesco. Par les ruelles escarpées, on rejoint le couvent des Cordeliers, le donjon-citadelle et l'étonnante église monolithe, témoignage d'un riche passé médiéval. www.saint-emilion-tourisme.com

Les cannelés

Avec sa pâte tendre et molle cachée sous une croûte brune, le cannelé (ou canelé avec un seul *n* pour les puristes) est un incontournable de la gastronomie bordelaise. Ce petit gâteau caramélisé, parfumé à la vanille et au rhum, doit son nom au moule en bronze cannelé, autrefois appelé "canelat", dans lequel il cuit. Sa recette fut concoctée sous l'Ancien Régime par les religieuses Annonciades du couvent de la Miséricorde, au cœur de Bordeaux. On raconte qu'elles récupéraient la farine et le sucre qui tombaient des sacs débarqués sur le port. Pour déguster une de ces douceurs préparées dans les règles de l'art, rendez-vous dans l'une des boutiques de La Toque Cuivrée. la-toque-cuivree.fr

CARNET PRATIQUE

COMMENT S'Y RENDRE

En TGV, Bordeaux est à 2 heures 15 de Paris et reliée à de nombreuses grandes villes. Le Bordelais est ensuite bien desservi en TER ou en bus.

OÙ SE LOGER ET SE RESTAURER

Au centre de Bordeaux, minimalisme et fantaisie signés Philippe Starck, le *Mama Shelter* est une valeur sûre. À partir de 129 € ; 05 57 30 45 45 ; mamashelter.com

Pour faire quelques courses, n'hésitez pas à vous rendre au célèbre marché des Capucins (mardi-dimanche) qui abrite quelques bistrots typiques où il fait bon s'attabler. marchedescapucins.com

AGENDA

Au mois de juin, Bordeaux fête le vin les années paires (autour du 21 juin ; www.bordeaux-fete-le-vin.com) avec des dizaines de stands de dégustation qui s'égrènent le long des quais et des spectacles en soirée. Les années impaires, c'est la fête du Fleuve (mai ou juin ; www.bordeaux-fete-le-fleuve.com) au port de la Lune.

Début avril, dans le Médoc, des dizaines de viticulteurs ouvrent les portes de leurs chais et de leur château le temps d'un week-end lors du Printemps des Châteaux. www.medocpleinsud.com

29

GIRONDE

Respirer l'air iodé DU BASSIN D'ARCACHON

Sur la Côte d'Argent, dans le sud-ouest de la France, le bassin d'Arcachon abrite une petite mer d'environ 155 m² à marée haute s'ouvrant sur l'océan Atlantique. Une destination de plaisance appréciée tant par les locaux que par les touristes. Avec ses magnifiques plages et ses dunes boisées, la région est largement tournée vers l'**ostréiculture**. Si vous avez le pied marin, embarquez sur une pinasse pour une balade en mer, puis enfilez des bottes le temps d'une pêche à pied à **Andernos**. Sur les hauteurs d'**Arcachon**, la Ville d'Hiver et ses villas Belle Époque offrent une surprenante balade dans le temps pleine d'originalité et de fantaisie, loin de l'effervescence des plages. Et, pour une vue imprenable sur le bassin, il suffit de grimper l'étroit escalier du Belvédère, au cœur du rafraîchissant Parc mauresque. On y aperçoit la pointe du **Cap-Ferret**, une étroite étendue de terre boisée qui s'étire sur 25 km, entre le bassin et l'océan. La presqu'île se parcourt facilement à **vélo**.

Embarquer avec un ostréiculteur à Gujan-Mestras

Entre mer et forêt de pins, Gujan-Mestras est tout simplement la capitale de l'huître du bassin. Sept ports ostréicoles se succèdent d'est en ouest, sur 7 km. Le plus grand, celui de Larros, est aussi le plus emblématique. D'ici, il est possible d'embarquer à la découverte des parcs à huîtres et de percer les secrets des ostréiculteurs, tout en dégustant les meilleures huîtres de la région. Informations et conseils à la Maison de l'huître (05 56 66 23 71) sur le port de Larros à Gujan-Mestras, ou dans les offices du tourisme du bassin. Adulte/enfant 45/22,50 €, forfait famille 130 € ; www.cabane-cap-au-large.fr

Approcher l'île aux Oiseaux en kayak

Cerné de parcs ostréicoles, cet îlot inhabité émergeant au milieu du bassin est un refuge pour de nombreuses espèces d'oiseaux. Dépendante du rythme des marées, sa circonférence peut varier de 5 à 16 km. Vous pagayerez autour de ce territoire sauvage, parmi les parcs à huîtres et les célèbres cabanes tchanquées (page ci-contre) – des cabanes en bois dressées sur pilotis devenues l'emblème du bassin. 35/40 € ; au départ du village de Claouey (Cap-Ferret) ; www.lacabaneagliss.com

Accoster sur la réserve naturelle du banc d'Arguin

Cet îlot sableux océanique situé à l'entrée du bassin est un véritable paradis sauvage. Un lieu idéal pour observer les oiseaux migrateurs et la flore dunaire qui s'y est développée. C'est également un site privilégié pour les ostréiculteurs. On y accède par bateau depuis la jetée de Bélisaire, principal embarcadère du Cap-Ferret, accessible à marée haute comme basse. Prévoyez de quoi vous protéger du soleil ! bateliers-arcachon.com

S'accorder une pause à la chapelle de la Villa algérienne

Dans le joli village ostréicole de L'Herbe, la chapelle Sainte-Marie du Cap (ci-contre), première église construite au Cap-Ferret, est d'une originalité architecturale étonnante. Un mélange des genres qui emprunte tant à la tradition chrétienne qu'au style mauresque. Face à la mer, elle est désormais le seul témoin de l'ensemble grandiose bâti par l'entrepreneur de travaux publics Léon Lesca, à son retour d'Algérie, entre 1865 et 1885. De cette "oasis de rêve" ne subsiste aujourd'hui que la chapelle, tandis que la Villa algérienne fut détruite par un promoteur en 1966.

Prendre de l'altitude en grimpant la dune du Pilat

Rejoignez la plus haute dune d'Europe et profitez de paysages incroyables entre forêts de pins et océan. Les plus courageux grimperont la dune par le sable. De Pâques à la Toussaint, un escalier rend la montée un peu plus accessible. L'ascension n'est certes pas une mince affaire, mais, depuis sa crête, la vue s'étend à 360°. ladunedupilat.com

PLUS DE TEMPS ?

→ **VÉLODYSSÉE** Le bassin d'Arcachon est une destination vélo incontournable. Le long de la Vélodyssée défilent plages de sable fin, villages ostréicoles et forêts de pins. Depuis la pointe du Cap-Ferret, repartez vers Andernos (26 km) en pédalant à travers les villages de la presqu'île (Piraillan, Le Canon, L'Herbe, etc.). Cartes des pistes cyclables : www.ville-lege-capferret.fr ; www.lavelodyssee.com

→ **PLAGE DU GRAND CROHOT** Direction *la* plage des surfeurs. En cas de forte fréquentation, prenez le temps de vous éloigner vers le nord ou le sud pour chercher un peu de tranquillité. Idéale également pour la baignade et le farniente, la plage est surveillée en saison.

CARNET PRATIQUE

COMMENT S'Y RENDRE

Des TER relient Arcachon à Bordeaux (45 minutes), dont la gare TGV est accessible en 2 heures 15 depuis Paris-Montparnasse.

En voiture, Arcachon est accessible par l'A10 en provenance de Paris (5 heures 30), et par l'A62 depuis Toulouse (2 heures 30).

OÙ SE LOGER ET SE RESTAURER

L'incontournable : déguster des huîtres dans une cabane ostréicole. Près de 80 cabanes colorées sont dédiées à la dégustation autour du bassin.

Si vous voulez vous faire plaisir, l'hôtel-restaurant *La Co(o)rniche* au Pyla-sur-Mer, entièrement décoré par Philippe Starck, est un magnifique havre de paix. À partir de 275 € ; 05 56 22 72 11 ; lacoorniche-pyla.com

AGENDA

En juillet, le bassin vibre au son du festival musical Arcachon en scène (www.facebook.com/ArcachonEnScene), tandis que Lège-Cap-Ferret accueille Les Plages pop (www.bordeauxrock.com/les-plages-pop).

L'ovniport d'Arès

S'il est rare d'évoquer les extraterrestres lors d'un passage sur le bassin d'Arcachon, on y trouve pourtant une "zone 51" locale. La ville d'Arès a en effet fait construire un "ovniport", soit le premier aéroport pour Martiens du monde. Au cas où… Sur la piste d'atterrissage, la réplique d'un ovni, ainsi qu'une stèle souhaitant la bienvenue aux futurs visiteurs sont installées depuis les années 1970. Une œuvre plutôt étrange, imaginée par un ancien électronicien de l'aéroport de Bordeaux-Mérignac. Esplanade d'Artiguelongue, Arès.

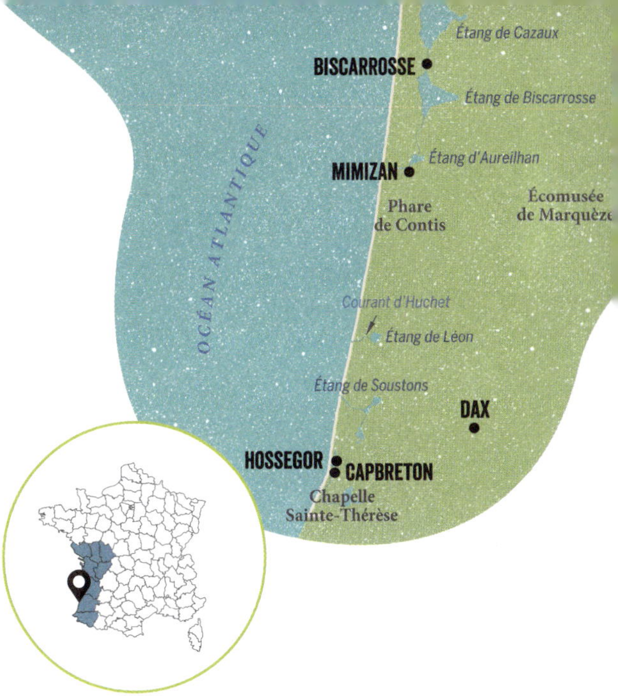

30

LANDES

Prendre le large
SUR LE LITTORAL LANDAIS

Avec plus de 100 km de sable fin, le littoral landais forme la plus grande plage d'Europe. Du nord au sud du département, ce trait presque ininterrompu, bordé par un cordon dunaire, n'est entrecoupé que par les embouchures des courants venant se jeter dans l'océan. Le climat est tempéré et les **activités sportives sont nombreuses**, à commencer par le **surf** qui reflète un état d'esprit typique de la côte landaise. Ses étendues de sable sont un plaisir pour le farniente et la baignade, mais attention aux baïnes. Si ces bassins naturels qui se remplissent en bord de plage sont très appréciés à marée basse, ils créent de violents courants lorsque la marée remonte. Dotée de nombreuses **stations balnéaires** – Biscarrosse, Mimizan, Seignosse, Hossegor (ci-contre), Capbreton... –, la région se caractérise également par ses vastes **forêts de pins** et ses nombreux **étangs d'eau douce** (Cazaux, Biscarosse...), ou ses **lacs marins** comme celui de Vieux-Boucau-les-Bains. En pénétrant dans les terres, la variété des paysages étonne, entre prairies humides riches en faune et en flore et campagne vallonnée et fertile.

Descendre le courant d'Huchet en barque

C'est le dernier ensemble d'étangs et de courants côtiers du littoral aquitain ayant préservé son caractère naturel. Pour découvrir les richesses de sa faune et de sa flore, embarquez avec un batelier sur une galupe, une barque traditionnelle. Sur 9 km, entre l'étang de Léon et l'océan, se succèdent marais, tourbières, dunes et cyprès chauves. Ouvrez bien les yeux, certains recoins ont comme un air d'Amazonie. Avril-octobre ; adulte/enfant 15/9 € pour 2 heures ; 05 58 48 75 39 et 06 27 82 19 36 ; www.bateliers-courant-huchet.fr

Grimper en haut du phare de Contis

Érigé sur une dune à 900 m de l'océan, l'unique phare des Landes (ci-dessous) se trouve à Contis-Plage, soit à égale distance de Biarritz et d'Arcachon ainsi que l'avait souhaité Napoléon III. D'une hauteur totale de 41,50 m, il compte 192 marches que l'on peut gravir en saison (avril-octobre). Les deux larges bandes noires qui s'enroulent en spirale sur sa tour blanche en font un repère de jour pour la navigation. Il est automatisé depuis 1999.

Marcher jusqu'à la chapelle Sainte-Thérèse

À Labenne, partez à la découverte d'une chapelle perdue dans les dunes, entre forêt et océan. Édifiée en 1932, la petite construction de style classique a subi de nombreuses dégradations climatiques et humaines. Sa restauration récente en fait une sorte d'ovni immaculé qui se détache sur le paysage dunaire. Elle ne se visite pas, mais le chemin qui y mène et le point de vue rappellent les reposants sanctuaires des îles grecques.

Surfer à Hossegor

Hossegor est un spot de surf connu dans le monde entier. Chaque année, les plus grands surfeurs du monde s'y donnent rendez-vous pour le Quiksilver & Roxy Pro France. Si les vagues y sont puissantes et massives, certaines plages, comme la Sud, permettent aux débutants de s'initier en toute sécurité. Vous souhaitez plus de sensations ? Prenez la direction de la plage de la Gravière qui offre un beach break d'une puissance et d'une qualité uniques. www.hossegor.fr, www.hossegor-surfclub.com

Se promener au-dessus de l'océan à Capbreton

Unique port de la côte landaise, Capbreton est célèbre pour son estacade qui s'enfonce vers la mer. Cette jetée en bois de près de 190 m de long résiste aux tempêtes depuis plus de 150 ans ! Construite par Napoléon III en 1858, elle mesurait alors 400 m. Surmontée d'un phare depuis 1950, elle marque la jonction entre la terre et la mer. Et le spectacle est encore plus saisissant au coucher du soleil.

PLUS DE TEMPS ?

→ **SPA À DAX** Dax est bien connue pour ses établissements thermaux. Coup de cœur pour le spa de l'hôtel Splendid, avec son architecture Art déco, ses bassins à débordement et un flotarium au sel d'Epsom (pour un effet mer Morte). Un lieu exceptionnel. www.splendid-hotel-spa.com

→ **ÉCOMUSÉE DE MARQUÈZE** Fidèle reconstitution d'un hameau landais du XIXe siècle, cet écomusée situé à Sabres réunit des bâtiments d'habitation et d'exploitation qui donnent à voir le mode de vie qui prévalait dans la Grande Lande, avant la domestication de la forêt. www.marqueze.fr

Le premier surfeur français

Au début des années 1950, le Daxois Jacky Rott, adepte de la glisse, surfe allongé sur une planche inspirée du bodysurf. En 1955, deux Californiens, Peter Viertel et Dick Zanuck, de passage à Hossegor, confient une planche cassée à un artisan de la ville, Georges Hennebutte (qui inventera plus tard le leash). À force d'observation, son ami Jacky Rott, ébéniste de métier, fabrique ainsi sa propre planche. Il devient, en 1957, le pionnier du surf français, avant de fonder à Biarritz le premier club de surf en France : le Waikiki Surf Club.

CARNET PRATIQUE

COMMENT S'Y RENDRE

Hossegor est reliée en train à Paris (3 heures 20) et Bordeaux (1 heure 10).

Les 4 lignes des bus Yego (gratuit juillet-septembre ; www.mobi-macs.org/yego.html) permettent de circuler le long de la côte landaise.

En voiture, l'A63 dessert l'ensemble des stations balnéaires de la côte landaise.

OÙ SE LOGER ET SE RESTAURER

Coup de cœur pour l'esprit nature du *Coco Barn*, à Angresse, qui propose une maisonnette sous les bambous, un cabanon ou une cabane au bord de la rivière. À partir de 190 € ; 06 58 06 27 59 ; cocobarn.fr

En été, direction *Chez Pif*, une cahute où l'on déguste des huîtres locales accompagnées d'un blanc béarnais. Fond du lac d'Hossegor, Seignosse.

AGENDA

Les meilleurs surfeurs et surfeuses de la planète se donnent rendez-vous à Hossegor en octobre lors du Quiksilver & Roxy Pro France.

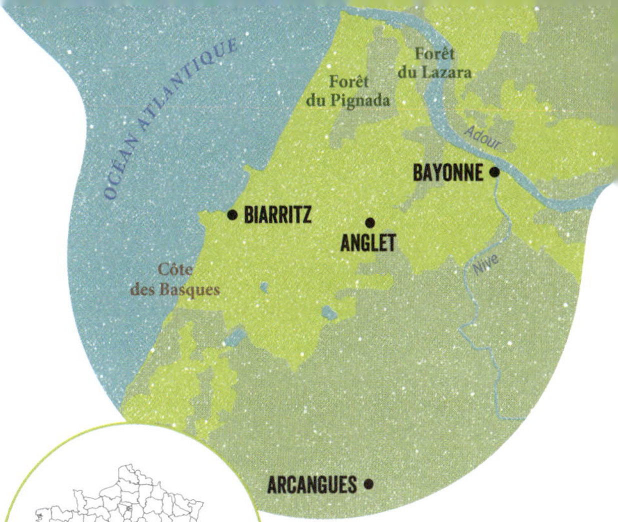

31

PYRÉNÉES-ATLANTIQUES

Surfer DE BAYONNE À BIARRITZ

D'un côté, Bayonne, festive et culturelle, étalée sur les rives de la Nive et de l'Adour ; de l'autre, Biarritz, chic et sportive, tournée vers l'Atlantique. Deux visages du **Pays basque** aussi séduisants que complémentaires, séparés par une dizaine de kilomètres à peine, qu'il est aisé d'explorer en un week-end. Les puristes commenceront par un pèlerinage sur la **côte des Basques** à Biarritz (ci-contre) : ce **berceau du surf européen** a vu émerger la discipline au début des années 1960, lorsque le scénariste américain Peter Viertel, sur place pour le tournage du film *Le soleil se lève aussi*, fait découvrir ce sport à quelques habitants. Sur cette plage presque sauvage, avec ses hautes falaises coiffées de roseaux à plumes, on vient évidemment pour surfer, que l'on soit novice ou aguerri – les écoles ne manquent pas –, mais aussi pour admirer le **panorama grandiose** sur l'océan et la sentinelle pyrénéenne qui, lorsque l'horizon est dégagé, porte jusqu'en Espagne.

Revivre l'épopée impériale de Biarritz

Difficile de croire qu'il y a un peu plus d'un siècle, Biarritz n'était qu'un modeste port de pêche ! Au milieu du XIXe siècle, l'impératrice Eugénie jette son dévolu sur ce coin de rivage basque et entraîne dans son sillage toute l'aristocratie européenne, métamorphosant l'identité de la ville. Stigmates de cette époque : la Chapelle impériale (05 59 22 37 10) et l'église orthodoxe (05 59 24 16 74), ouverts à la visite, les villas de l'avenue de l'Impératrice, ou encore le rocher de la Vierge et les jardins de l'Atalaye... 05 59 22 37 10 ; tourisme.biarritz.fr

Changer de point de vue à Saint-Esprit

Saint-Esprit, quartier multiculturel et bohème, offre une perspective plus artistique et contemporaine sur Bayonne : au Didam (05 59 46 63 43 ; didam.bayonne.fr), bel édifice Art déco qui accueille des expositions dédiées à la photographie, mais aussi grâce au Festival international de street art Points de vue (www.pointsdevue.eus), qui investit les rues depuis 2017. L'association Spacejunk (www.spacejunk.tv), à l'initiative de l'événement, propose des visites guidées à la découverte de la quarantaine d'œuvres pérennes qui émaillent l'espace public.

Découvrir la culture basque dans le Vieux-Bayonne

Si Biarritz sait se faire cosmopolite, en raison de son histoire et de la pratique du surf, Bayonne (page ci-contre) est, quant à elle, pleinement ancrée dans la culture basque. Visiter son centre historique, c'est admirer de merveilleux exemples d'architecture labourdine traditionnelle, mais aussi découvrir, au sein du Musée basque et de l'histoire de Bayonne (05 59 59 08 98 ; www.musee-basque.com), la riche collection ethnographique, les pratiques sociales, religieuses et festives qui forgent l'identité de la région.

Faire bombance à Bayonne et Biarritz

Sa nature généreuse et ses savoir-faire séculaires font du Pays basque un terreau de créativité culinaire. Les produits de qualité y sont légion, inspirant petits et grands chefs (la région compte 11 établissements étoilés), travaillant pour beaucoup du champ à l'assiette. Bayonne et Biarritz sont, de fait, des destinations hautement gastronomiques. Les restaurants de qualité, traditionnels ou créatifs, y foisonnent, tout comme les commerces de bouche... et leurs halles rivalisent d'abondance !

PLUS DE TEMPS ?

→ **ANGLET** Trait d'union entre Bayonne et Biarritz, la "petite Californie" réjouit par son art de vivre tourné vers les activités de plein air : 11 plages vouées au surf, une belle promenade littorale, et deux poumons verts – les forêts du Pignada et du Lazara –, propices aux virées à vélo.

→ **ARCANGUES** À 11 km au sud de Biarritz, en pleine nature, Arcangues est un peu la quintessence du village basque. Il possède en outre de très bonnes tables, comme Le Moulin d'Alotz (05 59 43 04 54 ; moulindalotz.com), auréolé d'une étoile.

La cité du chocolat

Bayonne fut la première ville de France à fabriquer du chocolat ! Un mérite qu'elle doit aux Juifs chassés de la péninsule Ibérique par l'Inquisition au début du XVIIe siècle, qui s'y réfugièrent et importèrent les secrets de transformation du cacao. Leur savoir-faire se perpétue encore aujourd'hui dans près d'une dizaine de maisons réputées, installées dans le centre historique, notamment rue du Port-Neuf, où se trouvent certaines des institutions les plus anciennes.

CARNET PRATIQUE

QUAND PARTIR

À la fin du printemps ou au début de l'automne : l'intersaison est belle, souvent ensoleillée... et assurément moins fréquentée !

COMMENT S'Y RENDRE

Les gares de Bayonne et de Biarritz sont desservies chaque jour par des TGV, TER et Intercités directs en provenance de Bordeaux, Pau, Toulouse et Paris.

OÙ SE LOGER ET SE RESTAURER

L'hôtel *Villa Koegui* (à partir de 101 € ; 05 59 85 85 98 ; hotel-villakoegui-bayonne.fr) à Bayonne est un bon point de chute lorsque les hébergements biarrots sont pris d'assaut.

Côté restaurants, ne manquez pas la *Brasserie Basa* (menu à partir de 23 € ; 05 59 70 38 06 ; www.brasserie-basa.com) à Bayonne, et *EpoQ* (restaurant-epoq.com) à Biarritz.

AGENDA

Les fameuses fêtes de Bayonne se déroulent sur 4 jours et 5 nuits fin juillet.

32

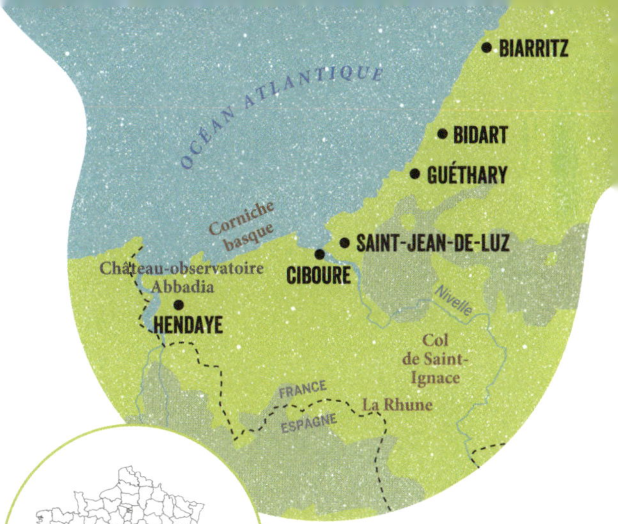

PYRÉNÉES-ATLANTIQUES

Papillonner SUR LA CÔTE BASQUE

Toisé par les piémonts pyrénéens, le littoral basque file sur 38 km, depuis l'élégante Biarritz jusqu'à la frontière espagnole, et égrène, face à l'impétuosité de l'Atlantique, un chapelet de villages et ports de caractère, ayant en commun le goût des sports de plein air, de la bonne chère... et la culture basque. Le plus petit d'entre eux, **Guéthary**, est aussi l'un des plus irrésistibles. Avec son centre croquignolet, sa cale en mouchoir de poche et son esplanade sur l'océan, cet ancien port de pêche, **prisé des artistes depuis la Belle Époque**, aujourd'hui repaire de surfeurs et de mondains, a su conserver tout son cachet. Les sportifs s'y retrouvent pour chevaucher sa vague mythique, la **Parlementia**, les familles, pour lézarder sur ses plages et batifoler dans l'eau à marée basse, et tous, pour admirer le coucher du soleil depuis sa promenade, et dévorer tapas, poissons grillés ou mets plus travaillés à l'une de ses **nombreuses bonnestables**. www.en-pays-basque.fr, guethary.fr/tourisme

Contempler la Corniche basque depuis les flots

La Corniche basque, espace naturel préservé qui fait le trait d'union entre Ciboure et Hendaye, révèle un décor renversant de falaises abruptes plongeant dans l'océan, tapissées d'une flore sauvage et percées de criques. Si ce spectacle s'admire à loisir, à pied ou en voiture, depuis la route de la Corniche qui la traverse, c'est au cours d'une sortie en voilier, au départ de Saint-Jean-de-Luz ou d'Hendaye, que l'on mesure le mieux l'extrême beauté de ce milieu fragile, menacé par l'érosion. 05 59 47 06 32 ; www.evi-nautika.com

Musarder dans la baie de Saint-Jean-de-Luz

Une grande plage paisible, propice aux bains de mer, bordée de jolies villas XIXe ; un port de pêche traditionnel, aux belles maisons d'armateurs ; un centre piétonnier truffé de commerces de bouche et de restaurants de qualité… Saint-Jean-de-Luz est un délice de station balnéaire. Sa vaste baie mène aussi à Ciboure, sa petite sœur tranquille, au patrimoine bâti parfaitement conservé, ainsi qu'à la superbe route de la Corniche basque.

Crapahuter sur le sentier du littoral

Talaia, le sentier pédestre (page ci-contre) qui longe le littoral basque jusqu'à Saint-Sébastien en Espagne, relie, sur sa partie française, la commune de Bidart à celle d'Hendaye. Ces 25 km sans grande difficulté se parcourent d'une traite (comptez alors 6-7 heures) ou par portions – idéalement du nord au sud, pour jouir des Pyrénées en toile de fond –, et permettent de découvrir les variations de paysage de cette côte en partie restée sauvage…

S'évader au château-observatoire Abbadia

Astronome, géophysicien, explorateur… Antoine d'Abbadie d'Arrast (1810-1897) est un personnage hors norme, tout comme son château (ci-contre) en promontoire sur l'océan, dont l'architecture néogothique est signée Eugène Viollet-Le-Duc. Son excellente visite guidée permet de plonger dans un univers éclectique fascinant, tandis que le vaste domaine qui l'environne, aujourd'hui propriété du Conservatoire du littoral, offre, sur ses sentiers balisés, la possibilité de sublimes balades. Sur la route de la Corniche entre Hendaye et Saint-Jean-de-Luz. 05 59 20 04 51 ; www.chateau-abbadia.fr

PLUS DE TEMPS ?

→ **BIDART** Avec son centre labourdin typique, ses grandes plages dédiées au surf et ses adresses gourmandes, Bidard, premier village après Biarritz, se fait plus discret que Guéthary, mais est tout aussi attrayant !

→ **LA RHUNE** Au col de Saint-Ignace, à 11 km de Saint-Jean-de-Luz, on lace ses chaussures de randonnée ou on monte dans le petit train à crémaillère pour atteindre le sommet de la Rhune (905 m), la montagne sacrée des Basques, et admirer la côte à 360°. Comptez 2 heures 30 à pied et 35 minutes en train. 05 59 54 20 26 ; www.rhune.com

Le "petit Paris"

Le quartier du port de "Saint-Jean" témoigne de l'âge d'or de la ville autant que de sa (brève) destinée royale. L'hôtel particulier de l'armateur Johannis de Lohobiague (05 59 26 27 58 ; www.maison-louis-xiv.fr), flanqué de tourelles, accueillit en 1660 le roi Louis XIV lors de son mariage avec l'Infante d'Espagne Marie-Thérèse d'Autriche, qui, elle, fut hébergée à peine plus loin, dans l'imposante maison rose de style italien nommée "Joanoenia" (1, rue de l'Infante ; ne se visite pas)... Leur union fut célébrée rue Gambetta, dans l'église Saint-Jean-Baptiste de Saint-Jean-de-Luz.

CARNET PRATIQUE

QUAND PARTIR

Au mois de juin, lorsque la météo, généralement clémente, se prête aux cours de surf, aux balades... voire, pour les moins frileux, aux bains de mer.

COMMENT S'Y RENDRE

Les gares de Saint-Jean-de-Luz et d'Hendaye accueillent quotidiennement des TGV en provenance de Paris et de Bordeaux (via Bayonne et Biarritz), et celle de Guéthary, des TGV depuis Bordeaux, ainsi que des TER depuis Bayonne et Biarritz. Le réseau de transport collectif départemental (www.txiktxak.fr) permet de se déplacer facilement sur la côte.

OÙ SE LOGER ET SE RESTAURER

Avec ses hébergements de qualité à prix modérés, Bidart constitue un bon port d'attache.

Côté gastronomie, les bonnes adresses – dont plusieurs étoilées – sont légion sur la côte ; à Saint-Jean-de-Luz, goûtez aux macarons de la *Maison Adam* (05 59 26 03 54 ; www.maisonadam.fr) et aux douceurs chocolatées de chez *Pariès* (05 59 26 01 46 ; www.paries.fr).

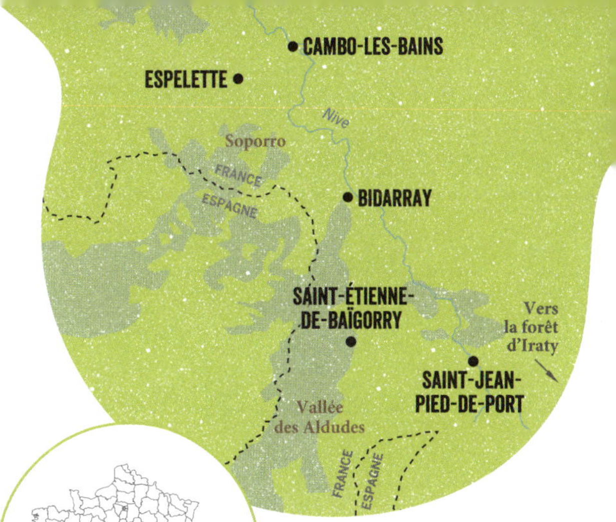

33

PYRÉNÉES-ATLANTIQUES

Se mettre au vert DANS L'ARRIÈRE-PAYS BASQUE

Explorer le Pays basque côté terre, c'est découvrir un territoire rural d'une beauté naturelle grandiose, mais aussi la culture basque dans ce qu'elle a de plus authentique. Pour ce faire, nul besoin d'aller très loin ! Il suffit de s'aventurer à une quinzaine de kilomètres du littoral, dans l'**arrière-pays labourdin**. S'y égrènent quelques-uns des **villages** les plus emblématiques et charmants de la région : Sare, Ainhoa, Espelette... Blottis au pied des fiers sommets pyrénéens, dans de vertes vallées, tous ont en commun une architecture labourdine typique – maisons à colombages fardées de rouge ou de vert... –, de bons restaurants de terroir et d'infinies possibilités de balades à pied. Depuis **Sare** – incontournable pour son église à trois étages de galeries en chêne sculpté –, on peut ainsi rejoindre **Ainhoa** (12 km) sur l'un des sentiers balisés qui parcourt le **Xareta**, "vallée boisée" à cheval entre la France et l'Espagne. D'**Espelette**, on peut randonner jusqu'au sommet du Soporro (616 m) – une balade possible au clair de lune organisée par l'office du tourisme (03 59 93 95 02 ; en-pays-basque.fr).

Se mêler aux pèlerins à Saint-Jean-Pied-de-Port

En s'enfonçant davantage dans les terres, on atteint la province de la Basse-Navarre, et Saint-Jean-Pied-de-Port, sa capitale. Avec son marché animé, son chemin de ronde et sa citadelle, la cité fortifiée, fondée au XIIe siècle, étape incontournable sur les chemins de Saint-Jacques-de-Compostelle, est une escale très agréable. Parmi les belles balades alentour, la boucle qui part du village d'Ispoure et traverse le vignoble de l'Irouléguy (7 km) réserve une vue splendide sur les Pyrénées.

Déconnecter dans la vallée des Aldudes

Amoureux des contrées paisibles rimant avec nature… et bonne chère ? Poussez jusqu'à la sublime vallée des Aldudes, frontalière avec l'Espagne, dont Saint-Étienne-de-Baïgorry est la bucolique porte d'entrée. Ses paysages verts et vallonnés, mouchetés de fermes traditionnelles, parfois reconverties en chambres d'hôtes, et traversés par la Nive des Aldudes, sont l'habitat privilégié des stars de la gastronomie basque – la truite de Banka, le porc pie noir… – et font le bonheur des marcheurs !

Rencontrer Cyrano à Cambo-les-Bains

C'est à 6 km d'Espelette, dans la campagne verdoyante de Cambo-les-Bains, que le dramaturge et écrivain Edmond Rostand et sa femme, la poétesse Rosemonde Gérard, firent construire, au début du XXe siècle, leur exquise demeure, la villa Arnaga. Son architecture néobasque – signée Joseph-Albert Tournaire – renferme des décors Belle Époque somptueux. En été, ne manquez pas la visite théâtralisée, véritable immersion dans l'œuvre de l'auteur, et les magnifiques jardins. www.arnaga.com

Remplir son panier à Mèze

Terre de cocagne, le Pays basque abonde en produits de qualité. Et le village d'Espelette, avec son marché coloré et sa myriade de petites boutiques, dont l'excellente épicerie paysanne Elika (elika-espelette.com), en est une excellente vitrine. On s'y approvisionne en produits labellisés AOP – tels que le fameux piment et le fromage de brebis Ossau-Iraty –, en jambon de la vallée des Aldudes, en bière artisanale, en chocolat… De quoi ravir les gourmands !

PLUS DE TEMPS ?

→ **BIDARRAY** Ce petit village de Basse-Navarre attire les amateurs de sports d'eaux vives (plusieurs prestataires y proposent des descentes sur la Nive) et de randonnée : on peut notamment rejoindre les crêtes d'Iparla (6 heures aller/retour), l'un des temps forts du GR®10.

→ **FORÊT D'IRATY** Au cœur de paysages d'estive, la plus grande hêtraie d'Europe offre, côté français, un large éventail d'activités de plein air : randonnée à pied, à cheval, en VTT, observation ornithologique, pêche, ski… chalets-iraty.com

Le piment d'Espelette

Fierté régionale, ce petit fruit rouge vif, labellisé Appellation d'Origine Protégée, cultivé sur les coteaux d'une dizaine de communes du Labourd, parfume subtilement les plats basques, qu'ils soient traditionnels ou créatifs. À Espelette, où l'on peut s'en procurer à foison, le centre d'interprétation du piment, Etxea (www.pimentdespelette.com), permet de tout connaître de ce délicieux condiment – son histoire, ses vertus... comment le cuisiner – et propose, en saison, ateliers et dégustations.

CARNET PRATIQUE

QUAND PARTIR

Au début de l'automne, pour les fêtes de village, les belles journées ensoleillées et les premières soirées au coin du feu.

COMMENT S'Y RENDRE

Bayonne, Biarritz et Saint-Jean-de-Luz sont les points d'entrée de l'arrière-pays labourdin et de la Basse-Navarre. Elles sont quotidiennement desservies par les TGV en provenance de Paris ou de Bordeaux. Saint-Jean-Pied-de-Port, Cambo-les-Bains et Bidarray sont reliées à Bayonne par des TER quotidiens.

OÙ SE LOGER ET SE RESTAURER

À Sare, la *Ferme Olhabidea* (05 59 54 21 85 ; www.olhabidea.fr) loue de ravissantes chambre d'hôtes et c'est aussi une table de choix (menus 28-55 €). Raffiné et jouissant d'un cadre magnifique, l'hôtel et restaurant *Arcé* (05 59 37 40 14 ; www.hotel-arce.com), à Saint-Étienne-de-Baïgorry, est un lieu rêvé pour une échappée. Enfin à Espelette, un déjeuner s'impose chez l'étoilé *Choko Ona* (menus 26-72 € ; 05 59 15 71 65 ; choko-ona.fr).

Le Sud-Ouest
et les Pyrénées

34

DORDOGNE

Percer les secrets DU PÉRIGORD NOIR, BERCEAU DE LA PRÉHISTOIRE

Si le Périgord, ancien nom de la Dordogne, compte nombre de villages médiévaux, entre châteaux perchés et bastides, comme la magnifique cité de Sarlat (ci-contre), la région n'en reste pas moins le berceau de la préhistoire, dont elle abrite plusieurs sites majeurs. Les traces et vestiges dispersés dans la **vallée de la Vézère** remontent ainsi le temps sur près de 400 000 ans, à l'image de **Lascaux**, un des plus grands trésors de cette période. Occupée depuis le paléolithique, la grotte constitue un **joyau de l'art pariétal** : ses représentations polychromes, réalisées il y a 20 000 ans, lui ont valu d'être surnommée "la chapelle Sixtine de la préhistoire". Le site étant fermé depuis 1963 pour des impératifs de conservation, on en visite aujourd'hui la réplique intégrale, Lascaux IV, inaugurée en 2016. Adulte/enfant 22/14,50 € ; 05 53 50 99 10 ; Centre international de l'art pariétal, Montignac ; lascaux.fr

Arpenter les "Plus Beaux Villages de France"

Le Périgord noir héberge neuf des "Plus Beaux Villages de France". S'il est possible d'en admirer certains au cours d'une descente de la Dordogne en canoë, vous pourrez aussi choisir de sillonner leurs ruelles à pied. Le village en terrasses de Castelnaud-la-Chapelle se gravit jusqu'à son château au fil de venelles bordées de vieilles maisons périgourdines aux toits de lauzes. Outre sa remarquable grotte préhistorique, Domme, bastide typique édifiée en 1281, donne à ses visiteurs la sensation d'évoluer en plein Moyen Âge. Enfin, c'est à flanc de falaise que vous découvrirez La Roque-Gageac, qui arbore d'étonnantes teintes ocre et terre de Sienne.

Visiter la capitale historique du Périgord noir

Au cœur du Périgord noir, niché entre les vallées de la Dordogne et de la Vézère, Sarlat-la-Canéda conjugue gastronomie et art de vivre avec un patrimoine architectural d'exception datant de l'époque médiévale et de la Renaissance. L'ascenseur panoramique au cœur du clocher de l'église Sainte-Marie offre un point de vue sur la ville à 360° permettant d'admirer le bel ensemble que forment ses ruelles pavées, ses murs de pierre blonde et ses toits de lauzes.

Descendre la Dordogne en canoë

À Carsac-Aillac, embarquez pour une descente de la Dordogne en canoë (19 km), à la découverte de châteaux médiévaux, de villages en pierre typiques du Périgord, ainsi que de plages. Vous longerez notamment le village de La Roque-Gageac, mais aussi les châteaux de Castelnaud et de Beynac (page ci-contre). Une fois la balade terminée, un bus vous ramènera à votre point de départ. Il existe plusieurs circuits. 17/24 € selon les circuits, -10 ans 10 € ; 06 31 70 40 08 ; canoe-kayak-dordogne.fr

S'émerveiller dans la grotte de Font de Gaume

Le village des Eyzies se présente comme la "Capitale mondiale de la préhistoire". Le lieu classé par l'Unesco abrite une succession de grottes et de sites préhistoriques au cœur d'un espace naturel exceptionnel. C'est ici que fut découvert l'homme de Cro-Magnon et que l'on trouve la dernière grotte ornée de peintures polychromes. La grotte de Font de Gaume, pour sa conservation, ne peut accueillir qu'un nombre limité de personnes chaque jour. 05 53 06 86 00 ; www.sites-les-eyzies.fr, font-de-gaume.monuments-nationaux.fr

PLUS DE TEMPS ?

→ **VOIE VERTE SARLAT-CAZOULÈS** Aménagée sur une ancienne voie ferrée, cette voie verte d'environ 25 km (aller-retour) offre un très beau parcours dans la vallée de la Dordogne, de Sarlat à Peyrillac-et-Millac, qui se prolonge via un chemin rural de 3 km jusqu'à Cazoulès. sarlat-tourisme.com

→ **VILLAGE TROGLODYTIQUE DE LA MADELEINE**
Le site à flanc de falaise attira les hommes il y a 17 000 ans. Si le gisement préhistorique n'est pas ouvert au public, le village médiéval, conservé tel qu'il était au Moyen Âge, et ses maisons troglodytiques habitées du IXe au XIXe siècle sont de toute beauté. Tursac ; 05 53 46 36 88 ; la-madeleine-perigord.com

Le marché aux truffes de Sarlat

Produit rare et exceptionnel, la truffe noire est la star de la gastronomie périgourdine. Les caveurs à l'œil expert sont souvent accompagnés de chiens pour dénicher la perle rare, mais rien ne vous empêche de tenter le cavage à la mouche : si une mouche truffière se pose et décolle du même endroit… c'est ici qu'il faut creuser ! Alors à vos pelles ! À Sarlat se tient l'un des plus importants marchés aux truffes du Grand Sud-Ouest. Chaque mercredi, de décembre à mars, un coup de sifflet retentit à 14h30 précises, annonçant l'ouverture d'un véritable spectacle.

CARNET PRATIQUE

COMMENT S'Y RENDRE

De Bordeaux, un TER dessert Sarlat en 2 heures 20 ; depuis Paris, il faut descendre à Brive ou Souillac, puis faire la liaison en bus, ou passer par Bordeaux (4 heures 40).

En voiture, deux axes (A20 et A89) offrent une grande facilité d'accès depuis les grandes villes.

OÙ SE LOGER ET SE RESTAURER

La *Maison des Peyrat*, à 900 m du centre historique de Sarlat, propose 10 chambres dans un joli cadre champêtre. À partir de 67 € ; 05 53 59 00 32 ; maisondespeyrat.com

À *La Savie*, près des Eyzies, on s'attable dans une grange du XVIIIe siècle pour déguster des produits de saison, au cœur de la forêt périgourdine. La terrasse offre une vue remarquablement dégagée. 09 83 58 59 15 ; www.lasavie.com

Les marchés périgourdins sont magnifiques. Entre foie gras, cèpes, truffes, etc., vous remplirez rapidement votre panier.

AGENDA

Le festival du Périgord noir réunit les adeptes de musique classique et de jazz à Montignac-Lascaux en août et septembre, tandis que le festival du film de Sarlat (festivaldufilmdesarlat.com) se déroule en novembre.

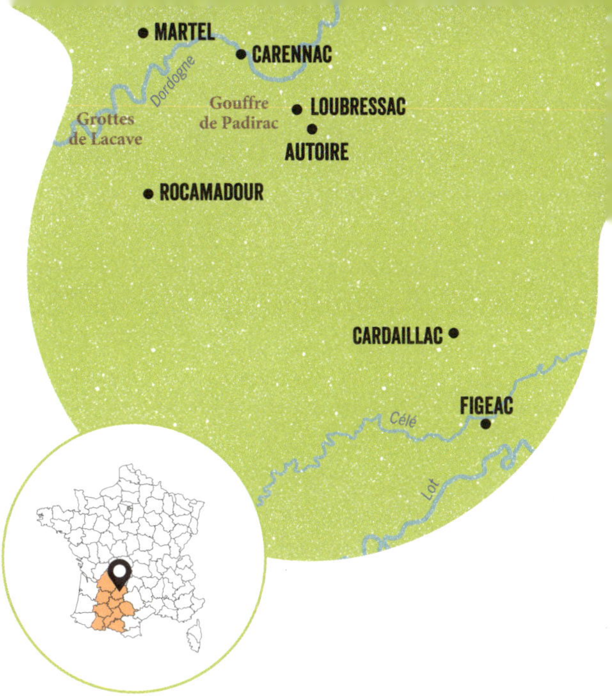

LOT

35

Explorer les merveilles géologiques DU QUERCY

Le département du Lot puise son caractère dans ses causses entaillés par les vallées du Lot, de la Dordogne et du Célé. Avec **six des "Plus Beaux Villages de France"** (Carennac, Loubressac, Autoire, Saint-Cirq-Lapopie, Capdenac-le-Haut et Cardaillac), ses grands sites et des espaces naturels d'exception, la région est une étape incontournable en Occitanie. Plusieurs autres cités pittoresques, typiques du Lot, méritent une visite, comme **Rocamadour** (page ci-contre) accroché à la falaise, ou encore **Figeac** et son musée Champollion-Les Écritures du monde. Vous découvrirez ici de nombreuses curiosités géologiques, dont le **gouffre de Padirac** et les **grottes de Lacave**. Pensez à bien vous couvrir et à porter de bonnes chaussures lors de la visite ! Le département charme également par sa nature préservée : les adeptes de **sports et loisirs de plein air** (randonnée, baignade, canoë, etc.) seront comblés. Et c'est entouré de ce patrimoine riche de plusieurs millénaires et de ces magnifiques paysages que vous dégusterez truffe, rocamadour, melon du Quercy et autres **délices du terroir**.

Descendre dans le gouffre de Padirac

Le gouffre de Padirac est le plus important et le plus ancien de France. Avant son exploration en 1889, les habitants le considéraient comme la porte de l'Enfer. Même si une infime partie est ouverte au public, le gouffre fascine toujours par sa démesure. Après être descendu à 103 m sous le niveau du sol, vous avancerez en barque au milieu d'un canyon de calcaire, dans l'obscurité quasi totale. Vous découvrirez une spectaculaire stalactite de 75 m de long, puis marcherez jusqu'au Grand Dôme, une cathédrale souterraine de 94 m de haut où le temps semble s'être figé. 05 65 33 64 56 ; gouffre-de-padirac.com

Sillonner Martel, la ville aux sept tours

En arrivant dans ce village médiéval au nord de Rocamadour, les sept tours qui s'en élèvent donnent la sensation d'un décor de cinéma. Elles ponctuent un dédale de rues pavées pleines de charme. La place principale s'organise autour d'une magnifique halle de bois médiévale, témoignage de l'importance de Martel en tant que carrefour commercial à l'époque. Un village empli de douceur qu'il est particulièrement agréable d'arpenter au petit matin. Le petit plus : le cœur de Martel est entièrement piéton.

Sonder les entrailles de la terre aux grottes de Lacave

Depuis 1961, un petit train électrique descend à 400 m sous terre pour amener les visiteurs au cœur de la colline (page ci-contre). Ici, plus de 150 millions d'années d'histoire se parcourent à pied. Du Grand Dôme, salle haute de 60 m, à l'imposante salle des Merveilles, en passant par la salle des Mirages dont le plafond se reflète dans l'eau pour se fondre en une ville engloutie, la visite s'étend sur plus de 1 km. Une véritable féerie. 05 65 37 87 03 ; www.vert-marine.com/grottesdelacave

Visiter la cité sacrée de Rocamadour

Édifiée au sommet d'un roc, Rocamadour domine la vallée de l'Alzou. Si les dessins qui ornent les parois de la grotte des Merveilles attestent une présence humaine dès le paléolithique, c'est au Moyen Âge que la cité se développe véritablement. Nobles demeures gothiques et maisons de marchands à colombages sont en parfait état de conservation. Une petite statue de la Vierge noire a fait du village un lieu de pèlerinage réputé depuis le XIIe siècle.

PLUS DE TEMPS ?

→ **FIGEAC** Célèbre grâce à l'un de ses enfants, Jean-François Champollion, Figeac est l'une des villes médiévales les mieux préservées de France. Ses "soulheios", greniers ouverts que l'on utilisait pour sécher et conserver la nourriture, lui prêtent une atmosphère méridionale, bien qu'elle soit située sur les contreforts du Massif central.

→ **CARDAILLAC** Du haut de son fort se dessine le passé médiéval de cette cité, gardienne de traditions séculaires. Partez à leur découverte à travers l'inestimable "musée éclaté", en poussant les portes de différents lieux renfermant des objets qui ont fait l'histoire de ce village éminemment lotois.

Le diable de Padirac

Au détour d'un chemin, saint Martin aurait croisé le diable chargé d'un sac rempli d'âmes d'habitants du causse. Ne pouvant se résoudre à les laisser aller en enfer, il lui proposa un marché : en échange de celles-ci, saint Martin devrait passer un obstacle creusé par le diable. Ce dernier frappa si fort du pied que le sol s'ouvrit et laissa place à un immense trou : le gouffre de Padirac. Bienheureux, saint Martin et sa mule le franchirent victorieusement, et le diable furieux s'enfonça dans les entrailles de la Terre.

CARNET PRATIQUE

COMMENT S'Y RENDRE

Rallier Martel en train depuis Paris, Toulouse ou Montpellier nécessite d'effectuer un changement ; la liaison est directe de Bordeaux à Brive, où une correspondance en bus permet de rejoindre Martel.

En voiture, il faut emprunter l'A20 en provenance de Paris et Toulouse, l'A89 et l'A20 depuis Bordeaux et Clermont-Ferrand.

OÙ SE LOGER ET SE RESTAURER

Au centre de Martel, coup de cœur pour les chambres d'hôtes du *Petit Moulin*, dont le restaurant-bar à vins propose une cuisine 100% régionale et des produits de la cave familiale. À partir de 70 €, menu 30 € ; 06 59 59 27 66 ; www.petitmoulinmartel.com

AGENDA

Plusieurs manifestations animent l'agenda estival dans la région : un festival de théâtre se déroule à Figeac fin juillet (festivaltheatre-figeac.com) ; fin août, Martel accueille un festival de musique baroque (pays-de-martel-en-choeur.jimdofree.com).

36

LOT-ET-GARONNE

Se laisser séduire PAR LA DOUCEUR DE VIVRE AGENAISE

Le Lot-et-Garonne est la région idéale pour le slow tourisme, loin des destinations de masse. Entre Toulouse et Bordeaux, la ville d'Agen possède une importante richesse architecturale. La balade à travers ses quartiers s'aparente à un voyage au fil des siècles. Si certaines constructions ont été détruites pendant la Révolution française, d'autres sont encore en parfait état de conservation. Certains sites se révèlent incontournables, comme la **cathédrale Saint-Caprais** et ses magnifiques peintures, le **musée des Beaux-Arts** et son centre d'expositions temporaires installé dans l'ancienne église Notre-Dame des Jacobins. Agen est aussi une **ancienne cité romaine**, dont on a retrouvé les restes d'un amphithéâtre en 1989. Cependant, son centre reste essentiellement marqué par son **passé médiéval**. En s'éloignant, on découvre de **nombreuses bastides** de cette époque (Villeneuve-sur-Lot, Monflanquin, Tournon-d'Agenais...) – le Lot-et-Garonne est d'ailleurs le département aquitain le plus riche en bastides, villes nouvelles d'antan.

Franchir le pont-canal d'Agen

Construit au XIXe siècle, il enjambe la Garonne sur 580 m et figure ainsi parmi les ponts-canaux les plus longs de France. Pourvu de 23 arches, il se prolonge par quatre écluses consécutives entièrement automatisées. Ce magnifique ouvrage constitue l'un des trésors architecturaux d'Agen. Vous pourrez l'emprunter à vélo (Café Vélo : mars-novembre ; cafe-velo.net) et partir le long de la voie verte, à l'ombre des platanes. À 10 m au-dessus de la Garonne, la vue sur Agen est exceptionnelle. D'après la légende, des pièces d'or seraient cachées dans une de ses piles.

Visiter la plus vieille bastide du Lot-et-Garonne

Première bastide en Aquitaine, Puymirol fut fondée en 1246. À vocation militaire, elle domine la vallée de la Séoune depuis un éperon rocheux, à 15 km à l'est d'Agen. Atypique et emplie de légendes, elle est restée dans l'ensemble en bon état de conservation, et, si les remparts ont perdu de leur hauteur, la vue y est d'autant plus vaste. Un circuit de 7 km permet de découvrir le village et ses environs. Vous pourrez aussi arpenter le tour de ronde, au pied des remparts (2 km).

Se glisser dans un tableau de Monet

Le jardin des Nénuphars-Latour-Marliac (page ci-contre), site unique au monde fondé en 1875, a séduit en son temps Claude Monet qui l'a immortalisé dans ses peintures. Il s'agit aujourd'hui des plus anciennes pépinières de nénuphars au monde : 2,5 ha de jardins avec serre exotique, nénuphars géants, bambouseraie, pont japonais et plus de 250 espèces de nénuphars rustiques et tropicaux. Une visite dépaysante, à 30 km au nord d'Agen. Le Temple-sur-Lot ; latour-marliac.com

Se retirer vers le prieuré de Moirax

Situé sur le chemin de Saint-Jacques-de-Compostelle, ce joyau de l'architecture romane est, avec l'abbaye de Saint-Maurin, l'un des rares sites clunisiens du département. Sa construction débute au milieu du XIe siècle, et il faudra attendre près d'un siècle avant qu'elle soit achevée. Parfaitement conservé, il n'a pourtant connu aucun grand remaniement. Une harmonie rare se dégage de l'architecture de cet édifice aux lignes pures. Depuis le village de Moirax, le point de vue sur la vallée de la Garonne est lui aussi magnifique.

PLUS DE TEMPS ?

→ **MONFLANQUIN** Elle est la plus célèbre et la mieux conservée des bastides du Lot-et-Garonne et l'une des plus belles du Sud-Ouest. Du haut des murs de la cité, le panorama est l'un des plus grandioses de la région. www.coeurdebastides.com

→ **NÉRAC** La capitale de l'Albret est essentiellement médiévale et Renaissance, mais des mosaïques (visibles dans le parc de la Garenne et à la mairie) témoignent de son édification sur les terres d'une villa gallo-romaine. La cité est classée parmi les plus beaux ports fluviaux de France.

La vérité sur le pruneau d'Agen

Si Agen est aujourd'hui la capitale du pruneau, les origines de ce dernier sont bien plus lointaines. De Chine d'abord, d'où il voyage par la Route de la Soie jusqu'au bassin méditerranéen. Au XIIe siècle, la greffe de cette jolie prune est rapportée de Syrie par des croisés. Plus tard, son mode de séchage est mis au point dans le Lot-et-Garonne par les moines de Clairac qui l'exposent au soleil avant de la passer au four. Cependant, tout cela ne se serait pas passé à Agen... Mais aux alentours de Villeneuve-sur-Lot. Si le pruneau est à présent associé à Agen, c'est parce que sa production était distribuée par bateau depuis Agen.

CARNET PRATIQUE

COMMENT S'Y RENDRE

En train, Agen est située à 3 heures 30 de Paris, 1 heure de Bordeaux et 5 heures de Marseille.

OÙ SE LOGER ET SE RESTAURER

À Astaffort (15 km au sud d'Agen), la *Maison d'Hôtes* est un ancien presbytère magnifiquement réhabilité. La chambre mansardée est très cosy, et l'accueil chaleureux. 70-80 € ; 05 53 87 98 90 ; www.la-maison-d-hotes.com

Pour déjeuner de délicieux plats bio dans un cadre champêtre, direction le *Café Vélo*. Cette ancienne usine des eaux offre une jolie vue sur le pont-canal et loue aussi des vélos. 05 53 96 15 51 ; cafe-velo.net

AGENDA

À la toute fin du mois d'août, des milliers de pruneaux cuisent sur le four géant installé dans la ville et remplissent les "poches" des passants. De grands concerts gratuits sont organisés le soir place de la mairie. www.grandpruneaushow.fr

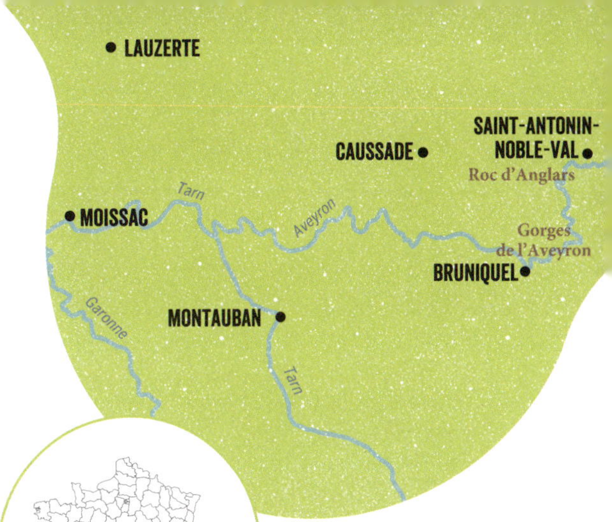

37

TARN-ET-GARONNE

Plonger dans le passé médiéval DE LA RÉGION DE MONTAUBAN

Baignée par le Tarn, la Garonne et l'Aveyron, la région de Montauban offre une grande diversité de paysages, entre plaines, collines parsemées de champs et de vergers, gorges, plateaux calcaires et vignobles. La destination est riche en belles cités médiévales, comme **Bruniquel**, **Lauzerte** et **Saint-Antonin-Noble-Val**. Quant à **Montauban**, chef-lieu du département implanté au bord du Tarn, son dédale de ruelles commerçantes et ses hôtels particuliers témoignent d'un passé prospère. On tombe vite sous le charme de la cité natale d'Ingres, fièrement labellisée "Ville d'art et d'histoire". Il se dégage de son centre ancien pratiquement piéton une impressionnante harmonie architecturale faite de briques roses et magnifiée par la magistrale place Nationale. Avec les **gorges de l'Aveyron**, site classé Natura 2000, le Tarn-et-Garonne est aussi un paradis pour les amateurs d'**activités de plein air** (rafting, canyoning, escalade, etc.). Sauvage et verdoyante, la rivière se faufile à travers un défilé de falaises calcaires, composant un parcours pittoresque ponctué de plages naturelles et de points de vue spectaculaires.

Admirer le chef-d'œuvre de Moissac

Moissac est une étape majeure sur le chemin de Saint-Jacques-de-Compostelle. Si la ville est connue pour son fameux chasselas doré, son véritable trésor reste l'abbaye Saint-Pierre, classée au patrimoine mondial par l'Unesco. Elle abrite le plus ancien cloître historié du monde, riche de 76 chapiteaux, et son tympan, réalisé entre 1110 et 1230, constitue un chef-d'œuvre de l'art roman. 05 63 04 01 85 ; abbayemoissac.com

Visiter Lauzerte, bastide du Quercy blanc

Perchée entre les vallées du Lendou et de la Barguelonne, cette bastide (page ci-contre) créée au XIIe siècle par le comte de Toulouse est située sur l'un des chemins de Saint-Jacques-de-Compostelle. La ville s'organise autour de l'église Saint-Barthélemy et de la place des Cornières, l'une des plus belles de la région. Les remparts évoquent le rôle joué par Lauzerte, tiraillé entre les Anglais et les Français, lors de la guerre de Cent Ans. Les demeures de style gothique ou Renaissance rappellent un passé prospère et font de Lauzerte l'un des "Plus Beaux Villages de France".

Explorer l'une des plus anciennes cités de la région

Dominé par le majestueux roc d'Anglars, le village de Saint-Antonin-Noble-Val (ci-dessous) déploie ses ruelles sinueuses autour d'une abbaye bénédictine depuis le VIIIe siècle. Après un bel essor jusqu'à la guerre de Cent Ans, il fonda sa réputation sur ses tanneries. Aujourd'hui, la cité a gardé son charme médiéval, et ses vieilles demeures, comme la maison du Roy ou l'hôtel de ville, méritent une visite. Au cœur des gorges de l'Aveyron, c'est également une destination idéale pour les amateurs de sports de plein air.

Se laisser charmer par "la plus rose des villes roses"

Fondé au XIIe siècle, Montauban fut l'une des premières villes neuves médiévales, organisée selon un plan en damier autour d'une place centrale. Cet archétype des bastides du Sud-Ouest, au riche patrimoine architectural, garde aujourd'hui encore la trame de son centre historique. Cependant, seuls trois édifices de l'époque médiévale y subsistent : l'église Saint-Jacques, le pont Vieux, et la salle gothique dite du "Prince Noir" au musée Ingres-Bourdelle (ancien palais épiscopal).

PLUS DE TEMPS ?

→ **ABBAYE NOTRE-DAME DE BEAULIEU-EN-ROUERGUE** Fondée en 1144, cette abbaye cistercienne fut abandonnée à la Révolution, puis sauvée de la ruine dans les années 1950. Aujourd'hui, grâce au legs de la collection Brache-Bonnefoi, le lieu est l'un des plus importants centres d'art contemporain d'Occitanie. www.beaulieu-en-rouergue.fr

→ **CAUSSADE** Depuis la seconde moitié du XIXe siècle, Caussade œuvre dans l'industrie du chapeau. L'un des trois derniers formiers de France y conçoit, dans son atelier-boutique du XIIIe siècle, des formes de couvre-chefs dans du bois, qui servent ensuite aux modistes. Hats Blocks Laforest Chapellerie ; 06 59 25 23 53 ; www.hatsblocks.com

La grotte de Bruniquel

En 1990 sont découverts dans une grotte à Bruniquel deux mystérieux cercles formés par près de 400 morceaux de stalagmites soigneusement coupées, calibrées et dressées sur 112 m. Édifié il y a 176 000 ans par l'homme de Néandertal, le site pourrait être un lieu de culte. Les parois portent les traces de griffures d'ours, et le sol recèle plusieurs dizaines de bauges dans lesquelles ces derniers semblent s'être recroquevillés. Cette grotte qui bouleverse notre lecture de l'histoire de l'humanité n'est pas accessible, mais un campement préhistorique accueille les visiteurs.

CARNET PRATIQUE

COMMENT S'Y RENDRE

Montauban est à 4 heures de Paris en TGV, et à 2 heures de Bordeaux par l'Intercités.

Par la route, Montauban est situé au carrefour de l'A62 (Bordeaux-Toulouse) et de l'A20 (Paris-Toulouse).

OÙ SE LOGER ET SE RESTAURER

***Au Refuge aux étoiles*, à Saint-Antonin-Noble-Val, les hôtes font partager leur passion pour l'astronomie. À partir de 63 € ; 06 01 80 39 26, 05 63 65 64 36 ; www.lerefugeauxetoiles.com**

À Saint-Antonin-Noble-Val, le marché du dimanche matin est l'un des plus réputés de la région. Idéal pour découvrir les spécialités locales.

AGENDA

Le festival de musique Montauban en scènes (montauban-en-scenes.fr) a lieu fin juin.

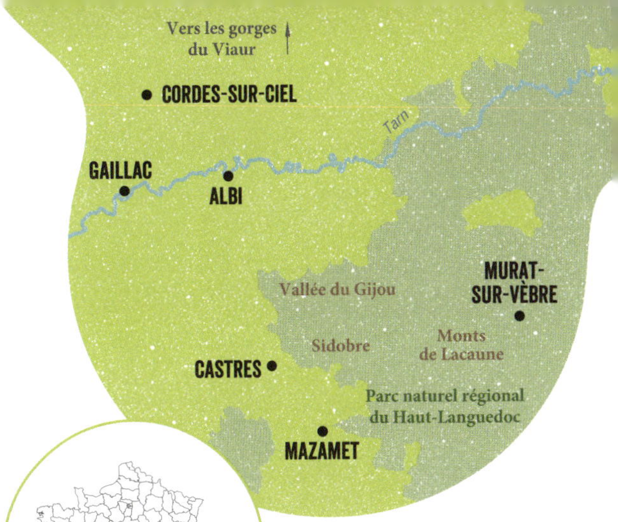

38

TARN

Se laisser envoûter par la magie DU PAYS ALBIGEOIS

La région d'Albi, au cœur du département du Tarn, déploie une exceptionnelle palette de terroirs au caractère bien affirmé. Des **vignobles du Gaillacois** aux superbes **monts de Lacaune**, des mystérieuses masses granitiques du **Sidobre** aux fascinantes **gorges du Viaur**, la sensation de dépaysement est permanente. Sans oublier un patrimoine architectural sensationnel avec, au premier plan, **Albi**, joyau de l'Occitanie, et les splendides cités médiévales, tels **Cordes-sur-Ciel**, **Puycelsi** (ci-contre) et **Castelnau-de-Montmirail**. Le centre historique de la cité épiscopale, avec ses rues médiévales flanquées de belles demeures en brique toulousaine, s'étend autour de la somptueuse **cathédrale Sainte-Cécile**, chef-d'œuvre du gothique méridional dont la construction a commencé en 1282 et s'est étalée sur deux siècles. À son côté, le **palais de la Berbie**, aux allures de forteresse, abrite le remarquable musée Toulouse-Lautrec. Autre édifice emblématique, la **collégiale Saint-Salvi** associe avec grâce éléments romans et structures gothiques. Quant au pont Vieux, qui enjambe depuis le XIe siècle les eaux couleur jade du **Tarn**, il renforce encore le cachet de cette cité attachante, dont l'atmosphère invite à savourer la *dolce vita*.

Percer les mystères du Sidobre

Discret massif entre Castres et les monts de Lacaune, ce territoire sauvage, perché à une altitude moyenne de 650 m, est recouvert d'épaisses forêts ponctuées de volumineux amas de granit (ci-contre), qui lui confèrent une allure impénétrable. Vestiges d'une gigantesque coulée magmatique, ces chaos rocheux ont été façonnés par la lente et complexe alchimie de l'érosion. Les axes routiers se limitent à de tortueuses routes secondaires qui desservent des hameaux clairsemés. Ce cadre du plus bel effet est propice à de belles balades à pied et à vélo. sidobre-vallees-tourisme.com

Observer des mégalithes aux monts de Lacaune

Dans la campagne autour de la commune de Murat-sur-Vèbre se dressent d'étranges pierres sculptées. Comme en Bretagne ! Ces mégalithes, qui ont plus de 5 000 ans, sont loin d'avoir livré tous leurs secrets. Certains sont ornés de sculptures. Le plus facile à trouver (et de loin le plus spectaculaire) est la Pierre plantée (Peyro Levado), située dans un champ au bord de la D622, à 3 km de Lacaune en direction de Murat-sur-Vèbre. Mesurant plus de 4 m de haut, elle compte parmi les plus grandes statues-menhirs d'Europe. Centre d'interprétation à l'office du tourisme de Murat-sur-Vèbre. 05 32 11 09 46 ; www.tourisme-montsetlacsenhautlanguedoc.com

Profiter des panoramas de la vallée du Gijou

La délicieuse petite vallée du Gijou file discrètement à l'est du Sidobre, vers les monts de Lacaune. On suit la D81 qui longe le cours d'eau sur une vingtaine de kilomètres. Ce parcours bucolique ménage des points de vue apaisants sur des étendues boisées et des prairies d'un beau vert tendre. Arrêtez-vous dans les bourgs lovés au creux de la vallée : Gijounet, Viane, Lacaze... Au lieu-dit La Buzatié, une halte s'impose à la laiterie Fabre, spécialisée dans les fromages locaux fabriqués artisanalement.

Découvrir le vignoble du Gaillacois

Située dans le quart nord-ouest du département du Tarn, l'appellation Gaillac comprend des vins issus de cépages autochtones rouges et blancs. Impossible de décrire leur typicité et leur richesse aromatique, tant les terroirs, les cuvées et les méthodes de vinification diffèrent d'un domaine à l'autre. L'œnotourisme est bien développé dans le secteur, et la plupart des domaines proposent des visites-dégustations. www.vins-gaillac.com

PLUS DE TEMPS ?

→ **GORGES DU VIAUR** Le Viaur forme une frontière naturelle entre le Tarn et l'Aveyron. Par endroits, la rivière coule au milieu de gorges sauvages et très encaissées... Un enchantement pour les visiteurs épris de solitude, en quête d'une nature préservée.

→ **CORDES-SUR-CIEL** Cordes, c'est une cité médiévale qui monte à l'assaut du ciel. Érigé sur un mamelon dominant toute la campagne environnante, le bourg possède un patrimoine architectural d'une grande richesse. On prend un plaisir infini à flâner le long de ses ruelles pavées et à pousser la porte de jolies galeries d'art et de boutiques de produits artisanaux. www.cordessurciel.fr

L'abbaye-école de Sorèze

À 35 km à l'ouest de Mazamet, la cité médiévale de Sorèze est un haut lieu d'histoire et de culture. On y vient pour musarder dans la vieille ville, avec ses maisons à pans de bois et à encorbellements, et visiter l'abbaye-école de Sorèze, entourée d'un vaste parc. Cette vénérable institution a accueilli dans ses murs, jusqu'à sa fermeture en 1991, des élèves du monde entier, attirés par ses méthodes d'apprentissage et son prestige intellectuel. Aujourd'hui, le site abrite deux musées, l'un consacré à l'histoire de l'école, l'autre à la tapisserie du XXᵉ siècle. www.cite-de-soreze.com

CARNET PRATIQUE

COMMENT S'Y RENDRE

Au départ de Paris, des trains desservent Toulouse, avec des correspondances pour Albi.

En voiture, Albi et Gaillac sont accessibles par l'A68, entre Toulouse et Rodez.

OÙ SE LOGER ET SE RESTAURER

Dans le centre historique d'Albi, l'*Alchimy* est un quatre-étoiles de charme, à l'ambiance intime. À partir de 160 €, menu à partir de 27 € ; 05 63 76 18 18 ; www.alchimyalbi.fr

Un peu plus à l'écart, bien au calme, la chambre d'hôtes *L'Autre Rives* dispose de cinq chambres décorées de mobilier vintage ou design. À partir de 130 € ; 06 75 47 01 51 ; lautrerives.com

AGENDA

Début juillet, à Albi, le festival Pause guitare fait la part belle aux musiques actuelles. www.pauseguitare.net

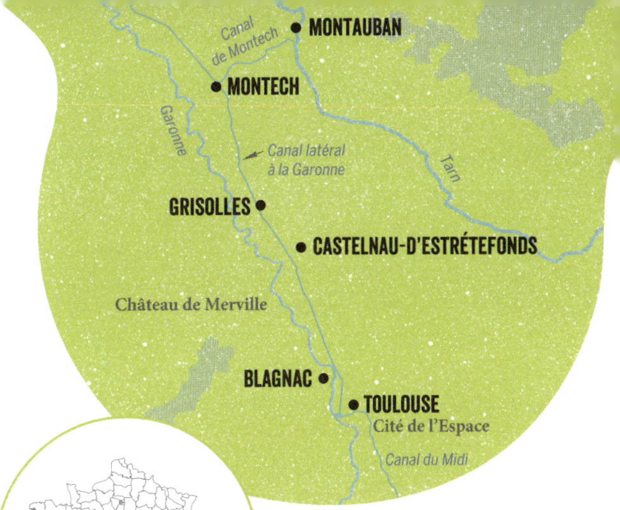

39

HAUTE-GARONNE

Prendre un bain de couleurs DANS LE PAYS TOULOUSAIN

La Ville rose est une belle porte d'entrée sur la Haute-Garonne. Il faut fureter dans les ruelles du centre-ville, découvrir les anciennes tours des capitouls et les hôtels particuliers qui rappellent l'âge d'or du pastel. Tout converge vers la **place du Capitole** (dit le Cap') où se tient la mairie – on peut y visiter librement les superbes salles de peintures, dont la plus célèbre, celle des Illustres ! Puis, en suivant les **arcades**, la balade peut continuer vers la **basilique Saint-Sernin** (ci-contre) ou vers la très animée **place Wilson**. À moins de préférer s'attabler en terrasse **place saint-Georges**, avant de faire un peu de shopping. Avec son architecture qui défie les siècles, la **cathédrale Saint-Étienne** mérite aussi un crochet. Lieu de rassemblement incontournable, les **berges de la Garonne**, abritées de hautes digues en brique rouge, se prêtent à une agréable promenade. En remontant le cours du fleuve, on atteint rapidement la campagne du **Comminges**, barrée au sud par le massif pyrénéen. On peut aussi suivre le **canal du Midi** pour explorer les paysages et les villages du **Lauragais** ou, vers le nord, la région de **Montauban**.

Décoller pour les étoiles

Monter dans une fusée Ariane, visiter la station MIR, revivre les premiers pas de l'Homme sur la Lune ? Voici quelques-unes des expériences passionnantes qui ponctuent la visite de la Cité de l'Espace (24,50-16 € ; www.cite-espace.com ; ci-dessous), aux portes de Toulouse. Non loin, découvrez les origines de l'Aéropostale à L'Envol des Pionniers (www.lenvol-des-pionniers.com) ; et sur la piste d'où se sont envolés les premiers pilotes, la Halle de la Machine (www.halledelamachine.fr) propose un voyage en… Minotaure mécanique. Pour compléter ce riche programme, les passionnés d'aviation ne rateront pas le musée Aéroscopia (11/14 € ; musee-aeroscopia.fr) de Blagnac.

Pédaler d'un canal à l'autre

Sur 40 km, la voie verte du canal du Midi file vers le sud-est à travers la campagne du Lauragais. Un autre itinéraire, moins connu, consiste à suivre le canal vers l'ouest jusqu'aux Ponts-Jumeaux, point de départ du canal latéral à la Garonne (page ci-contre). Au rythme des écluses, on croise de jolis villages – Castelnau-d'Estrétefonds, Pompignan, Grisolles – et l'on arrive à Montech (46 km de Toulouse) où l'on découvre la pente d'eau, un ascenseur à bateaux unique au monde. Avant le retour en sens inverse, il est possible de faire une boucle via Montauban (11 km le long du canal de Montech) puis de rejoindre Moissac et son abbaye d'où l'on rallie le canal de la Garonne. www.canal-et-voie-verte.com

Flâner sur les quais de la Garonne

Le pouls de Toulouse se prend au plus près de son fleuve, sur les quais. Entre le Pont-Neuf et le pont Saint-Pierre, la vue est belle sur la longue muraille rouge de l'hôtel-Dieu, la digue et le dôme de la Grave. Dès qu'il fait beau, les berges se remplissent de promeneurs en journée et de fêtards en soirée (Toulouse est une ville étudiante !). Quai de la Daurade, les façades de Notre-Dame de la Daurade et des Beaux-Arts complètent le tableau. Pour mieux en profiter, la péniche Horizon propose, en été, des apéros sur l'eau.

Lever les yeux sur un géant de l'art roman

Construite entre le XIe et le XIVe siècle et élevée au rang de basilique en 1878, Saint-Sernin constitue l'édifice roman le plus remarquable et le plus vaste de France. Elle porte le nom de saint Saturnin (Sernin en occitan), le premier évêque de Toulouse, martyrisé en 250. L'intérieur, immense – la nef s'élève à 21 m de haut –, fut conçu pour accueillir les pèlerins faisant route vers Compostelle.

PLUS DE TEMPS ?

→ **CHÂTEAU DE MERVILLE** À une vingtaine de kilomètres au nord-ouest de Toulouse, cet élégant château du XVIIIe siècle, bâti en brique rose, possède un parc remarquable et un labyrinthe de buis de 6 km, le plus long d'Europe. 10/8 € ; www.labyrinthedemerville.com

→ **VIA GARONA** Ainsi baptisé car il longe la Garonne sur 180 km, ce chemin de randonnée traverse tout le Comminges, les Pyrénées en ligne de mire. Le premier tronçon (10 km) débute à la basilique Saint-Sernin, chemine dans les ruelles puis en bord de Garonne jusqu'à Portet-sur-Garonne. www.hautegaronnetourisme.com

Le pays de cocagne, c'est ici !

Le pastel a laissé son ombre bleutée sur la Ville rose. Cultivée dans le Lauragais, cette plante aux fleurs jaunes permettait d'obtenir une teinture que toute l'Europe s'arrachait. Les feuilles étaient séchées et conservées en boule appelée cocagne. Les hôtels particuliers toulousains furent construits par des marchands enrichis. Le pastel est désormais utilisé en cosmétique, comme chez Graine de Pastel (www.grainedepastel.com). Pour découvrir des créations perpétuant la tradition du bleu de pastel, il faut aller chez AHPY (www.ahpy.eu) aux Minimes, où les ennoblisseurs textile reçoivent dans leur atelier.

CARNET PRATIQUE

COMMENT S'Y RENDRE

Toulouse est reliée par des TGV à Paris (4 heures 20), Bordeaux (2 heures 10) et par ligne directe à Marseille (3 heures 55), Nice, Nantes, Biarritz, Hendaye, Brive ou Limoges.

Des vols réguliers relient l'aéroport Toulouse-Blagnac à Paris.

OÙ SE LOGER

Pour loger avec vue sur la Garonne, l'élégant *Hôtel des Beaux-Arts* est un choix sûr (85-135 € ; 05 34 45 42 42 ; www.hoteldesbeauxarts.com). Le petit *Hôtel Saint-Sernin* (à partir de 80 € ; 05 61 21 73 08 ; www.hotelstsernin.com) propose des chambres modernes avec vue sur la basilique.

Les marchés des Carmes et Victor-Hugo concentrent les meilleures adresses de bouche et une palanquée de bonnes tables.

AGENDA

Animée et festive, Toulouse possède un riche calendrier des festivités. En septembre, elle célèbre la culture occitane avec le Festival Occitània : au programme durant deux semaines, littérature, cinéma, théâtre, poésie et musique... www.festivaloccitania.com

40

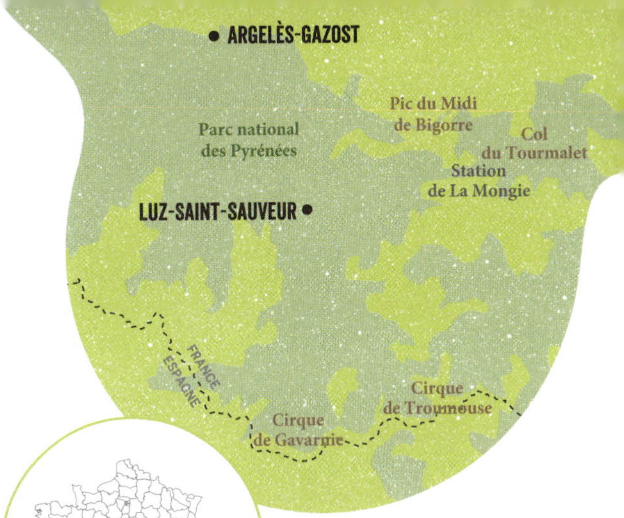

HAUTES-PYRÉNÉES

Faire le tour des trésors pyrénéens DU PAYS TOY

Sur la carte, c'est la vallée de Luz-Saint-Sauveur. Mais, pour ses habitants, elle s'appelle le Pays Toy. Si l'origine de ce nom garde une part de mystère, les attraits de la vallée ne font en revanche pas de doute. Le Pays Toy, c'est **Luz-Saint-Sauveur** et le souvenir du passage de Napoléon III et de l'impératrice Eugénie venue en cure dans ses **eaux thermales**, la majesté du **cirque de Gavarnie**, adossé à l'Espagne et classé sur la Liste du patrimoine mondial de l'Unesco, et la beauté sauvage de son voisin, le **cirque de Troumouse**. La vallée est aussi célèbre pour être la porte d'entrée vers deux autres stars du tourisme régional : le **col du Tourmalet**, mythique passage de montagne sur la route du Tour de France, et le **pic du Midi de Bigorre**, sublime observatoire des étoiles et des sommets pyrénéens. L'hiver, les **stations de ski** de La Mongie, de Barèges et de Luz-Ardiden complètent les atouts de ce Pays Toy qu'un seul week-end ne suffira certainement pas à découvrir !

Marcher dans les pas de l'impératrice

En 1859, l'impératrice Eugénie vint en cure aux thermes de Luz-Saint-Sauveur accompagnée de son époux Napoléon III. La ville cultive le souvenir de cet impérial passage avec la "promenade Napoléon III-et-Eugénie", un parcours de balade de 45 minutes. L'itinéraire, mi-urbain mi-forestier, passe par les principaux points forts de la ville, empruntant le pont Napoléon jusqu'au quartier thermal. Le plan de l'itinéraire est disponible à l'office du tourisme. 05 62 92 30 30 ; www.luz.org

Tutoyer les sommets

C'est l'une des stars des hautes vallées pyrénéennes ! À l'est de Luz-Saint-Sauveur, le pic du Midi de Bigorre offre une expérience qui ne s'oublie pas. Installé à 2 877 m d'altitude et accessible en 15 minutes de téléphérique au-dessus de la station de La Mongie, cet observatoire rassemble des scientifiques passionnés d'étoiles, mais aussi des visiteurs venus profiter d'un panorama unique. Mieux encore, le Ponton dans le ciel est une passerelle qui permet de s'avancer dans le vide... Téléphérique, accès au ponton et musée adulte/enfant 45/27 €

Revenir à la vie sauvage

Moins fréquenté que son illustre voisin, le cirque de Troumouse s'étend à une vingtaine de kilomètres de Gavarnie. Superbement sauvage, il doit sa quiétude à son isolement, au bout d'une route qui s'étroitise à mesure qu'elle prend de la hauteur, lacet après lacet. À l'arrivée, à près de 2 000 m, on découvre un paysage aussi beau que serein, serti dans une série de sommets enneigés. L'accès peut être fermé en hiver pour cause d'enneigement et est réglementé durant les mois d'été.

Passer une journée au Cirque

Au sud du Pays Toy, le cirque de Gavarnie (page ci-contre) – "le colosseum de la nature", comme l'appelait Victor Hugo –, est l'un des sites pyrénéens les plus visités. La vision mérite en effet la balade : imaginez un amphithéâtre de roches sombres, striées de névés, se dressant face à vous sur plus de 1 500 m de hauteur ! Le Cirque est inscrit sur la Liste du patrimoine de l'Unesco depuis 1997 avec le Monte Perdido, la facette espagnole du même massif. www.valleesdegavarnie.com

Prendre soin de soi

De Cauterets à Génos et d'Argelès-Gazost à Bagnères-de-Bigorre, nombre de localités pyrénéennes sont réputées pour leurs eaux thermales. Outres les cures thérapeutiques, elles proposent des spas directement orientés vers le bien-être. Luz-Saint-Sauveur ne fait pas exception, avec son espace spa Luzéa, qui permet de profiter des eaux thermales et dispense des soins du corps. www.thermesdeluz.fr, www.luzea.fr

PLUS DE TEMPS ?

→ **PARC ANIMALIER DES PYRÉNÉES** Aux portes d'Argelès-Gazost, à une vingtaine de kilomètres au nord de Luz-Saint-Sauveur, ce parc de 14 ha abrite près de 600 animaux des Pyrénées ou d'ailleurs : marmottes, isards, bouquetins, vautours, gypaètes barbus, ours bruns, loups noirs et gris, lynx, flamants roses... 20/14,50 € ; www.parc-animalier-pyrenees

→ **VAL D'AZUN** Argelès-Gazost est la porte d'entrée vers cette vallée discrète qui fait le bonheur des amoureux de nature vierge, de villages préservés et de randonnées au pied du Balaïtous (3 144 m). Sans oublier les fromages : ceux du val d'Azun, de vache ou de brebis, sont réputés auprès des amateurs. www.valleesdegavarnie.com

Mythique Tourmalet

Il suffit de prononcer son nom devant un adepte de cyclisme pour voir son œil s'allumer ! Rares sont les cols de montagne à la réputation aussi établie que le Tourmalet, entre le Pays Toy et Bagnères-de-Bigorre. Ce col routier, parmi les plus hauts des Pyrénées, à 2 115 m, a en effet beaucoup contribué à la légende du Tour du France. Outre l'échappée folle d'Eddy Merckx en 1969, qui finit l'étape avec près de 8 minutes d'avance sur ses poursuivants, le Tourmalet est célèbre pour l'édition 1913, durant laquelle Eugène Christophe descendit à pied à Sainte-Marie-de-Campan pour réparer lui-même sa fourche cassée à la forge du village.

CARNET PRATIQUE

QUAND PARTIR

Les Hautes-Pyrénées affichent un climat montagnard qui peut être rude sur les reliefs. Vous pourrez rencontrer été comme hiver des températures douces ou sévères, de la pluie, des orages en été en montagne, du froid, de la neige, du vent et... beaucoup de soleil. Regardez la météo et prévoyez des vêtements en conséquence.

COMMENT S'Y RENDRE

Lourdes, la grande ville la plus proche de Luz-Saint-Sauveur, est desservie par les compagnies de bus longue distance comme BlaBlaBus (fr.ouibus.com) et Flixbus (www.flixbus.fr). C'est aussi le cas des deux principales villes régionales : Pau et Tarbes. Ces trois localités sont reliées par des TGV fréquents. Une voiture est ensuite nécessaire pour circuler dans la région.

OÙ SE LOGER

L'hôtel *Les Templiers* (à partir 75 € ; 05 62 92 81 52 ; www.hotel-luz.com) est une bonne adresse écoresponsable et à prix doux du centre de Luz-Saint-Sauveur. La belle auberge *La Grange aux Marmottes* (110-210 € ; 05 62 92 91 13 ; www.grangeauxmarmottes.com) offre une touche de charme et de confort en plus au cœur du village de Viscos, à 5,5 km au nord de la ville.

L'Atelier (05 62 92 85 22 ; www.latelier-luz.com) compte parmi les bonnes tables de Luz-Saint-Sauveur.

41

ARIÈGE

Recharger ses batteries DANS LE PIÉMONT ARIÉGEOIS

La partie septentrionale de l'Ariège présente une mosaïque de paysages d'une douceur encore méridionale, entre plaines cultivées, collines parsemées de bastides médiévales et crêtes hérissées de châteaux en ruine. Ce territoire est marqué par l'histoire à plus d'un titre : trésors inestimables laissés par les hommes préhistoriques, notamment dans la célèbre **grotte de Niaux**, citadelles cathares, telle la vertigineuse **forteresse de Montségur**, ou dédale de ruelles de la vieille ville de **Foix**. On s'extrait de ce centre historique bourré de cachet pour admirer le panorama depuis les terrasses du **château des comtes de Foix** (05 61 05 10 10). Siège historique de la puissante dynastie, l'édifice très bien conservé propose une agréable visite participative (musée interactif, ateliers médiévaux, etc.). Autre monument incontournable de la petite capitale ariégeoise : l'**église Saint-Volusien**, caractéristique du style gothique méridional. Et, avant de partir à l'assaut du Piémont, l'**Ariège** qui baigne la ville vous tend les bras pour des parcours découverte en rafting, en kayak ou en canoë gonflable (06 52 50 10 22 ; www.foixeauvive.com).

Profiter des panoramas de la "Route verte"

À l'ouest de Foix, la D17, rebaptisée "Route verte", franchit le col des Marrous (992 m), qui offre un beau panorama sur la vallée de l'Arget, avant d'atteindre le col de Péguère (1375 m), d'où l'on peut rejoindre en 10 minutes à pied la tour Laffont pour une belle vue sur la chaîne pyrénéenne. Plus loin, le col de Portel (1432 m) permet d'accéder en 10 minutes à pied au sommet de Portel pour une vue encore plus époustouflante sur le Haut-Couserans.

Gravir le pog du château de Montségur

Avec de bonnes chaussures, il vous faudra moins d'une demi-heure pour arriver au sommet du pog ("piton rocheux" en occitan) du château de Montségur. La forteresse cathare la plus photogénique de la région peut se targuer d'être aussi la plus panoramique : de là-haut, la vue sur les Pyrénées est grandiose ! 05 61 01 06 94 ; www.montsegur.fr

Voguer sur la rivière souterraine de Labouiche

Quel spectacle féerique que ces cascades, draperies et autres sculptures géologiques apparaissant au fil des eaux émeraude de la rivière souterraine de Labouiche ! À bord d'une barque, on navigue à 60 m sous terre durant plus d'une heure sur quelque 1500 m. Déconnexion garantie ! 05 61 65 04 11 ; www.labouiche.com

Passer au salon noir de la grotte de Niaux

Chevaux, bouquetins, aurochs, cerfs, bisons... Décorée d'innombrables dessins et gravures réalisés à même le sol, pour la plupart, il y a 12 000 ans, le salon noir de la grotte de Niaux est l'un des hauts lieux mondiaux de l'art préhistorique. L'émotion est au rendez-vous, et la réservation, obligatoire. 05 61 05 10 10

S'inviter chez les reptiles à La Bastide-de-Sérou

À 22 km de Foix, la Ferme des reptiles propose une visite pédagogique et ludique à la découverte des boas, iguanes, tortues, caïmans et autres reptiles. Tous sont nés en captivité, et la ferme assure un programme de reproduction en vivarium des reptiles présentés. 05 61 65 82 13 ; www.lafermedesreptiles.fr

PLUS DE TEMPS ?

→ **CARLA-BAYLE** Ce coquet village fortifié au cœur des vallées de l'Arize et de la Lèze réserve de très beaux points de vue sur la chaîne pyrénéenne. La bastide fondée au XIIe siècle, devenue place forte huguenote au XVIe siècle, doit une partie de son nom à Pierre Bayle (1647-1706), philosophe protestant du XVIIe siècle, précurseur des Lumières dont la maison natale (05 61 88 53 53) relate la vie et l'œuvre. Les ruelles bordées de maisons à colombages sont animées par une vingtaine d'ateliers d'artistes et de créateurs contemporains.

→ **GROTTE DU MAS-D'AZIL** À 14 km de Carla-Bayle, cette grotte est incontournable tant par sa configuration spectaculaire que par ses précieux vestiges. Le centre d'interprétation revient sur la géologie des lieux et sur les fouilles, tandis que le musée de la Préhistoire, au cœur du village, expose les fabuleux artefacts découverts dans la grotte. 05 61 05 10 10

Les bons petits plats ariégeois

La culture ariégeoise s'affiche aussi au menu des restaurants traditionnels de la région. Plat montagnard par excellence, l'azinat est une potée de choux et de charcuterie de pays dont le nom signifie "assembler" en occitan. Autre spécialité roborative, le cassoulet ariégeois ou "mounjetado" tire son nom des mounjetos (haricots blancs secs) qui le composent. Aujourd'hui, les haricots coco de Pamiers sont agrémentés de viande de porc. Enfin, goûtez la mirepoix, préparation de légumes cuits (carotte, céleri, oignon, navet), voire de jambon, coupés en petits dés. Terminez avec un fromage des Pyrénées (tomme des Pyrénées, bethmale ou Pic de la Calabasse), dont l'Ariège est un grand producteur.

CARNET PRATIQUE

COMMENT S'Y RENDRE

De nombreux TER relient quotidiennement Toulouse à la gare de Foix en 1 heure 15. Depuis Paris-Austerlitz, il faut compter 6 heures sans correspondance.

Foix se situe à 1 heure de voiture de Toulouse (90 km) par l'autoroute (A61, puis A66), et à 1 heure 20 de Carcassonne.

OÙ SE LOGER ET SE RESTAURER

L'hôtel-restaurant *Lons* (à partir de 88 € ; 05 34 09 28 00 ; www.hotel-lons-foix.com) est un ancien relais de poste, avec des chambres donnant sur l'Ariège et un restaurant dans une véranda au-dessus de la rivière.

Au pied du château, dans une rue calme de la vieille ville, l'hôtel *Eychenne* (à partir de 55 € ; 05 61 65 00 04 ; www.hotel-eychenne.com) propose des chambres agréables.

AGENDA

Fin juillet, le festival Jazz à Foix (www.jazzfoix.com) voit passer depuis 20 ans les pointures du jazz mondial. En août, le son et lumière et les fêtes médiévales de Foix terre d'Histoire (www.foixterredhistoire.fr) prennent le relais.

Le Midi

MUSEE
HOTEL
HOTEL

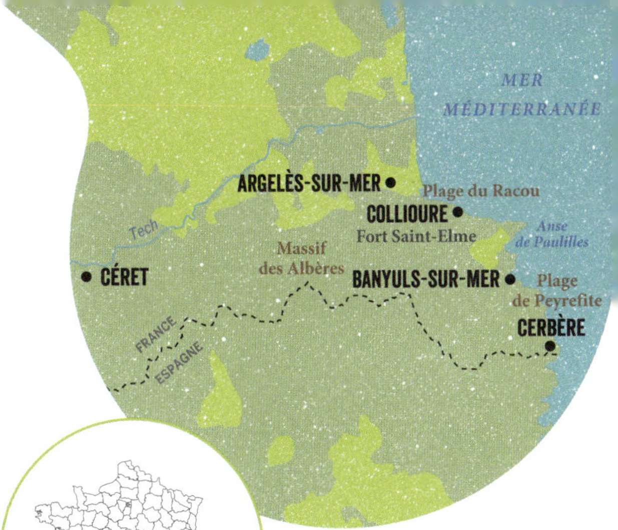

42

PYRÉNÉES-ORIENTALES

Se laisser éblouir PAR L'ÉCLAT DE LA CÔTE VERMEILLE

La Côte Vermeille, littoral rocheux tapissé de vignes et ourlé par les dégradés turquoise de la Méditerranée, a séduit, au début du XXe siècle, les modernes, happés par sa luminosité si particulière. Parmi les ports et villages qui émaillent la côte, c'est **Collioure** (ci-contre) qui reçut toutes leurs faveurs. Matisse y installa ses chevalets en 1905, suivi par Derain, et tous deux, enivrés de lumière, y jetèrent les bases du **fauvisme**. Braque, Dufy ou encore Picasso leur emboîteront le pas. Bien qu'aujourd'hui (très) touristique, cet ancien village de pêcheurs, avec son enchevêtrement de ruelles, son château royal et la mer à ses pieds, continue de charmer. Il faut s'y rendre de bon matin, pour se perdre à loisir dans le quartier du **Mouré**, admirer l'intéressante collection du **musée d'Art moderne** (04 30 44 05 46 ; museecollioure.com), et, plus haut, depuis le **moulin de la Cortina** (lemoulindecollioure.com) et le **fort Saint-Elme** (06 64 61 82 42 ; www.fortsaintelme.fr), contempler le magnifique paysage… Avant de trouver refuge dans l'une des criques paisibles, accessibles par le **sentier littoral** qui court jusqu'en Espagne.

Rejoindre l'anse de Paulilles en kayak

Au sud de Collioure, l'anse de Paulilles est une baie aux eaux limpides, ponctuée de petites plages, propriété du Conservatoire du littoral. Snorkeling, déjeuner les pieds dans l'eau – le domaine viticole installé sur le site possède une très bonne table – et marche sur la corniche vers le phare du cap Béar sont au programme. Mais cette pépite s'approche aussi par la mer, au cours d'une sortie en kayak d'une demi-journée. L'enchantement n'en est que plus grand ! Blue Béar ; avril-septembre ; 04 68 95 77 68 ; blue-bear.org

Marcher dans les pas des cubistes à Céret

La Côte Vermeille invite à une incursion dans la verte vallée du Vallespir, dont la capitale, Céret, est intimement liée aux modernes. Surnommé "La Mecque du cubisme", ce village fièrement catalan constitua, au début du XXe siècle, un foyer de création pour Braque et Picasso, qui entraînèrent dans leur sillage pléthore d'artistes d'avant-garde. Témoins de cette époque, l'excellente collection du musée d'Art moderne de Céret, et le parcours extérieur balisé "Sur les traces de peintres". 04 68 87 27 76 ; www.musee-ceret.com

Goûter les spécialités catalanes à Banyuls-sur-Mer

La route côtière qui mène à Banyuls-sur-Mer serpente entre des vignes en coteau (page ci-contre), en surplomb de la Méditerranée, qui annoncent sans détour la couleur : ici se produit un vin doux naturel – rouge, blanc ou rosé –, le célèbre banyuls. La plaisante station balnéaire regorge de caveaux de dégustation, de caves à vin et à manger pointues, et constitue, de fait, une étape de choix pour les gastronomes.

Explorer la réserve naturelle marine de Cerbère-Banyuls

Peu avant l'Espagne, entre Banyuls-sur-Mer et Cerbère, le littoral abrite la plus ancienne réserve marine de France, créée en 1974. Ses 650 ha recèlent un écosystème aussi riche que fragile, en partie observable, tant pour les petits nageurs que pour les grands plongeurs. Un sentier sous-marin, jalonné de balises explicatives, a été aménagé sur la plage de Peyrefite – avec location possible de palmes, masques et "tubas-audioguides" durant l'été (7 €)... Sur toute la Côte Vermeille, des clubs de plongée proposent explorations et baptêmes.

PLUS DE TEMPS ?

→ **ARGELÈS-SUR-MER** Le village le moins coquet de la Côte Vermeille dissimule néanmoins, à son extrême sud, un petit bijou : la plage du Racou, un ancien village de pêcheurs aux charmantes maisonnettes blanches plantées dans le sable. www.argeles-sur-mer.com

→ **MASSIF DES ALBÈRES** Ce massif pyrénéen franco-espagnol déploie, sur les hauteurs d'Argelès-sur-Mer, un ruban de petits villages qui séduiront à coup sûr les amoureux de vieilles pierres et d'art roman. Au cœur de sa majestueuse forêt, la randonnée, pédestre et VTT, est reine grâce à un excellent réseau de sentiers balisés.

Le musée Maillol

Père de la sculpture moderne, connu pour ses nus féminins aux galbes épurés, Aristide Maillol (1861-1944) est célébré à Banyuls-sur-Mer, sa ville natale. Certaines de ses œuvres habillent l'espace public, un circuit balisé "Dans les pas d'Aristide" lui est dédié, et, sur les hauteurs de la ville, l'ancienne métairie qui lui servait d'atelier a été reconvertie en musée. L'artiste y repose sous l'une de ses sculptures emblématiques, *Méditerranée* (1905). 04 68 88 57 11 ; www.museemaillol.com/musee-maillol-de-banuyls-sur-mer

CARNET PRATIQUE

QUAND PARTIR

Au début de l'automne, pour l'intensité de la lumière, les derniers bains de mer et les reflets dorés du paysage.

COMMENT S'Y RENDRE

Tous les villages de la Côte Vermeille sont reliés entre eux par le TER au départ de la gare de Perpignan. Celle-ci est quotidiennement desservie par des TGV directs en provenance de Paris, via Nîmes et Montpellier.

OÙ SE LOGER ET SE RESTAURER

Laissez-vous tenter par *Les Cabanons de Mémé Jeannette*, pour le calme, la vue sur la mer et la situation idéale entre Port-Vendres et Banyuls-sur-Mer. À partir de 115 € ; 06 11 21 67 48 ; www.memejeannette.com

Et, pour l'expérience culinaire, direction *El Xadic del Mar* (04 68 88 89 20) et *Les 9 Caves* (04 68 36 22 37, 06 47 38 19 92 ; 9caves.com), qui proposent également des gîtes (07 69 72 36 27), à Banyuls.

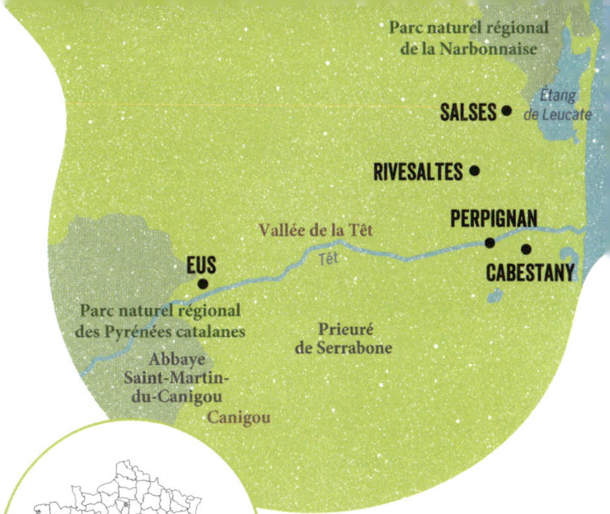

43

PYRÉNÉES-ORIENTALES

S'initier aux traditions catalanes

DU CÔTÉ DE PERPIGNAN

Cerclée par les sommets pyrénéens et la Méditerranée, la plaine du Roussillon est une région lumineuse et fertile, à l'identité forte, porte d'entrée de la Catalogne française. Sa capitale, **Perpignan** (ci-contre), profondément catalane, permet de se familiariser avec cette culture qui fait toute la fierté du territoire. Construit en promontoire sur la ville, avec vue sur les montagnes, le **palais des rois de Majorque** donne à saisir la singularité de son histoire – la région ne fut rattachée à la France qu'en 1659 – et la majesté du paysage. Le **centre historique**, à l'atmosphère authentique et bigarrée, offre quant à lui une immersion sensorielle et artistique dans l'esprit catalan. Dans le dédale de ruelles, on croisera les tables de **chefs talentueux** qui valorisent avec brio les richesses du terroir, et les plus beaux nus d'**Aristide Maillol** (1861-1844), sculpteur de génie et enfant du pays. Depuis Perpignan, c'est par les vallées que l'on pénètre à l'intérieur de ce territoire, et notamment par la **vallée de la Têt** où se succèdent beaux villages – **Castelnou**, **Eus**, **Prades** – et paysages grandioses.

Percer les secrets du Maître de Cabestany

Les œuvres romanes du Maître de Cabestany, sculpteur virtuose du XIIe siècle, ornent nombre d'édifices religieux du bassin méditerranéen, et certains des plus emblématiques de Catalogne. Au Centre de culture romane de Cabestany, à 6 km de Perpignan, on plonge dans l'univers fascinant de cet artiste anonyme et mystérieux, dont le style unique se reconnaît à la grande narrativité des scènes et à l'expressivité singulière des personnages. En juillet et août, la visite guidée est à ne pas manquer ! 04 68 08 15 31 ; www.maitre-de-cabestany.com

S'étourdir d'art roman dans le Conflent

La partie basse du Conflent recèle au cœur de ses paysages verdoyants plusieurs bijoux d'art roman : le prieuré de Serrabone (04 68 84 09 30) doté d'une tribune en marbre rose aux sublimes chapiteaux sculptés ; l'abbaye Saint-Michel-de-Cuxa (abbaye-cuxa.com), ensemble architectural exceptionnel, avec sa crypte du XIe siècle, son église préromane et son cloître du XIIe siècle aux décors ouvragés ; et l'abbaye Saint-Martin-du-Canigou (stmartinducanigou.org ; ci-contre) et son cloître en nid d'aigle.

S'éprendre du village perché d'Eus

Petite merveille de vieilles pierres, ce joli village à l'entrée du Conflent domine l'abondante vallée de la Têt, plantée ici d'arbres fruitiers, et fait face au Canigou, la montagne sacrée des Catalans. Ses venelles labyrinthiques et escarpées essaiment échoppes d'artistes et d'artisans jusqu'à son église haute, au très beau retable baroque. Du bourg partent par ailleurs plusieurs randonnées balisées, l'occasion de jolies balades jusqu'aux villages voisins.

Flirter avec le Canigou

Culminant à 2 784 m, le Canigou est l'un des plus hauts pics de la Catalogne française, et surtout le plus emblématique. Cette montagne sacrée, qui accueille les feux de la Saint-Jean lors du solstice d'été, se laisse approcher à pied – ou à dos d'âne (www.caravanigou.fr) – par plusieurs voies d'accès au départ de la vallée de la Têt (www.tourisme-canigou.com). Son sommet se gravit depuis le refuge des Cortalets (2 heures), ou, pour les marcheurs aguerris, depuis celui de Mariailles (4 heures) via un vertigineux passage taillé dans la pierre, la "cheminée".

PLUS DE TEMPS ?

→ **TRAIN JAUNE** C'est à Villefranche-de-Conflent, lorsque la vallée commence à s'encaisser, que démarre le fabuleux périple du Train Jaune. Mascotte de la région, il grimpe lentement, suivant le cours de la Têt dans un décor époustouflant, dont il s'éloigne pour rejoindre la plus haute gare de France, Bloquère (1 592 m), et les confins de la Cerdagne. www.letrainjaune.fr

→ **SALSES** À 18 km au nord de Perpignan, la forteresse de Salses est un chef-d'œuvre d'architecture militaire construit à la fin du XVe siècle par les Espagnols. Privilégiez la visite guidée pour profiter pleinement des lieux. 8/6,50 € ; 04 68 38 60 13 ; www.forteresse-salses.fr

Le mémorial du camp de Rivesaltes

À 15 km de Perpignan, sur un terrain désolé battu par la tramontane, émerge l'édifice du Mémorial du camp de Rivesaltes (www.memorialcamp-rivesaltes.eu) de l'architecte Rudy Ricciotti. À l'aide de documents visuels et sonores, le parcours muséographique, passionnant, rappelle qu'ici furent internés des Espagnols fuyant le franquisme lors de la Retirada en 1939, des Juifs et des Tziganes pendant la Seconde Guerre mondiale, des harkis dans les années 1960… et s'ouvre sur une vision contemporaine des problématiques migratoires.

CARNET PRATIQUE

QUAND PARTIR

Au début du printemps lorsque la vallée de la Têt est en fleurs, le sommet du Canigou encore enneigé et que les journées sont douces.

COMMENT S'Y RENDRE

La gare de Perpignan est quotidiennement desservie par des TGV en provenance de Paris, Nîmes et Montpellier. Il existe aussi une ligne quotidienne depuis Bruxelles via Lille, Lyon, Nîmes, Montpellier, Sète, Agde, Béziers et Narbonne.

OÙ SE LOGER ET SE RESTAURER

Chez *Casa Ilicia* à Eus (59-119 € ; www.casailicia.wordpress.com), une maison d'hôtes douillette avec vue sur le Canigou et les vergers en contrebas.

Pour une cuisine locavore bien trempée, direction Perpignan, chez *Sagí* (www.sagi-taverna.fr) et à *La Galinette* (www.restaurant-galinette.com).

AGENDA

En avril, lors de la procession de la Sanch (vendredi précédant le dimanche de Pâques), le défilé des pénitents cagoulés est l'un des temps forts de la culture catalane.

À la Saint-Jean (23 juin), des centaines de porteurs de torches gravissent le Canigou pour alimenter un feu, avant d'en porter les braises dans toute la Catalogne.

44

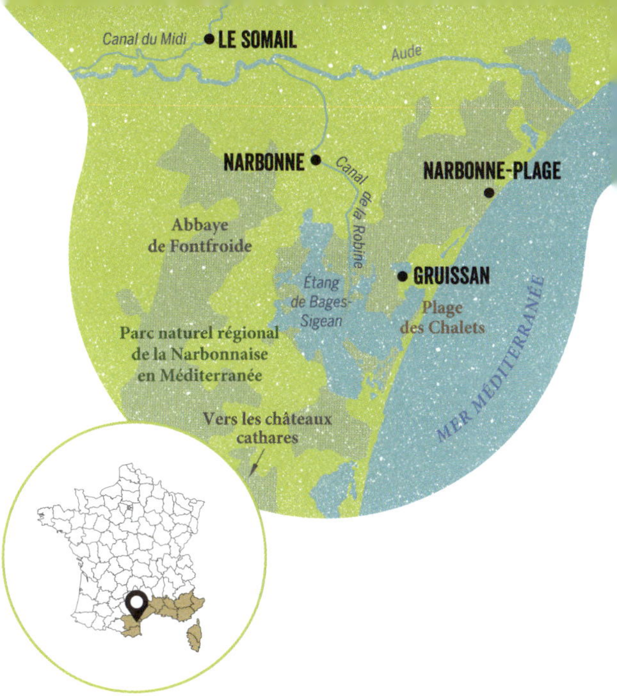

AUDE

Se laisser aller à la flânerie

AUTOUR DE NARBONNE

Le littoral narbonnais égrène d'agréables stations balnéaires et de pittoresques villages de pêcheurs autour d'étangs encore sauvages. À seulement 10 km des plages, **Narbonne** (ci-contre) séduit d'emblée ses visiteurs grâce à son quartier médiéval, à admirer du haut du **donjon du palais-musée des Archevêques** (04 68 90 31 34). Située sur la **Via Domitia** reliant l'Italie à l'Espagne, Narbonne fut un centre politique, culturel et religieux majeur durant l'Antiquité. Le **musée Narbo Via** (narbovia.fr) fait revivre la prestigieuse cité à travers les fragments de ses monuments issus des fouilles menées depuis près de 150 ans. Mais Narbonne ne regarde pas seulement vers le passé. Avec son centre animé de commerces et de restaurants disséminés autour des halles ou au bord du **canal de la Robine**, la ville constitue un parfait camp de base pour goûter aux délices de la Narbonnaise. Les ouvrages d'art qui jalonnent le **canal du Midi** méritent notamment une excursion à pied ou à vélo. Quant aux murs de grès rose de l'**abbaye de Fontfroide**, tapis à l'ombre des premiers reliefs des **Corbières**, ils ne laissent personne indifférent.

Fredonner "Y' a d'la joie" avec Trenet

Né le 18 mai 1913, le Fou chantant n'a jamais oublié sa ville natale, pour laquelle il a composé "Narbonne mon amie". La maison natale de Charles Trenet (04 68 58 19 13) retrace en musique la carrière du chanteur via des panneaux biographiques illustrés par Cabu, des écrans diffusant clips et interviews, et… un karaoké en duo avec le maître *himself*.

Jouer avec le vent à Gruissan

Jolie cité lacustre plébiscitée par les férus de vélo, auxquels elle offre de belles possibilités de balades, la station balnéaire familiale de Gruissan attire aussi les amoureux du vent. Pour faire voler son cerf-volant devant les chalets à pilotis de la mythique plage des Chalets. Ou pour s'initier à la voile et au kitesurf. 04 68 49 33 33, 06 74 91 94 39 ; www.akila-centers.com/nautique-gruissan

Partir pour un safari africain à Sigean

Au cœur du parc naturel régional de la Narbonnaise, les flamants roses peuplant l'étang de Bages-Sigean (page ci-contre) ne seront pas les seuls à vous transporter en Afrique. Au sein de la réserve africaine de Sigean (04 68 48 20 20 ; www.reserveafricainesigean.fr), fauves et grands mammifères de la savane s'ébattent sur plus de 350 ha, dans le cadre naturel de la lagune languedocienne. À vous de les approcher au plus près, en voiture, puis à pied.

Embarquer pour une balade fluviale au Somail

Le canal de la Robine, qui traverse Narbonne, fait le lien entre la Méditerranée et le canal du Midi. À la jonction des deux ouvrages, le village du Somail, à 15 km de Narbonne, vit au rythme des promenades fluviales à pied, à vélo ou en bateau. Location de cycles et d'embarcation sur place.

Se recentrer à l'abbaye de Fontfroide

À 14 km de Narbonne, l'abbaye de Fontfroide constitue l'un des plus beaux exemples d'architecture cistercienne en France. Du cloître du XIIIe siècle aux bâtiments domestiques (dortoir, réfectoire), en passant par l'église, le site est empreint de magie. Notamment en été, lors du parcours son et lumière nocturne. 04 68 45 11 08 ; www.fontfroide.com

PLUS DE TEMPS ?

→ **CHÂTEAUX CATHARES** Tutoyant le ciel, la plus impressionnante de ces forteresses est sans conteste le château de Peyrepertuse (04 30 37 00 77 ; www.chateau-peyrepertuse.com ; ci-dessus) qui semble tenir en équilibre sur son éperon rocheux. À 10 km, le château de Quéribus (04 68 45 03 69 ; www.cucugnan.fr) brille par son exceptionnel état de conservation. Les châteaux de Puilaurens (04 68 20 65 26 ; www.chateau-puilaurens.com), de Termes (04 68 70 09 20 ; chateau-termes.com) et d'Aguilar (04 68 45 51 00) complètent le tableau des "Cinq Fils de Carcassonne", construits pour garder la frontière avec l'Aragon, avant de servir d'ultimes bastions à la résistance cathare. On peut les relier à pied par le sentier cathare (www.audetourisme.com).

Un parfum d'Italie

Selon Pline l'Ancien, *"la Narbonnaise ressemble plus à l'Italie qu'à une simple province."* Au Ier siècle, Narbo Martius est la capitale d'une vaste région baptisée "Gaule narbonnaise". De Vienne à Nîmes, en passant par Avignon, celle-ci englobe l'ensemble des provinces et des cités gauloises de Méditerranée conquises par les Romains. Passage obligé pour les liaisons commerciales et militaires entre l'Italie et l'Espagne, Narbonne est alors à l'apogée de sa puissance. Lors des grandes invasions au début du Ve siècle, la région est occupée par les Wisigoths qui installent leur chefferie à Narbonne avant de migrer vers Barcelone. Narbonne se tourne alors davantage vers l'Espagne que vers l'Italie.

CARNET PRATIQUE

COMMENT S'Y RENDRE

Comptez 4 heures 30 pour rejoindre Narbonne en TGV depuis Paris. La ville est à 150 km de Toulouse (1 heure 15 en train) et à 100 km de Montpellier (1 heure en train). Carcassonne est à 60 km à l'ouest.

OÙ SE LOGER

Pour une expérience insolite, optez pour une nuit à bord du *Nubian*, un yacht confortable, tout d'acier et de bois, amarré en plein Narbonne sur le canal de la Robine. 06 37 05 32 10 ; www.nubian.fr

AGENDA

Durant le dernier week-end d'août, le festival d'art de la rue "Barques en scène" anime la ville de Narbonne.

Le dernier week-end de mai, c'est le Festival international de cerfs-volants Natur'ailes qui colore le ciel de Narbonne-Plage, station balnéaire à 20 km de Narbonne.

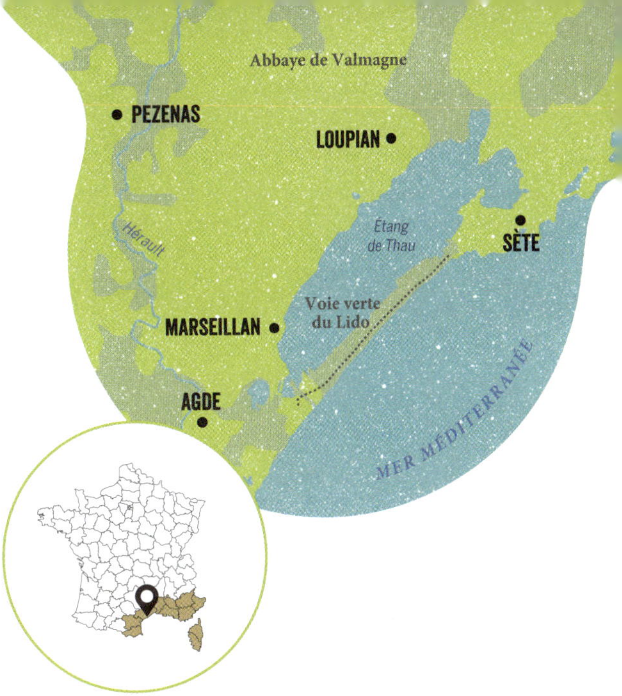

45

HÉRAULT

Voguer entre
SÈTE ET L'ÉTANG DE THAU

Portion privilégiée du littoral languedocien, Sète et l'étang de Thau bénéficient d'un cadre naturel splendide fait de longues plages sablonneuses, de formations dunaires et de salins, refuges de nombreux oiseaux. Loin de l'urbanisme balnéaire disgracieux qui habille par endroits la côte héraultaise, Sète est, qui plus est, un **port charmant** (ci-contre), à la personnalité bien marquée. Avec ses **canaux** bordés de belles façades colorées, son **vieux port** animé et le quartier pittoresque de la **Pointe Courte**, la "Petite Venise du Languedoc", née en 1666 de la volonté de Louis XIV d'offrir un débouché sur le canal du Midi, invite à la flânerie... Une flânerie bouillonnante de vie, mais aussi **culturelle** : la ville comporte en effet plusieurs **musées intéressants**, dont le Centre régional d'art contemporain (crac.laregion.fr) et le Musée international des arts modestes (www.miam.org), aux formidables visites guidées. Pour multiplier les points de vue sur l'étang, partez à la découverte des localités qui le bordent – **Mèze**, **Frontignan**, **Balaruc-les-Bains**, **Bouzigues**, **Marseillan**... www.archipel-thau.com

Faire le tour de l'étang de Thau

D'une superficie de 7 500 ha, l'étang de Thau déroule, sur sa rive nord, un chapelet de jolis villages qu'il est très agréable de rejoindre à vélo, par le sud, via la voie verte du Lido – langue de sable de 12 km qui sépare la mer de la lagune. Une exploration que l'on peut ponctuer de baignades, mais aussi de dégustations de Noilly Prat, le vermouth local, et d'huîtres élevées sur place. On peut aussi découvrir de remarquables mosaïques polychromes d'une villa gallo-romaine à Loupian (www.loupian.fr).

S'élever au mont Saint-Clair

Quelques minutes suffisent pour s'éloigner du cœur grouillant de Sète et atteindre les premières montées qui mènent au mont Saint-Clair (183 m). Son belvédère permet de prendre toute la mesure du paysage et offre un panorama magnifique sur l'étang de Thau. Non loin, la forêt domaniale des Pierres Blanches, sillonnée de sentiers, conduit à un autre enfant du pays : Georges Brassens. On peut y découvrir l'espace muséal qui lui est consacré (www.espace-brassens.fr) et le cimetière Le Py, où il est enterré.

Plonger dans l'univers de Paul Valéry

Tout en ruelles, le pittoresque Quartier Haut accueille le musée Paul-Valéry, qui rappelle le lien du poète avec l'"île singulière" qui l'a vu naître, et brosse un portrait intimiste de l'artiste. Il renferme par ailleurs une foisonnante collection d'œuvres d'art, dont plus de 700 peintures faisant la part belle aux artistes sétois influents. Juste en dessous, du cimetière marin où repose Valéry (1871-1945), la vue sur la rade est superbe.
museepaulvalery-sete.fr

Étirer le temps à l'abbaye de Valmagne

À 10 km au nord de l'étang de Thau, se dresse, dans un écrin de verdure, l'abbaye cistercienne de Valmagne (ci-contre), considérée comme l'une des plus belles de France. Édifiée entre le XIIe et le XIVe siècle, la "cathédrale des vignes", qui doit son surnom aux foudres (grands tonneaux) de Russie qui siègent dans son église, enchante par la grâce de ses lignes et sa pierre rosée. Sur place, la Ferme Auberge (04 67 78 13 64) permet de goûter aux produits bio issus du potager et du fameux vignoble séculaire.
www.valmagne.com

PLUS DE TEMPS ?

→ **PÉZENAS** Hautement culturel, l'ancien fief de Molière, situé à une trentaine de kilomètres de Sète, où se mêlent majestueux hôtels particuliers des XVIIe et XVIIIe siècles et ateliers d'artisans convertis en ateliers d'artistes, est une escale de charme.

→ **BASE NAUTIQUE DU SALAGOU** À 50 km au nord de Sète, les eaux de ce lac artificiel aux rives couleur terre de Sienne, dévolues aux activités nautiques et à la baignade, font chaque année le bonheur des estivants. www.basedusalagou.com

Les joutes de Sète

À la fin du mois d'août, Sète célèbre pendant six jours la fête de la Saint-Louis, au rythme des spectacles de rue, des fanfares… et des traditionnelles joutes nautiques qui font la réputation de la ville. Depuis 1666, le canal Royal devient alors la scène d'un combat joyeux, mais passionné, entre jouteurs, qui s'affrontent debout sur la tintaine (saillie à la proue) d'une barque de 10 rameurs, armés d'une épure (lance en bois de 2,80 m de long), au son des hautbois et des tambours. Spectaculaire !

CARNET PRATIQUE

QUAND PARTIR

À la fin du printemps, entre mai et juin, pour les belles et longues journées.

COMMENT S'Y RENDRE

La gare de Sète est quotidiennement desservie par des TGV au départ de Paris et de Lyon (via Valences, Nîmes et Montpellier) et par des TER directs en provenance d'Avignon, de Marseille ou de Toulouse.

OÙ SE LOGER ET SE RESTAURER

Avec de la chance, vous séjournerez dans *Le Grand Hôtel* (www.legrandhotelsete.com), au charme Belle Époque, situé au bord du canal Royal de Sète.

L'étang de Thau produit près de 10% des huîtres françaises, ne vous privez donc pas d'en déguster ! De préférence directement chez les producteurs, comme *Tarbouriech Le Saint-Barth* (à partir de 143 € ; 04 67 74 71 77 ; www.lestbarth.com) à Marseillan. Goûtez aussi aux tielles, ces tourtes fourrées à la tomate et au poulpe, spécialités sétoises.

SMB

46

HÉRAULT

⟶ *Conjuguer balades et farniente*

AUTOUR DE MONTPELLIER

Sise sur une colline à un jet de pierre de la Méditerranée, la séduisante capitale de l'Hérault, fondée au Xe siècle, cumule les qualificatifs : érudite – sa faculté de médecine créée au XIIIe siècle est l'une des plus anciennes d'Europe —, commerçante et prospère – en témoignent ses innombrables hôtels particuliers des XVIIe et XVIIIe siècles –, mais aussi cosmopolite, artistique, festive… Pour embrasser en un clin d'œil toutes les facettes de Montpellier, promenez-vous dans son centre historique, l'**Écusson**, qui suit les contours des anciens remparts : de ruelles médiévales en placettes romantiques, vous admirerez son beau patrimoine – tel que l'hôtel de Varennes qui abrite le **musée du Vieux-Montpellier** –, avant de déboucher sur la **place de la Comédie**, à l'impressionnante architecture haussmannienne. Au-delà des charmes montpelliérains, aventurez-vous dans l'arrière-pays héraultais pour en explorer les **merveilles géologiques** et les petites **cités de caractère**, et profitez sans modération des **plaisirs balnéaires** qu'offre le littoral du golfe du Lion, propice aux joies de la baignade et au farniente.

S'ébahir des "folies" du grand Montpellier

La périphérie de Montpellier compte plus d'une dizaine de demeures cernées de jardins rivalisant d'élégance, résidences d'été bâties dès le XVIIIe siècle par des aristocrates et notables. Parmi les plus remarquables de ces "folies" : les châteaux de l'Engarran (04 67 47 00 02 ; chateau-engarran.com) et de Flaugergues (04 99 52 66 37 ; www.flaugergues.com), ouverts à la visite, ou le château d'Ô (0800 200 165 ; domainedo.fr), dédié au spectacle vivant, dont le parc est en accès libre.

Piquer une tête à Palavas-les-Flots

Avec la Méditerranée à seulement une dizaine de kilomètres, Montpellier offre aussi la possibilité d'une échappée balnéaire. Pour rejoindre le littoral, filez à vélo sur la voie verte du Méjean reliant Lattes à Palavas-les-Flots (6 km). Au programme, observation ornithologique, baignade, farniente… et visite de la cathédrale de Maguelone (compagnons-de-maguelone.org), bijou d'art roman.

Se doper à l'art dans l'Écusson

Certains édifices historiques de l'Écusson recèlent des musées et galeries de choix, faisant de Montpellier une cité éminemment artistique. Parmi les plus prestigieux, l'incontournable musée Fabre (04 67 14 83 00 ; museefabre.montpellier3m.fr) renferme l'une des collections de beaux-arts les plus importantes de France, et le centre culturel Mo.Co-La Panacée (04 99 58 28 00 ; lapanacee.org) est dédié à l'art contemporain.

S'aventurer dans l'arrière-pays languedocien

Dans l'intérieur des terres, partez à la découverte des gorges de l'Hérault et de Saint-Guilhem-le-Désert (www.saintguilhem-valleeherault.fr ; page ci-contre). Dominé par les falaises calcaires du cirque de l'Infernet, ce magnifique village médiéval peut se prévaloir d'être le 8e site à avoir obtenu le prestigieux label "Grand Site de France", en 2010. En aval de Saint-Guilhem, le pont du Diable, une merveille d'art roman datant du début du XIe siècle, classé sur la Liste du patrimoine mondial par l'Unesco, marque l'entrée des gorges. Sur la route reliant le village à l'ouvrage, la belle grotte de Clamouse (04 67 57 71 05 ; www.clamouse.com) mérite amplement la visite. www.herault-tourisme.com

Se balader dans les vignobles du pic Saint-Loup

Du village des Matelles, à environ 40 minutes de Montpellier, part une belle promenade balisée à travers le bois de Lèque, jusqu'au village médiéval de Saint-Jean-de-Cuculles (5,5 km). En chemin, faites halte au domaine Haut-Lirou (04 67 55 38 50), pour une dégustation de vins AOP Pic Saint-Loup (ci-contre) et une visite guidée du vignoble (sur réservation).

PLUS DE TEMPS ?

→ **AIGUES-MORTES** La jolie cité fortifiée du roi Saint Louis égrène échoppes et bonnes tables au fil de ses rues pavées. Elle est aussi le point de départ de balades dans les salins attenants ou au cœur des marais de la Camargue gardoise. ot-aiguesmortes.com

→ **LAC DU SALAGOU** À moins d'une heure de Montpellier, plongez dans les eaux limpides du lac du Salagou. Très animé pendant la saison estivale, il constitue un petit paradis pour les amateurs d'activités nautiques grâce à ses berges aménagées, notamment celles de Clermont-l'Hérault, qui disposent du plus grand panel d'activités, ainsi que de plages surveillées en été. Base de plein air du Salagou ; 04 67 96 05 71 ; www.basedusalagou.com

Le mikvé médiéval

Profondément cosmopolite, Montpellier accueillit dès le Moyen Âge, et jusqu'à leur expulsion au XIVe siècle, une importante communauté juive qui joua un rôle majeur dans le développement de la ville. À côté de l'ancienne synagogue, dont il reste quelques vestiges, le mikvé (fin XIIe-début XIIIe siècle), alimenté par une nappe souterraine et parfaitement conservé, est l'un des rares bains rituels juifs médiévaux retrouvé en Europe. Visite guidée possible avec l'office du tourisme. www.montpellier-tourisme.fr

CARNET PRATIQUE

QUAND PARTIR

En hiver, lorsque la météo fait grise mine sur le reste de l'Hexagone, pour emmagasiner un peu de ciel bleu et de luminosité.

COMMENT S'Y RENDRE

La gare de Montpellier-Saint-Roch est quotidiennement reliée par le TGV à Paris, Lyon et Lille (via Valence et Nîmes) et par des TER à Avignon, Marseille et Toulouse.

OÙ SE LOGER ET SE RESTAURER

Pour une escale de charme à Montpellier, réservez une chambre à la maison d'hôtes *Les 4 Étoiles* (à partir de 94 € ; 04 67 02 47 69 ; les4etoiles.com) ou au romantique *Mas de Lafeuillade* (à partir de 110 € ; 06 77 18 29 69 ; www.mas-de-lafeuillade.com).

Pour casser la croûte dans un esprit arty et bohème, rendez-vous au marché du Lez (marchedulez.com), et, pour un cocktail d'auteur, chez *Aperture* (09 87 17 44 33 ; aperturemontpellier.com).

47

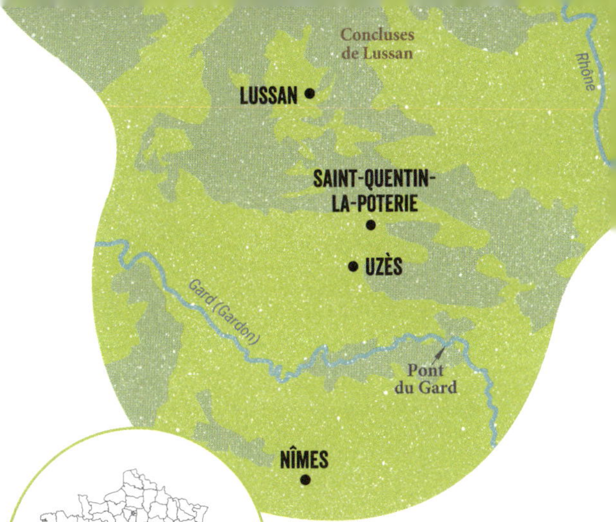

GARD

Rayonner DANS LE PAYS NÎMOIS

Point de rencontre entre la Provence, le Languedoc, les Cévennes et la Camargue, le Pays nîmois est, depuis toujours, une terre d'échange. De sa riche histoire, il a conservé un patrimoine architectural exceptionnel, à commencer par la **cité romaine de Nîmes** (ci-contre) ou le majestueux **pont du Gard**, impressionnant aqueduc romain qui enjambe une rivière aux berges verdoyantes. En amont se déploient les majestueux paysages des **gorges du Gardon**, parfaites pour une descente au fil de l'eau ou de belles randonnées. Non loin, la fière **cité ducale d'Uzès** arbore une architecture remarquable et délicate : galeries d'art, antiquaires et boutiques en vogue y invitent à flâner entre places et ruelles. Dominant la plaine, certains **villages de caractère** n'ont rien à envier à ceux de la Provence voisine.

Plonger dans la romanité à Nîmes

Des superbes arènes antiques à la Maison Carrée, des jardins de la Fontaine du XVIIIe siècle jusqu'au Carré d'art, temple de l'art contemporain, la ville recèle de nombreux trésors culturels. Face aux arènes se tient également le musée de la Romanité (museedelaromanite.fr), écrin moderne et didactique à l'exceptionnel patrimoine antique de l'ancienne Nemausus.

Se perdre dans les concluses de Lussan

Telle une plateforme de pierre, Lussan émerge de la garrigue. Ce village perché recèle un château du XVe siècle, un "sentier d'art vivant" (1,2 km) et un magnifique panorama sur la région. À 5 km au nord, les concluses de Lussan désignent un étroit défilé entre des parois calcaires atteignant 200 m de hauteur. Un sentier balisé permet une agréable promenade (environ 30 minutes).

Rapporter une céramique de Saint-Quentin-la-Poterie

À 6 km au nord-est d'Uzès, le village de Saint-Quentin abrite pas moins de 25 potiers. Ne manquez pas le musée de la Poterie méditerranéenne ni la galerie Terra Viva, qui présente un panorama de la création contemporaine. saintquentinlapoterie.fr

Pagayer sous le pont du Gard

Héritage de l'Empire romain, le pont du Gard (04 66 37 50 99 ; www.pontdugard.fr ; page ci-contre) est un monument rare, dans un état de conservation stupéfiant. Dominant le Gardon de ses 47,60 m, formé de trois étages indépendants, il était le plus haut aqueduc de l'Empire romain. Outre un intéressant Espace muséographique, ses abords ont été soigneusement aménagés et se prêtent à la baignade, aux promenades ou aux pique-niques. Il est possible de louer un canoë à Collias pour descendre le Gardon jusqu'au pont du Gard (04 66 22 80 76 ; www.kayakvert.com). Le parcours est facile et permet une approche privilégiée du pont. De nombreuses randonnées sillonnent également les gorges.

Flâner à Uzès

Cette ancienne cité épiscopale et consulaire, premier duché de France, a un charme certain. Réhabilitée et entièrement piétonne, la vieille ville révèle un impressionnant patrimoine. Depuis la place aux Herbes, ombragée de platanes et encadrée d'arcades, filent des venelles pavées bordées de boutiques, de galeries, de cafés et de restaurants. On y découvre un ravissant jardin médiéval, le château ducal, la tour Fenestrelle (ci-dessous), la cathédrale Saint-Théodorit, le Haras national, le musée Georges-Borias ou encore... le musée du Bonbon-Haribo, qui ravira les enfants ! www.uzes-pontdugard.com

PLUS DE TEMPS ?

→ **SOMMIÈRES** Dotée d'un beau pont romain, cette petite cité fortifiée déroule un joli centre ancien, à l'étonnante vitalité. Artisans et commerçants foisonnent dans ses ruelles, au milieu de placettes animées et de beaux hôtels particuliers.

→ **VALLÉE DE LA CÈZE** Cette vallée sauvage regorge de trésors : le village de La Roque-sur-Cèze, les superbes cascades du Sautadet, la chartreuse de Valbonne, la grotte de la Salamandre ou encore Goudargues, village aux agréables canaux.

Le denim de Nîmes

Au XVIIIe siècle, les manufactures nîmoises confectionnent un tissu à armure sergée, traditionnellement teint à l'indigo. Sa souplesse et sa solidité lui valent, au début du XIXe siècle, d'être exporté vers les États-Unis. Durant la seconde moitié du siècle, lors de la ruée vers l'or, Levi Strauss entre en scène : ce Juif bavarois, émigré aux États-Unis en 1847, conçoit des vêtements pour les pionniers et les chercheurs d'or. Il remplace la toile de tente, habituellement utilisée, par la serge de Nîmes, plus résistante, et renforce les points de tension avec des rivets de cuivre. Ainsi naquit le jean Levi Strauss ou denim – contraction de "de Nîmes" !

CARNET PRATIQUE

QUAND PARTIR

Vous pouvez visiter la région toute l'année : chaleur en été, floraison au printemps, couleurs rougeoyantes à l'automne et même, saison de la truffe en hiver !

COMMENT S'Y RENDRE

Nîmes est située sur la ligne TGV-Méditerranée, à 3 heures de Paris. Le réseau de transport public LiO (lio.laregion.fr) assure les liaisons départementales.

OÙ SE LOGER

À Nîmes, les *Appart'City Confort* (à partir de 79 € ; 04 56 60 26 70 ; www.appartcity.com) jouissent d'une bonne situation. Près du pont du Gard, *Les Petits Gardons* (à partir de 120 € ; www.lavillalespetitsgardons.com) sont une excellente adresse tout comme, à Uzès, la *Maison des Marronniers* (à partir de 105 € ; 04 66 57 23 51 ; www.maison-rouge-uzes.com).

48

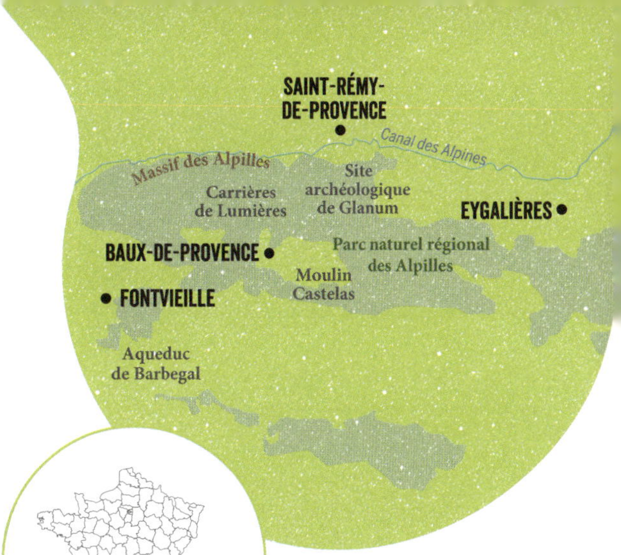

BOUCHES-DU-RHÔNE

Se la couler douce DANS LES ALPILLES

C'est une cascade de collines blanches, un monde de calcaire et de garrigue, de vignobles et d'oliviers, de vallons escarpés et de crêtes dentelées. Étirées le long d'un massif de 35 km, les **Alpilles** sont un petit paradis, objet de toutes les attentions. Qu'est-ce qui fait que ce massif calcaire, planté d'est en ouest comme un dernier rempart avant la plate Camargue et dont l'altitude n'excède pas 490 m, s'enveloppe d'une aura si particulière ? La lumière y est pour beaucoup, saisie par **les artistes** qui trempèrent ici plumes et pinceaux. Sous un ciel immensément bleu, elle souligne la pureté des paysages. Il y a aussi – et surtout ! – la terre, aride certes, mais plantée de **vignes, d'oliviers et d'amandiers**. Autant dire que la douceur de vivre est au rendez-vous. Ajoutez à cela un patrimoine exceptionnel, l'impressionnant **château des Baux-de-Provence** et l'antique **Glanum** en tête, et vous comprendrez pourquoi tant de touristes et happy few fortunés ont succombé à la beauté de la région et jeté leur dévolu sur des mas restaurés. Découvrez sites et **villages**, emplissez vos paniers de **produits locaux** et profitez paresseusement des plaisirs de la campagne. Les matins sont une joie, les journées voluptueuses et les soirées, le théâtre de somptueux couchers de soleil.

Se pavaner à Saint-Rémy

Saint-Rémy-de-Provence, c'est chic ! Entouré de son cours où se succèdent cafés, boutiques et terrasses, le centre se dévoile au gré de venelles émaillées de fontaines, d'hôtels particuliers et de jardins secrets. On y suit aussi les traces de visiteurs de renom : Charles Gounod, Frédéric Mistral ou encore Vincent Van Gogh, qui fit un séjour prolongé au cloître Saint-Paul-de-Mausole. Aux portes de la cité, le site archéologique de Glanum (04 90 92 23 79 ; www.site-glanum.fr ; ci-dessous) abrite les vestiges d'une ville qui fut successivement gauloise, grecque puis romaine.

Grimper aux Baux-de-Provence

Campé sur un éperon rocheux vertigineux, ce château médiéval (04 90 49 20 02 ; www.chateau-baux-provence.com) fut longtemps fief des seigneurs des Baux, "race d'aiglons jamais vassale". La fierté de ces prétendus descendants du Roi mage Balthazar plane encore dans les ruelles labyrinthiques, érigées comme un défi au mistral. Depuis cette proue minérale où le regard porte jusqu'à la Camargue, on mesure l'orgueil et la gloire d'une telle situation. Ne manquez pas non plus les Carrières de Lumières (04 90 49 20 02 ; www.carrieres-lumieres.com) où un spectacle audiovisuel est projeté sur les parois rocheuses.

Randonner dans les Alpilles

Le massif des Alpilles est parcouru de nombreux sentiers de randonnée, dont 24 parcours balisés : l'itinéraire des Caisses de Jean-Jean (9 km) est un des circuits mythiques, tout comme la boucle du Grand Méjan (3 heures 30). Depuis Saint-Rémy, une agréable promenade mène jusqu'au lac de Peiroou ou, depuis les Baux, jusqu'au Lagon Bleu. Le GR® 6, qui traverse le massif d'est en ouest, offre de superbes points de vue. Pour une randonnée accompagnée, contactez L'Écobalade des saveurs (06 62 64 05 78).

Goûter aux saveurs de la campagne

Région de l'huile d'olive par excellence, les Alpilles regorgent de moulins, comme le Moulin Castelas (04 90 54 50 86 ; www.castelas.com), près des Baux-de-Provence, réputé dans toute la région pour la qualité de ses crus. Des promenades guidées dans les oliviers, suivies d'une visite du moulin et d'une dégustation sont organisées. Halte de choix, discrète mais très en vogue, Eygalières est un petit condensé des Alpilles au milieu des oliviers. On y découvre les Sentiers de l'Abondance (06 22 36 61 83 ; lessentiersdelabondance.com), un projet agro-culturel autour des plantes aromatiques et médicinales.

Retomber en enfance avec Daudet à Fontvieille

La charmante localité de Fontvieille est indissociable du nom d'Alphonse Daudet (1840-1897), qui l'a immortalisée dans *Les Lettres de mon moulin*. Depuis le château de Montauban, une boucle dans la pinède vous fera passer devant le fameux moulin de Daudet. À environ 3 km au sud du village, ne manquez pas les vestiges des aqueducs romains de Barbegal.

PLUS DE TEMPS ?

→ **LA MONTAGNETTE** Au nord des Alpilles, La Montagnette dévoile un décor romanesque. On y découvre l'incroyable abbaye Saint-Michel de Frigolet et d'adorables villages : Boulbon, Barbentane ou Graveson (www.graveson-provence.fr).

→ **TARASCON** Postée au bord du Rhône, la belle cité de Tarascon est blottie au coin d'un château digne d'un roman de chevalerie. Des hôtels particuliers témoignent de sa fortune passée, tout comme le musée Souleiado, ancienne fabrique de tissus provençaux.

La nuit étoilée de Van Gogh

Vincent Van Gogh (1853-1890) fut interné au cloître Saint-Paul-de-Mausole de Saint-Rémy-de-Provence pendant un an, de 1889 à 1890, après s'être coupé l'oreille. Au cours de cette période, considérée comme majeure dans le parcours du peintre, il peignit plus de 150 toiles, dont *La Nuit étoilée* et *Les Iris*. Dans ce beau cloître du XIe siècle, on peut visiter à l'étage une reproduction de sa chambre, particulièrement émouvante.

CARNET PRATIQUE

QUAND PARTIR

Le printemps est sans doute l'une des plus belles saisons pour découvrir la région, ainsi que le début de l'automne, où sonne l'heure des vendanges.

COMMENT S'Y RENDRE

Avignon possède deux gares. La gare Avignon-TGV, à l'écart de la ville, met Paris à 2 heures 40, et Lyon à 1 heure. La gare Avignon-Centre reçoit les Intercités et certains TGV. L'aéroport le plus proche est celui de Marseille-Provence. Le réseau Zou ! (www.lepilote.com) assure les liaisons départementales en bus.

OÙ SE LOGER

À Saint-Rémy, *Le Petit Hôtel* (www.lepetithotel.fr) est une escale sympathique et design. Au Paradou, on adore la maison d'hôtes *La Part des Anges* et, à Maussane, celle *Merci Papa Merci Maman*. Pour s'offrir un mas authentique et parfaitement restauré, direction le *Mas Notre-Dame*, à Eygalières.

49

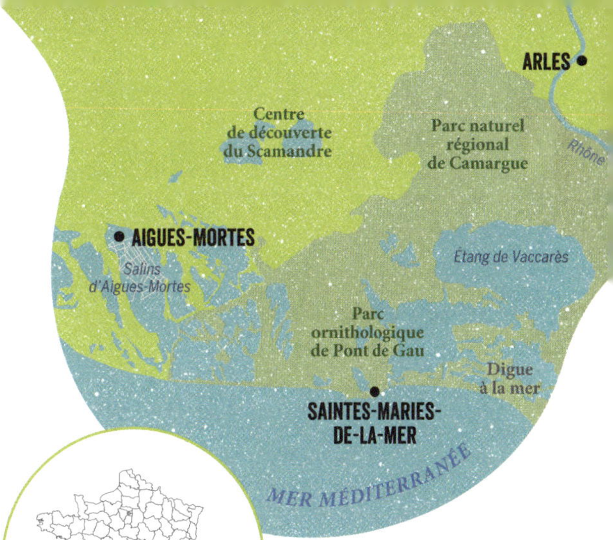

GARD, BOUCHES-DU-RHÔNE

Vivre entre terre et mer
EN CAMARGUE

Univers mouvant de terre et d'eau sous un ciel immense, la Camargue, parcourue de taureaux noirs et de chevaux blancs, s'impose comme une contrée libre et sauvage. Si les hommes ont réussi à se faire une place sous ces horizons mouillés, c'est à force de courage et de persévérance. Manadiers, gardians, ingénieurs, pêcheurs et agriculteurs ont contribué, tels des pionniers, à modeler ce paysage unique formé par le **delta du Rhône**. C'est à cheval, à pied ou encore à vélo que s'abordent ces milieux naturels exceptionnels, qui se déploient autour de l'**étang de Vaccarès**, réserve naturelle pour les oiseaux migrateurs. Le Sud, plus sauvage, est un **univers marécageux**, royaume des manades et des gardians. À l'ouest, la Camargue gardoise est moins farouche que le cœur du delta : ce pays plat parsemé d'étangs, de **salines** et de terres agricoles (vignes, riziculture, etc.) abrite la **dune de l'Espiguette**, les **salines d'Aigues-Mortes** et l'**étang du Scamandre**. Elle impressionne aussi par les vestiges de son patrimoine bâti : l'incontournable cité d'**Aigues-Mortes** et l'**abbatiale de Saint-Gilles**, qui rayonnait autrefois dans toute l'Europe. Regorgeant d'édifices antiques, médiévaux et classiques d'une grande beauté, **Arles** est une ville attachante à l'atmosphère culturelle ultra-dynamique.

Se perdre autour de l'étang de Vaccarès

Au cœur du parc naturel régional de Camargue, classé réserve naturelle nationale depuis 2006, cet immense étang est un véritable paradis ornithologique. C'est le site de prédilection des flamants roses, qui viennent s'y alimenter. Il est aisé d'en faire le tour, via la D37, la D36b et la draille des Cinq Gorges. Une des activités phares est de parcourir ces terres à cheval. Au sein même de l'étang, le parc ornithologique de Pont de Gau permet de serpenter au milieu des marais. Côté est de l'étang, La Capelière et le domaine de la Palissade offrent d'autres sentiers de découverte.

S'initier à l'écosystème de la Camargue

Le Centre de découverte du Scamandre (04 66 73 52 05 ; www.camarguegardoise.com) est une réserve naturelle régionale de 146 ha qui offre un excellent moyen de se familiariser avec la faune, la flore et les habitats de Camargue. Trois circuits (de 15 minutes à 1 heure 30) courent sur des pontons en bois ponctués de postes d'observation. Entre sansouïres, roselières et étang, près de 200 espèces d'oiseaux peuvent ici se rencontrer.

Faire une pause arty à Arles

Accoudée au Grand Rhône, Arles possède une personnalité singulière. Ses charmantes ruelles dévoilent les vestiges romains (les arènes, le théâtre antique, les thermes de Constantin, les Alyscamps), une cathédrale romane (Saint-Trophime), d'élégants hôtels particuliers et des lieux culturels emblématiques : le Museon Arlaten, le musée Réattu, la Fondation Vincent Van Gogh et LUMA Arles, complexe dédié à la création contemporaine.

Explorer les salines d'Aigues-Mortes

Les salins d'Aigues-Mortes dévoilent d'impressionnantes pyramides de sel pouvant dépasser 20 m de haut, et des étangs de saumure rougeâtre où le sel se dépose en été, au fur et à mesure que l'eau de mer s'évapore. On les explore en petit train, à pied, en VTT ou en 4×4. Non loin, au milieu de terres marécageuses, émerge Aigues-Mortes, entourée de hauts remparts. www.visitesalinaiguesmortes.fr

Atteindre la Digue à la mer

Entre marais et plage, la Digue à la mer déroule plus de 20 km de sentiers pédestres de toute beauté, parfaits pour la randonnée ou le VTT (interdits aux véhicules motorisés). Construite au milieu du XIXe siècle pour protéger le delta de l'influence de la mer, cette digue forme un trait d'union entre, à l'est, le phare de la Gacholle et, à l'ouest, les Saintes-Maries-de-la-Mer. Seule localité d'importance en Camargue, elle est dominée par la tour-clocher de Notre-Dame-de-la-Mer, qui abrite la statue de Sara la noire, sainte patronne des Gitans.

PLUS DE TEMPS ?

→ **SAINT-GILLES** Au Moyen Âge, sa magnifique abbatiale, joyau de l'art roman, était le lieu d'un important pèlerinage.
→ **COSTIÈRES DE NÎMES** Avec 4 500 ha, ce terroir doté d'une AOC s'étend sur les costières, une zone plate entre Nîmes et la Camargue, jonchée des fameux "galets roulés" charriés par le fleuve depuis les Alpes.
→ **PLAGE DE L'ESPIGUETTE** Sur plus de 10 km de long et 700 m de large s'étend une mer de sable, née des alluvions du Rhône. Dominée par un phare, cette pointe sauvage est sans doute l'une des plus belles plages de Méditerranée.

La cité des eaux mortes

Au XIIIe siècle, aucun des principaux ports méditerranéens (Marseille, Montpellier, Agde ou Saint-Gilles) n'appartient au roi de France. Or, Saint Louis a besoin d'un accès à la mer pour commercer et organiser les croisades. Le site d'Aigues-Mortes est retenu. En quatre ans, entre 1244 et 1248, une ville entière surgit des marais avec, en guise de défense, la tour de Constance, devenue depuis l'emblème de la cité. En 1248, le roi peut ainsi embarquer avec ses croisés au milieu d'une escadre de plus de 600 navires. En 1270, il embarque à nouveau pour sa dernière croisade, où il trouve la mort. Ses successeurs poursuivent la construction des remparts de la cité, devenue un florissant carrefour commercial.

CARNET PRATIQUE

COMMENT S'Y RENDRE

La gare ferroviaire d'Arles est desservie par deux TGV directs chaque jour en provenance de Paris et des TER rallient régulièrement Valence, Marseille et Avignon. Outre l'aéroport de Marseille-Provence (www.mp.aeroport.fr), les aéroports de Nîmes, Avignon et Montpellier sont à moins d'une heure de route.

OÙ SE LOGER

À Aigues-Mortes, l'*Hôtel Les Templiers* (à partir de 140 € ; 04 66 53 66 56 ; hotellestempliers.ellohaweb.com) offre une atmosphère d'éternel voyage au charme indéfinissable, tandis que l'hôtel *Le Cloître* (à partir de 149 € ; 04 88 09 10 00 ; hotelducloitre.com), à Arles, est plus design. En Camargue, l'*Hôtel de Cacharel* (04 90 97 95 44 ; www.hotel-cacharel.com) est un domaine chic et discret au cœur des étangs.

AGENDA

À Arles, les Rencontres internationales de la photographie ont lieu entre juillet et septembre et le festival de musique Les Suds en été. Le calendrier camarguais est également rythmé par la succession des ferias : la feria de Pâques, puis les fêtes d'Arles (fin juin-début juillet) et, enfin, en septembre, la feria du Riz. Les 24 et 25 mai, Les Saintes-Maries-de-la-Mer sont au cœur du célèbre pèlerinage des Gitans.

SEGOND

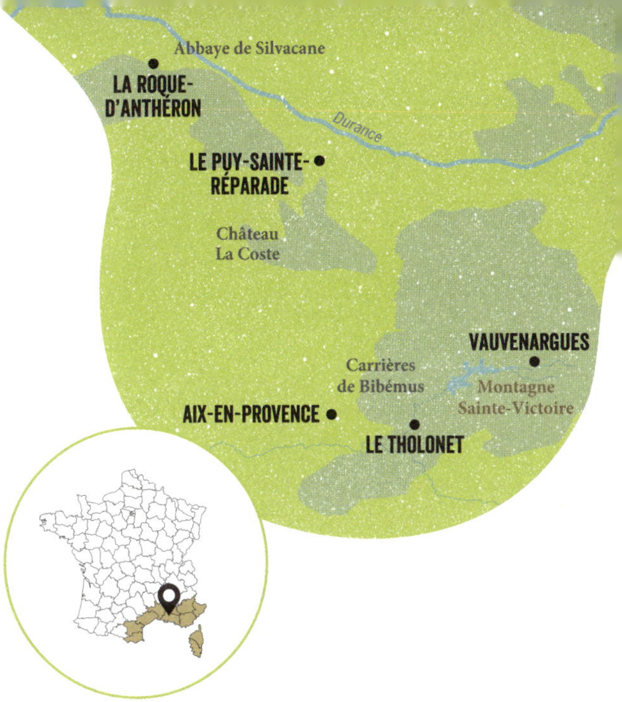

50

BOUCHES-DU-RHÔNE

Trouver l'inspiration AU PAYS D'AIX ET DE LA SAINTE-VICTOIRE

Reconnaissable entre toutes, la montagne Sainte-Victoire dresse sa silhouette minérale sur le pays d'Aix. Compacte vue de l'ouest, elle s'étire à mesure que l'on découvre son profil méridional. Elle fut la muse de **Paul Cézanne** qui la magnifia dans nombre de ses tableaux. Entre le vert des pins, le rouge de la roche et le bleu du ciel, elle dévoile un paysage d'une réelle perfection picturale. Son âme esthète sied parfaitement à la ville d'**Aix-en-Provence**, de tradition aristocratique. Fontaines, hôtels particuliers, ruelles commerçantes et **vie culturelle** intense en font un des musts de la région. Très courtisée, la ville cultive un art de vivre raffiné. Entre la Durance au nord et la chaîne de l'Étoile au sud, la campagne est parsemée de **villages paisibles**, d'élégantes bastides et de **vignobles**. Non loin de là, **Salon-de-Provence** offre en contraste une identité beaucoup plus discrète, mais constitue un point de chute judicieux pour sillonner la région.

Se balader sur la Sainte-Victoire

Orientée est-ouest sur une douzaine de kilomètres, la Sainte-Victoire culmine à 1 011 m, au pic des Mouches. De nombreuses randonnées la sillonnent : du barrage de Bimont, on peut grimper jusqu'à la Croix de Provence (5 heures aller-retour). Non loin du village du Tholonet, le domaine de Roques-Hautes déroule des sentiers de promenade ponctués d'aires de pique-nique. Informations : Maison Sainte-Victoire (04 13 31 94 70) et Maison du Grand Site de Vauvenargues (04 42 26 67 37 ; www.grandsitesaintevictoire.com).

S'immerger dans l'univers de Cézanne

Avec près de 60 toiles, Cézanne a fait de la montagne Sainte-Victoire son motif de prédilection. Et si, à son époque, l'artiste fut boudé par Aix-en-Provence, sa ville natale, il y est désormais omniprésent. En ville, un circuit Cézanne relie tous les lieux en rapport avec le peintre. Pour admirer dix de ses œuvres, rendez-vous au musée Granet. Rien de mieux qu'une immersion directe dans les lieux qui l'ont inspiré : l'artiste travailla les quatre dernières années de sa vie à l'Atelier des Lauves, site émouvant, tandis qu'il réalisa un certain nombre de toiles et d'aquarelles aux carrières de Bibémus. www.cezanne-en-provence.com

Naviguer entre vin et art au château La Coste

À une vingtaine de kilomètres au nord d'Aix-en-Provence, cet étonnant domaine viticole est dédié à l'architecture et à l'art contemporains. Au gré du parcours artistique à travers le domaine, on croise des œuvres signées Alexander Calder, Richard Serra, Tom Shannon, etc. En écho, l'architecture déploie un palmarès de noms illustres : Tadao Ando, Renzo Piano, Jean Prouvé, Frank Gehry, Jean Nouvel... Les vignes alentour appellent à conclure la visite par une dégustation ! 04 42 61 92 92 ; www.chateau-la-coste.com

Goûter au calme cistercien

Non loin de La Roque-d'Anthéron, l'abbaye de Silvacane est, avec les abbayes de Sénanque et du Thoronet, l'une des trois sœurs cisterciennes de Provence. Datant du XIIe siècle, son architecture austère et rigoureuse témoigne du rayonnement de cet ordre bénédictin réformé. 04 42 50 41 69 ; www.abbaye-silvacane.com

Faire une pause culture à Aix

Personne ne reste insensible au patrimoine artistique et historique d'Aix-en-Provence, au cachet de ses hôtels particuliers (près de 200 !) et de ses nombreuses fontaines. Aix dévoile aussi une majestueuse cathédrale et de nombreux musées intéressants : le musée Granet (04 42 52 88 32 ; www.museegranet-aixenprovence.fr), le musée des Tapisseries (04 42 23 09 91), le Pavillon de Vendôme (04 42 91 88 75), la Fondation Vasarely (04 42 20 01 09 ; www.fondationvasarely.fr) ou encore le superbe Centre d'art Caumont (04 42 20 70 01 ; www.caumont-centredart.com) aux expositions d'envergure. Le soir, on se presse au Grand Théâtre, qui accueille des spectacles de premier ordre, et, en juillet, au Festival international d'art lyrique.

PLUS DE TEMPS ?

→ **BOUC-BEL-AIR** Imaginés au XVIIIe siècle, les magnifiques jardins d'Albertas sont l'occasion d'une promenade hors du temps. jardinsalbertas.com

→ **SALON-DE-PROVENCE** Fief de la Patrouille de France, Salon-de-Provence possède un charmant centre-ville. On peut y visiter le château-musée de l'Empéri, la maison de Nostradamus ou, dans un autre genre, la savonnerie Marius Fabre.

Douceur calisson

Le calisson, cette petite douceur élégante et raffinée, de forme oblongue et recouverte d'un glaçage royal, dévoile des arômes d'amande et de melon confit. Cette spécialité d'Aix-en-Provence aurait fait son apparition en 1473 lors du second mariage du roi René, même si les versions divergent. Quoi qu'il en soit, c'est avec l'introduction de la culture de l'amande en Provence au XVIe siècle, que sa fabrication et sa commercialisation prennent de l'ampleur. Les premières usines de calissons apparaissent au XIXe siècle et, encore aujourd'hui, quelques confiseries de renom perpétuent la tradition. Le musée du Calisson (04 42 39 29 89 ; www.calisson.com) de la Confiserie du Roy René retrace son histoire et sa fabrication.

CARNET PRATIQUE

QUAND PARTIR

Vous pouvez visiter Aix toute l'année, mais, pour la montagne Sainte-Victoire, privilégiez le printemps, avant les grosses chaleurs. De toute beauté, l'automne est également la saison des vendanges.

COMMENT S'Y RENDRE

Aix-en-Provence profite d'une liaison par TGV à sa gare dédiée. L'aéroport Marseille-Provence est également accessible par navette depuis le centre-ville. Un réseau de bus couvre le pays d'Aix (www.aixenbus.fr).

OÙ SE LOGER

Dans le centre d'Aix, la maison d'hôtes *Le Jardin de Marie* (www.jardindemarie.net) est une bonne option. Dans les environs, on adore le décor de la *Maison Jalon* (www.maisonjalon.com) et, près de la Sainte-Victoire, le *Relais de Saint-Ser* (www.relaisdesaintser.com) à Puyloubier.

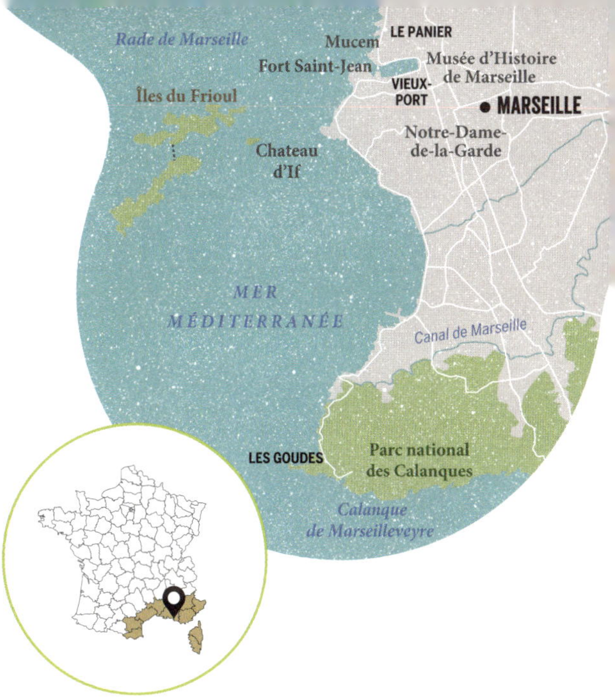

51

BOUCHES-DU-RHÔNE

Vivre MARSEILLE !

Blottie entre des reliefs arides et une immensité marine, façonnée par un mélange de couleurs, de cultures et d'accents, Marseille attire. Plus qu'une ville, elle est un voyage dont on revient secoué. Souvent touché par ses influences, parfois heurté par son organisation urbaine. Près de **La Canebière**, la vie bouillonne au tonitruant marché de Noailles et ses bazars. La rue d'Aubagne débouche, sur ses hauteurs, dans un autre univers : le **cours Julien**. Ici, le **street art**, parfois signé C215, Monsieur Chat ou Mahn Kloix, s'impose sur les murs, les portes, les escaliers. Car la Marseille créative existe bel et bien. Dans le quartier **La Belle de Mai**, les 70 structures culturelles de La Friche en témoignent. Et puis, il y a les **calanques** : Sormiou, Port-Miou, En-Vau, Sugiton, Port-Pin... Sur plus de 20 km de côte jusqu'à **Cassis**, ces vallées creusées par la mer offrent une palette d'**activités nature**, des randonnées au snorkeling, paddle ou plongée sous-marine. Entre relatif apaisement et tourbillon d'énergie, Marseille cultive son image tendance, résolument en contrastes. marseille-tourisme.com

Flâner dans le Panier

Toute l'âme de la ville est concentrée dans les ruelles étroites du quartier du Panier, entre petites terrasses de café et boutiques de créateurs. Le site, choisi par les Grecs pour sa position, se développe au Moyen Âge vers l'autre côté du port. Refuge des résistants, une grande partie du quartier (près de 1 500 immeubles) est rasée en 1943 par les Allemands. La quasi-absence de voitures et le linge qui sèche aux fenêtres lui donnent des airs de village typiquement méditerranéen. Et, s'il n'est plus tout à fait le quartier populaire d'autrefois, il résiste encore à la gentrification.

S'immerger dans l'Histoire

Le musée d'Histoire de Marseille (musees.marseille.fr) livre une visite interactive à travers 26 siècles d'existence de la ville, depuis les premières traces d'occupation humaine attestées à la grotte Cosquer, dont les peintures rupestres sont datées de 27 000 ans av. J.-C. À partir de juin 2022, une réplique de cette grotte, menacée de disparition par la montée des eaux, sera visible à la Villa Méditerranée (www.grotte-cosquer.com).

Randonner dans les Calanques

Des Goudes, la route vers Callelongue (ci-dessous) se termine en cul-de-sac. De là, part une petite randonnée. Le chemin contourne une roche coiffée d'un vieux sémaphore. Le sentier frangé de criques se poursuit à fleur d'eau. Face aux îles de Jarre et de Riou, la calanque de Marseilleveyre se dévoile, saupoudrée de quelques cabanons dont le restaurant Le Belge, ouvert à l'année.

Contempler le Mucem

Le musée des Civilisations de l'Europe et de la Méditerranée (au premier plan, page ci-contre) est une réussite architecturale de Rudy Ricciotti. Posé au ras des flots à l'entrée du Vieux-Port, ce carré est habillé d'une graphique résille de béton noir réactive à la lumière. Une passerelle suspendue le relie au fort Saint-Jean, lui-même relié par une autre passerelle au Panier. Le site, accessible gratuitement, offre des vues inédites sur la ville. mucem.org

Monter à la Bonne-Mère

Le funiculaire hydraulique a transporté les Marseillais pendant 75 ans de la rue Jules-Moulet au pied de la basilique Notre-Dame-de-la-Garde. Définitivement détrôné par la voiture en 1967, il a été détruit sept ans plus tard. Aujourd'hui, le petit train touristique (8/4 € ; petit-train-marseille.com) fait le job via la Corniche depuis le Vieux-Port. De là, part aussi le bus n°60. Sinon, comptez 20 minutes (de montée) à pied. Le panorama en vaut la peine.

PLUS DE TEMPS ?

→ **ÎLES DU FRIOUL** À quelques minutes en bateau du Vieux-Port, l'archipel du Frioul offre une escapade décoiffante. Après un arrêt au château d'If, théâtre des péripéties du comte de Monte-Cristo, illustre héros de Dumas, les baigneurs apprécient les criques rocheuses, les quelques plages de sable et le sentier sous-marin de Saint-Estève. 04 91 22 41 22 ; lebateau-frioul-if.fr

→ **CÔTE BLEUE** Aménagée en corniche sur le littoral, la ligne ferroviaire de la Côte Bleue offre de magnifiques points de vue. Le paysage désolé égrène des falaises creusées où se nichent ports et plages. Installez-vous à gauche du train au départ de Marseille.

Le Musée subaquatique

Masque et tuba sont de mise pour parcourir l'étonnant musée subaquatique inauguré en septembre 2020. À 100 m de la plage des Catalans, 10 sculptures réalisées à partir de ciment marin recyclé, non polluant, ont été déposées à 5 m de profondeur. Les œuvres créent des récifs artificiels, habitats des espèces marines. Quatre cents récifs artificiels ont été immergés sur 220 ha entre la Corniche et le Frioul en 2007. Depuis, la biodiversité a augmenté de 30% et le nombre d'espèces de poissons a triplé. 06 24 82 27 01 ; musee-subaquatique.com

CARNET PRATIQUE

COMMENT S'Y RENDRE

Pour atteindre la gare Saint-Charles, comptez 4 heures depuis Lille, 3 heures depuis Paris, 1 heure 40 depuis Lyon.

OÙ SE LOGER

Les chambres et les dortoirs du *Vertigo Vieux-Port* (dortoir/chambre à partir de 18/50 € ; 04 91 54 42 95 ; www.hotelvertigo.fr) proposent une ambiance auberge internationale. À table, les pizzas du camion (*Pizza Chez Papa* ou *Pizza Charly*) sont des valeurs sûres. Pour une bouillabaisse à un prix raisonnable, direction *Chez Loury* (04 91 33 09 73 ; www.loury.com).

AGENDA

En juillet, les meilleures équipes de pétanque au niveau mondial s'affrontent lors du tournoi le Mondial la Marseillaise à pétanque.

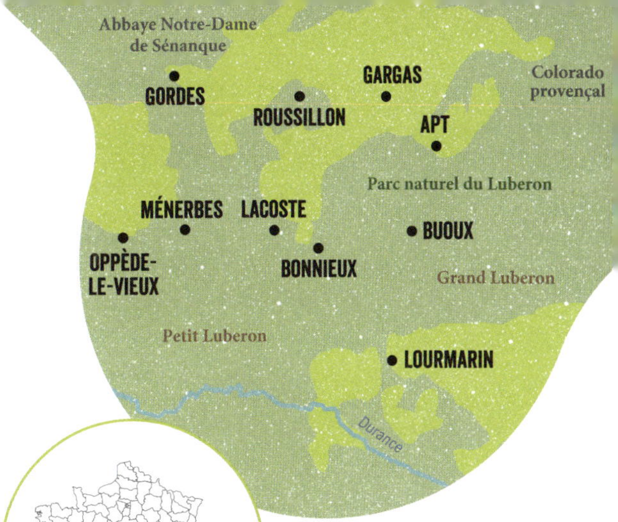

52

VAUCLUSE

→ *Goûter à la douceur de vivre*
DANS LE LUBERON

Au pied de la "montagne bleue", ondoyante sous la lumière, se déploie un magnifique paysage, où maquis, garrigues et forêts côtoient harmonieusement des falaises ocre, des champs de lavande et des vignes. Étendu sur un territoire de 185 000 ha, le parc naturel régional du Luberon est reconnu **Réserve de biosphère** et **Géoparc mondial** par l'Unesco. Les crêtes soulignent les frontières naturelles du pays : les monts de Vaucluse au nord, et **le Petit et le Grand Luberon** au sud. Telles des sentinelles attentives émergent de pittoresques **villages perchés**, plantés à flanc de coteau, aux noms aussi évocateurs que Gordes, Roussillon ou Lourmarin. Chacun cultive une personnalité singulière : **Bonnieux**, convivial et branché, **Lacoste**, auguste et mystérieux, **Oppède-le-Vieux**, sauvage et envoûtant, et **Ménerbes**, à l'âme d'artiste. Extrêmement courtisée, la région attire célébrités internationales et grandes fortunes, mais le pays conserve une allure conviviale, authentiquement soignée, et les amateurs de solitude trouveront des chemins de traverse encore sauvages.

S'initier aux ocres dans le Colorado provençal

Ses cheminées de fée sculptées par l'eau, le vent et la main de l'homme valent au site du Colorado provençal (04 90 04 96 07 ; www.coloradoprovencal.fr) son surnom spectaculaire. Deux parcours (2,1 et 3,9 km) permettent de plonger dans une palette de couleurs variant du rouge au jaune. Non loin, Roussillon est un autre site emblématique de la région, construit au cœur d'un des plus importants gisements d'ocre du monde, et sillonné par le sentier des Ocres. À 1 km, l'écomusée de l'Ocre (04 90 05 66 69 ; okhra.com) propose une visite autour de l'histoire et de la fabrication de l'ocre. Enfin, à Gargas, les mines de Bruoux (04 90 06 22 59 ; www.minesdebruoux.fr) invitent à parcourir 650 m de galeries sculptées par les ocriers.

Découvrir l'art africain à Apt

"Capitale" du Luberon, Apt s'est illustrée dans la production de fruits confits, de faïence, d'ocre, et d'essence de lavande et lavandin, une activité industrielle qu'offre de découvrir le musée d'Apt (04 90 74 95 30). Plus étonnante en pleine Provence, la fondation Blachère (entrée libre ; 14h-18h ; 04 32 52 06 15 ; www.fondationblachere.org) permet une insolite incursion en Afrique : cet atypique et excellent centre d'art est en effet dédié à l'art contemporain du continent africain.

Déambuler dans les ruelles de Gordes

Lorsque l'on aperçoit Gordes de loin se forme l'image quasi irréelle d'un village de restanques bâti dans le prolongement naturel de la roche, aux harmonies pastels. Concentrées autour de son château depuis le Moyen Âge, ses ruelles cachent, derrière de hauts murs de pierre, des demeures et des mas bien ordonnés. Dans les environs, ne manquez pas l'abbaye Notre-Dame de Sénanque (04 90 72 18 24 ; www.senanque.fr), l'une des trois sœurs cisterciennes de Provence, ni le Village des bories (04 90 72 03 48 ; levillagedesbories.com), qui rassemble des maisons construites en pierre sèche sans mortier, des murs à la toiture.

Prendre un verre à Lourmarin

Passé une combe sinueuse apparaît, avec son château (04 90 68 15 23 ; www.chateau-de-lourmarin.com) bien visible depuis la route, le village de Lourmarin, porte d'entrée du Luberon versant sud, dominé par le Mourre Nègre (1125 m). Ici, la vie suit le rythme des saisons sans jamais s'éteindre. Patrie d'Albert Camus ou d'Henri Bosco, Lourmarin a conservé une âme lettrée, et ses ruelles piétonnes égrènent boutiques en vogue, galeries d'art et cafés branchés. Dans les environs, vous pourrez notamment découvrir le musée de la Vannerie, à Cadenet, et le jardin conservatoire des Plantes à couleurs, à Lauris.

PLUS DE TEMPS ?

→ **VOIE VERTE** Le circuit "Autour du Luberon à vélo" est un itinéraire en boucle de 240 km, qui part de Cavaillon, traverse Apt, passe par le nord du massif, puis rejoint Forcalquier et Manosque, avant de revenir vers Cavaillon via Lourmarin au sud. Les familles apprécieront la voie verte du Calavon (45 km, de Cavaillon à Saint-Martin-de-Castillon) qui rejoint depuis Apt le pont Julien.

→ **BUOUX** Adossé au vallon de la Loube, le hameau de Buoux cultive une plaisante simplicité, à l'ombre d'amandiers, de noyers, de cerisiers et de falaises magnifiques : ses 300 voies équipées constituent un site d'escalade prisé des alpinistes. Les vestiges de son fort, de même que la vue sur le Luberon, sont exceptionnels.

La couleur ocre

Pigment minéral naturel, l'ocre est utilisée depuis la préhistoire. Elle a non seulement été employée dans les arts, mais aussi en médecine, en cosmétique, en maçonnerie, en teinture textile ou comme colorant alimentaire. C'est Jean-Étienne Astier, un Roussillonnais, qui eut l'idée, à la fin du XVIIIe siècle, de passer le sable dans plusieurs bassins de décantation afin d'en dégager l'ocre, puis de la faire cuire pour en maîtriser la couleur. L'arrivée du chemin de fer à Apt, en 1877, entraîna son exploitation de manière intensive. Aujourd'hui, la région ne compte plus qu'un gisement en exploitation et une seule usine de fabrication.

CARNET PRATIQUE

QUAND PARTIR

Printemps, été et automne sont à privilégier, bien qu'en été les tarifs grimpent fortement et que l'hiver, après tout, offre une atmosphère singulière.

COMMENT S'Y RENDRE

La gare routière Transdev Sud-Est d'Apt (04 90 74 20 21 ; www.sudest-mobilites.fr) est reliée par bus à la gare TGV d'Avignon.

OÙ SE LOGER ET SE RESTAURER

Dans le hameau des Beaumettes, la maison d'hôtes *Au ralenti du lierre* offre une escale de charme, avec jardin en restanque et piscine. À partir de 112 € ; 04 90 72 39 22 ; auralentidulierre.com

Près de Robion, on apprécie le *Domaine de Canfier* (à partir de 98 € ; 04 90 76 51 54, 06 12 55 08 92 ; www.domainedecanfier.fr), et près de Lourmarin, le *Mas de Foncaudette* (à partir de 95 € ; 04 90 08 42 51, 06 28 09 92 87 ; www.foncaudette.com).

Pour jouir d'une vue splendide, prenez place sur la terrasse panoramique du restaurant *Un jardin sur le toit*, à Saignon, charmant village bâti en terrasses à flanc de roche. Plat autour de 25 € ; 04 90 75 63 81 ; www.1jardinsurletoit.fr

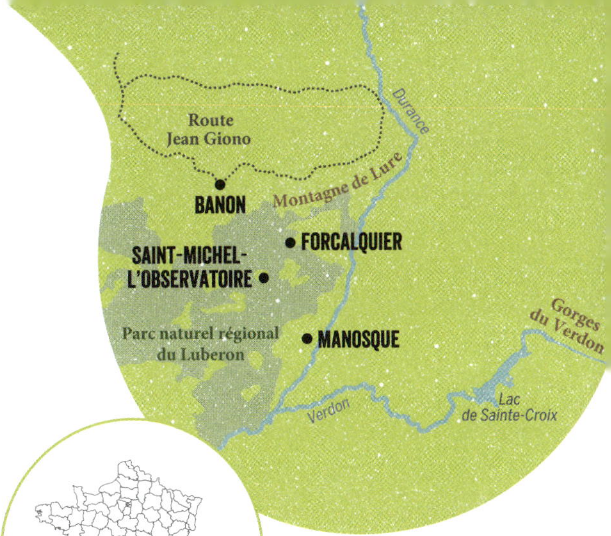

53

ALPES-DE-HAUTE-PROVENCE

Se sentir l'étoffe d'un héros EN HAUTE PROVENCE

Cultivant un certain esprit d'indépendance, les Alpes-de-Haute-Provence ont, indéniablement, du caractère. Sous la silhouette de la montagne de Lure s'étend ce pays aux mystérieuses ondulations maintes fois chantées par Jean Giono. Le territoire incarne à merveille une Provence ancestrale. Entre vallée de la Durance, Luberon, plateau d'Albion et vallée du Jabron, il déroule une mosaïque complexe d'où émergent **Forcalquier** et **Manosque**, ville la plus peuplée du département. Entre les collines ondoyantes, les paysages envoûtants se découvrent au gré de **multiples activités** : randonnées pédestres (GR®4 ou GR®6), avec un âne de bât, à vélo (route de 78 km entre Forcalquier et Aubenas-les-Alpes) ou à cheval (la "Route du Hussard"). La région inclut aussi le **plateau de Valensole** (ci-contre), dont les images des champs de lavande en fleur, aux nuances bleu-violet infinies, font chaque été le tour du monde. Elle est également l'écrin des grandioses **gorges du Verdon**, dont les falaises vertigineuses atteignent, au cœur du grand canyon, des hauteurs de 700 m.

Suivre la Route Jean Giono

La Route Jean Giono est un itinéraire de 152 km autour de la majestueuse silhouette de la montagne de Lure, qui culmine à 1 826 m. Elle passe par le plateau du Contadour, un lieu cher à l'écrivain, où vous attend une superbe promenade. La route rejoint également la belle vallée du Jabron, qui ravira les amateurs de nature, de randonnée et de villages authentiques. Vous pouvez télécharger la carte en ligne (www.tourisme-alpes-haute-provence.com/route-jean-giono).

Observer les étoiles

Saint-Michel-l'Observatoire est réputé pour son ciel, l'un des plus purs de France – le CNRS y a installé, dès 1937, un observatoire. À 3 km du centre du bourg, le Centre d'astronomie (www.centre-astro.fr) accueille le grand public avec, notamment, des séances d'observation du Soleil et des étoiles grâce à un Sidérostat (un modèle de télescope unique en France).

S'élancer dans les gorges du Verdon

Les eaux émeraude du Verdon ont donné naissance à des gorges spectaculaires : dans le grand canyon, les falaises calcaires atteignent par endroits 700 m ! La région étant un haut lieu des loisirs sportifs, on peut les découvrir de multiples façons : randonnée, VTT, rafting, canoë, escalade...

Sentir les fragrances à Forcalquier

Appréciée des artistes et créateurs, Forcalquier accueille chaque lundi l'un des plus célèbres marchés de la région. Son carillon de 37 cloches exclusivement manuel est unique en son genre. Le centre ancien abrite également le musée Artemisia (www.artemisia-museum.fr), installé dans le cloître des Cordeliers : un lieu magnifique, où l'on découvre l'univers des plantes de Haute-Provence. Une Route des saveurs et des senteurs invite d'ailleurs à découvrir le savoir-faire de 18 entreprises régionales (www.facebook.com/routesaveursenteurs).

Bouquiner à Banon

Une fée bienveillante semble s'être penchée sur ce village médiéval. On s'y presse pour son extraordinaire librairie Le Bleuet (www.lebleuet.fr ; ci-dessous) – la plus grande de France en milieu rural –, ses échoppes d'artisans et ses bonnes tables. Cerné de champs de lavande, Banon est également célèbre pour son fromage de chèvre AOP, enveloppé dans des feuilles de châtaignier. Tout autour se découvre une Provence encore secrète, où les villages, souvent bâtis sur des éperons rocheux, sont de petits bijoux. Orné de sa rotonde, Simiane-la-Rotonde en est un exemple.

PLUS DE TEMPS ?

→ MANOSQUE
Entrelacs de ruelles animées, la vieille ville dégage un charme tout provençal. Les amateurs ne manqueront pas la visite des lieux où vécut Jean Giono (centrejeangiono.com). En septembre, le passionnant festival des Correspondances (correspondances-manosque.org), axé sur l'écriture, anime la ville.

→ MOUSTIERS ET LAC DE SAINTE-CROIX Aux portes des gorges du Verdon se tient Moustiers-Sainte-Marie, adossé à des falaises formant une immense voilure minérale. Le village doit aussi sa renommée à ses ateliers de faïenciers présents depuis le XVIIe siècle.

Le voyageur immobile

S'il est un auteur emblématique de la Provence, c'est bien Jean Giono, né et mort à Manosque (1895-1970). Surnommé le "voyageur immobile", il se rendit assez peu à l'étranger, rechignant à quitter cette ville dans laquelle il se sentait si bien. L'ensemble de son œuvre est pétri de cette nature méditerranéenne, à la fois âpre, paysanne et sauvage – caniculaire en été, glaciale en hiver –, dans laquelle les hommes, confrontés à la montagne et enveloppés par elle, basculent dans la fiction. De *Colline* à *Un roi sans divertissement*, en passant par *Regain*, *Le Hussard sur le toit* ou *Noé*, les romans de Giono sont de formidables compagnons de route pour approcher l'âme provençale...

CARNET PRATIQUE

COMMENT S'Y RENDRE

Manosque est desservie par la ligne de train TER Marseille-Briançon. Des bus permettent aussi de relier la gare TGV d'Aix-en-Provence et l'aéroport Marseille-Provence.

OÙ SE LOGER

La région compte de nombreuses chambres d'hôtes, souvent installées dans de splendides maisons. À Forcalquier, la *Villa Saint-Marc* (www.villa-st-marc.com) est une belle option pour être à la fois proche du centre et profiter d'un cadre bucolique. À Reillane, l'*Auberge de Reillanne* (auberge-reillanne.fr) est une bastide pleine de charme, tout comme, près de Simiane-la-Rotonde, *Le Clos de Rohan* (www.le-clos-de-rohan.eu). Pour une retraite en pleine nature, direction *Le Jas du Bœuf* (www.lejasduboeuf.fr).

AGENDA

Tous les ans, en septembre, le célèbre festival des Correspondances anime Manosque et ses environs. Lurs est également le siège des Rencontres internationales de Lurs.

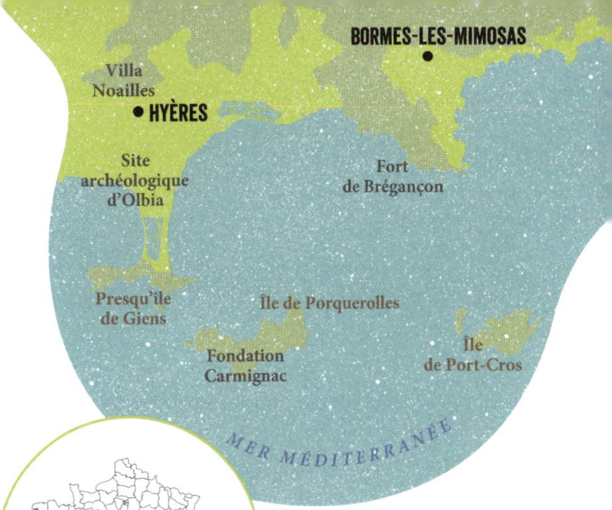

54

VAR

Flâner sur terre et en mer

ENTRE HYÈRES ET SES ÎLES

Villages perchés, plages superbes, coins sauvages ou, au contraire, pris d'assaut par les touristes... La côte varoise est pleine de contrastes. **Hyères**, située entre Toulon et le Lavandou, est la plus ancienne station climatique de la Côte d'Azur. Le centre-ville est parsemé de magnifiques **villas Belle Époque**, dont vous pourrez trouver l'itinéraire précis auprès de l'office du tourisme (www.hyeres-tourisme.com). Arpentez les ruelles sinueuses et escarpées, grimpez jusqu'aux remparts et vestiges du **château** du XIIIe siècle et admirez la **vue** sur la Méditerranée. Hyères est également une **ville-jardin** : rues et marchés regorgent de fleurs. La destination séduira les adeptes de farniente, mais les plus actifs ne seront pas en reste : sorties en mer et observation des dauphins, randonnées sur la **presqu'île de Giens**, snorkeling, kitesurf, paddle, parc Aqua Family... Sans compter les sublimes **îles d'Or** – Porquerolles, Port-Cros et l'île du Levant (réservée aux nudistes). Impossible de ne pas trouver son bonheur...

Découvrir l'archéologie sous-marine

Outre des vestiges terrestres, le site archéologique de la ville antique d'Olbia compte une partie sous-marine que l'on peut découvrir avec palmes, masque et tuba au départ de la plage de l'Almanarre. On peut observer un quai romain et l'épave d'une tartane (bateau à voile) ayant fait naufrage au XIXe siècle, à moins de 5 m de profondeur. Le sentier aquatique est balisé, avec des panneaux d'information immergés pendant l'été. www.hyeres-tourisme.com/sentier-marin-dolbia

Visiter la Villa Noailles

Ce "château cubiste" créé en 1923 par Robert Mallet-Stevens fut le théâtre d'une vie culturelle intense durant l'entre-deux-guerres, accueillant notamment Cocteau et Dali. Aujourd'hui centre d'art d'intérêt national, la villa accueille des expositions et des festivals d'envergure (Design Parade, Festival international de mode et de photographie...). À ses pieds se déploie le jardin cubiste : minuscule et axé sur un damier de mosaïques, il fut conçu en 1925 par Gabriel Guevrekian. Entrée libre ; villanoailles.com

Se laisser surprendre à la Fondation Carmignac

Rejoignez l'île de Porquerolles en bateau (il faut compter une quinzaine de minutes) depuis le port de Hyères, et admirez ce lieu qui compte une impressionnante collection (plus de 300 œuvres) où s'égrènent les grands noms de l'art contemporain (Warhol, Basquiat, Richter...), en intérieur et dans le jardin. Ce musée se visite les pieds nus, afin de placer le visiteur dans un état réceptif des œuvres. Incontournable. www.fondationcarmignac.com

Randonner à Port-Cros

Depuis le port de Hyères, embarquez pour cette île sauvage (page ci-contre) qui ne se révèle qu'aux marcheurs. Ni voitures ni vélos : ses 7 km^2 se découvrent uniquement à pied. Les sentiers aménagés dans le relief débouchent, entre les falaises abruptes, sur trois belles plages aux eaux cristallines : la plage du Sud (35 minutes de marche depuis le port), la plage de Palud (45 minutes) et la crique de Port-Man (1 heure 30). www.portcros-parcnational.fr

PLUS DE TEMPS ?

→ **MASSIF DE L'ESTÉREL** Frontière naturelle entre le Var et les Alpes-Maritimes, ce massif aux roches rouges et déchiquetées plongeant dans la mer compte de nombreux sentiers pédestres, des circuits balisés pour les amateurs de VTT et de jolies criques. Des balades thématiques guidées sont également organisées par l'Office national des forêts.

→ **TOULON** Cette ville fut longtemps la mal-aimée de la côte varoise. Elle mérite néanmoins une halte pour son agréable rue des Arts, sa Maison de la photographie, ses plages familiales et ses nombreuses tables privilégiant les circuits courts. toulon.fr

Le fort de Brégançon

Il se dresse sur un piton rocheux d'une trentaine de mètres au large de Bormes-les-Mimosas. Résidence seigneuriale fortifiée au Moyen Âge, fort armé et pensé pour défendre les côtes françaises du XVIe au XVIIIe siècle, il perd ses fonctions militaires après la Première Guerre mondiale. Depuis 1968, le fort, classé monument historique, est la résidence estivale officielle du président de la République.
Il se visite en saison via l'office du tourisme de Bormes-les-Mimosas. Depuis l'agréable plage de Cabasson, on a une très belle vue sur le fort. www.bormeslesmimosas.com

CARNET PRATIQUE

COMMENT S'Y RENDRE

La gare de Hyères est bien desservie. Comptez 5 heures depuis Paris, 3 heures 30 depuis Lyon, 1 heure 15 depuis Marseille.

OÙ SE LOGER ET SE RESTAURER

Toutes les bourses et tous les goûts seront comblés : hôtel familial (*Les Orangers*, www.hotel-orangers.fr), chambres d'hôtes (*Castel Pierre-Lisse*, castelpierrelisse.fr), design (*La Reine Jane*, lareinejane.fr)...

Côté table, nous recommandons *Le Kiosque* (kiosque-cantine.com) pour ses salades copieuses, ses pancakes joufflus et ses plats maison gourmands.

AGENDA

Le Festival international de mode et de photographie de la Villa Noailles (villanoailles.com) est un rendez-vous incontournable de fin d'année (octobre-janvier).

55

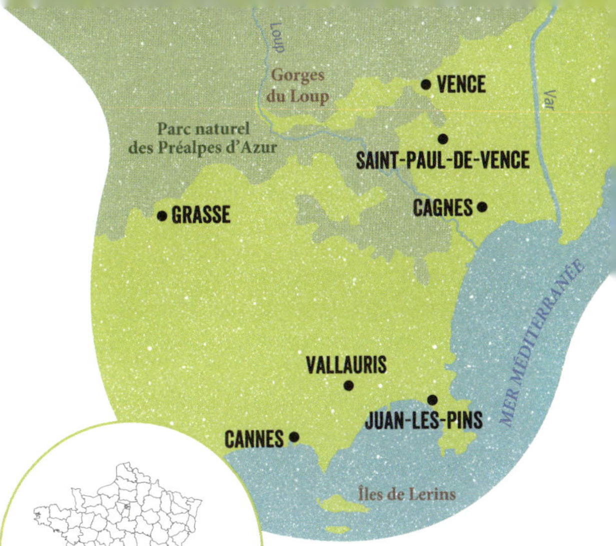

ALPES-MARITIMES

Faire le plein d'art AUTOUR DE CANNES

Depuis les roches rouges de l'Estérel jusqu'aux portes de Nice, le littoral des Alpes-Maritimes invite à suivre les traces de centaines d'artistes, venus dès le XIXe siècle chercher l'inspiration sur cette terre baignée de soleil, aux couleurs enchanteresses. À quelques encablures des plages, les **villages provençaux** dévoilent une impressionnante effervescence artistique et nombre de **musées d'envergure** : Saint-Paul-de-Vence, Vence, Mougins, Valbonne, Vallauris, Biot, etc. Sur la côte, **Antibes** attira ainsi de nombreux écrivains (Sand, Flaubert, Maupassant...) et connut son heure de gloire durant les Années folles avec les fêtes endiablées organisées par Francis Scott Fitzgerald et sa femme Zelda. De nombreux **peintres** (Picasso, Chagall, De Staël) vinrent également y chercher l'inspiration. On y découvre le splendide **musée Picasso** et, bien entendu, le magnifique **cap d'Antibes** ! Non loin, **Cannes** et sa mythique Croisette se parent de palaces et de boutiques de luxe, tandis que, dominant la côte, **Grasse** entretient sa réputation de capitale mondiale du **parfum**.

Rencontrer Renoir à Cagnes

Jusque dans les années 1960, le Haut-de-Cagnes attirait les plus grandes célébrités. Auguste Renoir vécut ses dernières années dans une ferme fabuleuse, aujourd'hui musée Renoir (04 93 20 61 07) : la visite, lyrique et émouvante, permet notamment de découvrir les célèbres *Grandes Baigneuses*.

Jouer au potier à Vallauris

Construite en damier, Vallauris évoque les poteries, les céramiques et, immanquablement, Picasso, qui produisit ici même quelque 3 500 œuvres ! La ville compte aujourd'hui plus de 80 ateliers et boutiques de céramique, ainsi qu'une école d'envergure. Le château-musée (04 93 64 71 83) abrite notamment le musée national Picasso (avec la composition monumentale *La Guerre et la Paix*).

Jouer les stars à Cannes

Son festival, ses palaces, sa Croisette... Les paillettes ne quittent jamais vraiment cette cité aux hôtels légendaires, villas de stars et adresses luxueuses. Mais on découvre aussi une réalité plus paisible du côté de la rue Meynadier et du vieux quartier du Suquet. Sur les hauteurs, Le Cannet offre une vue panoramique sur la baie et abrite un autre trésor : le musée Bonnard (www.museebonnard.fr) !

S'initier à la parfumerie à Grasse

Élégamment agencée en gradins à flanc de colline, Grasse est la capitale internationale du parfum : son bassin représente près de la moitié de l'activité française de la parfumerie et des arômes. Trois grandes maisons de parfumeurs y ont encore pignon sur rue : Galimard (www.galimard.com), Fragonard (www.fragonard.com) et Molinard (www.molinard.com). Toutes les trois proposent des visites gratuites de leurs locaux ainsi que des ateliers pour créer son propre parfum. Ne manquez pas le musée international de la Parfumerie (www.museesdegrasse.com) que vous pouvez jumeler avec les Jardins du musée international de la Parfumerie à Mouans-Sartoux.

S'émerveiller à la chapelle Matisse

Entièrement conçue et réalisée par Henri Matisse de 1948 à 1951 (il avait alors plus de 80 ans), la chapelle du Rosaire (04 93 58 03 26) était considérée par l'artiste comme son chef-d'œuvre. Cette œuvre totale mêle architecture, dessins sur céramique, vitraux, mobilier et vêtements liturgiques. Sa visite est aussi l'occasion de découvrir Vence, qui respire l'authenticité, et, bien entendu, Saint-Paul-de-Vence, véritable musée à ciel ouvert, qui fut le QG d'innombrables célébrités. On n'y manquera pas la superbe Fondation Maeght (04 93 32 81 63 ; www.fondation-maeght.com).

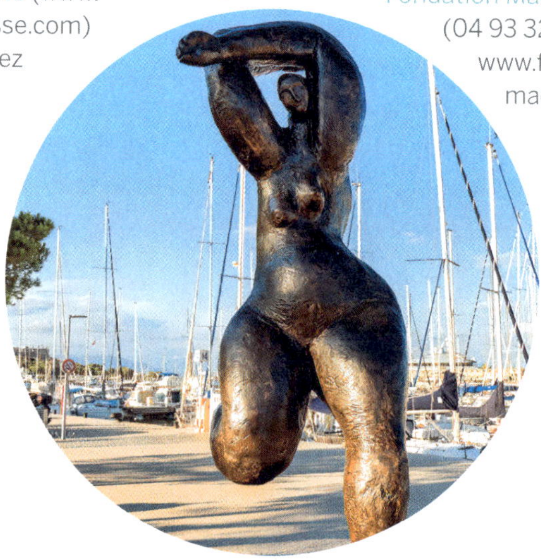

PLUS DE TEMPS ?

→ **ÎLES DE LÉRINS** Elles sont deux grains de beauté sur la Méditerranée, à une vingtaine de minutes de bateau de Cannes. La plus grande, Sainte-Marguerite, abrite le musée de la Mer dont les murs gardent le mystère de l'Homme au masque de fer. Petit bijou de calme et de verdure, l'île Saint-Honorat est habitée et entretenue par la vingtaine de moines cisterciens de l'abbaye de Lérins.

→ **GORGES DU LOUP** Au nord-est de Grasse, les gorges creusées par le Loup sont impressionnantes : ici, l'eau se faufile à travers d'abruptes parois rocheuses, jaillit en de vertigineuses cascades avant de s'assagir autour de vasques sublimes.

Une capitale du jazz !

Depuis 1960, au mois de juillet, Juan-les-Pins se transforme en capitale mondiale du jazz lors du festival Jazz à Juan (www.jazzajuan.com). Tout sauf un hasard. En 1923, les Murphy, un jeune couple d'Américains, s'installent au cap d'Antibes et y font découvrir leur collection des meilleurs 78-tours de blues, de ragtime, de negro-spirituals ou de jazz. Dès 1927, Juan-les-Pins accueille le Blue Lagoon Orchestra puis, dans les années 1930, les jazz-bands s'y succèdent tandis que Sidney Bechet tombe amoureux de la région. Après sa mort, les plus grands jazzmen viendront ici : Louis Armstrong, Count Basie, Miles Davis, Duke Ellington, Ray Charles et bien d'autres. Et c'est toujours le cas aujourd'hui...

CARNET PRATIQUE

QUAND PARTIR

Toute l'année est propice à la découverte de cette côte au climat privilégié. En été, bien entendu, les prix grimpent.

COMMENT S'Y RENDRE

Le train TER longe le littoral, et les gares de Cannes et de Nice accueillent une ligne TGV. L'aéroport de Nice offre de nombreuses liaisons nationales et internationales. Le réseau des bus Lignes d'Azur (www.departement06.fr) est assez complet.

OÙ SE LOGER

À Antibes, l'*Hôtel Le Sud* (04 92 93 32 60 ; www.hotellesud.com) offre une escale très tendance. Dans l'arrière-pays, on craque pour l'*Auberge du Vieux Château* (www.aubergeduvieuxchateau.com) à Cabris, l'hôtel-restaurant des *Arcades* (04 93 60 50 12 ; www.hotel-restaurant-les-arcades.com) à Biot ou encore le *Moulin Camoula* (06 63 98 76 89 ; www.moulincamoula.fr) à Saint-Jeannet.

56

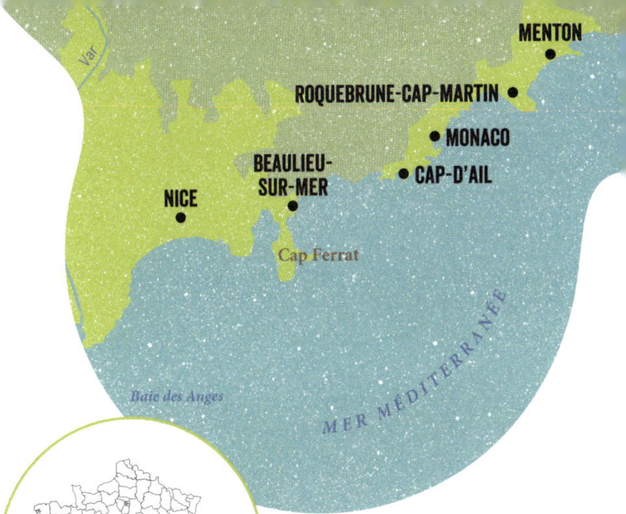

ALPES-MARITIMES

Se mettre au bleu

À NICE ET SUR LA RIVIERA

Connue pour son climat ensoleillé, ses plages aux eaux turquoise et ses façades colorées, la capitale azuréenne brille aussi par la diversité de ses musées, de son architecture et de sa gastronomie. Inscrite au patrimoine mondial par l'Unesco en 2021, "Nissa la Bella" est un coin de paradis qui réserve bien des surprises à ses visiteurs. Baladez-vous le long de sa légendaire **promenade des Anglais**, bordée de palmiers et d'édifices mythiques ; grimpez les marches menant à la **colline du Château** pour une vue magnifique sur les toits de Nice et la **baie des Anges** ; explorez les ruelles pittoresques de sa **vieille ville** aux accents italiens, puis visitez ses **musées d'art**, ses **palais** et ses **églises baroques**. Une petite faim ? Goûtez aux incontournables de la **cuisine niçoise**, attablez-vous à la terrasse d'un **restaurant étoilé** ou faites un tour du monde gustatif dans les **halles gourmandes** de la Gare du Sud. Enfin, prolongez votre séjour en beauté avec une escapade sur la Riviera : la côte escarpée, s'étirant jusqu'à la frontière italienne, plonge dans une mer azur en égrenant des **stations balnéaires** plus coquettes les unes que les autres...

Découvrir la culture nissarte

La culture nissarte s'enracine dans une longue histoire, à mi-chemin entre la France et l'Italie. Pour s'en imprégner, direction le Vieux-Nice : ce quartier, qui porte les traces du passé italien de Nice, est l'âme de la ville. Perdez-vous dans ses ruelles et levez les yeux pour découvrir ses façades colorées si typiquement niçoises. À ne pas manquer : la cathédrale Sainte-Réparate, le palais Lascaris, et les marchés et terrasses de cafés animés du cours Saleya. Essayez la socca, la pissaladière et autres en-cas niçois Chez Thérésa (06 13 53 11 76 ; theresa-nice.com) sur le cours, ou Chez Pipo (04 93 55 88 82 ; www.chezpipo.fr), dans le quartier du port.

Visiter le Mamac

Le musée d'Art moderne et d'Art contemporain (Mamac) expose un fonds important d'œuvres de l'École de Nice. Plongez dans l'univers d'Yves Klein, de Niki de Saint Phalle, de Ben Vautier ou encore de Martial Raysse. On y trouve aussi des classiques du pop art et des expositions d'art contemporain, le tout dans un étonnant édifice moderniste. Admirez la vue panoramique sur la ville depuis le toit-terrasse. www.mamac-nice.org

Parcourir le littoral azuréen

Longez le superbe littoral azuréen en bateau depuis le port Lympia, ou sillonnez la côte en voiture ou en train pour découvrir les stations balnéaires rivalisant de beauté et les panoramas époustouflants. Descendez à Beaulieu-sur-Mer (page ci-contre) ou à Cap-d'Ail pour profiter des plages de sable, à Roquebrune-Cap-Martin pour arpenter les ruelles du vieux village jusqu'au château, ou à Menton (ci-dessous) pour visiter ses jardins botaniques et ses églises baroques.

Explorer les hauteurs de Cimiez

Perché sur une colline, le quartier de Cimiez recèle des villas élégantes, des hôtels du XIXe siècle, deux importants musées d'art consacrés aux œuvres de Matisse et de Chagall, et des vestiges antiques parmi lesquels il fait bon se promener. À l'origine bastion romain, Cimiez s'est transformé au fil du temps en élégant quartier résidentiel. Dans les années 1890, la reine Victoria passait régulièrement l'hiver au Régina, un palace monumental transformé en appartements, où Matisse vécut 50 ans plus tard, et que l'on peut aujourd'hui contempler de l'extérieur.

PLUS DE TEMPS ?

→ **VILLA EPHRUSSI DE ROTHSCHILD** Bijou architectural construit au début du XXe siècle, ce palais aux façades roses surplombe le cap Ferrat, à 9 km à l'est de Nice, et abrite quelque 5000 objets d'art. Dans le parc, les neuf somptueux jardins à thème sont l'occasion d'un tour du monde des espèces végétales. 04 93 01 33 09 ; www.villa-ephrussi.com

→ **MUSÉE OCÉANOGRAPHIQUE DE MONACO** Photos, spécimens et matériels anciens invitent les visiteurs à découvrir l'histoire de l'exploration sous-marine dans un superbe bâtiment emblématique du Rocher. Son aquarium est l'un des plus importants d'Europe. musee.oceano.org

Le pan bagnat

À l'origine plat des pauvres au XIXe siècle, ce sandwich azuréen par excellence se caractérise par la forme ronde de son pain. Littéralement, pan bagnat signifie "pain baigné". En effet, tout pan bagnat qui se respecte doit être imprégné d'une bonne dose d'huile d'olive. Côté garniture, il s'agit presque de la version sandwich de la fameuse salade niçoise : thon, œufs durs, anchois, cébette, olives noires et crudités. Les meilleures adresses pour le goûter ? Lou Balico (04 93 85 93 71 ; loubalico.com) en face du Mamac, le Kiosque Tintin (04 92 09 16 19) à côté du marché de la Libération, ou La Gratta dans le quartier du port. Bon appétit !

CARNET PRATIQUE

COMMENT S'Y RENDRE

La gare de Nice-Ville est desservie par le TGV depuis Paris (6 heures), Lyon (4 heures 30), Marseille (2 heures 40)… Sur place, il est très facile de se déplacer à pied, en tramway, en bus ou à vélo. Plusieurs lignes de TER parcourent la Riviera de Nice à Menton.

OÙ SE LOGER ET SE RESTAURER

L'*Hôtel Amour* (04 65 27 10 10 ; www.hotelamournice.fr) et le *Windsor* (à partir de 110 € ; 04 93 88 59 35 ; www.hotelwindsornice.com) sont design et bien situés.

Ne repartez pas sans avoir essayé les bons plats méditerranéens de *L'Uzine* (plat à partir de 23 € ; 04 93 56 42 39 ; www.luzine-restaurant.com), la cuisine de terroir d'*Olive & Artichaut* (menu à partir de 33 € ; 04 89 14 97 51 ; oliveartichaut.com), ou les ceviches de poisson de *Peixes* (04 93 85 96 15 ; www.peixes.fr).

AGENDA

Parmi les événements phares, le Carnaval de Nice se déroule fin février (www.nicecarnaval.com) et le Nice Jazz Festival a lieu en juillet (www.nicejazzfestival.fr).

La fête du Citron à Menton en février (www.fete-du-citron.com) et le Grand Prix de Formule 1 de Monaco en mai (www.formula1monaco.com) attirent aussi les foules.

57

HAUTE-CORSE

Atteindre LE BOUT DU CAP CORSE

Souvent décrite comme "une île dans l'île", cette langue de maquis de 40 km de long et d'une dizaine de kilomètres de large est un monde à part, riche en surprises. Entre **petits ports de pêche** et **villages perchés** sur les hauteurs, de douces ondulations couvertes de maquis plongent dans la mer en des reliefs vertigineux. On s'y laisse subjuguer par la beauté de ces à-pic dévalant dans les eaux bleues ; on découvre des **hameaux reculés** sur les versants montagneux ; on s'attarde avec délice dans de **pittoresques marines**... Rares sont les visiteurs qui ne succombent pas au charme d'**Erbalunga**, à la douceur de **Centuri** ou à la vue de **Nonza**. Associant richesses patrimoniales et capital naturel, le Cap est bordé d'un nombre impressionnant de **tours**, édifiées à l'époque génoise pour le protéger des incursions barbaresques. Le Cap présente des visages différents sur ses côtes occidentale et orientale : son **rivage ouest**, plus sauvage et plus abrupt, est sans conteste le plus spectaculaire.

Jouer au corsaire à Bastia

Comme accrochée à la montagne, Bastia est ornée d'une superbe citadelle dominant les flots. Il faut prendre le temps de flâner dans les quartiers de Terra Vecchia et de Terra Nova, de paresser sur l'une des terrasses de la place Saint-Nicolas tandis que le soleil joue sur les façades joliment décaties du vieux port. On y visite également le palais des Gouverneurs, dans lequel est installé le musée d'Histoire de Bastia (www.musee-bastia.com).

Cheminer sur le sentier des Douaniers

Le sentier des Douaniers relie en 21 km Macinaggio à Centuri. Comptez environ 2 heures 30 de Macinaggio à Barcaggio, le point le plus septentrional de la Corse (d'où un service de navettes maritimes permet de revenir à Macinaggio). Il faut ensuite 5 heures pour rejoindre Centuri.

Manger des langoustes à Centuri

Le petit port de Centuri est l'une des étapes les plus dépaysantes du cap Corse. Sur les quais étroits, les pêcheurs étalent leurs filets colorés tandis que les bateaux perpétuent la tradition capcorsine de la pêche à la langouste - en premier lieu pour alimenter les restaurants dont les terrasses illuminent le port en fin de journée.

Se rouler dans le sable noir à Nonza

Nonza (ci-dessous) est une apparition. Imaginez un village bâti autour d'un spectaculaire piton rocheux, piqué d'une fière tour génoise, et dominant, 150 m plus bas, une immense plage de galets noirs aux eaux d'un bleu irréel. Ce spectacle est sans aucun doute l'un des plus pittoresques du tour du Cap. Marchez jusqu'à la Tour carrée, du XVIe siècle, qui offre une superbe perspective sur le village, le golfe et la plage en contrebas, puis empruntez le sentier qui dégringole jusqu'à la plage.

Flâner à Erbalunga

À une dizaine de kilomètres au nord de Bastia, Erbalunga (page ci-contre) est un hameau aussi beau que tranquille. Ses ruelles pavées enserrent un minuscule port de pêche plein de charme, où sont amarrées quelques barques multicolores. Une tour génoise ajoute une note architecturale au tableau. De là, rejoignez le hameau de Brando, célèbre car il abrite l'un des plus importants sanctuaires du cap Corse : le tableau miraculeux de Notre-Dame-des-Grâces dans l'église de Lavasina.

PLUS DE TEMPS ?

→ **TRAVERSÉE DU CAP** De Santa Severa, la D180 permet de traverser le cap Corse d'est en ouest pour rejoindre le magnifique village de Pino, via Luri. L'itinéraire grimpe aussi à la tour de Sénèque, qui toise le Cap et la Méditerranée depuis une crête.

→ **ÉTANG DE BIBUGLIA** Au sud de Bastia, cet étang long de 11 km et large de 2,5 km est séparé de la Méditerranée par le lido de la Marana. Classé en réserve naturelle, il est une étape pour nombre d'oiseaux migrateurs, dont quantité de flamants roses.

Les tours génoises

Circulaires, plus rarement carrés, ces édifices fortifiés d'une quinzaine de mètres de hauteur jalonnent le pourtour du cap Corse. Une soixantaine de tours génoises subsistent en effet sur les 85 construites au XVIe siècle par l'Office de Saint-Georges (l'institution financière de l'ancienne république de Gênes). Elles visaient à assurer la protection de l'île contre les innombrables razzias sarrasines. Ceinturant le littoral de façon à être visibles l'une de l'autre, ces tours constituaient un vaste réseau de guet. Un système de signaux permettait ainsi à un message de parcourir le tour de l'île en seulement une heure.

CARNET PRATIQUE

QUAND PARTIR

Printemps et automne sont les saisons les plus agréables pour découvrir le Cap en toute quiétude, même si, en été, vous profiterez des plages et criques.

COMMENT S'Y RENDRE

Bastia est le point d'entrée du cap Corse : on peut y arriver par avion, à l'aéroport de Bastia-Poretta (www.bastia.aeroport.fr) ou par bateau, son port étant l'un des plus actifs de Corse. Elle est en outre dotée d'une gare qui la relie à Corte et Ajaccio, entre autres. Certains bus desservent le cap Corse : renseignez-vous à l'office du tourisme de Bastia (04 95 54 20 40 ; www.bastia-tourisme.com).

OÙ SE LOGER

À Bastia, vous aurez peut-être la chance de faire halte au très bel *Hôtel des Gouverneurs* (à partir de 145 € ; 04 95 47 10 10 ; www.hoteldesgouverneurs.fr), niché à l'intérieur de la citadelle. Dans le Cap, on craque pour le *Couvent de Pozzo* (à partir de 120 € ; 04 95 60 39 11 ; www.couventdepozzo.com), sur la côte est, et la Maison Battisti (à partir de 95 € ; 04 95 35 10 40 ; www.maisonbattisti.com), sur la côte ouest.

58

HAUTE-CORSE

Se perdre dans LE DÉSERT DES AGRIATES

Sur une quarantaine de kilomètres entre Saint-Florent et l'embouchure de l'Ostriconi, le "désert" des Agriates déploie 15 000 ha d'un paysage aride et grandiose, fait de maquis, d'escarpements rocheux et de montagnes basses aux couleurs crayeuses. Émaillé de **criques secrètes et d'anses sauvages**, ce littoral protégé abrite des joyaux : plusieurs plages exceptionnelles, comme celle du **Lotu** ou celle de **Saleccia**, figurent parmi les plus belles de Corse. Cette étonnante facette de l'île se dévoile uniquement à ceux qui l'approchent **à pied, à VTT ou par la mer**. Parmi les autres trésors de la région, le port animé de **Saint-Florent** (page ci-contre) et les vignobles renommés de **Patrimonio** à l'est, et les eaux d'azur du **delta de l'Ostriconi** au sud-ouest.

Remonter la vallée de l'Ostriconi

Marquant le sud des Agriates, le delta de l'Ostriconi rassemble dunes et étangs où se regroupent les oiseaux. Depuis la côte, la route T30 remonte la vallée et conduit en une quinzaine de kilomètres à Lama (ci-dessous), l'un des plus beaux villages de l'île. On y découvre un vieux quartier médiéval traversé par des ruelles voûtées, et un étonnant quartier bourgeois où se dressent des demeures d'inspiration toscane construites aux XVIIIe et XIXe siècles par les riches oléiculteurs de la vallée.

Randonner entre mer et désert

Côté mer, le désert des Agriates abrite deux joyaux : les plages du Lotu (page ci-contre) et de Saleccia. Vous pouvez rejoindre la première en navette maritime (30 minutes). De là, un sentier rejoint la très belle plage de la Saleccia en s'enfonçant dans l'odorant maquis des Agriates. Au retour, choisissez le sentier littoral. Autre moyen d'accéder aux criques et aux plages : louer un bateau sans permis (1 heure 30 de Saint-Florent à La Saleccia) ou un canoë-kayak. Attention au soleil et à la chaleur qui peuvent être écrasants !

Frimer à Saint-Florent

Lové au creux d'un joli golfe, Saint-Florent cultive son image de Saint-Tropez à la mode corse. Principale localité du Nebbio, cette ville balnéaire offre sans doute son plus beau visage hors saison. Outre la douceur de vivre de son petit port, vous y découvrirez la cathédrale du Nebbio, d'architecture pisane, et la citadelle génoise. Vous pourrez flâner sur la plage de la Roya, offrant un long ruban de sable, ou emprunter une navette maritime pour les plages des Agriates. www.corsica-saintflorent.com

Déguster les vins de Patrimonio

À 6 km de Saint-Florent en direction du Cap Corse, Patrimonio est l'un des fers de lance du vignoble insulaire. Il fut le premier à recevoir une appellation d'origine contrôlée (AOC) sur l'île. Profitant de conditions climatiques excellentes et d'un joli terroir, la quarantaine de viticulteurs de l'appellation, qui se partagent environ 500 ha de vignes, ne sont pas avares de dégustations.

Pagayer jusqu'à la plage du Lotu

Randonner en kayak le long des côtes des Agriates est un moyen privilégié pour découvrir ce site naturel exceptionnel. Vous glissez au ras de l'eau, sans bruit, sans déranger la faune aquatique ou terrestre, sur une eau turquoise, le long de criques secrètes et sous l'œil des tours génoises. Vous pourrez y voir les fonds sous-marins, entre fonds rocheux, bancs de sable et prairies de posidonies. Contactez par exemple Agriates Kayak (04 95 37 22 20, 06 15 77 81 13 ; www.agriateskayak.com).

PLUS DE TEMPS ?

→ **MURATO** Murato abrite l'un des joyaux architecturaux du Nebbio : l'église San-Michele de Murato. Ce petit édifice roman de style pisan frappe par sa polychromie (calcaire blanc et serpentine verte). Le bourg lui-même mérite qu'on lui consacre une petite balade, le temps de découvrir ses jolies maisons.

→ **L'ÎLE-ROUSSE** Élégante et animée, L'Île-Rousse est située dans une baie bordée d'un côté par une plage et de l'autre par une presqu'île de porphyre rouge. Son agréable vieille ville et son ambiance détendue en font un excellent point de chute pour découvrir les Agriates et la Balagne.

La prospérité perdue des Agriates

En contemplant les paysages rocheux et tourmentés des Agriates, il est difficile de croire que cette microrégion fut jadis considérée comme le grenier à blé de Gênes. Ces terres furent en effet aussi verdoyantes et cultivées qu'elles sont aujourd'hui stériles et dépeuplées. Jusqu'au début du XXe siècle, la vie du territoire était rythmée par l'alternance de la transhumance et des semis. La région fut même réputée pour ses oliveraies. L'écobuage (une technique de culture sur brûlis) et les incendies favorisés par les vents dominants sont à l'origine de cette nouvelle physionomie des Agriates caractérisée par un décor rocailleux.

CARNET PRATIQUE

QUAND PARTIR

Mai et juin sont les meilleurs mois pour découvrir les splendeurs des Agriates, lorsque le maquis en fleurs exhale ses effluves. En été, la chaleur est au rendez-vous et les plages se parent de teintes tropicales. Septembre est la période des vendanges autour de Patrimonio.

COMMENT S'Y RENDRE

L'aéroport le plus proche est celui de Bastia, qui dispose aussi d'un port avec des liaisons régulières vers le continent. Plusieurs liaisons par bus permettent de rejoindre ensuite Saint-Florent.

OÙ SE LOGER

À la sortie de Saint-Florent, *Dolce Notte* (à partir de 92 € ; 04 95 37 06 65 ; www.hotel-dolce-notte.com) est un petit hôtel de charme face à la mer. À Patrimonio, la *Casa Eva Maria* (à partir de 80 € ; 06 28 46 24 27 ; www.casaevamaria.com) est un havre de paix en pleine campagne.

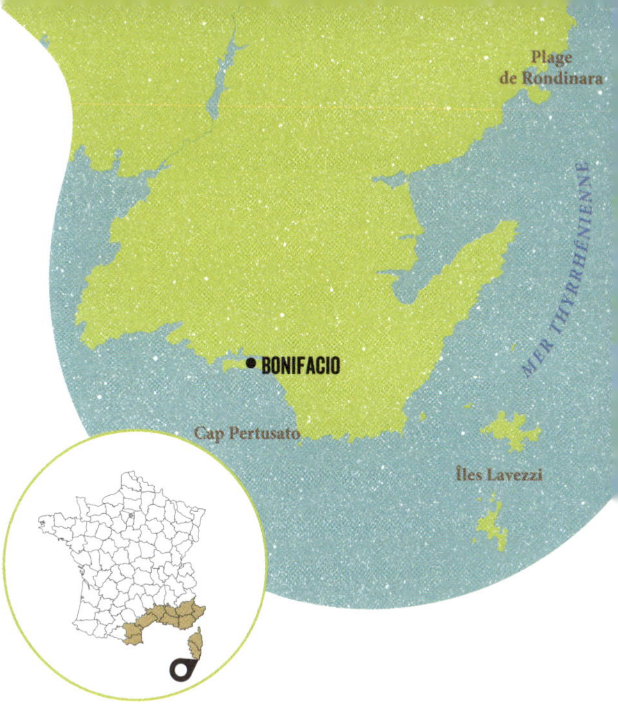

59

CORSE-DU-SUD

S'émerveiller

AUTOUR DE BONIFACIO

Des falaises de calcaire d'un blanc éclatant, des fonds marins translucides, quelques curiosités géologiques sculptées par le temps et disposées çà et là, une profonde échancrure s'immisçant comme un fjord dans ce relief... Bonifacio bénéficie d'une sublime mise en scène de la nature. Le final du spectacle a été posé sur l'ensemble par la main de l'Homme : une **citadelle** aux ruelles étroites et aux toits de tuiles. Unique, photogénique, intemporelle, la cité a tout de la carte postale et mérite autant la visite pour sa facette terrestre que pour sa façade maritime. Un séjour à compléter par la découverte du **cap Pertusato**, de la **plage de Rondinara**, de la réserve protégée des **îles Lavezzi** ou des hauteurs de l'**Alta Rocca**. Surplombant le sud de l'île, ce massif montagneux dissimule une série de **villages de caractère**, avec les **aiguilles de Bavella** en point d'orgue. Bondé en été, le sud de la Corse est particulièrement agréable avant et après la saison touristique.

S'éblouir dans la Haute Ville

Ça n'est pas un hasard si Bonifacio est l'une des destinations les plus visitées de Corse. La cité de l'extrême sud de l'île est en effet unique à bien des égards. Quelques minutes dans la Haute Ville suffisent pour tomber sous le charme. Parvenu en haut de la montée Saint-Roch, qui grimpe depuis le port, on découvre le célèbre point de vue sur la cité, juchée sur la falaise au-dessus de l'azur méditerranéen. Commence alors une magnifique déambulation dans un lacis de ruelles médiévales entrecoupées de passages voûtés et d'escaliers tortueux. Ne ratez pas le chemin de ronde et le bastion de l'Étendard, qui offrent de beaux points de vue.

S'enivrer de calcaire et d'air marin

Bonifacio doit autant son attrait à la ville qu'à son site naturel. Depuis le port, on remontera entre les falaises jusqu'à l'embouchure du goulet pour découvrir le Grain de Sable, étonnant morceau de falaise qui semble avoir été oublié par l'érosion, le Gouvernail de la Corse, rocher qui doit son nom à sa forme, ou encore la grotte du Sdragonato. Lorsque les rayons du soleil y pénètrent, ils éclairent les fonds marins en donnant à l'eau une irréelle couleur verte. Si certaines de ces curiosités de calcaire peuvent s'observer depuis la terre ferme, rien ne vaut une sortie en mer pour prendre la mesure de la beauté géologique du site. www.spmbonifacio.com

Cheminer au couchant

L'une des plus belles balades littorales du sud de la Corse débute à la porte de la Haute Ville de Bonifacio. En environ 2 heures 30 aller-retour, elle mène au phare du cap Pertusato. Longeant les falaises de calcaire, elle révèle l'un des plus beaux panoramas qui soient sur les fonds marins, les îles Lavezzi et la citadelle de Bonifacio. La balade est particulièrement paisible et photogénique au coucher du soleil. Les enfants devront être étroitement surveillés, car le sentier est proche des falaises.

Se baigner dans une anse parfaite

Enserrée entre deux langues de maquis s'avançant l'une vers l'autre, en une anse quasi parfaite, Rondinara (ci-contre) est l'une des plus belles plages du sud de la Corse. À une douzaine de kilomètres de Bonifacio en direction de Porto-Vecchio, la plage dispose également d'un autre atout : un peu moins facile d'accès que d'autres étendues de sable des environs, et offrant peu de services, elle est (tout est relatif !) moins fréquentée que d'autres au cœur de la saison. Son ruban de sable blanc bordé d'eaux cristallines est tout simplement irrésistible.

PLUS DE TEMPS ?

→ **ARCHIPEL DES LAVEZZI** Au large de Bonifacio, les îles Lavezzi (page ci-contre) forment un archipel protégé exceptionnel pour la pureté de ses fonds marins et la beauté sauvage de ses îlots. L'ensemble, inhabité, se découvre dans le cadre de sorties en mer à la journée. Évitez le cœur de la haute saison, lorsque les îles sont surfréquentées.

→ **ALTA-ROCCA** Surplombant le sud de l'île, ce massif montagneux offre un visage résolument différent de celui de la côte. Au-dessus de Porto-Vecchio et de Sartène, c'est un monde de villages de montagne intemporels, avec en point d'orgue le majestueux décor des aiguilles de Bavella.

Ulysse à Bonifacio

Les spécialistes s'accordent sur ce point : la description des falaises rocheuses face auxquelles Ulysse et ses marins manquent de se faire dévorer par les Lestrygons, des géants anthropophages, dans l'*Odyssée* d'Homère, ressemble fortement au site de Bonifacio. "Nous entrons dans ce port bien connu des marins : une double falaise, à pic et sans coupure, se dresse tout autour, et deux caps allongés, qui se font vis-à-vis au-devant de l'entrée, en étranglent la bouche", peut-on lire dans le texte épique du VIIIe siècle avant J.-C.

CARNET PRATIQUE

QUAND PARTIR

Toutes les saisons sont envisageables, mais les intersaisons sont les meilleurs choix : le cadre méditerranéen s'accommode mal du cœur de l'hiver (période où Bonifacio vit par ailleurs très au ralenti) et la haute saison estivale est franchement trop fréquentée.

COMMENT S'Y RENDRE

L'aéroport le plus proche – Figari Sud Corse, à environ 20 km de Bonifacio – est desservi depuis la France continentale par des vols réguliers d'Air France (www.airfrance.fr) et d'Air Corsica (www.aircorsica.com). Il est également possible de rejoindre le sud de l'île en bateau depuis Toulon, Nice ou Marseille. Le port de Porto-Vecchio, desservi par Corsica Ferries (www.corsicaferries.com) et Corsica Linéa (www.corsicalinea.com), est le plus proche de Bonifacio. Un véhicule est nécessaire pour découvrir Rondinara et l'Alta-Rocca.

OÙ SE LOGER ET SE RESTAURER

Les options ne manquent pas dans la touristique Bonifacio. Parmi nos coups de cœur, mention spéciale aux chambres et studios du *Domaine de Licetto* (69-119 € selon saison ; 04 95 73 03 59 ; www.licetto.com), près du phare de Pertusato, et au restaurant *Ciccio* (www.ciccio-bonifacio.com), dans la Haute Ville.

Entre Rhône
et Alpes

60

HAUTES-ALPES

Partir à l'aventure DANS L'EMBRUNAIS

En belvédère du lac de Serre-Ponçon, aux portes du parc national des Écrins, le territoire des Orres cumule les atouts : situé au cœur d'une majestueuse forêt de mélèzes, ensoleillé 300 jours par an, pionnier dans la transition énergétique des stations de montagne (depuis 2012), c'est une destination prisée des amoureux de la nature et un terrain de jeu pour les plus sportifs. Nul doute que vous passerez un week-end ressourçant, que ce soit dans l'eau, dans les airs ou en vous baladant sur les multiples sentiers. Ne manquez pas l'**ascension du Méale**, l'une des plus belles randonnées de la région. Cette excursion, qui démarre au chef-lieu des Orres, est accessible au plus grand nombre et promet un panorama grandiose sur la "Sun Valley" : **Les Écrins**, l'**Ubaye**, le **Queyras** et le **lac de Serre-Ponçon** (ci-contre), dont les eaux turquoise et les côtes découpées rappellent le lac Tahoe dans la lointaine Sierra Nevada. Le territoire mérite aussi l'attention pour son **patrimoine**, mis en valeur au **Musée orrian** (dimanche-vendredi 14h-18h ; 04 92 44 00 40, 06 81 62 72 47 ; www.lesorres.com/fr/culture-patrimoine), qui témoigne du quotidien des familles rurales au début du XXe siècle. www.envie-de-serre-poncon.com ; lesorres.com

Explorer les hameaux de la vallée

Aventurez-vous sur les sentiers des hameaux de la station, à la rencontre des trésors orrians. Au départ du chef-lieu des Orres et du hameau des Ribes, deux boucles balisées de 3,5 et 9 km invitent à découvrir un patrimoine méconnu. Au programme : ruines de l'ancien château seigneurial, chapelles, église et campanile. Ouvrez bien les yeux, à l'affût des pépites qui y sont dissimulées, comme à l'église Notre-Dame-de-la-Présentation, située au hameau du Mélézet, qui porte un cadran solaire de 1853 signé du célèbre cadranier italien Giovanni Francesco Zarbula.

Randonner jusqu'au lac Sainte-Marguerite

Bien balisée et sans difficulté, cette balade familiale incontournable, et donc assez fréquentée, de l'Embrunais permet de rejoindre à travers alpages et pâturages le ravissant lac Sainte-Marguerite, à 2 227 m d'altitude, depuis le centre de la station des Orres 1650. L'endroit est parfait pour un pique-nique en compagnie des marmottes, avant de poursuivre jusqu'aux sources de Jérusalem, ou bien de partir à l'assaut des crêtes environnantes. (Il est aussi possible de rejoindre le lac depuis la station en empruntant les télésièges d'été.)

Survoler le domaine des Orres en tyrolienne

La SpeedLine des Orres, ouverte en juillet 2021, est la cinquième tyrolienne de France en longueur et l'une des plus grandes d'Europe (1800 m). Elle permet de survoler le domaine skiable et les pâturages à plus de 105 m au-dessus du sol, installé dans une nacelle semblable à celle d'un parapente. Vitesse de pointe ? 140 km/h ! Départ depuis le sommet du télésiège du Pic Vert, à 2 240 m d'altitude. Dès 8 ans. 35 € ; 06 52 96 06 43 ; speedline-lesorres.com

Visiter l'abbaye de Boscodon

Située non loin du lac de Serre-Ponçon, à 15 minutes d'Embrun, cette abbaye du XIIe siècle (ci-contre), chef-d'œuvre de l'art roman, est classée monument historique depuis 1974. Si vous souhaitez en apprendre davantage sur son histoire mouvementée ou la symbolique de son architecture, optez pour la visite guidée. Le site est aussi le point de départ de nombreuses randonnées à travers les forêts environnantes. 04 92 43 14 45 ; www.abbayedeboscodon.eu

Se régaler face aux sommets au Pic Vert

Juché à 2 240 m, ce restaurant d'altitude est accessible via le télésiège du Pic-Vert, depuis le centre de la station. On y sert une cuisine traditionnelle sur une immense terrasse qui offre une vue panoramique sur la vallée des Orres, le lac de Serre-Ponçon et le massif des Écrins. Plat à partir de 20 € ; 06 60 89 54 24 ; www.restopicvert.com

PLUS DE TEMPS ?

→ **SPORTS D'EAU VIVE SUR LA DURANCE** Rivière capricieuse aux crues longtemps dévastatrices, la Durance s'est assagie grâce au barrage du lac de Serre-Ponçon. En amont, autour d'Embrun et de Guillestre, la rivière est un terrain de jeu idéal pour les passionnés de sports d'eau vive (canoë-kayak, hydrospeed, rafting, etc.).

→ **E-FOIL SUR LE LAC DE SERRE-PONÇON** Cette planche dotée d'un aileron à moteur électrique permet de léviter à un demi-mètre au-dessus de l'eau dans le cadre magique du lac de Serre-Ponçon. Même les plus novices trouveront l'équilibre en quelques minutes. En prime, l'e-foil évolue dans un silence absolu. Location à partir de 60 € ; juillet-août ; 06 66 24 49 24 ; e-surfer.fr

Les Demoiselles Coiffées

C'est l'un des sites géologiques les plus spectaculaires des Hautes-Alpes ! Ces élégantes "cheminées de fées", comme elles sont communément appelées, sont des formations rocheuses d'origine glaciaire composées d'une colonne de conglomérat tracée par l'érosion et supportant un rocher plus ou moins volumineux. Elles peuvent s'admirer au Sauze-du-Lac, au sein d'un site classé depuis 1966. Sentier balisé.

CARNET PRATIQUE

COMMENT S'Y RENDRE

La gare d'Embrun dessert de nombreuses villes (Paris, Valence, Lyon, Grenoble, Marseille, etc.). Des navettes régulières effectuent le trajet jusqu'aux Orres.

OÙ SE LOGER ET SE RESTAURER

L'éco-lodge de charme *Alpin d'Hôme* propose 11 bulles intimistes nichées au cœur des mélèzes. Confort assuré et terrasse panoramique. À partir de 249 € ; 04 65 03 03 05 ; alpin-dhome.fr

Côté cuisine, direction *La Table de Steeve* aux Orres 1650, qui déroule une carte bistronomique aux couleurs locales. 04 92 44 01 13 ; latabledesteeve.fr

AGENDA

En juillet, un festival Détox et Bien-Être a lieu aux Orres pendant 3 jours. En août, les festivals des Familles en'Orres et des Nuits des étoiles sont des rendez-vous incontournables. lesorres.com

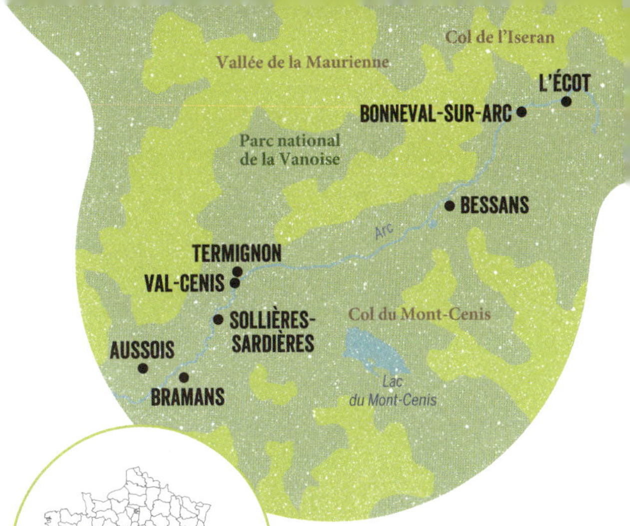

61

SAVOIE

Se ressourcer

EN HAUTE MAURIENNE

C'est LA destination qui remet d'aplomb. Situé au bout de la **vallée de la Maurienne** en Savoie et relié à l'Italie, ce territoire assure une déconnexion totale grâce à sa nature préservée, son silence (quasi) absolu, ses authentiques villages et ses nombreux sentiers de randonnée, comme ceux du **parc national de la Vanoise**, premier parc national créé en France, qui abrite une faune et une flore d'alpage exceptionnelles. La destination compte 10 villages et 6 stations, chacun situé entre 1000 et 1800 m d'altitude. Au lac de **Bessans**, prenez un bain revigorant (l'été, l'eau ne dépasse tout de même pas les 17°C), et testez le paddle ou le canoë (06 85 75 24 26, 06 71 77 20 19 ; www.maisondesguides.net). À **Termignon**, dégustez du bleu, une institution ! À **Sollières-Sardières**, offrez-vous une pause Ô Spa Vanoise, (06 45 49 45 66 ; www.sensationsvanoise.com) en pleine nature, avant ou après avoir cherché (et admiré) le monolithe, un menhir géant qui émerge de la forêt à 93 m de haut. Promis, il y en a pour tous les goûts !

Grimper le col du Mont-Cenis à vélo sans forcer

La Maurienne, qui se revendique comme "le plus grand domaine cyclable du monde" – avec les plus beaux cols empruntés régulièrement par le Tour de France cycliste, et 320 km de sentiers labellisés FFC (Fédération française de cyclisme) –, s'ouvre depuis quelques années à un public qui ne veut pas forcément souffrir dans l'ascension des sommets. C'est donc juché sur un vélo à assistance électrique (VAE) que vous pourrez vous lancer à l'assaut du col du Mont-Cenis. La location de deux-roues est proposée par une trentaine de prestataires et d'offices du tourisme, et une multitude de points de recharge de batteries de vélo est en cours de déploiement.

Randonner au-dessus de Bessans

Devant vous, la nature. Derrière, la nature. Au programme : des plantes – trouverez-vous la saxifrage vaudoise, cette fleur rare logée sur les rochers ? –, des marmottes, des gypaètes, etc., et une vue spectaculaire sur le bucolique cirque du Vallon de Bessans. Depuis le parking à l'entrée de Villaron, en amont de Bessans, prenez le pont et suivez la route menant au hameau. Au lavoir, prenez la ruelle à droite qui débouche sur un sentier, et suivez-le jusqu'au dernier chalet d'alpage. Comptez environ 5 heures l'aller-retour.

Flâner à Bonneval-sur-Arc

Ce petit village authentique (ci-dessous), classé parmi les "Plus Beaux Villages de France", mérite le détour pour ses chalets traditionnels bâtis en pierre de taille et coiffés de toits de lauze. Déambulez dans les ruelles étroites, levez les yeux et admirez les charpentes de mélèze, prenez le temps de respirer le grand air, au calme. Située à 1800 m d'altitude au pied du col de l'Iseran (le plus haut col routier des Alpes), cette station-village a également été élue 6e Village préféré des Français en 2015. À savoir : c'est ici que les films de la série *Belle et Sébastien* ont été tournés !

Aller au bout du monde au hameau de L'Écot

L'Écot est le dernier hameau de la vallée. Niché à 2 000 m d'altitude, on y accède à pied ou en voiture depuis le centre de Bonneval-sur-Arc, situé à 3 km. Il vous séduira par ses belles maisons de pierre et de lauze, sa douceur de vivre et son calme ambiant, sa nature florissante, sa superbe vue sur la vallée et ses nombreux départs de randonnées pédestres, sans oublier la fameuse tarte aux myrtilles de Chez Mumu (06 87 83 90 62), l'unique habitante du village à l'année.

PLUS DE TEMPS ?

→ **AU PETIT BONHEUR À VÉLO OU À PIED** De La Norma à Bonneval, le chemin du Petit-Bonheur (40 km, accessible aux VTT) est un sentier (GR5S) en balcon qui permet d'admirer les curiosités et les villages de cette partie de la vallée : Bramans, Lanslevillard, Bessans... Retour possible par la navette Estibus (porte-vélo) ou la navette régulière Bonneval-Modane (ligne M12). Peu de dénivelé.

→ **ÉGLISES ET CHAPELLES DE LA VALLÉE DE L'ARC** Découvrez l'art baroque alpin, entre peintures murales, colonnes torsadées, retables de bois sculpté et autres plafonds à caissons, en visitant les église Notre-Dame de l'Assomption à Aussois Saint-Jean-Baptiste de Bessans, ou les chapelles Saint-Sébastien et Saint-Roch de Val-Cenis.

Le bleu de Bonneval

Ne repartez pas sans un morceau de bleu de Bonneval-sur-Arc, un fromage persillé au lait cru et entier uniquement produit à la coopérative laitière, qui a d'ailleurs déposé la marque ! Il se présente sous la forme d'une fourme de 2,5 kg environ, de 10 à 20 cm de hauteur. Goût franc, légèrement salé et métallique, pâte souple et fondante... Impossible d'y résister ! Il est fabriqué en petite quantité (environ 40 t par an seulement). www.coophautemaurienne.fr

CARNET PRATIQUE

COMMENT S'Y RENDRE

Depuis la gare de Modane (comptez 4 heures depuis Paris en TGV), prenez les navettes entre la gare et les différentes stations-villages de la destination. www.cars-region-savoie.fr, www.haute-maurienne-vanoise.com

OÙ SE LOGER ET SE RESTAURER

Le fort Marie-Christine, plus haut ouvrage de la barrière défensive de l'Esseillon, édifiée au début du XIXe siècle, compte un gîte d'étape et un restaurant. Nuitée à partir de 20 €, menu à partir de 15 € ; 04 79 20 36 44 ; www.fort-mariechristine.com

AGENDA

À Val-Cenis, un festival de tango a lieu l'été, tandis que le Festival national d'accordéon est organisé pendant l'hiver.

62

SAVOIE

Faire le plein de sensations EN VALLÉE DES BELLEVILLE

La destination compte trois stations, aux territoires riches et contrastés, déclinant des caractéristiques complémentaires : **Val Thorens** et ses superbes lignes de crêtes, **Les Menuires** et ses magnifiques lacs et montagnes, et **Saint-Martin-de-Belleville** et ses jolis chalets typiques. Les possibilités, sur place, se révèlent infinies : randonner à pied, à cheval ou à VTT, méditer sur les sommets avec vue sur le mont Blanc, explorer les **vallées secrètes de Deux-Nants et des Encombres**, découvrir le terroir et les traditions bellevilloises, visiter la **chapelle Notre-Dame-de-la-Vie**... et faire le plein d'adrénaline : kayak, rafting ou hydrospeed pour les adeptes de sports aquatiques, et via ferrata aménagée sur les falaises de quartzite de la paroi du Cochet pour les plus téméraires. Le territoire propose d'ailleurs un "passeport ascensionnel" qui permet de profiter de plus de 25 activités en illimité (22,30 € la journée, 49,80 € la semaine). st-martin-belleville.com, www.valthorens.com, lesmenuires.com

Visiter le musée de Saint-Martin-de-Belleville

Installé dans un ancien corps de ferme, ce musée dévoile toute l'histoire de la vallée des Belleville. Cette dernière vivait à l'heure de l'agriculture et de l'élevage à la sortie de la Seconde Guerre mondiale. Au début des années 1960, les premiers travaux d'équipement de la station des Menuires sont lancés. Val Thorens suivra 10 ans plus tard. Aujourd'hui, cette vallée alpine est devenue la première destination touristique du monde pour les sports d'hiver avec environ 600 000 visiteurs en saison. st-martin-belleville.com/fr/musee-saint-martin-de-belleville

Plonger en apnée au lac du Lou

Après une randonnée d'une heure depuis Val Thorens ou Les Menuires, découvrez le lac du Lou (page ci-contre), perle de la vallée des Belleville, situé à 2000 m d'altitude. Enfilez une combinaison, des gants, une cagoule et des chaussons en Néoprène (l'eau est à 12°C environ), et réalisez quelques exercices avec le moniteur afin de vous habituer à vous mouvoir dans l'eau. Puis initiez-vous à l'apnée. Sous l'eau, observez les jeux de bulles et de lumière, et profitez du silence absolu. Session 150 € ; 06 13 76 78 74 ; evolution2.com

S'initier à la randonnée glaciaire

Équipé de crampons, d'un casque, d'un piolet et d'une corde, vous suivez les conseils et les pas du guide dès le petit matin. Encordés, vous gravissez les "Trois Cols" : le col de Thorens (3105 m), celui de Pierre Lory (3132 m) et celui du Bouchet (2995 m). Au menu : découverte de glaciers, observation de très près de crevasses (en toute sécurité), vue splendide, et poumons (re)gonflés à bloc ! 52 € ; 06 35 76 81 45 ; guides-belleville.com

Dévaler les pistes en kart

Piste de luge l'hiver, le Roc'n'Bob se transforme en Mountain Kart l'été. Aux Menuires, au sommet de la télécabine du Roc 1 à 2300 m, lancez-vous à bord d'un bolide ludique, un kart à trois roues. Au programme : plus de 4 km de descente, 450 m de dénivelé, 22 virages, et tout autant de sensations fortes. Pour petits et grands. lesmenuires.com

PLUS DE TEMPS ?

→ **VALLÉE DES ENCOMBRES** Cette contrée méconnue se découvre à VTT électrique, seul ou accompagné d'un guide. Depuis Saint-Martin-de-Belleville, empruntez la direction du hameau du Châtelard, puis filez au col des Encombres via le refuge de Gittamelon. À la clé : une vue époustouflante sur le massif des Écrins.

→ **CIME DE CARON** Depuis Val Thorens, après avoir pris les télécabines de Cairn, puis de Caron, il suffit de 4 minutes de téléphérique pour grimper de 1000 m et accéder au sommet à 3195 m d'altitude. Par temps clair, on peut distinguer jusqu'à un millier de sommets des Alpes françaises, suisses et italiennes ! www.valthorens.com/fr/activite/cime-caron

Le Cheval Noir

Au col du Cheval Noir se trouve une imposante sculpture d'un cheval tout en inox de 4 m de haut, réalisée par Jean-Yves Sylvestre à 2 832 m d'altitude. Cette installation fait référence au nom de la montagne et symbolise le sommet où les limites de trois communes se rejoignent : Saint-Jean-de-Belleville, Saint-François-Longchamp et Les Avanchers-Valmorel. On y accède à pied depuis le hameau de La Sauce.

CARNET PRATIQUE

COMMENT S'Y RENDRE

Paris est à environ 4 heures 30 de la gare de Moûtiers-Salins-Brides-les-Bains, d'où des navettes permettent d'accéder à la vallée des Belleville. Sur place, nul besoin de voiture : remontées mécaniques, navettes gratuites reliant les trois stations, VTT, etc. La mobilité douce est de rigueur !

OÙ SE LOGER ET SE RESTAURER

Dégustez des ravioles, une croziflette ou une fondue dans une ancienne télécabine ou une bulle panoramique, au restaurant *La Marmite* aux Menuires. Plat à partir de 20 € ; 04 79 00 74 75 ; lamarmite-lesmenuires.f

À Val Thorens, le restaurant d'alpage *Chez Pépé Nicolas*, avec terrasse panoramique, propose également le gîte. Plat à partir de 23 € ; 06 09 45 28 35 ; www.chezpepenicolas.com

Ne repartez pas sans un pot de miel de Kléber Silvestre, berger, apiculteur et protecteur de l'abeille noire de Savoie, à dégoter sur les marchés des Menuires et de Saint-Martin-de-Belleville. Il est également possible de visiter la miellerie avec le bureau des guides. 06 76 99 65 16

AGENDA

En juin a lieu la montée en alpage jusque Chez Pépé Nicolas, un rituel ancestral qui donne le coup d'envoi de la saison estivale.

Les mercredis d'été, de nombreuses animations folkloriques ont lieu dans toute la vallée.

En juillet, la fête de la Bière artisanale fait mousser les rues de Saint-Martin-de-Belleville.

63

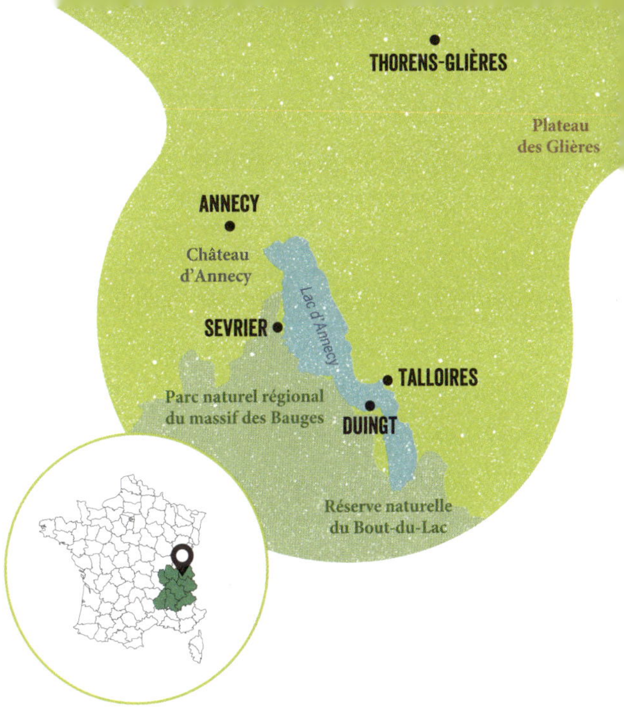

HAUTE-SAVOIE

Se relaxer

AUTOUR DU LAC D'ANNECY

On l'appelle la Venise des Alpes, en raison de l'eau, omniprésente, des canaux qui s'entrecroisent, des deux bras du Thiou qui enserrent le palais de l'Île... On se perd facilement dans ses **ruelles**, mais on s'y retrouve tout aussi vite, les eaux turquoise du lac n'étant jamais très loin. Annecy, c'est à la fois la douceur de vivre, une **piste cyclable** qui fait (presque) le tour du lac, un merveilleux **patrimoine alpin** et un territoire de jeu pour **sportifs**, notamment les randonneurs et les adeptes de sports d'eau. Aller à Annecy, c'est voir l'**ancienne capitale de Savoie** et son lac, mais aussi les villages environnants – **Talloires**, **Duingt** (ci-contre)... – qui méritent le détour. Les plus téméraires tenteront le bivouac suspendu (www.inax-aventure.com) dans le vide, du côté de **Veyrier-du-Lac**, qui promet des nuits et des réveils spectaculaires, ou un vol en montgolfière ou parapente. Envie d'un week-end détente ? C'est aussi possible : cueillette de plantes, fondue au milieu du lac au coucher du soleil, farniente sur une plage aménagée ou plus sauvage... Le tout à escorter de belles **pauses gourmandes**, le territoire comptant de très bonnes tables. www.lac-annecy.com

Faire le plein de nature

Au Bout-du-Lac, à Doussard, se trouve la réserve naturelle du même nom. Elle est l'une des dernières parties non urbanisées du lac, et l'une des plus protégées des neuf réserves que compte la Haute-Savoie. Protégée depuis 1974, elle englobe 84 ha d'une biodiversité exceptionnelle. Parfait pour une balade détente en guettant les martins-pêcheurs. Accès libre toute l'année

Aller au château

Ancien château fort du XIIe siècle, le château d'Annecy fut la résidence des comtes de Genève aux XIIIe et XIVe siècles. Il sera ensuite une résidence au XVIIe siècle avant d'être utilisé comme caserne militaire jusqu'en 1947. Il abrite aujourd'hui un musée et propose des expositions temporaires et permanentes autour du patrimoine régional. Bonus : joli point de vue sur la ville. www.musées.annecy.fr

Prendre l'apéro sur le lac

Profitez du coucher du soleil depuis un bateau-terrasse et savourez des planches apéritives de charcuteries et fromages locaux, une fondue 100% vacherin fribourgeois avec dips de légumes... accompagnés de vin de Savoie. Bonus : un plongeon dans les eaux claires et pures. Apéritif 25 € par personne, fondue 40 € par personne ; www.water-taxi.fr

Randonner sur le plateau des Glières

Ce haut lieu de la résistance, situé à 1 440 m d'altitude et à environ 30 km d'Annecy, est le point de départ de nombreuses randonnées, entre forêts de sapins, clairières ensoleillées et beaux sommets qui se dessinent au loin. Rendez-vous à Thorens-Glières et optez pour l'une des boucles balisées : de la familiale à la sportive, il y en a pour tous les niveaux. Vous pourrez vous restaurer à l'auberge des Glières (www.aubergedesglieres.fr ; www.plateaudesglieres.fr).

Explorer le lac en paddle

Par la route ou en batobus, direction Sevrier, sur la rive ouest du lac, et son spot de paddle. Dès le printemps, debout sur votre planche, vous explorerez à coups de pagaie les rives préservées. Pour pimenter l'expérience, testez le yogga-paddle. Un peu acrobatique au début mais idéal pour se recentrer ! ncy-sup.com

PLUS DE TEMPS ?

→ **ALBY-SUR-CHÉRAN** Niché au pied du Semnoz et aux portes du massif des Bauges, ce bourg médiéval mérite le détour pour ses arcades, son musée de la Cordonnerie et son église contemporaine. Un circuit pédestre balisé permet d'arpenter les ruelles et coins secrets sur 2 km.

→ **TROU DE LA MOUCHE** La découverte de cette curiosité géologique – un trou dans une paroi calcaire, formant une jolie arche naturelle – se mérite : une marche assez ardue depuis le hameau des Confins jusqu'à la combe de Paccaly. Les efforts sont largement récompensés par la vue époustouflante sur le mont Blanc, les vallées du Grand-Bornand et de La Clusaz.

Les Roseaux du Lac

Ces gourmandises – des chocolats infusés au café dont la forme ressemble aux fameux roseaux du lac – ont été imaginées en 1924 par un confiseur-artisan annécien. Les Roseaux se déclinent aujourd'hui en différents parfums (orange, génépi, café, myrtille, poire...) mais la méthode de fabrication est restée intacte : il faut 24 heures pour créer un petit bâtonnet (et 1 minute pour le déguster). Ne repartez pas sans en avoir savouré un, ou rapportez-en dans vos bagages, vous ferez des heureux ! lesroseauxdulac.fr

CARNET PRATIQUE

COMMENT S'Y RENDRE

La gare d'Annecy est bien desservie. Comptez près de 4 heures depuis Paris et 2 heures depuis Lyon. Sur place, privilégiez le vélo.

OÙ SE RESTAURER

Pour déguster des spécialités savoyardes (fondue, tartiflette...), filez au *Fréti* (04 50 51 29 52 ; www.lefreti-annecy.fr). Pour un repas healthy mais gourmand, frappez chez *Haven* (04 50 51 21 48 ; www.haven-annecy.fr).

AGENDA

En mars, la ville organise un carnaval vénitien le temps d'un week-end. Chaque été, le festival Annecy Paysages interroge, à travers de grandes installations disséminées dans toute la ville la place de l'individu dans la nature et la société (www.annecy-paysages.com). Ne manquez pas le Festival international du film d'animation en juin (www.annecy.org) et la fête du Lac le premier samedi d'août.

64

ISÈRE

Tutoyer les sommets

AUTOUR DE GRENOBLE

“Au bout de chaque rue, une montagne...” disait Stendhal de Grenoble, sa ville natale. À 110 km de Lyon, 140 km de la frontière italienne et autant de Genève, la **plus grande métropole des Alpes françaises** est la porte d’entrée vers une série de massifs dont les noms sonnent comme des promesses aux oreilles des amateurs de nature, de ski et de randonnée. Chartreuse, Belledonne, Vercors, Trièves, Oisans... Les reliefs montagneux qui bordent la ville sont appréciés tant en hiver qu’en été. En elle-même, la dynamique **ancienne capitale du Dauphiné** ne manque pas non plus d’atouts pour séduire les visiteurs : une vieille ville largement piétonnière que longe le cours impétueux de l’**Isère**, le belvédère de la Bastille vers lequel montent les “bulles” du téléphérique, d’excellents musées, ou encore la juxtaposition d’immeubles haussmanniens du XIXe siècle et d’édifices modernes dont nombre ont été bâtis pour les Jeux olympiques d’hiver de 1968. La ville de Grenoble s’est vu décerner par la Commission européenne le titre de **Capitale verte européenne 2022**, qui vient saluer ses actions en faveur de la transition écologique.

Goûter au Vertige des cimes

Installé en 2014 sur les hauteurs de Lans-en-Vercors, le belvédère Vertige des cimes ne fait pas mentir son nom. Accessible par une randonnée facile en été, et en hiver grâce aux remontées mécaniques de la station de ski du Vercors, cette passerelle métallique située à 1715 m d'altitude s'avance de 2,10 m au-dessus de... 300 m de vide. L'expérience est plus panoramique qu'effrayante : ce balcon sur les Alpes fait en effet face à un paysage à couper le souffle sur Grenoble et tous les massifs qui la bordent, avec le Mont-Blanc enneigé à l'arrière-plan. 04 76 95 42 62, 04 76 95 43 04 ; www.lansenvercors.com/belvedere-vertige-des-cimes.html

Visiter le musée de Grenoble

Créé au lendemain de la Révolution et hébergé depuis 1994 dans un écrin lumineux près des quais de l'Isère, le musée de Grenoble est l'une des fiertés de la ville. Parmi les premiers à s'être ouverts à l'art moderne en France, il couvre tous les courants picturaux depuis la Renaissance, avec un très beau fonds d'œuvres modernes et contemporaines. Véronèse, Gauguin, Matisse, Modigliani, Chagall, Kandinsky... Les grands maîtres réunis ici invitent les visiteurs à un grisant plongeon dans le cours de l'histoire de l'art. 04 76 63 44 44 ; www.museedegrenoble.fr

Monter à la Bastille

Ce fort militaire ne surplombe la ville que de 263 m, mais ils font toute la différence ! Dressée sur un contrefort rocheux au-dessus des tumultueuses boucles de l'Isère, la Bastille offre un autre regard sur Grenoble. Quelques minutes de montée à bord des "bulles", le téléphérique urbain, suffisent pour atteindre ce panorama sur les massifs qui entourent la ville, avec le Mont-Blanc dans le lointain, et l'impressionnant cours Jean-Jaurès étiré sur près de 8 km. Un must ! 04 76 44 33 65 ; bastille-grenoble.fr

Respirer au Charmant Som

Au cœur de la Chartreuse, l'un des massifs les plus beaux des abords de Grenoble, le sommet du Charmant Som ne culmine qu'à un très modeste 1867 m, mais son intérêt n'est pas dans l'altitude : cette montagne doit en effet à la douceur de son relief d'être couverte de prairies. C'est l'un des derniers alpages d'Isère où des fromages sont encore fabriqués sur place. Le site s'offre en été aux ruminants et aux randonneurs, qui y trouvent un beau terrain de jeu.

Affronter les passerelles himalayennes

220 m de long pour l'un, 180 m pour l'autre... Les "ponts de singe" qui enjambent les eaux bleu-vert du Drac et de son confluent l'Ebron avant qu'ils se rejoignent pour former le lac de Monteynard-Avignonet sont synonymes de frissons. Ces passerelles dites "himalayennes" sont cependant ultra-sécurisées, avec structure en acier, ancrages dans la roche, câbles anti-balancement et grilles de protection. L'expérience est encore plus originale si elle est réalisée dans le cadre d'une randonnée en boucle d'environ 4 heures, dont une partie est effectuée en bateau. www.lac-monteynard.com

PLUS DE TEMPS ?

→ **DOMAINE DE VIZILLE** Juste au sud de Grenoble, cet élégant château du XVIIe siècle abrite un musée consacré à la Révolution française. Le château a en effet accueilli le 21 juillet 1788 l'un des préludes à la révolution de 1789. L'immense parc qui le borde est superbe. Accès libre ; 04 76 68 07 35 ; musees.isere.fr

→ **CIRQUE DE SAINT-MÊME** Les cascades qui jaillissent de ses parois hautes de centaines de mètres ont fait la réputation de ce petit cirque verdoyant des abords de Saint-Pierre-d'Entremont. Deux sentiers permettent de s'en approcher, et le bas du cirque est idéal pour se rafraîchir en été. Parking payant en haute saison.

La Grande Chartreuse

Au nord de Grenoble, le massif de la Chartreuse est indissociable de l'ordre religieux du même nom. En 1084, six "chartreux" choisirent ce lieu alors isolé (au point d'être appelé "le désert") pour accueillir la vie d'ermite qu'ils souhaitaient mener. La communauté et le monastère ont depuis connu bien des changements. L'immense ensemble que l'on devine aujourd'hui derrière ses hauts murs d'enceinte héberge une vingtaine de moines, dont l'existence est fondée sur la solitude et le silence. Le monastère est fermé au public, mais on peut visiter un musée consacré aux moines et à la liqueur de plantes qu'ils ont créée, et dont ils tirent leurs revenus. 04 76 88 60 45 ; musee-grande-chartreuse.fr

CARNET PRATIQUE

QUAND PARTIR

Grenoble et sa région peuvent se visiter en toutes saisons. Le climat montagnard des Alpes se caractérise par des étés plutôt chauds et ensoleillés (parfaits pour les randonneurs !), et des hivers froids et neigeux (synonymes de ski !).

COMMENT S'Y RENDRE

La gare de Grenoble est très bien desservie par les trains de la SNCF. Comptez environ 3 heures de Paris pour les trains directs, et 3-4 heures de Marseille avec une correspondance à Lyon. Au niveau régional, les bus de Transisère-Cars Région (www.transisere.fr) et du réseau Tougo (www.tougo.fr) prennent le relais.

Par la route, Grenoble est à 580 km de Paris (A6), 115 km de Lyon (A43) et 145 km de Genève (A1).

OÙ SE LOGER ET SE RESTAURER

À Grenoble, le *1924 Hôtel* est l'une de nos adresses préférées grâce à son emplacement central et à son atmosphère inspirée des années 1930. À partir de 72 € ; 04 76 46 18 92 ; www.1924hotel.com

Plusieurs auberges accueillantes ont retenu notre attention autour de la ville, comme l'*Hôtel Beau Site* (à partir de 72 € ; 04 38 02 10 12 ; www.beausitehotel.fr) à Saint-Pierre-de-Chartreuse, l'*Hôtel du Col de l'Arc* (à partir de 70 € ; 04 76 95 40 08 ; www.hotelcoldelarc.com) à Lans-en-Vercors, ou encore *Au gai Soleil du mont Aiguille* (04 76 34 41 71 ; www.hotelgaisoleil.com), près de Chichilianne.

65

RHÔNE

Se balader
À LYON, ENTRE RHÔNE ET SAÔNE

Gastronomie, architecture, cinéma, musées, mode... L'ancienne capitale des Gaules cumule les atouts. Construite sur deux collines autour du Rhône et de la Saône, elle a une topographie singulière, qui permet de se repérer facilement. Du côté du **Vieux-Lyon** (ci-contre), quartier historique de la ville, ne manquez pas les édifices Renaissance (une centaine !) dont les **musées Gadagne**, qui font notamment la part belle à Guignol, personnage emblématique de la ville. Flânez dans la **Presqu'île**, le centre-ville de Lyon, où magasins de créateurs locaux, théâtres, musées et bonnes tables vous séduiront à coup sûr. Envie d'un point de vue sur l'ensemble de la ville ? Filez à la **Croix-Rousse**, un quartier bobo et vivant, ou à **Fourvière**, dont la blanche basilique peut être explorée lors des “visites insolites”, en nocturne. Besoin de nature ? Les poumons verts ne manquent pas, comme le superbe **parc de la Tête d'Or**, le plus grand parc urbain de France (117 ha), incontournable des balades en famille. Pour une immersion en pleine nature, gravissez les **monts du Lyonnais** pour prendre de la hauteur, ou remontez la **Saône** jusqu'aux agréables villes d'**Ars** et **Trévoux** (ars-trevoux.com), portes d'entrée du **pays des Dombes**.

Visiter le musée des Confluences

Ce bijou architectural avant-gardiste, un puzzle de 27 000 m^3 de béton et de 6 600 t d'acier posé au confluent du Rhône et de la Saône, croise les disciplines – archéologie, ethnologie, sciences et techniques – pour mieux parler des humains et des grandes civilisations. À découvrir : des objets du XVIIe au XXIe siècle, des expos temporaires, un jardin et de nombreux ateliers et conférences. www.museedesconfluences.fr

Admirer Lugdunum

Ce site archéologique est l'un des plus riches du patrimoine romain français. Il compte un musée retraçant l'histoire de la ville, de la préhistoire au VIIe siècle, et deux théâtres romains : le grand théâtre (ci-contre), qui s'élève en demi-cercle sur le flanc de la colline, et l'odéon au pavement géométrique remarquable. lugdunum.grandlyon.com

Pénétrer le monde du cinéma

Le cinéma est né à Lyon ! L'Institut Lumière, l'ancienne maison de famille des frères Lumière, compte un musée et un cinéma. Vous apprendrez comment d'une simple machine à coudre est né le cinéma, observerez le premier cinématographe, assisterez à des projections en intérieur ou en plein air, l'été. www.institut-lumiere.org

Gravir la Croix-Rousse

Construite sur une colline, la Croix-Rousse était aux origines un bourg situé au-delà des fortifications de Lyon. Au XIXe siècle, elle devient le quartier des canuts qui y travaillent la soie. L'ancien village ouvrier s'est transformé en village bobo, avec bars et boutiques branchés, mais sans perdre son identité, dont témoigne le marché quotidien. Prévoyez de bonnes chaussures pour gravir les pentes et les escaliers qui relient les rues et les traboules, comme le passage Thiaffait qui accueille désormais un village de créateurs. Pour économiser vos forces, faites uniquement la descente en partant de la station de métro Croix-Rousse.

Contempler les murs peints

La ville est parée de peintures murales depuis les années 1980. Reconnaîtrez-vous les 30 Lyonnais célèbres (dont les frères Lumière, Antoine de Saint-Exupéry et Bernard Pivot) de la Fresque des Lyonnais, dans le quartier de la Presqu'île ? À la Croix-Rousse, le mur des Canuts salue la mémoire des ouvriers de la soierie. À la Guillotière, le mur du Cinéma rend hommage aux premiers tournages à Lyon.

PLUS DE TEMPS ?

→ **GRAND HÔTEL-DIEU** Cet ancien hôpital bâti en 1184, classé monument historique, est aujourd'hui dédié à l'art de vivre. Vous y trouverez des magasins, de bonnes tables, un superbe hôtel, des cours, jardins et galeries superbes. grand-hotel-dieu.com

→ **CRÉATION LOCALE** La ville fourmille de boutiques de créateurs où l'on peut se procurer des pièces uniques, notamment du côté des Pentes de la Croix-Rousse. Démarrez dans la rue Romarin et grimpez jusqu'au Plateau de la Croix-Rousse. Chaque rue compte une pépite.

Les traboules

Typiques de la ville, ces passages étroits permettant de relier deux rues à travers un ou plusieurs immeubles, ont été construits à la Renaissance dans le Vieux-Lyon, puis aux XVIIIe et XIXe siècles à la Croix-Rousse lors de l'installation des canuts. Souvent couverts, ils passent par des cours, empruntent des escaliers... Lyon en compte environ 500, dont près de 80 sont ouverts au public. Le plus long traverse quatre immeubles, et mérite le détour : entrez au 27, rue du Bœuf, et sortez au 54, rue Saint-Jean.

CARNET PRATIQUE

COMMENT S'Y RENDRE

Lyon possède trois gares desservies par le TGV (Part-Dieu, Perrache et Lyon Saint-Exupéry) depuis Paris (2 heures), Marseille (1 heure 40), Lille (3 heures), Nantes (4 heures 30)... Sur place, les moyens de transport sont légion (vélo, tram, métro...).

OÙ SE LOGER ET SE RESTAURER

Ne manquez pas les bouchons, ces fameux restaurants où déguster des spécialités locales (quenelle, cervelle de canut...).

AGENDA

La vie culturelle lyonnaise est riche. Parmi les incontournables : le festival Quais du Polar, dédié au roman noir (dernier week-end de mars), les Nuits Sonores consacrées à la musique électro (mai-juin), les Nuits de Fourvière (musique, théâtre, danse en été) et le festival Lumière, consacré au 7e art, en octobre. Autre incontournable de la vie lyonnaise, la Fête des Lumières : pendant 4 jours autour du 8 décembre, les habitants posent des lumignons sur le rebord de leurs fenêtres et les édifices sont illuminés.

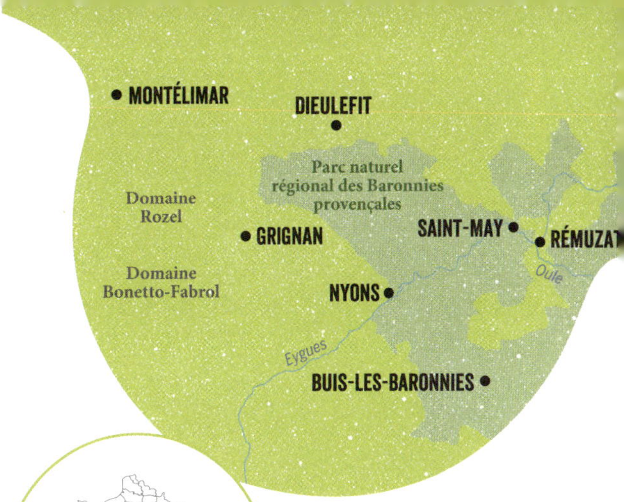

66

DRÔME

Se régaler EN DRÔME PROVENÇALE

Ouvrez grand vos sens, car la Drôme provençale est une invitation permanente lancée à chacun d'eux. Les **paysages**, d'abord, offrent un patchwork étourdissant : ici un peu montagnards, là provençaux, ailleurs presque mediterranéens quand ils ne sont pas rhodaniens. Vallonné autour de **Grignan**, dans le Tricastin, le relief devient plus vigoureux à l'approche de **Nyons** et des **Baronnies**, soulignant la proximité des Alpes. Pays de plaines, de rivières, de gorges, de vallées et de coteaux, ce territoire se découvre en parcourant des routes souvent sinueuses. Partout, des vestiges médiévaux, des **villages perchés**, de fastueuses maisons Renaissance et des **châteaux** évoquant le riche passé de la région. Partout aussi des cultures : vigne, oliviers, lavande, plantes médicinales, abricotiers, cerisiers, sans oublier les **truffes**. Terre de **saveurs**, la Drôme provençale est aussi un paradis pour les **sportifs** : marche, escalade, parapente et VTT trouvent ici un cadre idéal.

S'émerveiller au château de Grignan

Construit sur un plateau rocheux, il s'annonce de loin, les maisons regroupées à son pied se confondant avec sa roche dorée. Le château doit en grande partie sa renommée à la marquise de Sévigné, qui y séjourna auprès de sa fille au XVIIe siècle. Surnommée le "Versailles du Midi", cette ancienne place forte médiévale fut transformée en un prestigieux ensemble Renaissance. Grignan cultive toujours une atmosphère raffinée et intellectuelle, amoureux des belles lettres et des arts arpentant régulièrement ses ruelles pavées au gré des festivals. www.grignanvalreas-tourisme.com

Croquer les olives de Nyons

Dotée d'un fameux pont roman et d'un riche patrimoine, Nyons se niche dans un cadre naturel privilégié, entouré de collines verdoyantes. Passages, escaliers, ruelles et impasses... on se croirait revenu au Moyen Âge. Surtout, Nyons reste connue pour son olive noire qui donne une huile classée AOP très appréciée. Vous pouvez la découvrir, entre autres, à la coopérative Vignolis (www.vignolis.fr), qui accueille le musée de l'Olivier. Vous pouvez également emprunter le sentier de l'Olivier, qui traverse les oliveraies.

Déguster les crus de l'AOC Grignan

"La plus septentrionale des appellations méridionales" est une pépite encore relativement méconnue. Créée en 1973, l'AOC Grignan-les-Adhémar regroupe une vingtaine de producteurs et propose des vins dotés d'une belle élégance et d'une grande harmonie. Parmi ses atouts, elle s'appuie, d'une part, sur la présence d'une forte polyculture – jamais abandonnée en ces terres paysannes – aujourd'hui gage d'une biodiversité vivace. Pour une dégustation et/ou une découverte des vignobles, nous vous conseillons le Domaine Rozel (04 75 98 54 23), le Domaine Bonetto-Fabrol (04 75 52 14 38) et le Domaine de Montine (04 75 46 54 21).

Observer les vautours

Les amateurs viennent de loin observer les quatre espèces de vautours présentes aux alentours de Rémuzat : on compte 200 couples de vautours fauves, une dizaine de couples de vautours moines, quelques vautours percnoptères (les plus petits des rapaces européens) et, enfin, des gypaètes barbus. Pour observer les vautours, une randonnée est balisée sur les hauteurs de la falaise : prenez la direction du charmant village de Saint-May, passez le pont et suivez les panneaux "Vautours". Une fois sur le plateau Saint-Laurent, la récompense est vite là. Les meilleurs moments d'observation sont le matin ou la fin d'après-midi.

PLUS DE TEMPS ?

→ **BUIS-LES-BARONNIES** Autour du beau village de Buis-les-Baronnies, les buts d'excursion sont nombreux, dans un cadre naturel sublime, avec la masse imposante du mont Ventoux en arrière-plan. www.baronnies-tourisme.com

→ **DIEULEFIT** Traversée par le Jabron, Dieulefit possède un riche patrimoine, que l'on découvre au gré des ruelles et des passages. L'atmosphère invite à parcourir le centre ancien et à pousser la porte des artisans, ainsi que celle de la Maison de la céramique – à la fois centre de formation, musée et lieu d'exposition de la création contemporaine. www.dieulefit-tourisme.com

La lavande

La Drôme, tout comme les Alpes-de-Haute-Provence, est un haut lieu de la culture de la lavande. Si la floraison du lavandin débute mi-juin en plaine, elle se poursuit jusqu'à la mi-juillet dans les secteurs plus élevés et, dans les Baronnies provençales, la récolte peut avoir lieu jusqu'à début août. Points de vue, hébergements ou itinéraires, le site Routes de la lavande (www.routes-lavande.com) recense toutes les informations pour partir, à pied, à vélo ou en voiture, à sa découverte. Un des meilleurs endroits pour admirer des champs de lavande à perte de vue est le plateau entourant le village de Ferrassières, à 8 km de Montbrun-les-Bains : points de vue époustouflants garantis !

CARNET PRATIQUE

COMMENT S'Y RENDRE

Les gares de Valence et de Montélimar sont reliées au réseau TGV, tout comme au réseau TER. Le réseau départemental de transports publics Oùra (0810 26 26 07 ; www.oura.com) dessert les principales localités de la région.

OÙ SE LOGER

À Nyons, la *Maison des Sens* (90-140 € ; 04 75 27 19 66 ; www.dessens-nyons.com) est magnifiquement située et propose des appartements avec vue. Pour un retour à la nature, choisissez *Le Présent Simple* (04 75 27 71 52 ; lepresentsimple.com) et logez dans une cabane, un tipi ou une tente inuite.

AGENDA

Vous pouvez découvrir cette région tout au long de l'année : baignades sous la chaleur estivale, nature en fleur au printemps, douceur de vivre en automne et saison de la truffe en hiver. Ferrassières fête la lavande chaque 1er dimanche de juillet.

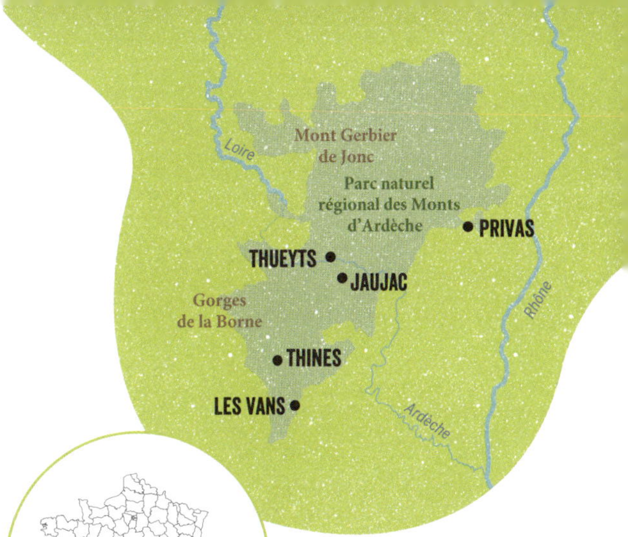

67

ARDÈCHE, HAUTE-LOIRE

S'aventurer sur les routes DES MONTS D'ARDÈCHE

Le parc naturel régional des Monts d'Ardèche est un joyau à l'état brut. De la haute vallée de l'Ardèche et ses jeunes volcans jusqu'aux Cévennes ardéchoises, en passant par le massif du Tanargue, ses routes sinueuses et parfois vertigineuses desservent de **petits villages** loin des foules et autant de coins secrets pour se baigner – les vallées de la Beaume et de la Drobie à gagner depuis **Joyeuse** sont à ce titre remarquables. Plus qu'ailleurs, les villes s'engagent ici dans la **préservation du territoire** et la valorisation des produits du terroir. C'est que le parc doit sa naissance en 2001 à son produit phare : **la châtaigne**. Depuis, ses richesses géologiques également reconnues (à savoir, le volcanisme) en ont fait un **Géoparc mondial Unesco**. Très centrale, la Maison du parc est située à **Jaujac**, un charmant petit village à l'ambiance méridionale mais quelque peu assoupi, établi au pied du massif du Tanargue. Plus au sud, celui des **Vans** fait une excellente base.

Marcher au mont Gerbier-de-Jonc

Au nord du parc, le mont Gerbier-de-Jonc et le mont Mézenc sont des belvédères naturels de choix, accessibles facilement après de courtes marches. Le premier, ancien volcan à la forme caractéristique en pain de sucre, culmine à 1 551 m. C'est le lieu de naissance de la Loire. Comptez 1 heure de marche aller-retour et 130 m de dénivelé. Plus au nord, le mont Mézenc dévoile quant à lui une vue fantastique sur toute l'Ardèche du haut de ses 1 753 m. Comptez 45 minutes de marche pour le rejoindre au départ du parking de la Croix de Boutières.

Prendre de la hauteur à Thines

Perché à 550 m d'altitude, ce village typique et reculé – accessible par une route vertigineuse – offre une vue imprenable sur la vallée qu'il surplombe et son dense feuillage de chênes verts et de châtaigniers. Son église romane polychrome du XIIe siècle est remarquable. Il abrite la maison du Gerboul, l'une des deux vitrines du parc naturel régional. Vous pourrez y déguster et y acheter des produits du terroir, ou y glaner des renseignements pour randonner alentour. D'ici partent aussi des visites guidées du village.

Flâner sur le marché des Vans

Ce village animé et très commerçant du sud du parc naturel régional accueille le samedi matin un vaste marché. Outre la châtaigne, vendue sous toutes les formes, vous y débusquerez le fin gras du Mézenc (une viande de bœuf persillée) et de l'huile d'olive, l'un des produits fétiches des environs. Crapahutez ensuite jusqu'au pittoresque hameau de Naves, petite merveille perchée à 3 km sur un éperon rocheux, où profiter d'un café en terrasse avec vue la vallée.

Se baigner dans un spot confidentiel à Jaujac

Jaujac, petit village à l'ambiance méridionale niché au cœur du parc, est un haut lieu du volcanisme. Au lieu-dit la Turbine, traversez la rivière filant au pied des coulées basaltiques et empruntez le sentier qui s'enfonce en surplomb sur la gauche en contournant des blocs de granit. Vous trouverez là une fantastique piscine naturelle, sauvage et préservée.

Faire le plein d'adrénaline dans les gorges de la Borne

Le parc naturel, nombreuses gorges oblige, est un haut lieu des sports d'aventure. Cap sur Thueyts, dont le territoire très volcanique accueille la via ferrata dite du Pont du Diable, du nom de l'ouvrage qu'elle surplombe. Plutôt eaux vives ? Optez pour les très reculées et sauvages gorges de la Borne, aux eaux cristallines. Dans les deux cas, contactez Ardèche Équilibre. 06 26 03 83 97 ; www.ardeche-equilibre.fr

PLUS DE TEMPS ?

→ **BOIS DE PAÏOLIVE** Un chaos minéral aux formes surréalistes au cœur d'une forêt de chênes verts et blancs s'étendant sur 1 669 ha. À environ 5 km au sud-est du village des Vans.

→ **GORGES DE L'ARDÈCHE** Un canyon sauvage et profond creusé par la rivière Ardèche, à explorer depuis la route touristique spécialement aménagée à cet effet ou en kayak. La Grotte Chauvet 2 (www.grottechauvet2ardeche.com), reconstitution du site d'origine aujourd'hui fermé au public, est un incontournable des lieux.

→ **BALAZUC** Un village médiéval tout en calades et posé au bord de l'Ardèche, comptant parmi les "Plus Beaux Villages de France". À 15 km de Joyeuse.

La châtaigne, produit phare

La culture du châtaignier en Ardèche s'est développée au XIIIe siècle, avec un âge d'or situé au milieu du XIXe. Parce que son fruit fut longtemps utilisé comme aliment de base à la place des céréales, le châtaigner prit dans la région le surnom d'arbre à pain. Par la suite délaissé pour d'autres cultures (le mûriers) ou affectations (teinture) plus rentables, c'est à lui que le parc naturel régional des Monts d'Ardèche doit sa naissance en 2001. Le but ? Renforcer et pérenniser sa culture sur le territoire. Aujourd'hui revigorée, la châtaigne ardéchoise est reconnue AOP depuis 2014 et le département en assure la moitié de la production au niveau national ; et elle y a même son festival.

CARNET PRATIQUE

COMMENT S'Y RENDRE

Valence, la ville la plus proche desservie en train, se situe à 2 heures 15 de Paris en TGV. De là, des autocars mis en place par la SNCF permettent de rallier Joyeuse et Les Vans en 3 heures environ.

OÙ SE RESTAURER

Ambiance bohème pour le *Bistrot d'Ailhon*, bistrot de pays niché dans un village de montagne isolé à 15 km de Jaujac, et dont l'excellente cuisine bistronomique fait honneur aux produits régionaux. Sur place, de très belles options d'hébergement également. Réservation indispensable : 04 75 93 42 20.

AGENDA

Une dizaine de villages du parc naturel régional fêtent la châtaigne lors des Castagnades, de mi-octobre à mi-novembre. Au programme : dégustation, théâtre de rue, concerts et marchés artisanaux.

Au centre de la France

68

CANTAL

Respirer

SUR LES MONTS DU CANTAL

C'est un pays d'immensité. En son cœur dort un géant : le plus vaste massif volcanique d'Europe (sa superficie est de 2 700 km^2). L'érosion a façonné des **vallées** aux douces courbes, isolé les **puys**, vaillants résistants des altitudes, et révélé de **hauts plateaux basaltiques** formés par des coulées de lave. Autour du **puy Mary** (www.puymary.fr) partent en étoile une douzaine de **vallées glaciaires** : vallée du Mars, de la Jordanne, de l'Alagnon et de la Cère… L'ensemble fait partie du **parc naturel régional des Volcans d'Auvergne**. Sur ce territoire épargné par la modernité se dressent des **villages** bâtis d'aplomb dans l'ancienne lave. Ils résistent au temps, enserrés dans leurs habits de pierre et, préservent les **traditions rurales**. Les horizons s'ouvrent sans limites et l'air transporte, continuellement, la mélodie des estives, jouée par les myriades de clarines attachées au cou des vaches. Omniprésentes, les eaux – lacs, tourbières, ruisseaux, rivières et cascades – finissent d'enchanter ces espaces intacts.

Randonner sur le Plomb du Cantal

Avec 1 855 m d'altitude, le Plomb du Cantal est le plus haut sommet du département. Ses flancs offrent de splendides paysages aux horizons immenses. Le sommet s'atteint, côté est, par le col de Prat-de-Bouc, via le GR® 400 (3 heures aller-retour) ; côté ouest, par la station du Lioran (4 heures aller-retour) avec, en option, le téléphérique du Plomb du Cantal, accessible hiver comme été. Depuis le sommet, il est possible de descendre en effectuant une randonnée, à VTT ou en parapente.

Flâner dans Salers

Classé parmi les "Plus Beaux Villages de France", Salers est une étape incontournable. À 950 m d'altitude, il campe un décor hors du temps, entre tourelles et architecture Renaissance. Vous y découvrirez notament le musée de Salers (www.webmediation.fr/Salers) et les Burons de Salers (www.buronsdesalers.fr).

Gravir le puy Mary

Le puy Mary (1 783 m) est l'emblème du territoire. Il se découvre après une marche courte mais intense au départ du pas de Peyrol (environ 1 heure aller-retour, dénivelé de 195 m). Au sommet, le panorama à 360° est splendide. Un autre accès, plus sportif, démarre au col de Font-de-Cère par le GR®4 ou le GR®400 (6 heures aller-retour).

Plonger dans l'histoire à Saint-Flour

Campée sur un éperon basaltique, Saint-Flour, "Ville d'art et d'Histoire", domine majestueusement la Planèze et ses étendues planes formées par des coulées de lave. La splendeur de son architecture tout en roche volcanique se découvre à travers les demeures des XVe et XVIe siècles, que domine l'imposante cathédrale aux allures de forteresse. Ne manquez pas le musée de la Haute-Auvergne (04 71 60 22 32), dédié à l'art et aux traditions populaires, ni le musée Alfred-Douët (04 71 60 44 99 ; www.musee-douet.com), superbe cabinet de curiosités.

Explorer les gorges de la Jordanne

C'est l'une des plus célèbres vallées du massif. Prenant sa source sur les flancs du Peyre-Arse, la Jordanne a creusé un lit profond, jalonné de gorges et de paysages verdoyants. On y traverse les villages de Mandailles-Saint-Julien, Saint-Cirgues-de-Jordanne et Lascelle, bordé par le beau lac des Graves. Grâce à un sentier découverte (juin-septembre ; 4/1,50 € ; 04 71 47 93 95 ; www.caba.fr) ponctué de passerelles, on peut explorer les gorges de la Jordanne. Longeant la vallée sur les hauteurs, la route des Crêtes (D35) offre de somptueux points de vue.

PLUS DE TEMPS ?

→ **AURILLAC**
Animée, dotée d'excellents commerces de bouche et d'adresses de qualité, la préfecture du Cantal est une agréable surprise. Agrémenté d'un château dont la silhouette se découpe par endroits, le centre s'étale sur la rive ouest de la Jordanne. Au mois d'août, son Festival international de théâtre de rue (04 71 43 43 70 ; www.aurillac.net) est célèbre.

→ **CÉZALLIER** C'est le pays des grands espaces et des hauts plateaux d'estive. Burons de pierre, chapelles charmantes et villages isolés rythment ces terres où l'on découvre au gré des chemins ruisseaux, cascades, rivières, lacs et tourbières.

Le fromage salers

Le salers est un fromage fermier au lait cru de vache, à pâte pressée non cuite, protégé par les labels AOC depuis 1979 et AOP depuis 1996. Si le lait utilisé provient exclusivement de vaches de race Salers, le producteur appose sur ses fromages une empreinte, où il est écrit "Tradition Salers" en relief. Les vaches Salers, reconnaissables à leur belle robe acajou et à leurs cornes en forme de lyre, se nourrissent d'herbes des montagnes donnant au lait une qualité et une saveur bien particulière. Il ne reste aujourd'hui que six producteurs. Pour en savoir plus, visitez la Maison de la Salers. www.maisondelasalers.fr

CARNET PRATIQUE

QUAND PARTIR

Les mois de juin et de juillet sont appelés le "printemps tardif" : des myriades de fleurs sauvages subliment alors les paysages d'un tapis arc-en-ciel.

COMMENT S'Y RENDRE

Les gares de Saint-Flour et d'Aurillac sont desservies par le réseau TER de la SNCF. Le réseau Cantal'lib (www.cantal.fr) relie les différentes localités du département. Aurillac dispose par ailleurs d'un aéroport (Aurillac-Tronquière ; 04 71 45 60 15) relié à Paris par des vols Air France.

OÙ SE LOGER

À Salers, notre coup de cœur est l'hôtel *Saluces* (96 € ; 04 71 40 70 82 ; www.hotel-salers.fr), à la fois confortable et plein de charme. En pleine nature, *Les Maisons de Montagne* (à partir de 92 € ; 04 71 47 57 01 ; www.auberge-des-montagnes.com), à Pailherols, sont une escale raffinée. Non loin du puy Mary, l'*Auberge d'Aijean* (67-72 € selon saison ; 04 71 20 83 43 ; www.auberge-puy-mary.com) est également une halte superbe.

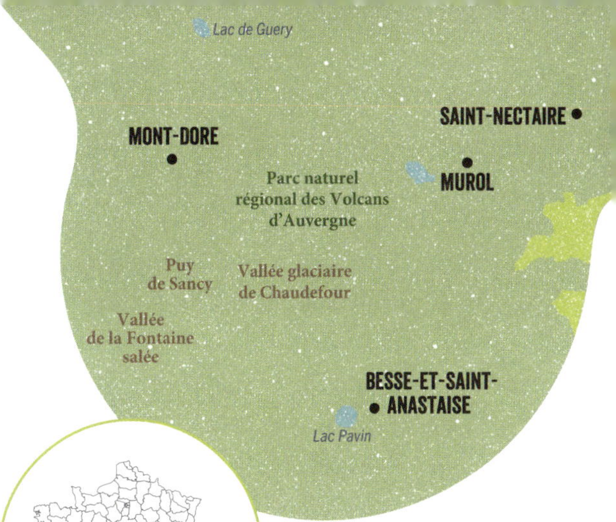

69

PUY-DE-DÔME

Explorer le paysage volcanique DES MONTS DORE

Au cœur du parc naturel régional des Volcans d'Auvergne, les monts Dore, aux reliefs très alpins, sont bien loin des volcans auvergnats ondulants et verdoyants de notre imaginaire, immortalisés par les publicités Volvic. Ce **stratovolcan**, né par définition de plusieurs éruptions successives issues d'un même réservoir à magma, est le socle d'un territoire immense et divers, qu'une vingtaine de communes s'étendant de part et d'autre du massif se partagent. L'ensemble est dominé par le **Sancy**, un puy aux arêtes tranchantes culminant à 1886 m d'altitude et visible de toute part. Vallées glaciaires enchanteresses, lacs d'altitude empreints de mystère, cols spectaculaires et paysages d'estives aux horizons immenses se déploient sur tout le territoire. La **station de montagne du Mont-Dore**, également centre thermal prisé des curistes, se trouve directement au pied du Sancy. Il s'agit de sa porte d'entrée nord. Celle de **Super-Besse**, largement dédiée aux sports de plein air, en est la porte d'entrée sud. Toutes deux sont équipées d'un téléphérique facilitant l'accès au sommet du puy.

Découvrir un chef-d'œuvre roman à Saint-Nectaire

Réputée pour son fromage, la commune de Saint-Nectaire l'est aussi pour le chef-d'œuvre d'art religieux qui la toise : une église des XIe et XIIe siècles en pierre de lave, reconnue comme l'une des cinq églises romanes majeures d'Auvergne. Ses intérieurs, très lumineux, renferment des chapiteaux historiés remarquables. En saison, des visites guidées gratuites sont organisées à dates et horaires fixes. Renseignements et réservation auprès de l'office du tourisme (04 73 88 50 86). ville-saint-nectaire.fr

Randonner sur les crêtes du massif du Sancy

LA randonnée du Sancy ! Cette marche grandiose de 15 km et de plus de 1000 m de dénivelé débute dans la très féerique vallée glaciaire de Chaudefour, aux formes rocheuses surréalistes, nichée au cœur du Sancy. De là, un sentier partant à travers la forêt permet de rejoindre les crêtes du massif à hauteur du puy de la Perdrix (lequel surplombe la station de Super-Besse) et d'opérer une grande boucle avec, à la clé, le sommet du Sancy et des panoramas à couper le souffle.

Chevaucher dans la vallée de la Fontaine salée

Cette vallée glaciaire du versant sud du Sancy doit son nom poétique aux nombreuses sources qui jaillissent ici des flancs du massif. La très sauvage et reculée réserve naturelle de Chastreix-Sancy se découvre idéalement à cheval, loin des foules et des grands circuits touristiques. Comptez 3 heures de balade. Sancy Cheval ; 1/2/4 heures 20/30/55 € ; 06 81 59 59 91, 04 73 21 57 21.

Visiter un château fortifié à Murol

Campé sur une coulée du Sancy, ce bel ouvrage fortifié domine le paysage environnant depuis le XIe siècle. Perché à 900 m d'altitude et visible à des kilomètres à la ronde, il donnait en son temps accès aux hauteurs du massif. Visite libre ou guidée. 04 73 88 82 50 ; murolchateau.com

PLUS DE TEMPS ?

→ **BESSE-ET-SAINT-ANASTAISE** La "Petite Cité de caractère" tout en basalte du Sancy se situe sur le versant sud du massif. De là, une navette permet de rallier facilement le lac Pavin et ses sentiers.

→ **SUPER-BESSE** Cette station du Sancy se mue en centre multi-activités l'été : VTT, tyrolienne géante et Accrobranche. Sur la route de Chastreix (25 km) depuis Besse-et-Saint-Anastaise (10 km).

→ **LAC DE GUÉRY** Le plus haut lac d'Auvergne est situé sur le flanc nord du Sancy. Le centre montagnard de Cap Guéry (04 73 65 20 09 ; www.capguery.com) propose une foule d'activités, et la terrasse de l'Auberge du Lac de Guéry (04 73 65 02 76 ; www.auberge-lac-guery.fr) invite à s'attarder. À 8 km de la station du Mont-Dore.

Le saint-nectaire

Reconnu AOP (appellation d'origine protégée) depuis 1955, l'un des plus célèbres fromages d'Auvergne a emprunté son nom à la ville qui l'a vu naître. Au lait de vache et à pâte pressée, il est prisé pour sa texture onctueuse et son petit goût de noisette. Son territoire de production se situe exclusivement en altitude, entre 800 et 1500 m, à cheval entre le Puy-de-Dôme et le Cantal (l'une des plus petites zones de production comparativement à celles des autres fromages classés AOP de la région, à savoir la fourme d'Ambert, le cantal, le salers et le bleu d'Auvergne). Suivre la Route des fromages (www.fromages-aop-auvergne.com/route-fromages) permet de partir à la rencontre de ceux qui les façonnent.

CARNET PRATIQUE

COMMENT S'Y RENDRE

Le massif du Sancy se situe à 4 heure 30 de route de Paris, 5 heures de Nantes, 2 heures 30 de Lyon, 3 heures 30 de Montpellier et 3 heures 30 de Bordeaux.

OÙ SE LOGER

Au *Buron du Col de la Croix-Morand*, un restaurant-gîte-chambres d'hôtes cosy, idéalement placé entre les deux versants. A 6 km de la station du Mont-Dore. 04 73 22 14 25, 06 30 91 60 70 ; www.buronducol.fr

AGENDA

Tous les ans, une dizaine d'œuvres contemporaines sont exposées en pleine nature à l'occasion du festival Horizons, Arts-Nature en Sancy. www.horizons-sancy.com

70

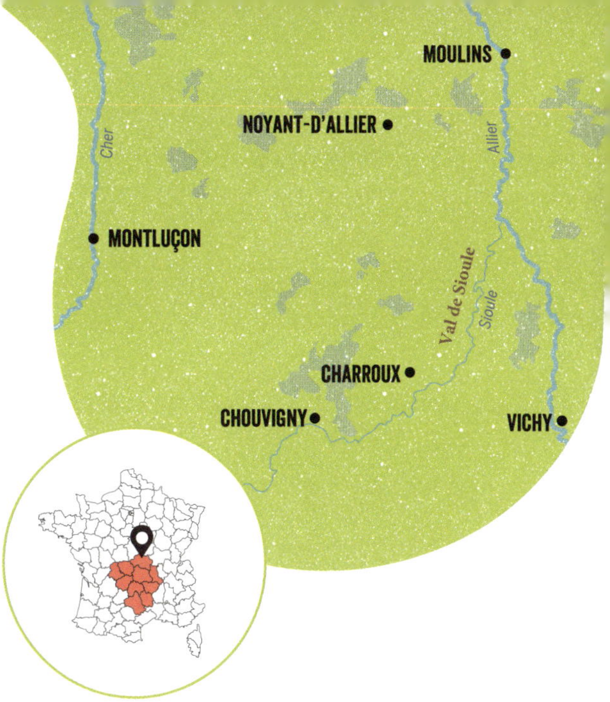

ALLIER

Se laisser surprendre DANS LE TRIANGLE DE L'ALLIER

Surprenant ! Si l'Allier évoque avant tout une destination rurale et sauvage, où bocage, forêts et rivières côtoient de petits bourgs patrimoniaux comme **Bourbon-l'Archambault**, berceau des Bourbons, le département peut aussi compter sur les richesses parfois insoupçonnées de ses trois principales cités. À **Vichy**, l'élégance prime. La reine des villes d'eaux, reconnue pour son thermalisme, est une invitation à la déambulation devant ses immeubles Belle Époque. Son hall métallique des sources, le grand établissement thermal au style néo-mauresque, l'enfilade de maisons de style anglais rue Alquié ou encore les chalets Napoléon III près du parc font partie des incontournables. Au nord, **Moulins** (ci-contre) conserve un joli quartier historique aux ruelles pavées avec des maisons à pans de bois et des hôtels particuliers aux briques roses et noires, sans oublier la Mal Coiffée, son palais ducal. À l'ouest, **Montluçon** offre un voyage dans le temps, de l'ambiance médiévale du quartier Saint-Pierre aux bâtiments XIXe et XXe aux influences industrielles et Art déco (église Saint-Paul, Bains-Douches, etc). Étonnant... comme l'Allier !

S'étonner dans un village asiatique

Dans les années 1950, Noyant-d'Allier a accueilli 220 familles de rapatriés d'Indochine. Une partie d'entre elles ont fait leur vie ici, donnant à cet ancien village de corons un petit air d'Asie, symbolisé par la pagode Phap Vuong (www.pagodenoyantdallier.fr) et son parc – avec un bouddha doré de 7 m de haut et son allée de bodhisattvas ! Le restaurant de la sympathique Caroline, Le Petit d'Asie (04 70 47 21 31 ; www.lepetitdasie.fr), adossé à sa boutique de produits asiatiques, est un passage obligé.

S'extasier devant les costumes à Moulins

Depuis 2006, Moulins accueille le Centre national du costume de scène (page ci-contre), soit 10 000 costumes provenant de l'Opéra de Paris, de la Comédie-Française ou d'artistes comme Christian Lacroix ! Un musée unique dans le domaine des arts du spectacle avec une collection permanente autour du danseur Rudolf Noureev, mais aussi des expositions thématiques. En 2022, le carnaval de Rio, Molière et le Ballet national de Marseille seront à l'honneur. www.cncs.fr

Ouvrir grand les oreilles à Montluçon

Ancien musée généraliste, le MuPop est devenu le musée de toutes les musiques populaires. À l'intérieur d'un bâtiment où l'architecture contemporaine dialogue avec celle, patrimoniale, d'un hôtel particulier de la cité médiévale, on revisite l'histoire et les sons de la musique, de la fanfare à Woodstock en passant par les années 1980. Avec les yeux et les oreilles, évidemment ! www.mupop.fr

Découvrir le beau village de Charroux

À 30 km de Vichy, Charroux (ci-contre) est le seul village de l'Allier labellisé "Plus Beau Village de France". C'est mérité avec ses façades en pierre sculptée, son impressionnante tour-lanterne, sa ravissante cour des Dames, ou encore ses nombreux puits. La cité, refuge d'artisans et de commerçants, est aussi réputée pour son huilerie-moutarderie. www.charroux.com

S'évader dans le val de Sioule

Pour une évasion nature dans un secteur méconnu, parcourez le val de Sioule qui serpente au sud de la jolie ville de Saint-Pourçain. Plusieurs itinéraires de randonnées sont proposés autour de Chouvigny, notamment depuis le château médiéval (www.chouvigny.net), et offrent de splendides points de vue. Itinéraires téléchargeables sur www.allier-auvergne-tourisme.com.

PLUS DE TEMPS ?

→ **LURCY-LEVIS** À 40 km au nord-ouest de Moulins, l'ancien centre de formation des PTT est devenu un temple du street art, avec des fresques sur les murs extérieurs mais aussi à l'intérieur des bâtiments. Phénoménal ! www.street-art-city.com

→ **VICHY** Ville thermale riche en trésors architecturaux, très active le week-end avec les commerces du centre-ville ouverts le dimanche, Vichy abrite aussi un exceptionnel musée des Arts d'Afrique et d'Asie. musee-aaa.com

La pastille de Vichy

On a tous un souvenir de la pastille de Vichy… Ce bonbon, qui fêtera ses 200 ans en 2025, a été inventé par un chimiste, Jean-Pierre-Joseph d'Arcet, qui lui prêtait des vertus digestives. L'impératrice Eugénie succomba au charme de ce cachet octogonal composé de menthe et de sels minéraux extraits des eaux thermales de la ville, auxquels on ajouta plus tard du sucre pour le transformer en friandise. Succès ! Désormais, près de 1,4 million de pastilles sont mangées chaque jour !

CARNET PRATIQUE

COMMENT S'Y RENDRE

L'Allier est à 4 heures de Paris et 2 heures de Lyon par la route. Gares à Moulins, Vichy et Montluçon. Sur place, une voiture est nécessaire.

OÙ SE LOGER

Montluçon, Moulins et Vichy étant situées à 1 heure de trajet l'une de l'autre, changer d'hébergement chaque soir au gré du programme peut permettre de gagner du temps.

AGENDA

En juin, Vichy repasse sous le mode Second Empire avec les fêtes Napoléon III : bivouac de figurants, danses, visites guidées théâtralisées, parade… À Souvigny (entre Moulins et Noyant-d'Allier), grande foire médiévale fin juillet.

71

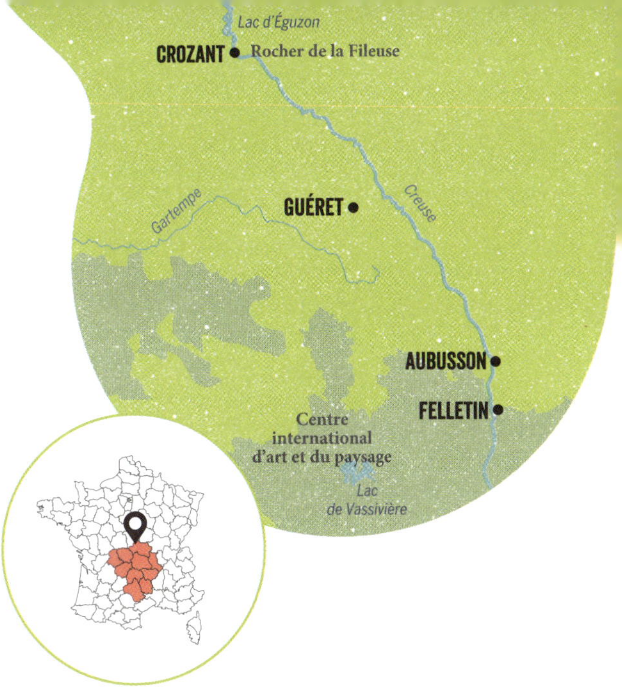

CREUSE, HAUTE-VIENNE

Cheminer entre art et nature DANS LE PAYS CREUSOIS

Calme et sérénité : telles sont les qualités premières qui se révèlent à celui qui chemine sur les routes de la Creuse. Un environnement idéal pour pratiquer en toute tranquillité une multitude d'**activités de plein air** : randonnées pédestres, VTT, balades équestres, escalade, sports nautiques... La nature creusoise et ses paysages ont aussi inspiré de nombreux **artistes**, à tel point qu'on parle ici de la "Vallée des Peintres". Pour un aperçu des richesses du patrimoine régional, direction **Aubusson**, pour y découvrir son architecture médiévale particulièrement bien conservée. La ville est aussi la capitale internationale de la **tapisserie**, dont le savoir-faire est perpétué par de célèbres manufactures. Mais le berceau historique de la tapisserie se situe à **Felletin**, qui vaut la visite pour son élégant patrimoine et son ancien atelier de **taille du diamant**. De villages en **sites naturels préservés**, on apprécie l'authenticité de cette région discrète, son tourisme doux, et ses tarifs qui restent raisonnables en haute saison. www.tourisme-creuse.com

Rencontrer les maîtres tapissiers à Aubusson

Aubusson, la célèbre capitale de la tapisserie depuis six siècles, se niche au creux de vallées encaissées. La vieille ville, faite de ruelles escarpées, est dominée par des collines abruptes et boisées qui lui donnent un charme exceptionnel. La visite incontournable est bien évidemment celle de la Cité internationale de la tapisserie, dédiée à la mise en valeur de ce savoir-faire unique. L'occasion de découvrir un art qui vit avec son temps avec l'exposition des tentures et tapis inspirés de l'univers de J.R.R. Tolkien (*Le Seigneur des Anneaux, Le Hobbit*). 05 55 66 66 66 ; www.cite-tapisserie.fr

Regarder avec les yeux des impressionnistes

C'est du Rocher de la Fileuse que l'on jouit d'un des paysages les plus célèbres – et les plus spectaculaires – sur la Vallée des Peintres : les ruines de la forteresse de Crozant dressées sur un éperon rocheux, au confluent de la Creuse et de la Sédelle. Depuis le joli bourg de Crozant, le circuit des peintres (départ derrière l'église ; 4 km ; 45 minutes) part à la rencontre des célèbres impressionnistes venus poser leur chevalet à Crozant, et dévoile les paysages qui ont inspiré les plus grands d'entre eux (Monet, Pissarro, Sisley). Rien n'a changé depuis le XIXe siècle... www.valleedespeintres.com

Se ressourcer sur le lac d'Éguzon

Ce lac de barrage formé par les eaux de la Creuse est le plus vaste de la région avec ses 17 km de longueur. Bordé de plages et de falaises boisées, il est idéal pour se ressourcer. On y trouve un petit hôtel familial, tout à fait charmant, et dont les chambres offrent une vue splendide sur le lac et les ruines de Crozant. L'établissement loue des canoës et des paddles pour d'agréables balades jusqu'au confluent des deux Creuse (environ 6 km), à Fresselines. Hôtel du Lac : 60-75 € ; 05 55 89 81 96 ; hoteldulac-crozant.com

Visiter un lieu d'art contemporain unique

L'île de Vassivière, qui émerge de l'immense lac artificiel (page ci-contre) qui donne à ce coin de la Creuse un air de Canada, accueille le Centre international d'art et du paysage. Le bâtiment abrite des salles d'exposition, un atelier d'artiste, une librairie et un centre de documentation spécialisés dans l'art contemporain, le paysage et la nature. Le Bois de sculptures réunit des œuvres réalisées in situ par des artistes du monde entier, dont Andy Goldsworthy, figure emblématique du land art. Île de Vassivière, Beaumont-du-lac ; ciapiledevassiviere.com

PLUS DE TEMPS ?

→ **APPROCHER LES LOUPS** Le parc animalier des monts de Guéret est un lieu d'observation unique du loup dans son milieu naturel. Au cœur de la forêt de Chabrières, ils sont une cinquantaine à évoluer – dans de vastes enclos – avec d'autres espèces (renards, chevreuils, cerfs...). 8,50/12 € ; www.loups-chabrieres.fr

→ **FELLETIN** Ce petit village typique de la région serait le véritable berceau de la tapisserie... Situé dans le parc naturel régional des Millevaches, il abrite un atelier de tapissier, une filature de laine et une coopérative diamantaire, que l'on peut visiter. www.felletinpatrimoine.com

La Dame à la Licorne

En 1841, en visite au château de Boussac, George Sand découvre de “curieuses tapisseries énigmatiques” datant de la Renaissance et qu'elle décrit dans plusieurs textes. C'est grâce à elle que Prosper Mérimée, ancien amant de l'auteure et inspecteur général des Monuments historiques, les fait classer à l'inventaire du patrimoine. On dit que la vente de ces six tapisseries finança le pavement du champ de foire de Boussac. L'œuvre, mondialement connue, est aujourd'hui exposée au musée national du Moyen Âge (www.musee-moyenage.fr), à Paris.

CARNET PRATIQUE

COMMENT S'Y RENDRE

Le train relie Aubusson à Limoges, elle-même connectée à Paris (Austerlitz).

En voiture, Bordeaux est située à 4 heures de Paris et à 3 heures 30 de Lyon.

OÙ SE LOGER ET SE RESTAURER

Dormir à Aubusson privilégie la proximité des commodités. La maison d'hôtes *Le Jardin de Nicole* propose des chambres très élégantes installées dans un ancien atelier de teinture de laine (à partir de 85 € ; 05 55 83 87 45 ; lejardindenicole.com). Pour un séjour côté campagne, direction le *Domaine de la Jarrige*, à Saint-Vaury, une vieille demeure du XVIIe siècle en pleine nature (80-110€ ; 05 55 41 05 81 ; domainedelajarrige.fr).

En allant au lac de Vassivière, une halte à *L'Atelier* s'impose. Un véritable lieu de vie au milieu de la forêt, avec bar, restaurant et boutique (Royère-de-Vassivière ; 05 55 64 52 22 ; latelier23.free.fr).

AGENDA

Durant un week-end à la fin du mois d'octobre, fabricants, créateurs textiles et artisans d'art se réunissent à Felletin pour les journées de la laine. journeesdelalaine.wixsite.com

72

HAUTE-VIENNE

Opter pour un week-end slow life

AUTOUR DE LIMOGES

Si le nom de Limoges est associé à la porcelaine, la ville est aussi labellisée "ville d'art et d'histoire", avec de nombreux monuments classés et de belles maisons à colombages. Des richesses souvent éclipsées par un passé industriel qui permit le développement de l'**ancienne capitale du Limousin** au XXe siècle. Aujourd'hui, son image s'est modernisée et la région est de plus en plus appréciée par les amateurs de tourisme vert, mais aussi de tourisme culturel et patrimonial. La "capitale mondiale des arts du feu autour de la porcelaine, de l'émail et du vitrail" est une destination idéale pour un **week-end au vert** tout en profitant des **attraits d'une grande ville**. Pour se faire une idée des richesses patrimoniales de la région, un détour par **Saint-Léonard-de-Noblat** (ci-contre) s'impose : outre des vestiges médiévaux, dont une superbe collégiale romane, la cité est une vitrine des **activités industrielles et artisanales** de la région – dont certaines, comme le travail du cuir et de la porcelaine, perdurent. www.limoges-tourisme.com

Côtoyer l'art contemporain dans un château gothique

Dressé sur un promontoire rocheux, le château de Rochechouart abrite le musée d'Art contemporain de la Haute-Vienne depuis 1985. Cette remarquable bâtisse du XVe siècle accueille plus de 1 500 m² d'espace d'exposition. On y croise les œuvres de Raoul Hausmann, cofondateur du mouvement Dada, d'Ettore Sottsass ou du performeur Robert Filliou. Le château, qui a conservé deux belles salles de fresques datant de la Renaissance, offre un parfait accord entre architecture gothique et art contemporain. www.musee-rochechouart.com

Marcher à la rencontre des monts de Blond et de leurs légendes

Contrefort du Massif central, la barre granitique des monts de Blond culmine à 515 m et s'allonge sur une dizaine de kilomètres au nord-ouest de Limoges. Dégagés par l'érosion, des chaos granitiques confèrent au paysage une aura de mystère. Au départ du village de Cieux, le circuit des Mégalithes (11 km) permet de découvrir menhirs et dolmens légués par les anciens habitants de la région, le rocher des Fées ou le menhir de Ceinturat, classé Monument historique. tourisme-hautlimousin.com

Découvrir la capitale de la porcelaine

Fondée par les Romains il y a plus de 2 000 ans, Limoges s'articule autour de deux centres historiques : la ville haute, ancien quartier du château des vicomtes, et l'ancienne cité épiscopale autour de la cathédrale Saint-Étienne. Baignée par la Vienne, la ville compte nombre de monuments classés et, depuis plus de dix ans, développe l'implantation de nombreux espaces d'art contemporain. Ne manquez pas la visite de l'incontournable musée national Adrien Dubouché, consacré à la céramique. www.limoges-tourisme.com

Préserver le souvenir à Oradour-sur-Glane

Le 10 juin 1944, une unité de la Waffen-SS Das Reich, branche armée des forces nazies, rassemble les habitants du village sur la place d'Oradour-sur-Glane, sous prétexte d'un contrôle d'identité. En un après-midi, 643 personnes sont massacrées et le village est brûlé. Pour préserver la mémoire de ce drame, le village martyr est conservé en l'état. Ici, le temps s'est arrêté. Quel que soit le nombre de visiteurs, le silence y est assourdissant. www.oradour.org

PLUS DE TEMPS ?

→ **SAINT-JUNIEN** Dès le IXe siècle, Saint-Junien s'est spécialisée dans l'industrie des peaux et du cuir. Un savoir-faire qui fait de la cité la capitale française du gant de luxe. La Ganterie Agnelle, créée en 1937, reste l'un des rares fabricants qui exportent dans le monde entier. Visite et magasin d'usine : 05 55 02 17 93.

→ **VOIE VERTE** Entre Limoges et Le Palais-sur-Vienne (6 km), la Voie verte des Bords de Vienne suit le cours de la rivière en alternant vue imprenable sur le centre historique de Limoges et plongée en pleine nature. À la base nautique (05 55 35 32 77, lepalaissurvienne.fr/basenautique), possibilité de louer un canoë pour descendre la Vienne jusqu'à Limoges.

La météorite de Rochechouart

La ville de Rochechouart s'est construite sur le cratère d'impact d'une météorite géante qui, il y a plus de 200 millions d'années, raya toute forme de vie dans un rayon de 500 km. Peu de traces sont restées de cet événement. Cependant, si le cratère a progressivement disparu sous l'effet de l'érosion, les roches du sous-sol ont été modifiées. Des impacts sont encore visibles dans les bâtiments construits avec ces pierres, aux alentours de Rochechouart.

CARNET PRATIQUE

COMMENT S'Y RENDRE

Paris est à 3 heures 15 de Limoges en train Intercités et 2 heures 30 de Bordeaux en TER.

OÙ SE LOGER

Avec ses chambres d'hôtes, sa cabane dans les arbres ou son logement-bateau, *Le Poudrier* est un lieu idyllique en bord de Vienne. À partir de 65 € ; 05 55 10 18 00 ; www.le-poudrier.com

L'été, ne manquez pas le marché de producteurs de Saint-Léonard-de-Noblat.

AGENDA

Chaque mois de mai à Limoges, plusieurs dizaines de milliers de personnes viennent assister à la Cavalcade de Printemps, où défilent chars colorés et fanfares.

73

CORRÈZE

S'aventurer entre ville et nature

AU CŒUR DE LA CORRÈZE

Au cœur de la Corrèze, la cité de Brive-la-Gaillarde est le point de départ idéal pour explorer la région. Entre vallées, grandes villes et villages de caractère figurant parmi les plus beaux de France, le calme et la sérénité du pays de Brive sont incomparables pour qui a besoin de **se ressourcer**. Vous rencontrerez des villages pittoresques ou fortifiés comme **Collonges-la-Rouge** ou **Turenne** dans lesquels l'âme des ménestrels plane encore sur les ruelles et les places. Contrairement aux idées reçues, à **Brive**, le climat tire vers le soleil. Désignée comme étant la porte d'entrée du Sud-Ouest, elle peut aussi s'enorgueillir d'un **riche patrimoine historique**. En vous dirigeant vers **Tulle**, faites une halte à **Aubazine** pour y emprunter le **canal des Moines**, construit par les cisterciens afin de détourner les eaux du Coiroux. Une région qui cultive savamment art de vivre et Histoire. www.tourismecorreze.com

Visiter Brive, la porte d'entrée du Sud-Ouest

Brive-la-Gaillarde s'accorde entre la douceur de ses paysages et celle de son climat. Ici, on prend le temps de se régaler de bons produits du marché tout en découvrant un riche patrimoine historique. On arpente volontiers les ruelles de la vieille ville dominées par la collégiale Saint-Martin et bordées d'élégants hôtels particuliers.

Cheminer jusqu'aux cascades de Gimel

Si Gimel-les-Cascades surplombe les gorges de la Montane, en contrebas rugissent trois chutes d'eau (page ci-contre) d'une hauteur totale de 143 m : le Grand Saut (45 m), la Redole (38 m), et la Queue de Cheval (60 m), la plus impressionnante que l'on longe par un étroit escalier de bois. Un sentier aménagé permet de se balader au cœur d'une végétation luxuriante.

Flâner dans la capitale de l'accordéon

Arrivé à Tulle, vous serez surpris par les sept collines qui la dominent. Si la ville est essentiellement industrielle, son quartier médiéval charme par son dédale de venelles bordées de petites boutiques et de galeries d'art. Vous y découvrirez également la dernière manufacture d'accordéons française : Maugein (www.accordeons-maugein.fr).

Mesurer l'immensité d'une ardoisière

Accroché à flanc de coteau, Donzenac, village de maisons en schiste couvertes d'ardoise, a su préserver son aspect médiéval. Depuis le XVIIe siècle, l'ardoise est extraite sur un site exceptionnel : les Pans de Travassac. Se promener entre les vertigineuses parois de la dernière ardoisière de France est une expérience unique. Des visites guidées (avril-novembre ; 8,50 € ; lespansdetravassac.com) sont possibles à la belle saison pour découvrir le travail des artisans.

Sillonner la cité médiévale emblème de la Corrèze

Collonges-la-Rouge (ci-dessous), surnommée la "cité aux 25 tours", s'élève dans un écrin de verdure. Un des rares villages à posséder cette couleur atypique donnée par le grès rouge du Limousin. Il est plaisant de se perdre dans les ruelles de cette cité coiffée de lauze bleue, et de rejoindre les différents castels et manoirs éparpillés dans le village. Certains, comme celui de Vassinhac, hérissé de tourelles, témoignent de la puissance de leurs anciens propriétaires.

PLUS DE TEMPS ?

→ **GOUFFRE DE LA FAGE** Découvertes en 1891, ces grottes sont un véritable musée vivant de la concrétion et abritent plus d'une dizaine d'espèces de chauves-souris. gouffre-de-la-fage.com

→ **TOURS DE MERLE** Les tours de la cité féodale de Saint-Geniez-ô-Merle s'élèvent sur un éperon rocheux. Depuis le XIe siècle, elles surgissent littéralement de la nature verdoyante. www.toursdemerle.fr

→ **JARDINS DE COLETTE** À 10 km à l'ouest de Brive, Varetz accueille ces jardins et leur immense labyrinthe végétal. Un hommage à cette femme de lettres captivante qui s'installa au château voisin de Castel-Novel en 1912. lesjardinsdecolette.com

Un sanglier à Brive

Lors de votre passage à Brive, observez le pavement du sol lorsque vous vous approcherez du petit passage percé à l'angle de la rue Toulzac et du boulevard Koenig. Deux plaques y indiquent l'entrée et la sortie d'un sanglier paniqué qui, en 1921, sema la pagaille dans le centre-ville. Poursuivi par des chasseurs qui menaient une battue dans des jardins voisins, l'animal défonça la vitrine d'une chemiserie. À l'époque, la boutique fut bien évidemment renommée "Au sanglier" !

CARNET PRATIQUE

COMMENT S'Y RENDRE

Brive est reliée par le train à Paris (4 heures), Clermont-Ferrand (4 heures), Bordeaux (2 heures 30) et Toulouse (2 heures 15).

OÙ SE LOGER ET SE RESTAURER

À Lissac-sur-Couve, à quelques minutes de Brive, la chambre d'hôtes *Bella Vista* (130 € ; 06 82 00 85 53 ; labellavista.fr) offre une vue magique sur le lac du Causse. Le petit-déjeuner est un festin à savourer au bord de la piscine à débordement.

À Brive, faites halte *Chez Francis* (www.chezfrancis.fr) pour savourer une délicieuse cuisine du terroir dans un charmant décor brocante.

AGENDA

Durant trois jours à la fin du mois de juin, Tulle célèbre l'accordéon lors du festival des Nuits de Nacre. Fin août, Brive accueille en plein centre-ville le Festival de l'élevage du bien élever au bien manger, réunissant plus de 500 éleveurs et producteurs et des centaines d'animaux. www.brive-tourisme.com

74

AVEYRON

Découvrir les trésors DU ROUERGUE

Traversée par le chemin de Saint-Jacques-de-Compostelle, qui essaima une myriade de bijoux romans comme la superbe abbatiale de Conques (ci-contre), la partie septentrionale de l'Aveyron séduit tant les amateurs de patrimoine que les amoureux de randonnée ou de sports aquatiques. **Rodez**, perché dans les contreforts sud du Massif central, constitue une base idéale pour rayonner dans la région, riche d'adresses épicuriennes. Entre Rodez et Conques, la **route des vins de Marcillac** sillonne ainsi sur 75 km les 200 ha d'un vignoble plus que millénaire. Capitale historique du Rouergue, classée "Ville d'art et d'Histoire", l'ancienne cité du peuple celte des Rutènes charme par ses demeures médiévales et Renaissance massées autour de son imposante **cathédrale de grès rose**, chef-d'œuvre d'architecture gothique. Les **bastides** du Rouergue témoignent aussi de cet âge d'or : certains des "Plus Beaux Villages de France" jalonnent le cours de l'Aveyron, à l'instar de **Villefranche-de-Rouergue**, qui a conservé quasi intacte sa physionomie médiévale.

Admirer la plus grande collection d'œuvres de Soulages

L'audacieux musée dédié à Pierre Soulages est l'un des principaux atouts de Rodez. Cet écrin d'acier ultra-contemporain abrite la plus importante collection au monde d'œuvres de l'artiste : estampes, bronzes, peintures, ou travaux préparatoires aux vitraux de Conques sont à découvrir à quelques pas du centre historique. Si le chromatisme des volumes extérieurs rappelle le grès rose caractéristique de Rodez, les jeux d'ombre et de lumière déployés dans les espaces intérieurs renvoient au travail de l'artiste. 05 65 73 82 60 ; musee-soulages-rodez.fr

Prendre de la hauteur pour contempler l'abbaye de Conques

Du belvédère du Bancarel, la vue sur Conques et son abbaye Sainte-Foy (05 65 69 85 12 ; abbaye-conques.org), l'un des monuments majeurs sur le chemin de Saint-Jacques, est grandiose. Un sentier de randonnée permet ensuite de rejoindre les vieilles bâtisses aux toits de lauze, typiques de l'Aveyron, pour admirer de plus près le tympan du Jugement dernier et les vitraux de Pierre Soulages. Labellisé "Plus Beau Village de France", Conques est inscrit depuis 1998 sur la Liste du patrimoine mondial par l'Unesco.

Faire le plein de sensations au cirque naturel de Bozouls

Site géologique unique, le trou de Bozouls est un vaste canyon en forme de fer à cheval, creusé par le Dourdou il y a 7 millions d'années à la suite d'importants mouvements tectoniques. Si certains le découvrent à la faveur des trois sentiers de randonnée astucieusement aménagés à l'aide de passerelles de bois, d'autres préfèrent survoler en tyrolienne ce gouffre de 400 m de diamètre et 100 m de profondeur. Classé Espace naturel sensible, le site est habité par une faune et une flore remarquables. Renseignements à l'office du tourisme de Bozouls. 05 65 48 50 52 ; www.tourisme-aveyron.com

S'émerveiller face à la cascade de Salles-la-Source

Accroché sur les contreforts du Causse comtal, le village de Salles-la-Source (ci-dessous) s'élève à une quinzaine de kilomètres de Rodez. Si les maisons fortes et les châteaux qui occupent le bourg témoignent d'un riche passé médiéval, une vision féerique domine le paysage en pénétrant dans le village : celle d'une cascade jaillissant au beau milieu des maisons... Au-dessus de cette puissante chute d'eau se sont formées de drôles d'habitations troglodytiques. Sur le rivage, le temps semble s'arrêter.

PLUS DE TEMPS ?

→ **DECAZEVILLE**
Devenue en quelques années un véritable musée à ciel ouvert, l'ancienne ville minière attire curieux et adeptes du street art, qui y retrouvent le travail d'artistes du monde entier (Alber, Ntadi, kinMX, Astro, Hopare, etc.). www.decazeville-communaute.fr

→ **SAUVETERRE-DE-ROUERGUE** Cette bastide du Moyen Âge en parfait état de conservation connut une grande prospérité grâce au commerce et à l'artisanat. À son apogée, au XVIe siècle, la collégiale Saint-Christophe fut édifiée et sublimée d'un parement d'or. Aujourd'hui, maisons à pans de bois, fortifications et portes de ville témoignent de ce riche passé.

La légende de Gargantua

De passage à Rieupeyroux, le géant aurait pris part à l'élévation de l'église. Offensé par le comportement des villageois mécontents du retard dans la construction, Gargantua tenta de détruire l'édifice. L'une des pierres qu'il lança servirait aujourd'hui de support à une croix à son abord. Gargantua fut tué, et, bien plus tard, un paysan retrouva son omoplate, aujourd'hui conservé dans l'église. Si ce personnage païen n'a pu construire un édifice chrétien, on se plaît tout de même à croire à cette histoire, et l'on se défend d'imaginer que l'os serait celui d'une baleine.

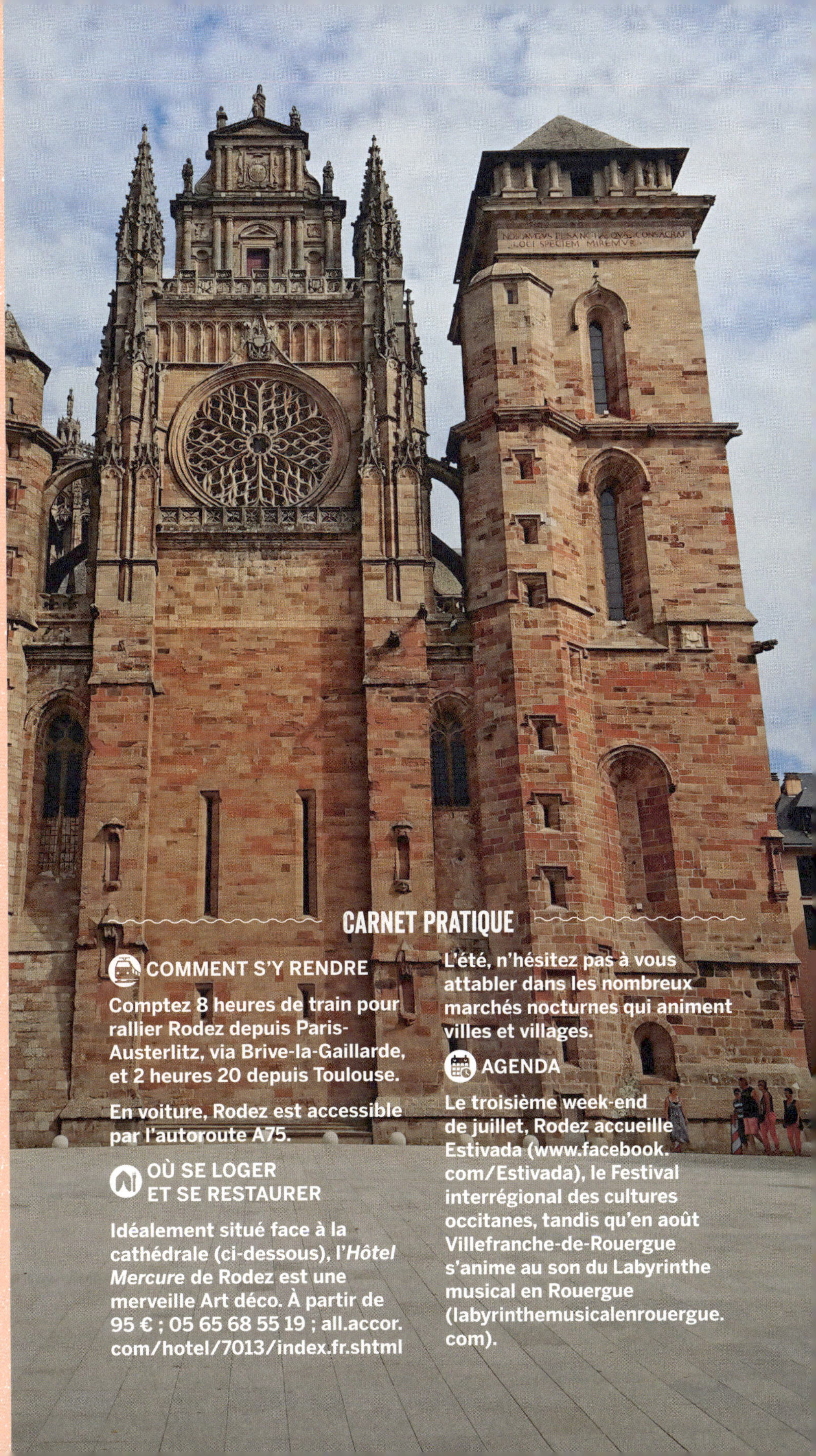

CARNET PRATIQUE

COMMENT S'Y RENDRE

Comptez 8 heures de train pour rallier Rodez depuis Paris-Austerlitz, via Brive-la-Gaillarde, et 2 heures 20 depuis Toulouse.

En voiture, Rodez est accessible par l'autoroute A75.

OÙ SE LOGER ET SE RESTAURER

Idéalement situé face à la cathédrale (ci-dessous), l'*Hôtel Mercure* de Rodez est une merveille Art déco. À partir de 95 € ; 05 65 68 55 19 ; all.accor.com/hotel/7013/index.fr.shtml

L'été, n'hésitez pas à vous attabler dans les nombreux marchés nocturnes qui animent villes et villages.

AGENDA

Le troisième week-end de juillet, Rodez accueille Estivada (www.facebook.com/Estivada), le Festival interrégional des cultures occitanes, tandis qu'en août Villefranche-de-Rouergue s'anime au son du Labyrinthe musical en Rouergue (labyrinthemusicalenrouergue.com).

75

AVEYRON

Faire des bonds dans le temps AUX CONFINS SUD DE L'AVEYRON

Délimité par le parc naturel régional des Grands Causses et pour partie classé au patrimoine mondial par l'Unesco, le sud de l'Aveyron est une succession d'heureux anachronismes. Les plateaux calcaires dénudés datant du jurassique qui le définissent, cisaillés de gorges spectaculaires (Dourbie, Jonte et Tarn), sont à la fois les chantres d'un **agropastoralisme** plusieurs fois millénaire et un paradis pour les **sports de plein air**. Vous passerez ici sans détour des lignes futuristes du **viaduc de Millau** aux pierres ancestrales du **Larzac** et de ses **commanderies templières**, vous verrez se juxtaposer sans complexe des troupeaux de moutons et leur berger à des routes flambant neuves parfaitement dessinées. Chef d'orchestre de ce tableau bien vivant, **Millau**, à la charnière du causse Noir, du causse Rouge et du plateau du Larzac, est une ville animée à l'ambiance méridionale qui fera une excellente base de découverte.

Pénétrer le chaos rocheux de Montpellier-le-Vieux

Sur le causse Noir, la Cité de Pierres de Montpellier-le-Vieux est le plus grand chaos rocheux d'Europe. Les bergers le baptisèrent ainsi en référence à la ville de Montpellier, dont le nom en vieux patois signifie "tas de pierres". Des siècles d'érosion ont créé un incroyable paysage de formations calcaires. Petit train et via ferrata permettent de l'explorer. Adulte/enfant à partir de 8,60/6 € ; 05 65 60 66 30 ; www.lacitedepierres.com

Explorer le village semi-troglodytique de Peyre

Classé parmi les "Plus Beaux Villages de France", Peyre est un petit bijou à la pierre claire qui surplombe le Tarn à 7 km à l'ouest de Millau. Découvrez son église troglodytique fortifiée à l'acoustique exceptionnelle, et déambulez au gré de ses calades préservées.

S'offrir un authentique sac de berger à La Couvertoirade

Située sur le plateau du Larzac, La Couvertoirade (page ci-contre) est une ancienne cité templière qui se révèle à la faveur d'une visite guidée (adulte/enfant 7,50/5 €). C'est aussi le fief d'artisans tels que Le Sac du berger, "Entreprise du patrimoine vivant" proposant des modèles réalisés dans la plus pure tradition. www.lesacduberger.com

Écouter les chants religieux de l'abbaye de Sylvanès

Merveille de sobriété, cette abbaye cistercienne (ci-dessous) fondée en 1139 est blottie dans une vallée désolée et boisée à l'extrême sud du département. Aujourd'hui réhabilitée, elle est devenue un centre culturel dédié au chant. Le lieu doit ce privilège à sa fabuleuse acoustique, héritée de son immense nef romane, l'une des plus larges de France. En juillet-août, un Festival international de musiques sacrées et de musiques du monde s'y tient. Le reste de l'année, il n'est pas rare lors des visites d'y entendre résonner quelques vocalises. 05 65 98 20 20 ; sylvanes.com

Admirer sous toutes les coutures le viaduc de Millau

Infrastructure routière érigée au rang d'œuvre d'art, le viaduc multi-haubané le plus haut du monde est un point de repère dans le paysage sud-aveyronnais. Inauguré en 2004, on doit son dessin futuriste au célébrissime architecte anglais Norman Foster, qui en traça l'ébauche dès les années 1970. Pour le découvrir, plusieurs options s'offrent à vous : le traverser (9-11,20 € selon la saison), participer à une visite guidée au départ de l'aire du Viaduc dédiée (adulte/enfant 6/4 € ; www.leviaducdemillau.com), ou sillonner les eaux du Tarn au départ du village de Creissels avec les Bateliers du viaduc (avril-septembre ; adulte/-16 ans/-9 ans 24/16,50/9,50 € ; 05 65 59 12 41 ; www.bateliersduviaduc.com).

PLUS DE TEMPS ?

→ **ROQUEFORT-SUR-SOULZON** Certifié AOP, le célèbre fromage à la pâte persillée n'a droit de production que dans ce village. Plusieurs caves se visitent. À 25 km au sud de Millau.

→ **SAINTE-EULALIE-DU-CERNON** Cette autre cité templière au riche patrimoine parfaitement préservé, dont la commanderie se visite, est aussi le point de départ d'un vélorail et d'un train touristique offrant de belles vues sur le plateau. À 25 km de Millau.

→ **CIRQUE DE NAVACELLES** Véritable merveille géologique, ce cirque vertigineux est à découvrir depuis des belvédères aménagés ou via les sentiers sillonnant son creux. À 35 minutes de route de La Couvertoirade, dans les départements voisins de l'Hérault et du Gard.

Les cités templières

L'histoire de l'Aveyron sud est intimement liée à celle des Templiers. Cet ordre religieux et militaire créé au XIIe siècle du temps des croisades avait pour mission de protéger les pèlerins en route pour Jérusalem. Pour assurer leur financement, les Templiers fondèrent des monastères à travers toute l'Europe, appelés commanderies. Celles de Sainte-Eulalie-du-Cernon et de La Couvertoirade, sur le Larzac, comptèrent parmi les plus riches. Millau et son pont enjambant le Tarn constituaient alors un carrefour routier important et un point de péage lucratif pour l'ordre. Accusé d'hérésie, il fut aboli en 1312.

CARNET PRATIQUE

COMMENT S'Y RENDRE

Millau, porte d'entrée de l'Aveyron sud, se situe à 6 heures de route de Paris et 1 heure 30 de Montpellier, ville reliée au réseau TGV.

OÙ SE LOGER ET SE RESTAURER

La Gare aux Ânes est un hôtel-restaurant établi sur le causse du Larzac, dans une ancienne gare réhabilitée. Piscine extérieure. Nuitée à partir de 45 €, menu à partir de 18,50 € ; 05 65 59 98 37, 06 37 37 99 87 ; www.lagareauxanes.fr

AGENDA

Mêlant musique et sports extrêmes, le festival Natural Games à Millau se tient sur quatre jours à la fin juin. www.naturalgames.fr

76

AVEYRON, LOZÈRE

S'offrir des panoramas sublimes
DANS LES GORGES DU TARN

Entre Aveyron et Lozère, les causses du Sauveterre et Méjean sont entaillés de gorges spectaculaires de toute beauté. D'**Ispagnac** au **Rozier**, le cours du Tarn déroule 53 km de méandres à travers un impressionnant canyon, le plus long d'Europe. Défilés, cirques, failles et arches dolomitiques y témoignent de la puissance de la nature qui a sculpté le paysage depuis l'ère quaternaire. Au **Point Sublime** ou au **roc des Hourtous**, il est possible d'embrasser en partie du regard le gigantisme du canyon, d'une profondeur de plus de 600 m. Cascades, sources résurgentes, grottes, traces volcaniques, lacs souterrains... difficile d'énumérer tous les trésors qui s'y cachent. La portion la plus étroite et la plus grandiose est située entre **Sainte-Énimie** et **La Malène**, mais qu'elles se découvrent à pied, au fil de l'eau ou en voiture, les gorges restent invariablement magnifiques. Leurs rives foisonnent en outre d'endroits propices à la **baignade**.

Goûter à l'authenticité de Florac-Trois-Rivières

Porte d'entrée des gorges du Tarn et du causse Méjean, le bourg de Florac occupe un site splendide. Profitez de son atmosphère décontractée, de ses bonnes adresses et des expositions de la Maison du Parc (04 66 45 01 14 ; www.cevennes-gorges-du-tarn.com). Vous pouvez aussi visiter la fabrique des jeans Tuffery (04 66 45 00 94 ; www.ateliertuffery.com), une "Entreprise du patrimoine vivant" fondée en 1892, dont les jeans sont confectionnés en chanvre ou en laine du causse.

Multiplier les points de vue sur les gorges

Les gorges ne manquent pas de points de vue mémorables. Le Point Sublime, en premier lieu, porte bien son nom : ce rocher en à-pic sur le cirque des Baumes offre un magnifique panorama sur le canyon du Tarn, à 400 m en contrebas. De l'autre côté de la rivière, le roc des Hourtous jouit également d'une situation magistrale, en surplomb des gorges. Enfin, près du village des Vignes, le belvédère du Pas de Soucy dévoile une jolie vue sur le Pas de Soucy, impressionnant chaos de blocs effondrés.

Descendre le cours du Tarn

Louez un canoë et laissez-vous glisser sur les eaux couleur émeraude : réputée facile, la descente compte de nombreux parcours sur une journée (de 8 à 24 km) ou sur 2 jours. Vous pouvez également longer les gorges à pied : sur la rive gauche, un sentier, de niveau facile, est accessible à chaque endroit où il y a un pont.

S'engouffrer dans les entrailles de la Terre

À l'aven Armand (avril-octobre ; 04 66 45 61 31 ; avenarmand.com ; ci-contre), un funiculaire vous transportera à plus de 60 m sous terre dans une immense caverne, où se déploie une forêt de plus de 400 stalagmites. Visitez aussi la très belle grotte de Dargilan (04 66 45 60 20 ; www.grotte-dargilan-48.com), surnommée la "grotte rose" en raison de ses concrétions colorées, et ses draperies minérales.

Se sentir loin sur le causse Méjean

Surplombant les gorges, le causse Méjean déploie des paysages de steppes, arides et dénudées, à la beauté stupéfiante. Entre roches, herbages et murets de pierre sèche, vous pourrez y découvrir les chevaux de Przewalski, dernière espèce de cheval sauvage du monde, mais aussi faire halte à la fromagerie du Fédou (04 66 45 66 74 ; www.fedou.com), dans un moulin réhabilité, une ferme caussenarde ou encore au chaos de Nîmes-le-Vieux.

PLUS DE TEMPS ?

→ **MILLAU** Capitale autoproclamée des sports de pleine nature, Millau dévoile un petit centre ancien où vous découvrirez le beffroi, le musée de Millau et des Grands Causses, ou encore Causse Gantier. Non loin se dresse la fière silhouette du viaduc de Millau !

→ **MONT LOZÈRE** Culminant à 1699 m, le mont Lozère ravira les amateurs de randonnée, entre chaos de roches granitiques, ruisseaux cristallins et multitude de menhirs. Sur le versant sud, Le Pont-de-Montvert en est la principale porte d'entrée.

Les Causses, paysage culturel

Le causse du Larzac, le causse Noir, les causses de Sauveterre et Méjean sont des ensembles tabulaires du jurassique, faits de roches calcaires, et cisaillés par des gorges spectaculaires (Dourbie, Jonte et Tarn). Les Causses se définissent autant par leur géographie (de grandioses plateaux pelés et de puissants massifs granitiques) que par la culture ancestrale qui s'y perpétue, reconnue au patrimoine mondial de l'Unesco : Causses et Cévennes (qui les bordent à l'est) ont été distingués en 2011 comme "paysage culturel de l'agropastoralisme méditerranéen". Historiquement, les bergers et leurs troupeaux traversaient les Cévennes par des routes de transhumance (les "drailles") pour rejoindre les Causses.

CARNET PRATIQUE

QUAND PARTIR

L'été est une bonne saison pour profiter des joies de la baignade. Les activités nautiques s'étendent de mai à septembre. Le printemps est également magique, notamment sur le causse en floraison.

COMMENT S'Y RENDRE

Millau est la porte d'entrée la plus accessible, notamment via sa gare, reliée au réseau TER. Les liaisons de bus dans les gorges ne fonctionnent qu'en été.

OÙ SE LOGER ET SE RESTAURER

À Florac, la *Maison Wina* (chambre 85 €, table 35 € ; 04 66 34 18 82, 06 78 09 18 09 ; maisonwina.com) ne manque pas de charme, tandis que le superbe *Hôtel-restaurant de la Muse et du Rozier* (avril-octobre ; à partir de 125 € ; 05 65 62 60 01 ; www.hotel-delamuse.fr) est sans doute l'une des plus belles adresses des gorges.

Sur le causse Méjean, craquez pour les chambres d'hôtes *L'Étoile du Berger* (Hures-la-Parade ; 04 66 47 07 53) !

Cap à l'Est

CHAMPAGNE
PETITE FRANCE

77

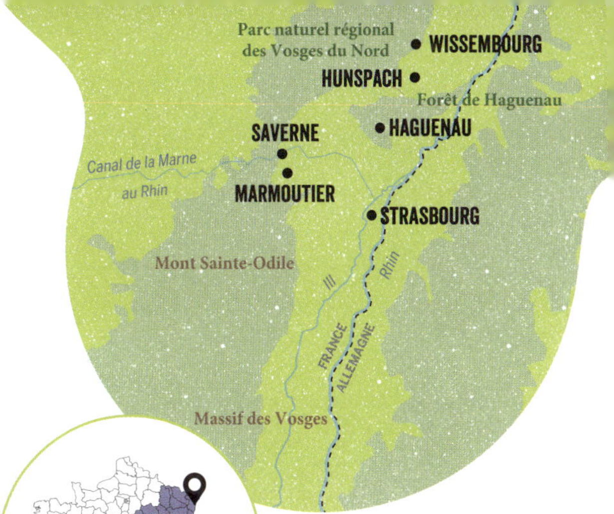

BAS-RHIN

→ *Écouter battre le cœur* DE L'ALSACE

Strasbourg, capitale de l'Europe, cultive l'art de vivre alsacien. Il suffit de pousser la porte d'une winstub, à l'ambiance intime et conviviale, pour s'en convaincre. Et d'explorer à pied, à vélo ou en bateau les quartiers de la capitale alsacienne pour se rendre compte de la fabuleuse richesse de son patrimoine. Cependant, on s'échappera aisément de **Strasbourg** pour explorer ses environs, en particulier **Saverne**, **Haguenau** et **Wissembourg**, aux portes du **parc naturel régional des Vosges du Nord** et de l'**Outre-Forêt**. Sur les contreforts du massif vosgien, le **mont Sainte-Odile** est à la fois un lieu à la forte portée symbolique et un balcon somptueux pour admirer la plaine d'Alsace, les coteaux plantés de vignobles et les sommets arrondis du **massif des Vosges**. Par temps clair, on n'aura guère de mal à repérer la flèche de la **cathédrale Notre-Dame de Strasbourg**, point culminant à 142 m de hauteur de ce chef-d'œuvre d'architecture gothique.

Naviguer sur les canaux de l'Ill à Strasbourg

Au Moyen Âge, le quartier de la Petite France regroupait surtout des tanneries. Au XVIe siècle, on y construisit un hôpital pour soigner les malades de la syphilis. C'est aujourd'hui un quartier très touristique, que l'on peut sillonner à bord d'un bateau électrique sans permis, à l'écart de la foule. Une balade d'une heure au fil des canaux permet d'admirer les façades des belles maisons à colombages. www.marindeaudouce.fr, www.captainbretzel.eu

Se perdre dans la forêt de Haguenau

Au nord de Strasbourg, Haguenau, quatrième ville d'Alsace, abrite quelques bâtiments remarquables dans son centre piéton, dont la splendide Chancellerie médiévale. Au nord, la ville est bordée par une immense forêt, la sixième de France. Son sol sableux et impropre à l'agriculture l'a préservée de l'exploitation. Arpentez les allées de cette "Forêt d'exception" à la recherche du Gros Chêne, un arbre séculaire foudroyé par un éclair il y a plus d'un siècle. www.visithaguenau.alsace

Rejoindre Saverne par le canal de la Marne au Rhin

Entre Alsace et Lorraine, Saverne abrite un patrimoine issu de son statut de capitale de l'évêché de Strasbourg. Le château des Rohan est immanquable, tout comme le château du Haut-Barr, surnommé "l'œil de l'Alsace". On peut rejoindre Saverne depuis Strasbourg en remontant à vélo le canal de la Marne au Rhin (40 km) – un itinéraire facile et plein de surprises.

Méditer au son de l'orgue de l'abbatiale de Marmoutier

Fondée au VIe siècle, l'abbaye Saint-Étienne de Marmoutier (ci-contre) est un trésor d'architecture religieuse, avec sa façade romano-byzantine à trois tours de grès rose et jaune. L'intérieur est tout aussi splendide avec sa nef gothique du XIIIe siècle et son orgue du XVIIIe siècle qui n'a pas été modifié. Le docteur Schweitzer aimait y jouer ; en été, on peut assister à des concerts les dimanches après-midi.

PLUS DE TEMPS ?

→ **OUTRE-FORÊT** Au nord de Strasbourg, passé Haguenau, le pays de l'Outre-Forêt est un territoire peu visité qui pourtant recèle des merveilles. Au cœur d'une Alsace rurale, les paysages de collines plantées de vergers alternent avec de charmants villages, à l'instar d'Hunspach ou de Wissembourg, agglomération la plus septentrionale d'Alsace, à la frontière avec l'Allemagne.

L'affaire du collier de la reine

Le cardinal de Rohan, évêque de Strasbourg, propriétaire du château de Saverne, a été rendu populaire par le roman d'Alexandre Dumas *Le Collier de la reine*. Soucieux de plaire à Louis XVI, le cardinal tenta de céder un collier à la reine Marie-Antoinette, mais fut finalement pris dans une sombre histoire d'escroquerie. L'arrestation de l'homme d'Église à la cour de Versailles sur les ordres du Roi fit scandale. Si le roman de Dumas enjolive l'histoire, il n'en reste pas moins que cet épisode jeta le discrédit sur la reine, qui n'était pourtant que victime.

CARNET PRATIQUE

QUAND PARTIR

L'Alsace attire des voyageurs tout au long de l'année. Seuls les mois de janvier et de février sont des périodes creuses, et nombre d'établissements en profitent pour fermer. Décembre, avec les marchés de Noël, et août sont les mois les plus recherchés, et les tarifs des hébergements, en particulier, sont alors à la hausse.

COMMENT S'Y RENDRE

Strasbourg est reliée par le TGV à Paris (1 heure 46, environ 20 allers-retours par jour), Bordeaux (5 heures 30), Rennes (4 heures 15), Nantes (5 heures) et Lille (3 heures). Il existe aussi des liaisons directes avec Lyon (à partir de 3 heures 45) et Marseille (à partir de 5 heures 35).

En voiture, Strasbourg est reliée à Paris (via Metz et Reims) par l'autoroute A4 (490 km, 5 heures environ) et à Mulhouse par l'A35.

OÙ SE LOGER

Passer la nuit au sanctuaire du mont Saint-Odile, à 763 m d'altitude, est une expérience à tenter si l'on ne craint pas le silence. Accessible depuis Ottrot, au creux de la vallée, l'*Hôtellerie de l'Abbaye* accueille pèlerins et visiteurs toute l'année dans des conditions de confort tout à fait respectables. Et, le matin, au réveil, vous profiterez, avant tout le monde, de la terrasse du monastère qui offre un panorama unique.

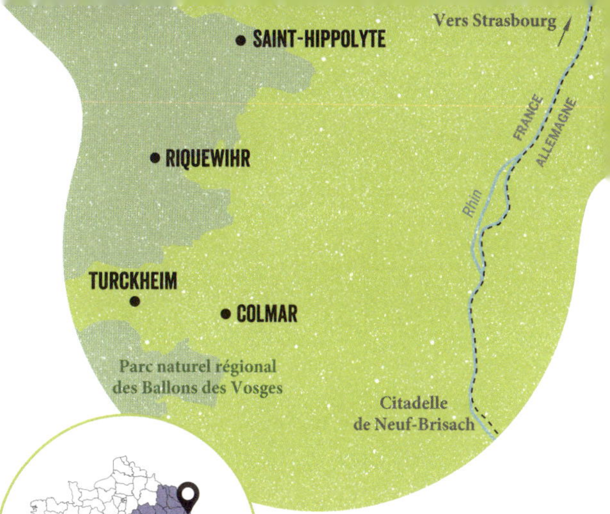

78

HAUT-RHIN

S'évader entre patrimoine et vignes AU PAYS DE COLMAR

Troisième cité d'Alsace, Colmar surprend par son patrimoine architectural d'exception et ses nombreuses et bonnes tables reflétant l'art de vivre alsacien. Difficile de résister au charme de ses rues et places bordées d'édifices de toutes les époques : Moyen Âge, Renaissance, baroque ou période allemande. Une vraie leçon d'**histoire du patrimoine**. On s'attardera autour de l'église des Dominicains, de la collégiale Saint-Martin et des maisons aux façades si insolites, sans oublier d'explorer le **musée Bartholdi**, dédié au génial créateur de la statue de la Liberté. Il faut faire de la place dans vos bagages, car la **route des vins** à proximité de Colmar offre le meilleur des vignobles d'Alsace. Les caves sont ouvertes pour des dégustations, et œnologie, géologie et découverte des terroirs sont au programme. Disséminés le long de cette route, les **villages** rivalisent de charme : châteaux, clochers, maisons à colombages, oriels, fontaines... vous ne saurez plus où donner de la tête. www.alsace-essentielle.fr

S'extasier devant le retable d'Issenheim

Qu'est-ce que le beau ? Comment représenter le réel ? Quel est le but de la peinture ? Parfois, l'art soulève des questions philosophiques, comme dans le musée d'Unterlinden. Installé dans un ancien couvent des Dominicains au cœur de Colmar, il abrite l'exceptionnel retable d'Issenheim. Peint à la fin du XVIe siècle, le polyptyque représente le corps du Christ en souffrance. Depuis l'extension du musée, des artistes contemporains exposent des œuvres qui évoquent une autre forme de voyage artistique. www.musee-unterlinden.com

S'attabler dans une winstub

La *winstub* est aux Alsaciens ce que le bistrot est au Parisien : un trésor culturel et un rendez-vous de la convivialité. À Saint-Hippolyte, le Hupsa Pfannala (www.hupsapfannala.com) est installé dans une superbe maison à colombages au cœur du village. Touristes et locaux viennent s'y rassasier de mets bien alsaciens : escargots, bouchée à la reine, baeckeoffe, jambonneau braisé à la bière – et, surtout, la spécialité de la maison, les "Hupsa Pfannala", des pommes de terre sautées avec du lard et des oignons, le tout passé au four après avoir été couvert de fromage alsacien.

Mettre ses pas dans ceux du veilleur de nuit

À Turckheim, village typique à quelques kilomètres de Colmar, le veilleur de nuit avait une mission essentielle : éviter les incendies. En parcourant les ruelles de la ville, il invitait les habitants à éteindre feux de cheminée et chandelles avant de se coucher. La tradition revit chaque soir en été, et l'on suit avec plaisir ces étranges veilleurs qui en profitent pour raconter l'histoire de la ville avec quantité d'anecdotes insolites. Juillet-octobre ; www.turckheim.com

Arpenter un sentier viticole

Vignobles et paysages de charme font souvent bon ménage, comme en témoigne ce somptueux sentier pédestre et viticole de 16 km qui rejoint 7 grands crus à travers 6 villages. Prenez le départ depuis Riquewihr, charmant bourg de la route des vins. Outre le plaisir d'arpenter les coteaux de vignes baignés d'une lumière si particulière, vous pourrez rendre visite aux viticulteurs qui sont généralement bien disposés à faire déguster leur production. www.routedesvins.alsace

S'imaginer au temps des sorcières

Installée dans un bâtiment du XVIe siècle à Bergheim, la Maison des Sorcières est un petit musée passionnant : il revient sur 40 procès en sorcellerie qui se sont tenus dans le village entre 1582 et 1683. Grâce à une scénographie originale qui laisse une grande place à l'image, on comprend la vision qu'avait la société de l'époque sur le statut de la femme. À Rouffach, la tour des Sorcières rappelle également cette époque. Juillet à mi-octobre ; 03 89 73 18 64 ; www.ville-bergheim.fr

PLUS DE TEMPS ?

→ **VALLÉE DE MUNSTER** C'est l'une des portes d'entrée vers le massif des Vosges et la route des Crêtes, qui offre un succession de panoramas sublimes. La ville est bien équipée pour servir de base aux randonneurs (hébergements, guide et magasins spécialisés...).

→ **MASSIF DU HOHNECK** Le long de la route des Crêtes, ce massif est un paradis pour la randonnée et la marche facile. On serpente le long des Hautes-Vosges, entre pâturages et vue sur les ballons d'Alsace. À faire à pied ou à VTT.

La citadelle de Neuf-Brisach

Ce n'est pas la plus impressionnante, mais c'est probablement la mieux conservée. Depuis le ciel, au cœur de la plaine d'Alsace, la citadelle de Neuf-Brisach est comme une étoile parfaite surgie de terre. Inscrite au patrimoine mondial de l'Unesco, elle est incontestablement l'œuvre la plus aboutie de Vauban, le génial architecte du règne de Louis XIV. Pendant 5 ans, plusieurs milliers d'artisans et d'ouvriers façonnèrent cet ensemble de fortifications, construit avec le grès rose des Vosges.

CARNET PRATIQUE

COMMENT S'Y RENDRE

Colmar est bien desservie par le TGV depuis Paris-Gare de l'Est (2 heures 30), mais aussi Lyon et Dijon. Le TER 200 relie Strasbourg en 30 minutes.

Les aéroports de Strasbourg-Entzheim et de de Basel-Mulhouse-Freiburg sont tous les deux à 70 km.

OÙ SE LOGER

Colmar abrite plusieurs belles adresses pour dormir dans un cadre historique. C'est le cas de la *Maison des Têtes* (www.maisondestetes.com), qui doit son nom aux 106 têtes et masques grotesques qui ornent sa façade. Moins onéreuse et tout à fait charmante, la *Villa Élyane* propose 3 chambres confortables et 2 suites. À partir de 163 € : www.villa-elyane.com

AGENDA

Marché de Noël oblige, Colmar est un enchantement lors des fêtes de fin d'année, lorsque les illuminations de Noël donnent à la ville un air de conte de fées. En avril, un grand marché de créateurs et de producteurs investit le centre-ville pour célébrer le printemps. Pendant la période des vendanges (entre fin août et fin octobre), très animée, il est possible de participer durant une demi-journée aux vendanges touristiques.

BUTTERBLUME
sson
RÊMERIE
HOCOTHÈQUE
CAISSE D'EPARG

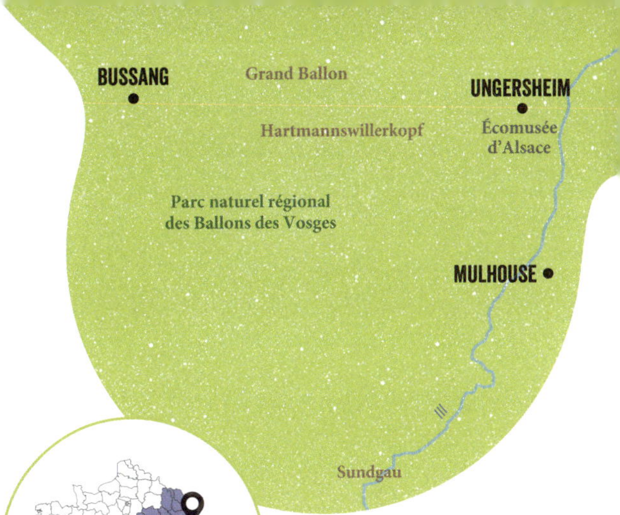

79

HAUT-RHIN

Se balader de musée en montagne

AUTOUR DE MULHOUSE

Mulhouse brille par ses musées, et sa révolution industrielle exemplaire a façonné toute l'Alsace. Ici, les découvertes ont transformé le quotidien, du train à la voiture, en passant par le vêtement ou l'électricité. Outre l'histoire des techniques, la région permet une plongée dans la grande Histoire, en particulier celle de la **Première Guerre mondiale** : au sud du massif des Vosges, les hommes se sont affrontés durant 4 ans et les paysages gardent encore les stigmates de ces batailles. Ce qui n'ôte rien à la beauté des montagnes où se maintiennent de **superbes traditions alpestres**. Au sud de Mulhouse, la région moins touristique du **Sundgau**, qui s'étire jusqu'à la frontière avec la Suisse, s'explore le long de petites routes de campagne et de cours d'eau paisibles où frétille la carpe, spécialité régionale. On pourra aussi se perdre dans la **Petite Camargue alsacienne** (www.petitecamarguealsacienne.com), où, entre roselières et orchidées, font halte quantité d'oiseaux.

Découvrir la Grande Guerre à deux voix

Rebaptisé Hartmannswillerkopf, littéralement la "montagne mangeuse d'hommes", le Vieil-Armand est un promontoire rocheux qui fut le champ de bataille alsacien le plus meurtrier de la Grande Guerre. Un chemin de mémoire de 5 km témoigne des combats entre soldats français et allemands. Depuis 2017, le site abrite un mémorial franco-allemand de la Grande Guerre, le seul en France qui soit géré par les deux nations. www.memorial-hwk.eu

Explorer les musées de Mulhouse

La deuxième ville d'Alsace abrite deux institutions culturelles et de préservation du patrimoine. Il s'agit du musée de l'Automobile, le plus grand du monde avec 400 modèles de voitures, et la Cité du train qui abrite la plus riche collection de locomotives d'Europe. Ces deux musées témoignent de l'ingéniosité de pionniers, d'ingénieurs et de techniciens toujours à la recherche d'innovations. www.mulhouse-alsace.fr

Découvrir un village rural

L'Écomusée d'Alsace (à 15 km au nord de Mulhouse) n'a de musée que le nom. Ici point d'objet à l'abri de vitrine, mais un véritable village reconstitué par des bénévoles et des salariés en costume d'époque qui donnent vie au site à travers des animations. Des maisons rurales meublées, des ateliers avec des machines et des outils, une ferme peuplée d'animaux, un verger, un potager... Bref, tout ce qui fait l'Alsace éternelle, au charme rural. www.ecomusee.alsace

S'attabler dans une ferme-auberge

Potage, tourte, viande fumée et pommes de terre, fromages et tarte au fruit : voici généralement le déroulé du repas marcaire (du mot alsacien *Malker*, celui qui trait les vaches). On peut le déguster dans l'une des 40 fermes-auberges du Haut-Rhin, prolongement sur la table de l'activité agricole et pastorale du territoire des Hautes Chaumes, entre 800 et 1 200 m d'altitude. Un vrai moment de plaisir et de convivialité avec, en prime, un panorama à couper le souffle. www.fermeaubergealsace.fr

Explorer le jardin secret du Haut-Rhin

Au sud de Mulhouse, le Sundgau est un petit coin de paradis ! Ici les Vosges laissent la place au Jura, et ce changement sonne déjà comme un exotisme. Entre territoire de Belfort et frontière suisse, les collines ondulent avec grâce. On y vient pour marcher en toute quiétude et s'attabler pour déguster la spécialité régionale, la carpe, dans une auberge typique.

PLUS DE TEMPS ?

→ **BUSSANG** Le théâtre du Peuple de Bussang (www.theatredupeuple.com) est un lieu unique de la culture populaire en France. Créé en 1896 par un habitant féru de littérature, ce théâtre de bois possède un fond de scène ouvert sur une forêt de hêtres.

→ **GRAND BALLON** Du haut de ses 1 424 m, le sommet des Vosges est lisse comme une tête d'œuf et offre une vision incomparable sur la plaine d'Alsace, la Forêt-Noire et le Jura, et même jusqu'aux Alpes. Plusieurs sentiers pédestres rejoignent facilement le sommet depuis le parking de l'hôtel-restaurant du Sommet, propriété du Club vosgien.

La carpe frite

La spécialité du Sundgau, c'est la carpe frite, un plat difficile à réaliser chez soi. Il s'agit d'une carpe panée à la semoule de blé, baignée dans l'huile bouillante et servie en darnes ou en filets. La Route de la carpe (www.carpe-frite.fr) sillonne la région et dessert une vingtaine de restaurants servant cette spécialité. L'origine de cette tradition culinaire remonte au Moyen Âge lorsque les moines, soucieux d'avoir une réserve de poissons suffisante pendant la période du carême, créèrent des étangs et des carpières. À consommer avec un verre de riesling !

CARNET PRATIQUE

QUAND PARTIR

À condition de prévoir des vêtements chauds, la région de Mulhouse est agréable à visiter en hiver.

COMMENT S'Y RENDRE

La ligne grande vitesse (LGV) Rhin-Rhône place Mulhouse à 2 heures 40 de Paris et rallie également les villes de Dijon, Lyon et Marseille. La LGV Est européenne relie Mulhouse et Strasbourg.

En été, on peut se passer de sa voiture pour grimper vers le massif des Vosges et rejoindre le ballon d'Alsace. Embarquez dans la navette des Crêtes à Cernay, direction le Hartmannswillerkopf, puis le Grand Ballon.

OÙ SE LOGER ET SE RESTAURER

Autour du Grand Ballon et facilement accessibles à pied, plusieurs auberges servent le menu marcaire dont la *Ferme-auberge Hilsen*, la *Ferme du Gustiberg* et la *Ferme du Grand Ballon*.

L'*Hôtel-restaurant du Sommet* (03 84 29 30 60 ; www.hotelrestaurantdusommet.com) propose 24 chambres au confort simple, vite prises d'assaut par les randonneurs et les visiteurs.

AGENDA

Au mois de décembre, le très joli marché de Noël investit la place de la Réunion.

GRAND HOTEL
RESTAURANT
GRAND HOTEL

80

MEURTHE-ET-MOSELLE

Découvrir le patrimoine DE NANCY ET SA RÉGION

Terre captivante par son histoire, vibrante par la richesse de sa nature, aussi chaleureuse qu'accueillante, la Lorraine mérite que l'on s'y attarde tant elle renferme de trésors qui ne demandent qu'à être admirés. On reste effectivement sans voix en découvrant au cœur de Nancy la somptueuse **place Stanislas** (ci-contre), construite en 1751 à la gloire de Louis XV. Tout autour se dressent des constructions prestigieuses, dont l'**hôtel de ville**, le **musée des Beaux-Arts** (03 83 85 30 01 ; musee-des-beaux-arts.nancy.fr), qui offre un bel aperçu de l'art en Europe de la fin du XIVe siècle à nos jours, et l'**Opéra national de Lorraine**. Accessible par un arc de triomphe immédiatement au nord, la **place de la Carrière**, réalisée au XVIe siècle, est tout aussi grandiose. Dans la vieille ville, arrêtez-vous à l'**église des Cordeliers** (XVe siècle), qui abrite les sépultures des princes de Lorraine. À côté, les collections du **Musée lorrain** (03 83 85 30 01 ; www.musee-lorrain.nancy.fr) passionneront les amateurs d'histoire régionale.

Découvrir les vins du Toulois

Les amateurs de bons vins ne manqueront pas d'explorer la région du Toulois, à l'ouest de Nancy. Le vignoble des Côtes-de-Toul commence à quelques kilomètres au nord de la ville. Suivez la D908, qui sinue au milieu de vignes à flanc de colline et traverse de pittoresques villages-rues, dont Bruley, Lucey et Lagney. L'appellation est surtout connue pour le "gris de Toul", un vin de couleur rose pâle, qui se marie bien avec les spécialités régionales, dont la quiche et la potée. Vous aurez l'occasion de le déguster chez les vignerons.

Prendre de la hauteur sur la colline de Sion-Vaudémont

Ce magnifique promontoire en forme de fer à cheval, qui culmine à 545 m d'altitude, s'élève en pleine campagne lorraine, à 35 km au sud de Nancy. C'est un peu l'équivalent lorrain de la roche de Solutré, toutes proportions gardées... Un espace culturel et éducatif a été aménagé au sommet : la Cité des paysages. Le parcours d'exposition, consacré à l'environnement et à la biodiversité, révèle les paysages visibles et invisibles. Des animations sensorielles, des ateliers et des sorties d'observation sont régulièrement proposés. 03 83 25 17 53 ; citedespaysages.meurthe-et-moselle.fr/la-cité-des-paysages

S'initier à l'Art nouveau dans le centre de Nancy

À Nancy, le décor urbain porte l'empreinte de l'Art nouveau, un courant artistique qui s'est épanoui dans la ville au début du XXe siècle, et dont la célèbre Villa Majorelle (03 83 85 30 01 ; musee-ecole-de-nancy.nancy.fr) est le symbole le plus éclatant. Ailleurs dans la ville, de nombreuses demeures et des bâtiments commerciaux portent la griffe de ce mouvement artistique, dont la brasserie L'Excelsior (50, rue Henri-Poincaré), inaugurée en 1911, l'hôtel particulier Bergeret (24, rue Lionnois) et le siège de la BNP Paribas (58, rue Saint-Jean).

Pédaler le long de la Moselle et de la Meurthe

À partir de Nancy, on peut emprunter à vélo l'itinéraire européen La Voie Bleue Moselle-Saône (www.lavoiebleue.com) et rallier Pont-à-Mousson en 2 heures environ (33 km). Le départ de Nancy se fait le long de la Meurthe, avec retour possible en TER. Autre idée : la boucle de la Moselle (www.boucledelamoselle.fr), de Nancy à Toul (46 km le long de la Moselle et de ses canaux), de Toul à Liverdun (20 km), puis de Liverdun à Nancy (26 km).

PLUS DE TEMPS ?

→ **BACCARAT** L'une des artères principales de Baccarat, à l'est de Nancy, s'appelle la rue des Cristalleries. Ici se succèdent les magasins vendant des pièces de cristal. La manufacture, au cœur de la ville, ne se visite pas, mais un petit musée expose de belles œuvres et revient sur l'histoire de cet établissement depuis 1762. www.baccarat.fr

→ **TOUL** À 20 km à l'ouest de Nancy, cette ancienne cité gallo-romaine entourée d'une forteresse Vauban borde une boucle de la Moselle. Trésor architectural de la ville, la cathédrale Saint-Étienne se distingue par ses deux tours jumelles gothiques. Comme celle de Metz, elle a fêté ses 800 ans en 2020.

Le Versailles lorrain

En 1702, lorsque Nancy est occupée par les troupes de Louis XIV, Léopold Ier, duc de Lorraine, part à Lunéville. Il y fait construire sur une ancienne forteresse un château inspiré de Versailles. Son successeur Stanislas Leszczynski fait embellir les jardins et les parsème de folies. Dans une aile, un petit musée revient sur l'histoire du lieu et ses métamorphoses. En face se trouvent la galerie CRI des Lumières (www.crideslumieres.org), axée sur la création photographique, et le Conservatoire des broderies de Lunéville (www.broderie-luneville.com). 03 83 76 04 75 ; chateauluneville.meurthe-et-moselle.fr

CARNET PRATIQUE

COMMENT S'Y RENDRE

Au départ de Paris, des TGV desservent la gare de Nancy en 1 heure 20.

En voiture, Nancy est accessible par l'A31 (axe nord-sud) et la N4 (axe est-ouest).

OÙ SE LOGER ET SE RESTAURER

On trouve des hôtels de charme dans le centre-ville de Nancy et des chambres d'hôtes dans les villages avoisinants.

Adresse de référence, le *Grand Hôtel de la Reine* donne sur la place Stanislas. À partir de 128 € ; 03 83 35 03 01 ; www.hoteldelareine.com

L'*Hôtel d'Haussonville*, dans une bâtisse du XVIe siècle, est situé dans la vieille ville. À partir de 148 € ; 03 83 35 85 84 ; hotel-haussonville.fr

AGENDA

Début octobre, toute la ville vibre aux sons du Nancy Jazz Pulsations (nancyjazzpulsations.com). Le premier week-end de décembre, les fêtes de la Saint-Nicolas sont très suivies (défilés, feux d'artifice, animations).

81

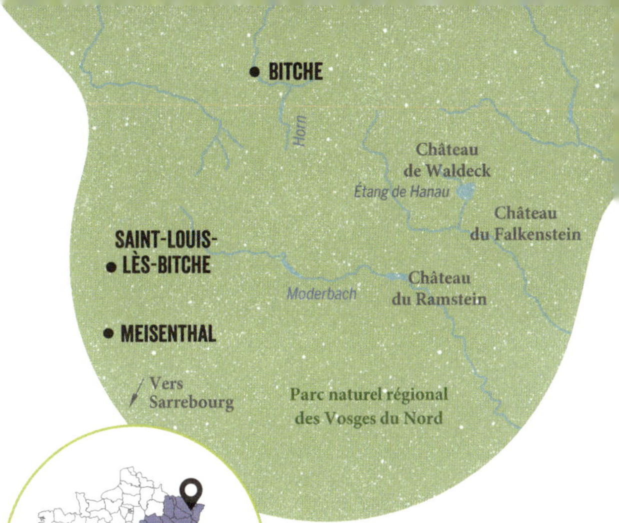

MOSELLE

Prendre un bain de nature
DANS LES VOSGES MOSELLANES

Dans le parc naturel régional des Vosges du Nord, aux confins de l'Alsace et de la Lorraine, le dépaysement est complet. Étonnamment préservé, ce coin de Lorraine, avec la ville de **Bitche** comme épicentre, plonge les visiteurs dans un univers vivifiant, un poumon vert teinté de bleu qui agrège d'immenses **forêts domaniales**, des prairies opulentes, des vallées sauvages et des **étangs** enchâssés au milieu de collines verdoyantes. Le relief, modéré, se compose d'un moutonnement de collines. On découvre un terrain de jeu idéal pour les adeptes de nature, d'air pur et d'**activités** (pêche, randonnée pédestre, VTT) avec, en prime, de **jolis villages** et un patrimoine culturel d'une étonnante diversité. Au détour d'une route secondaire, le regard s'arrête sur des **châteaux en ruine** qui s'agrippent sur des barres gréseuses. Témoins d'un passé tumultueux, des **châteaux forts** médiévaux apportent un halo romantique indéniable à cette région méconnue.

Explorer la citadelle de Bitche

Principal bourg des Vosges du Nord, Bitche est une halte incontournable. Bâties selon les plans de Vauban, les puissantes murailles de la citadelle accrochées à une colline longiligne dominent la ville depuis la fin du XVIIe siècle. Ce chef-d'œuvre d'architecture militaire propose un insolite parcours cinématographique aménagé dans l'incroyable réseau souterrain de la citadelle – une véritable ville avec des casemates, des étables, une cuisine, un hôpital, une boulangerie... www.citadelle-bitche.com

S'aventurer dans des châteaux en ruine

On compte 24 forteresses semi-troglodytiques dans les Vosges du Nord. Construits entre le XIIe et le XIVe siècle, ces châteaux s'imbriquent dans les pitons de grès rose si caractéristiques de ce massif. À la fois lieux de résidence et de garnison, ces bastions furent abandonnés à partir du XVe siècle. C'est le cas du château du Falkenstein, accessible à partir de la D662, qui ressemble à un navire en apesanteur au milieu d'une forêt tentaculaire, ou du château du Ramstein, à Baerenthal (accès par la D36), une pépite bien cachée dans le couvert forestier. www.tourisme-paysdebitche.fr

Voir les maîtres verriers au travail

Caché dans les replis brumeux des forêts des Vosges du Nord, le village de Saint-Louis-lès-Bitche est le fief d'une culture séculaire, celle des maîtres verriers, qui perpétuent la tradition de la fabrication du cristal depuis plus de cinq siècles. Fondée en 1586, la prestigieuse Cristallerie Saint-Louis abrite une boutique et un fascinant musée, La Grande Place, riche d'une collection de 2 000 créations, avec d'admirables services de table. Le must : une visite guidée des halles à chaud (où l'on voit les souffleurs de verre en action) et des ateliers de polissage. www.saint-louis.com

Faire le tour de l'étang de Hanau

C'est une pépite dont les Vosges du Nord ont le secret. Serti dans un décor forestier digne des contes de Grimm, l'étang de Hanau, entre Philippsbourg et Eguelshardt, affiche certes une taille modeste mais ses berges arborées et sauvages offrent un dépaysement absolu. En arrière-plan, on distingue le donjon du château de Waldeck, une forteresse en ruine. Un sentier découverte a été aménagé pour les promeneurs qui souhaitent se familiariser avec la biodiversité des lieux.

PLUS DE TEMPS ?

→ **SARREBOURG** Aux portes des Vosges, Sarrebourg possède un patrimoine culturel de premier plan, dont le fascinant vitrail *La Paix*, de Marc Chagall (1887-1985), dans la chapelle des Cordeliers, un bâtiment du XIIIe siècle. Tout proche, le musée du Pays de Sarrebourg rassemble d'abondants trésors artistiques et historiques. www.sarrebourg.fr

→ **ROCHER DE DABO** Dabo est un petit paradis vert, près de Sarrebourg. La bourgade est dominée par le rocher de Dabo, un éperon de grès rose émergeant de la forêt et coiffé d'une chapelle de style néo-roman. La vue à 360° sur la vaste forêt vosgienne et le plateau lorrain est inoubliable.

Centre international d'art verrier

Fondée en 1704, la verrerie de Meisenthal est associée à une épopée industrielle hors norme. Spécialisée dans la production d'objets en verre soufflé et pressé, elle compta jusqu'à 650 salariés, mais dut fermer ses portes en 1969. Aujourd'hui, le Centre international d'art verrier propose des expositions d'art contemporain ainsi que des démonstrations de soufflage de verre, et accueille des concerts de musique actuelle. Dans la boutique, on trouve des boules de Noël colorées, un objet culte signé par des designers. www.site-verrier-meisenthal.fr

CARNET PRATIQUE

COMMENT S'Y RENDRE

En train, descendre à Sarreguemines, puis prendre un autocar SNCF. En voiture, suivre l'A4 depuis Metz et sortir à Sarreguemines.

OÙ SE LOGER

On peut se faire plaisir à *L'Arnsbourg* (à partir de 195 € ; 03 87 06 50 85 ; arnsbourg.com), un établissement de prestige dans la vallée de Baerenthal. Près de Phalsbourg, *Le Hameau des Sens* (06 50 91 99 83 ; lehameaudessens.com) loue des chalets contemporains qui ouvrent sur un vallon boisé.

AGENDA

En été, pendant le festival Rando-Moselle (www.randomoselle.com), près de 100 balades sont animées par des guides spécialisés, pour découvrir les richesses naturelles et patrimoniales de chaque terroir. Le secteur de Sarrebourg est particulièrement bien représenté avec 33 balades thématiques.

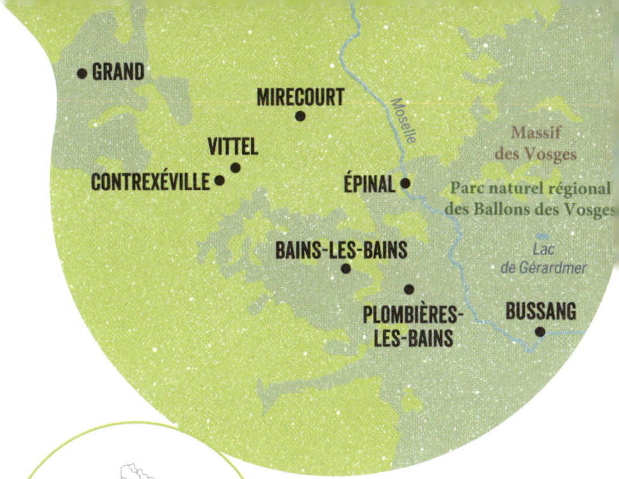

82

VOSGES

Faire le plein d'oxygène DANS LA FORÊT VOSGIENNE

Tirant son nom du massif qui occupe sa partie orientale, le département des Vosges est l'un des plus densément boisés de l'Hexagone. Située en son cœur, la ville d'**Épinal** en est le chef-lieu, à la jonction entre les collines de la **Vôge** et du **Xaintois**, à l'ouest, et la moyenne montagne vosgienne, à l'est. Il fait bon parcourir son centre historique et découvrir, sur les berges de la **Moselle**, sa fameuse **Imagerie**, ancrée dans la mémoire collective. Créée en 1796, l'entreprise est la dernière fabrique d'images encore en activité en Europe. Dans le bâtiment historique sont exposés les techniques et matériaux utilisés : presse à bras, presse lithographique, papier, etc. Le thème est à approfondir dans le musée voisin, qui retrace l'histoire de l'imagerie populaire depuis le XVIIe siècle en France et en Europe. À voir également, le **château**, en ruine, qui fait l'objet de travaux de restauration. Depuis les espaces verts au pied de la bâtisse, on domine toute la ville. Autre joyau, la **basilique Saint-Maurice** veille sur la cité avec sa tour-beffroi telle une sentinelle de grès rose des Vosges. www.tourisme-epinal.com

Découvrir le patrimoine des villes d'eaux vosgiennes

Les Vosges comptent quatre stations thermales, qui racontent chacune à travers leur patrimoine la grande époque des bains et des cures. À Plombières-les-Bains, les Thermes Napoléon, joyau architectural, ont rouvert après d'importants travaux. À Bains-les-Bains, le bâtiment Jean Prouvé de l'établissement thermal trône dans un grand parc. À Vittel, on admire le riche patrimoine thermal du Second Empire, inscrit aux monuments historiques. À Contrexéville, sa voisine, les noms des rues renseignent sur les augustes visiteurs qui eurent leurs habitudes en ces lieux : avenue du Shah-de-Perse, rue de la Duchesse-Wladimir...

Pénétrer le monde des luthiers à Mirecourt

Dans la petite cité de Mirecourt, ville-étape de la Route du bois, il est possible de pousser la porte de lutheries et d'archeteries pour voir les artisans ajuster l'âme d'un violon dans leur atelier. Le musée de la Lutherie, créé dans une ancienne scierie, célèbre cette tradition vieille de trois siècles. Y sont exposés violons, guitares, mandolines, altos et violoncelles, ainsi que les phases de fabrication des instruments et des archers (faits avec des crins de cheval). 03 29 37 81 59 ; www.musee-lutherie-mirecourt.fr

Visiter le site gallo-romain de Grand

La notoriété de ce site archéologique reste encore assez modeste, et pourtant ! À l'extrémité occidentale du département des Vosges, à Grand, ce sanctuaire gallo-romain, l'un des plus importants dans l'Antiquité, est un bijou. Exhumé dans les années 1960, il offre au visiteur ébahi le spectacle de vestiges grandioses : un amphithéâtre d'une capacité de 17 000 places (l'un des plus grands de l'Empire romain), des remparts, un réseau de galeries souterraines, des sculptures et une inestimable mosaïque d'une superficie de 232 m². 03 29 06 77 37 ; grandlagalloromaine.vosges.fr

Prendre un bain de forêt dans la Vôge

La sylvothérapie se pratique dans la région des pré-Vosges appelée la Vôge, où la forêt est majestueuse. Il n'est pas nécessaire d'embrasser les arbres, mais simplement de s'en approcher, puis d'effectuer de profondes respirations et des mouvements de qi gong, accompagné par un guide. On s'initie aussi à l'écosystème forestier et on découvre les végétaux, en se concentrant sur les odeurs et en se laissant envelopper par le calme de la nature. Déconnexion assurée. 06 08 01 71 90 ; station-nature.fr

PLUS DE TEMPS ?

→ **LAC DE GÉRARDMER** Situé immédiatement à l'ouest de Gérardmer, ce grand lac d'origine glaciaire lui donne des allures d'Annecy vosgienne, à la vocation touristique solidement ancrée. Son cadre rappelant les paysages du Grand Nord canadien n'est sans doute pas étranger au surnom de "Perle des Vosges" attribué à la station. gerardmer.net

→ **LA BRESSE** La Bresse se targue d'être la capitale des sports de loisirs dans les Vosges. Cette station possède de multiples sentiers de randonnée pédestre, ainsi qu'une tyrolienne de 1 km de long, qui traverse la vallée à plus de 100 m de hauteur. www.labresse.net

Le Théâtre du Peuple

C'est un lieu hors norme, un immense théâtre de bois de 846 places en forme de coque de vaisseau renversée, dont le fond de scène s'ouvre sur la forêt. À Bussang. Maurice Pottecher, industriel et écrivain, le bâtit il y a 126 ans pour les ouvriers de son usine et les habitants de la vallée. Il porte fièrement son nom, le Théâtre du Peuple, singulier tant par la majesté de son cadre que par la qualité de sa programmation, qui honore la devise au fronton de la scène : "Par l'art pour l'humanité". 03 29 61 62 47 ; www.theatredupeuple.com

CARNET PRATIQUE

COMMENT S'Y RENDRE

Épinal est facilement accessible en train grâce à des liaisons TGV avec Paris (2 heures 15), et TER avec Nancy toutes les heures (1 heure 20 en moyenne).

OÙ SE LOGER

L'*Hôtel de la Basilique* s'élève sur la plus jolie place d'Épinal. À partir de 64 € ; 03 29 34 96 19 ; hoteldelabasilique.eu

Dans le secteur des Vosges de l'Est, à Gérardmer, *Le Grand Hôtel* séduit par sa déco chic et son atmosphère cosy. À partir de 212 € ; 03 29 63 06 31 ; grandhotel-gerardmer.com

AGENDA

Le Festival international du film fantastique (www.festival-gerardmer.com) a lieu en janvier à Gérardmer. Tous les deux ans, en avril, la fête des Jonquilles (www.fete-des-jonquilles-gerardmer-officiel.fr) y déploie un flamboyant corso composé d'impressionnants chars piqués de fleurs jaunes.

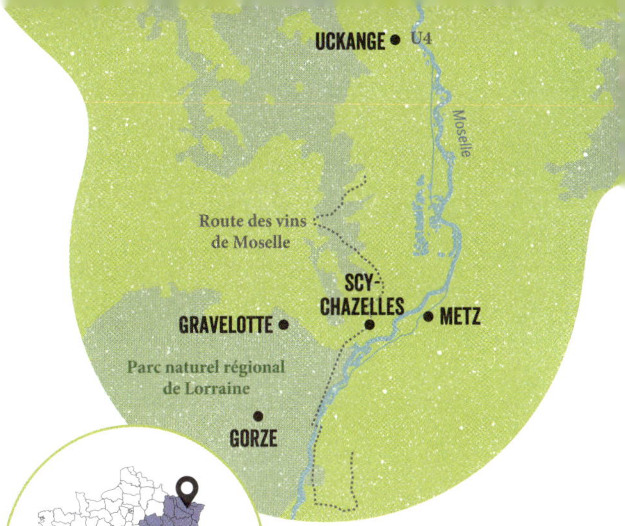

83

MOSELLE

Parcourir l'Histoire AU PAYS DE METZ

Oubliez les clichés ! Metz (que l'on prononce "mess") fait l'unanimité auprès des visiteurs, enchantés par la grande richesse patrimoniale et culturelle de cette belle ville de Lorraine. En point d'orgue, la **cathédrale Saint-Étienne**, joyau de l'art gothique flamboyant dont l'altière silhouette étonne par son bel éclat doré. Contrastant avec les ruelles du centre historique ou les vestiges des **murailles médiévales** (ci-contre), l'opulent **quartier impérial**, sorti de terre au début du XXe siècle, lorsque la ville était sous la domination allemande, s'organise autour de la monumentale gare SNCF, régulièrement élue "plus belle gare de France". En face, impossible de ne pas remarquer le colossal **hôtel des Postes**, de style néo-roman, aux airs de château, construit en grès rose des Vosges. Du parvis de la gare, plusieurs rues conduisent à l'impressionnante **avenue Foch**, qui marque la transition entre le quartier impérial et la vieille ville. Autour de sa capitale, le **Pays messin** se déploie en plaines et coteaux où alternent cultures, vignes et forêts. Parcourir ces calmes paysages révèle la riche histoire de la région, des vestiges d'un **aqueduc romain** à **Ars-sur-Moselle** aux friches industrielles réhabilitées qui trouvent une nouvelle vie. www.tourisme-metz.com

S'imprégner du patrimoine industriel à Uckange

De l'empire sidérurgique en Lorraine, il reste peu de vestiges, à l'exception de l'U4 à Uckange, l'un des plus beaux exemples du patrimoine industriel en France. Entre Metz et Thionville, ce "monstre de métal" de 80 m de haut est le seul haut-fourneau de France inscrit à l'inventaire supplémentaire des Monuments historiques. Les visites, libres ou audioguidées, en suivant un parcours à l'intérieur du site, sont possibles d'avril à octobre. Il sert également de cadre à une programmation culturelle et musicale de qualité : spectacle vivant, pièces de théâtre et concerts. www.hf-u4.com

Découvrir le vignoble du val de Metz

L'appellation vin de Moselle AOC a fêté ses 10 ans en 2021. Le périmètre de l'appellation est limité (680 ha), mais la qualité et l'originalité sont au rendez-vous. La production est issue de cépages différents, dont l'auxerrois, le müller-thurgau, le pinot gris et le pinot noir. La Route touristique des vins de Moselle dessert les pittoresques villages viticoles du Pays messin, dont Scy-Chazelles, Jussy, Vaux, Ancy-sur-Moselle, Dornot, Arry et Marieulles-Vezon. Plusieurs domaines renommés sont ouverts à la dégustation et à la vente.

Apprécier l'art contemporain au Centre Pompidou-Metz

Près de la gare ferroviaire se déploie un ovni architectural, le futuriste chapiteau blanc du Centre Pompidou-Metz (ci-dessous). Doté de volumes exceptionnels, ce lieu hors norme accueille plusieurs expositions temporaires par an (il n'y a pas de collection permanente). Elles s'appuient sur des prêts d'œuvres de la collection du Centre Pompidou, d'institutions publiques, de collections particulières et de commandes spécifiques à des artistes. www.centrepompidou-metz.fr

Se plonger dans la guerre de 1870

Le village de Gravelotte, situé à une quinzaine de kilomètres à l'ouest de Metz, abrite le musée de la Guerre de 1870 et de l'Annexion, le seul en Europe entièrement dédié à la guerre franco-prussienne de 1870-1871, à la suite de laquelle l'Alsace et la Moselle furent annexés par le IIe Reich (jusqu'en 1918). Le musée est érigé sur les lieux mêmes des combats d'août 1870. Il occupe un bâtiment moderne qui abrite une scénographie attrayante. www.mosellepassion.fr

PLUS DE TEMPS ?

→ **SCY-CHAZELLES** Dans la banlieue ouest de Metz, cet ancien village de vignerons doit sa notoriété à Robert Schuman (1886-1963), l'un des pères fondateurs de l'Europe, qui vécut dans le village. Sa maison, une demeure typiquement lorraine, évoque les grands moments de sa vie. Février-décembre ; 03 87 35 01 40

→ **GORZE** Niché au creux d'un vallon, Gorze est l'un des plus beaux villages du Pays messin. Organisé autour d'une ancienne abbaye bénédictine dont on peut admirer la collégiale — belle transition entre roman et gothique —, le village est un bon point de départ pour de belles balades au cœur du parc naturel régional de Lorraine.

Le musée de la Cour d'or

À deux pas de la cathédrale de Metz, cet ensemble muséal de premier plan rassemble des collections gallo-romaines, médiévales et de beaux-arts, valorisées par une scénographie moderne. La visite débute par la partie gallo-romaine, qui compte parmi les plus importantes de France. La partie médiévale (époques mérovingienne et carolingienne) n'est pas en reste, avec des plafonds peints du XIIIe siècle. Le parcours s'achève par la galerie de peintures, où sont représentés des artistes de l'École de Metz (XIXe siècle). www.musee.eurometropolemetz.eu

CARNET PRATIQUE

COMMENT S'Y RENDRE

Au départ de Paris, des TGV desservent la gare de Metz en 1 heure 20.

En voiture, Metz est à un carrefour autoroutier, sur l'A31 et l'A4.

OÙ SE LOGER

À deux pas de la cathédrale, l'*Hôtel de la Cathédrale* (à partir de 89 € ; 03 87 75 00 02 ; hotelcathedrale-metz.fr) occupe un immeuble de caractère du XVIIe siècle. Dans le quartier impérial, la *Villa Camoufle* (à partir de 220 € ; 06 81 27 26 27 ; villacamoufle.fr) respire le luxe discret.

AGENDA

Chaque été, le festival Constellations (www.constellations-metz.fr) invite à une redécouverte artistique et culturelle de la ville, sous le prisme des arts numériques. En décembre, les marchés de Noël s'installent sur les places du centre-ville.

84

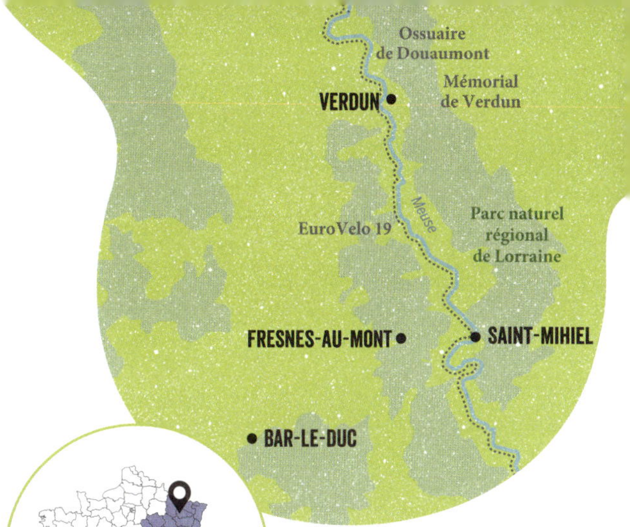

MEUSE

Se plonger dans l'Histoire

À VERDUN ET DANS LA VALLÉE DE LA MEUSE

Filant du sud au nord, la Meuse traverse au fil de ses méandres des paysages variés, entre collines, bocages et forêts. Point d'orgue de la région, la ville de **Verdun** et les poignants champs de bataille de la **Première Guerre mondiale**. Une visite s'impose au **mémorial de Verdun**, pour une plongée au cœur de l'une des batailles les plus meurtrières du conflit, entre le 21 février et le 18 décembre 1916. Monument emblématique des sites mémoriels, l'**ossuaire de Douaumont**, inauguré en 1932, comprend un cloître voûté qui abrite les caveaux où reposent 130 000 soldats non identifiés. Il est surmonté d'une tour haute de 46 m, en forme d'obus. Parmi les vestiges à visiter, les **forts de Vaux** et de **Douaumont**, dont les galeries dévoilent les rudes conditions de vie des soldats. Pour une échappée plus souriante, filez à **Commercy** pour déguster la madeleine locale, ou découvrez l'agréable **Saint-Mihiel**, au patrimoine architectural et artistique remarquable.

Marcher au milieu d'œuvres d'art contemporain

Marier l'art contemporain, la nature, la ruralité et la randonnée, c'est l'essence de Vent des Forêts, une démarche créative insolite au cœur du département de la Meuse. Depuis 1997, plus de 220 œuvres d'art ont été réalisées par des artistes de renom puis disséminées dans la campagne vallonnée et boisée, dans le secteur de Fresnes-au-Mont, à 35 km de Verdun. À découvrir en empruntant l'un des sept circuits balisés, accessibles librement à pied, à VTT ou à cheval.
www.ventdesforets.com

Pédaler en suivant l'EuroVelo 19

Long de 900 km, l'itinéraire cyclotouristique EuroVelo 19 appelé "La Meuse à vélo" va de Langres (Haute-Marne) à l'embouchure de la mer du Nord et traverse la Lorraine en suivant le cours de la Meuse sur environ 200 km. Au programme : quatre étapes pour découvrir une Lorraine méconnue, entre coteaux boisés, campagne paisible et bourgs chargés d'histoire. Le tracé alterne entre des voies vertes sécurisées et des routes secondaires à faible circulation.
www.meuseavelo.eu

Trembler sur le champ de bataille

Pour comprendre la Grande Guerre, une visite s'impose au mémorial de Verdun, un musée à la scénographie moderne qui propose une plongée immersive dans la bataille, grâce à 2 000 objets de collection, des photos et des dispositifs audiovisuels de nouvelle génération. Les visiteurs se retrouvent ainsi au cœur de l'expérience vécue par les soldats.
memorial-verdun.fr

Visiter Saint-Mihiel, la petite Florence lorraine

Le centre historique de cette petite ville, située au creux d'une vallée environnée de coteaux verdoyants, abrite un riche patrimoine architectural, civil et religieux. Installée dans l'aile sud de l'abbatiale, la magnifique bibliothèque bénédictine achevée en 1775 possède près de 9 000 ouvrages, dont des rares manuscrits du VIIIe au XVIIIe siècle. Au détour des rues, on découvre de superbes hôtels particuliers du XVIe siècle. saint-mihiel.fr/tourisme-memoire

PLUS DE TEMPS ?

→ **BAR-LE-DUC** Bar-le-Duc est divisée en ville haute, perchée sur un promontoire, et ville basse, traversée par la rivière Ornain et le canal de la Marne au Rhin. La ville haute regorge de demeures datant de la Renaissance, dont l'hôtel de Florainville, qui abrite aujourd'hui le palais de justice, et les hôtels particuliers qui bordent la place Saint-Pierre. www.tourisme-barleduc.fr

→ **MONTMÉDY** À quelques kilomètres à l'est de la vallée de la Meuse, Montmédy est dominée par de puissants remparts (construits sous Charles Quint puis transformés par Vauban) d'où l'on embrasse un panorama superbe sur la campagne lorraine. www.tourisme-montmedy.com.

Citadelle souterraine de Verdun

On prend un cours d'histoire grandeur nature et immersif dans ce site historique, modernisé en 2021 grâce à une scénographie dernier cri. Édifiée au XVIIe siècle, puis aménagée ultérieurement avec des galeries souterraines, cette citadelle servit de base arrière et de lieu de transit pour les soldats pendant la Première Guerre mondiale. Le parcours dans les galeries s'effectue à bord d'une nacelle filoguidée. Équipé de lunettes de réalité augmentée, on se met dans la peau d'un soldat, dont on partage le quotidien restitué grâce aux projections et aux effets spéciaux. www.citadelle-souterraine-verdun.fr

CARNET PRATIQUE

COMMENT S'Y RENDRE

Au départ de Paris, des TGV desservent la gare de Meuse-TGV (1 heure), à 30 km de Bar-le-Duc et de Verdun. Correspondances en car pour Verdun, Bar-le-Duc et Commercy.

OÙ SE LOGER

On trouve des hôtels à Verdun, et des chambres d'hôtes dans les bourgs et villages. Sur les quais de Meuse, *Les Jardins du Mess* (03 29 80 14 18 ; lesjardinsdumess.fr) est un quatre-étoiles aménagé dans l'ancien mess des officiers. Au pied de la ville haute, l'*Hôtel de Montaulbain* (06 13 56 47 08 ; hoteldemontaulbain.fr) dispose de 10 chambres, à la décoration chaleureuse.

AGENDA

Chaque week-end de fin juin à août, les quais de Verdun accueillent le festival Musiques et Terrasses, avec de nombreux concerts et spectacles en plein air. Également à Verdun en été, Des flammes... à la lumière (www.spectacle-verdun.com), un spectacle son et lumière sur le thème de la Grande Guerre.

85

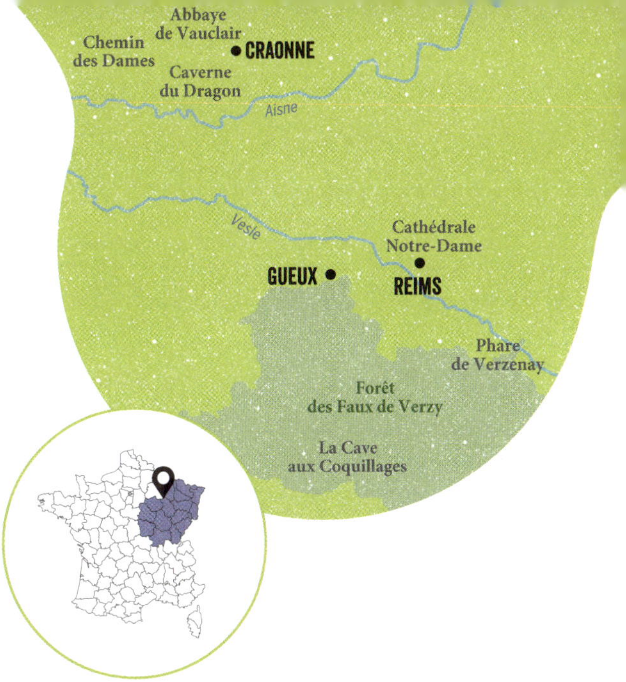

MARNE

Marcher dans les pas des rois

AU PAYS DU CHAMPAGNE

Clovis, Saint Louis, François Ier, Louis XIV... Passer un week-end à Reims, c'est déambuler sur un sol foulé par une trentaine de rois de France. Les monarques étaient sacrés dans l'impressionnante **cathédrale** (ci-contre) – plus grande que Notre-Dame-de-Paris et comptant **2 303 statues** en façade ! À l'intérieur, les vitraux contemporains, dont ceux de **Marc Chagall**, rappellent l'histoire tourmentée d'un édifice fortement endommagé par la Première Guerre mondiale. Pour en savoir plus sur l'histoire des sacres et de la cathédrale, rendez-vous au **palais du Tau**, juste à côté. L'autre grande richesse de la région, c'est bien sûr le champagne ! **Épernay**, à 30 km, s'en revendique la capitale avec 110 km de caves. Son avenue du Champagne, bordée de grandes maisons de négoce et d'hôtels particuliers, est classée au patrimoine mondial de l'Unesco – poussez les portes pour profiter de visites et de dégustations. Autre façon de découvrir la ville : prendre de la hauteur sur la **nacelle d'un ballon** (adulte/enfant 12/6 € ; 03 26 57 89 24 ; www.ballon-epernay.com) pour admirer la ville et le paysage viticole à 150 m d'altitude !

Se recueillir au Chemin des Dames

À 40 minutes de Reims, le Chemin des Dames, théâtre des tragiques batailles de 1917, est l'un des hauts lieux de la Première Guerre mondiale. L'ancien village de Craonne, devenu arboretum, l'abbaye de Vauclair ruinée à la Révolution puis achevée par la guerre, sont deux des étapes les plus émouvantes. La Caverne du Dragon, une ancienne carrière prise par les Allemands en 1917, met en perspective l'histoire du premier conflit mondial sur ces terres axonaises. www.chemindesdames.fr

Visiter la basilique Saint-Remi

Autre joyau de l'architecture religieuse de Reims, la basilique Saint-Remi est un bel exemple d'art roman dans le nord du pays. Le tombeau de l'évêque Remi, qui baptisa Clovis vers 498, occupe le centre du chœur de l'édifice, long de 126 m. Le musée Saint-Remi (03 26 35 36 90 ; musees-reims.fr) présente l'histoire de la ville de Reims jusqu'au XIXe siècle.

Grimper dans un phare

La Champagne est comparée parfois à un océan de vignes – d'ailleurs, elle possède son propre phare à Verzenay. En 1909, Joseph Goulet fit bâtir cette tour de 25 m sur une butte pour faire connaître son champagne. Un siècle plus tard, le phare et ses 101 marches sont toujours une curiosité. Un écomusée de la vigne et du champagne y est adossé. 03 26 07 87 87 ; www.lepharedeverzenay.com

S'initier à la taille de pierre

Pour comprendre les miracles des cathédrales, rien de tel que de manier l'outil. L'atelier Léon-Noël, spécialisé dans la rénovation des monuments historiques, propose avec l'office du tourisme une initiation de 1 heure 30 à la taille de pierre. Qui tentera de se transformer en bâtisseur de cathédrales ? Adulte/enfant 35/10 € ; 03 26 77 45 00 ; www.reims-tourisme.com

S'étonner devant les faux de Verzy

La région de Reims, ce sont aussi des massifs forestiers, labellisés Forêt d'exception et théâtres de multiples balades. Dans la forêt de Verzy, les promeneurs croisent une concentration d'arbres étonnants : les faux (ci-dessus). Il s'agit d'hêtres tortillards, aux branches tortueuses très singulières en raison d'une mutation génétique. Des sentiers partent à la découverte de cette espèce qui continue d'intriguer les botanistes. verzy.fr/les-faux

PLUS DE TEMPS ?

→ **CIRCUIT DE GUEUX** En arrivant à Gueux, la route départementale 27 traverse un ancien circuit de Formule 1 ! Immense tribune, panneau d'affichage, pavillon de chronométrage, stands, désormais classés Monument historique, sont encore visibles. Visite libre.

→ **CAVE AUX COQUILLAGES** Il y a 45 millions d'années, Fleury-la-Rivière et la Champagne étaient sous la mer ! Deux cent cinquante mètres de galeries permettent d'observer 300 espèces de fossiles de coquillages et d'animaux marins dans le contexte. À la fin de la visite, dégustation d'une coupe de champagne, car, au-dessus... poussent des vignes ! Réservation conseillée. 03 26 58 36 43 ; www.geologie-oenologie.fr

Le biscuit rose

Craquant et fondant, le biscuit rose, qui doit sa couleur au carmin, est l'autre patrimoine culinaire de Reims. À base d'œufs, sucre et farine, et parfumé à la vanille, il est un complément parfait au champagne ! Ce biscuit est né dans les années 1690 de boulangers qui voulaient profiter de la chaleur de leur four après le défournage. Aujourd'hui, la Maison Fossier en est le dépositaire et fait même visiter sa biscuiterie. Avant dégustation ! www.fossier.fr

CARNET PRATIQUE

COMMENT S'Y RENDRE

Comptez 2 heures à 2 heures 30 pour rallier Reims en voiture depuis Paris, Lille et Metz. Une gare TGV est reliée à Paris (45 minutes). Des trains circulent entre Reims et Épernay.

OÙ SE LOGER

Reims bien sûr, mais aussi Épernay (30 km au sud), sont les destinations favorites pour loger, au plus proche de l'animation… et des dégustations de champagne. Proche de la cathédrale, l'*Hôtel de la Paix* à Reims est une valeur sûre. À partir de 140 € ; 03 26 40 04 08 ; www.bestwestern-lapaix-reims.com

AGENDA

Les fêtes johanniques sont incontournables en juin. Un hommage à Jeanne d'Arc venue faire sacrer Charles VII. En décembre, le marché de Noël est l'un des plus importants de France.

86

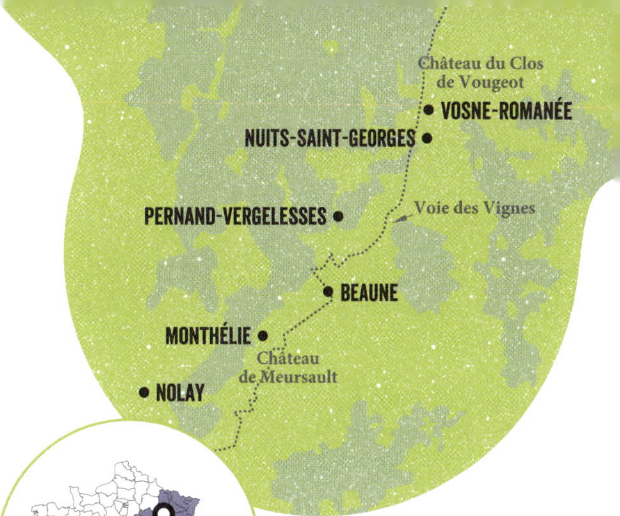

CÔTE-D'OR

Faire la tournée
DES GRANDS CRUS DE BOURGOGNE

En guise de tournée, ce sont deux excursions au départ de Beaune – plaque tournante du commerce du vin de Bourgogne depuis le XVIIIe siècle – qui vous permettront de découvrir ce que le pinot noir et le chardonnay produisent de meilleur. Première journée : cap au sud pour un *wine trip* le long de la **Côte de Beaune**. Au menu, les délices des châteaux de Pommard et de Meursault, deux domaines prestigieux à moins de 10 km de Beaune, facilement accessibles en train ou à vélo via l'agréable **voie des Vignes** cheminant en contrebas des collines viticoles. Le lendemain, direction la **Côte de Nuits** au nord. Cette langue de terre de 40 km de long pour 1 km de large produit deux tiers des grands crus que compte la Bourgogne. Étapes à **Nuits-Saint-Georges**, **Vosne-Romanée** (berceau du fameux romanée-conti) et au château du Clos de Vougeot. Au retour, gagnez le village de **Pernand-Vergelesses** pour un panorama enivrant sur Beaune et son vignoble. Le soir, l'art de vivre beaunois s'offre à vous : ses caves, ses bars à vins et ses restaurants où dorment de fabuleux millésimes.
www.vins-bourgogne.fr

Traverser les plus beaux villages vignerons

Avec ses maisons médiévales à colombages et encorbellements et ses grandes halles du XIVe siècle, Nolay est l'un des villages les plus gracieux de la Route des grands crus. À 5 km de là, le château néogothique de La Rochepot compose un décor de carte postale avec ses éclatantes toitures de tuiles colorées vernissées. Au sud-ouest de Beaune, le bourg pittoresque de Monthélie, doté d'un château du XVIIIe siècle et d'une belle église romane, offre de très beaux points de vue sur la région.

Explorer les caves beaunoises

Sous les pavés beaunois se cache un monde secret et silencieux : les caves historiques où vieillissent les plus grands crus de Bourgogne. La Maison Patriarche (03 80 24 53 78 ; www.patriarche.com) dissimule un dédale de galeries voûtées où reposent des milliers de bouteilles. Les caves de la Maison Drouhin (03 80 24 68 88 ; www.drouhin-oenotheque.com) se déploient au cœur du centre-ville, sous l'ancien parlement de Bourgogne. La Maison Champy (03 80 23 75 21 ; www.maisonchampy.com) recèle dans ses entrailles de belles caves fleurant bon le bois des fûts. Enfin, sous l'ancienne église des Cordeliers reposent les précieux millésimes du marché aux Vins (03 80 25 08 20 ; www.marcheauxvins.com).

Jouer les prolongations en Côte chalonnaise

Prolongement naturel en Saône-et-Loire de la "Route des grands crus", la Côte chalonnaise produit de belles appellations, moins connues (et donc moins chères) que leurs voisines de Côte-d'Or, parmi lesquelles Mercurey, Givry, Montagny, Bouzeron ou Rully (qui abrite aussi deux grandes maisons de crémants). Rendez-vous à la Maison Millebuis à Buxy pour des dégustations gratuites et de nombreuses propositions œnotouristiques, dont quatre itinéraires de balades viticoles. 03 85 92 03 03 ; www.millebuis.fr

Admirer le plus riche des "palais pour les pauvres"

Difficile de se rendre à Beaune sans visiter ses fameux hospices. Franchissez la porte de l'hôtel-Dieu pour découvrir la richesse de ses ornementations et son exceptionnelle toiture de tuiles émaillées multicolores. La grande salle aux allures de nef, destinée aux malades, subjugue par son immensité et le raffinement de sa décoration. Un bijou du gothique flamboyant, plus proche du château que de l'hôpital. 03 80 24 45 00 ; hospices-de-beaune.com

PLUS DE TEMPS ?

→ **AUXOIS** Au sud-ouest de la Côte-d'Or, à 1 heure de Beaune, l'Auxois déroule collines et prairies traversées par une multitude de rivières. Au fil de petites routes champêtres, on tombe sur plusieurs sites bourguignons emblématiques, tels la cité médiévale de Semur-en-Auxois, l'abbaye romane de Fontenay (03 80 92 15 00 ; www.abbayedefontenay.com ; ci-dessus), chef-d'œuvre de l'architecture cistercienne, mais aussi le site historique de la bataille d'Alésia et son muséoparc (03 80 96 96 23 ; www.alesia.com), ou encore deux des plus beaux villages de la région, Châteauneuf-en-Auxois et Flavigny-sur-Ozerain, célèbre pour ses bonbons à l'anis, toujours fabriqués à l'abbaye de Flavigny (03 80 96 20 99 ; www.anis-flavigny.com).

Les "climats" bourguignons

Le "climat" désigne une parcelle de vignes à l'identité marquée, tant culturelle, par son histoire, que naturelle, par ses sol et sous-sol, son exposition et sa météorologie. En Bourgogne, au fil des siècles, les vignerons ont cherché à révéler le potentiel du moindre bout de terre, si bien qu'à quelques mètres de distance, une même appellation ne produit pas le même vin, même si elle est issue du même cépage. Sur 8 000 ha de vignes, les Côtes de Nuits et de Beaune comptent plus de 1 247 climats, inscrits au patrimoine mondial par l'Unesco, qui note que "nulle part ailleurs la volonté de relier le vin au lieu qui le produit n'a été poussée aussi loin, et de manière aussi raffinée, qu'en Bourgogne". www.climats-bourgogne.com

CARNET PRATIQUE

COMMENT S'Y RENDRE

En train, Beaune se situe à 3 heures environ de Paris, 1 heure 45 de Lyon. Beaune se situe à 45 km au sud de Dijon (A31), à 300 km de Paris (A6) et à 170 km de Lyon. Des TER réguliers rejoignent Dijon en moins de 30 minutes.

OÙ SE LOGER

Dans le centre de Beaune, l'*Hôtel Athanor*, installé dans un ancien couvent bénédictin, propose des chambres confortables à prix raisonnables. À partir de 79 € ; 03 80 24 09 20 ; hotel-athanor.com

Il en va de même de l'*Hostellerie de Bretonnière*, installée dans un ancien relais de poste du XVIIIe siècle. À partir de 92 € ; 03 80 22 15 77 ; www.hotelbretonniere.com

AGENDA

Durant tout l'été et autour de Noël, de la tombée de la nuit jusqu'à 1h du matin, le parcours-spectacle "Chemin de lumière" anime les monuments emblématiques de Beaune.

87

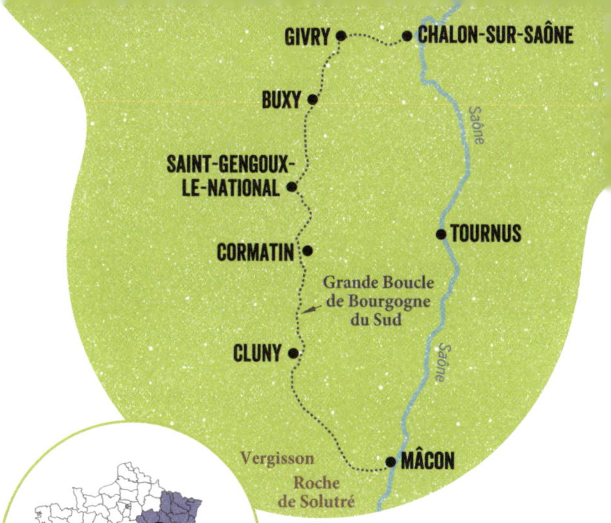

SAÔNE-ET-LOIRE

Combiner œnotourisme, culture et vélo

AUTOUR DE L'ABBAYE DE CLUNY

Bienvenue dans la région la plus méridionale de Bourgogne ! À la croisée des grands axes européens, ce carrefour fut et demeure une terre d'échanges et de passages. Une terre bourguignonne paisible et abordable, qui dévoile ses charmes aux visiteurs en quête de sérénité. Du nord au sud coule la **Saône**, cœur de la région, le long de laquelle le trio **Mâcon**, **Cluny** (ci-contre) et **Tournus** forme une sorte de triangle d'or. Cette contrée déploie un **paysage vallonné**, alternant lignes de vignes, bocages, douces forêts et petits monts ne dépassant pas les 600 m. On y découvre, entre autres, la prestigieuse **abbaye de Cluny**, l'emblématique mais non moins singulière **roche de Solutré**, et les excellents **vignobles du Mâconnais** – dédiés principalement aux vins blancs et au cépage chardonnay. Entre champs de blé et pâturages de vaches charolaises, il émane de ce bout de Saône-et-Loire une irrésistible **douceur de vivre**.

Imaginer la grandeur passée de Cluny

Au Moyen Âge, Cluny fut la capitale spirituelle et politique de toute l'Europe, et abrita alors la plus grande église de la chrétienté : la Maior Ecclesia. Véritable ville dans la ville, l'abbaye de Cluny (www.cluny-abbaye.fr) nous permet de comprendre l'ampleur et les ressorts complexes de ce riche épisode historique. La ville, quant à elle, offre l'une des plus importantes densités de maisons médiévales, principalement romanes, encore en élévation, et sa place principale dévoile, à ciel ouvert, les vestiges des colonnes de l'ancienne avant-nef. Ne manquez pas non plus la visite du musée d'Art et d'Archéologie et de la tour des Fromages, avec son exceptionnel panorama sur la cité-abbaye. www.cluny-tourisme.com

Pédaler sur la voie verte

Entre Mâcon et Chalon-sur-Saône, la Grande Boucle de Bourgogne du Sud est une longue voie verte de 145 km. Reliant les deux villes, le côté ouest de la boucle (70 km) est notre préféré : il serpente à travers les monts du Mâconnais et la Côte chalonnaise – via Cluny, Cormatin, Saint-Gengoux-le-National, Buxy ou encore Givry. Tout au long de l'itinéraire sont aménagées des boucles (en voies partagées sur de petites routes) permettant de rayonner dans les alentours. L'itinéraire complet est à télécharger sur www.destination-saone-et-loire.fr, et l'application Voie Verte 71 est entièrement dédiée au parcours.

Déguster les appellations de Bourgogne

Ultra-renommés, les vins de Bourgogne réservent de belles découvertes, avec de nombreuses appellations de qualité. Au sud, le vignoble du Mâconnais est le royaume des appellations Villages : Pouilly-Fuissé, Saint-Vérand, Pouilly-Loché, Pouilly-Vinzelles, etc. Plus au nord, vous croiserez Viré-Clessé (AOP en 1998), puis, sur la Côte chalonnaise, la "Route touristique des grands vins" vous fera naviguer à travers cinq prestigieuses appellations Villages : Mercurey, Givry, Rully, Montagny et Bouzeron.

Se prendre en photo à Chalon-sur-Saône

Aménagée sur les rives de la Saône et disposant même d'une île, Chalon-sur-Saône fait preuve d'une étonnante vitalité. Labellisée "Ville d'art et d'Histoire", elle regorge de maisons à colombages, de tours, de fortifications, et s'enorgueillit d'une cathédrale dont le cloître est un véritable bijou. Elle est également la cité de Nicéphore Niépce, inventeur de la photographie, auquel elle consacre un excellent musée (03 85 48 41 98 ; www.museeniepce.com).

Gravir la roche de Solutré

Les silhouettes singulières des roches de Solutré (493 m ; page ci-contre) et Vergisson (485 m) sont l'un des emblèmes du département. Leurs sommets s'atteignent chacun par un chemin aménagé de 1 heure environ aller-retour (4 km). De nombreux itinéraires pédestres ont été balisés, dont le "circuit des Trois Roches" (3 heures 45 environ). Ne manquez pas non plus une visite du musée de Préhistoire de Solutré. rochedesolutre.com

PLUS DE TEMPS ?

→ **MÂCON** Tout au sud de la Saône-et-Loire, Mâcon déroule un centre ancien (et piéton), à l'atmosphère paisible. Sur les quais de Saône trône fièrement la statue d'Alphonse de Lamartine, l'un de ses plus célèbres enfants. Une visite du musée des Ursulines sera à ce titre instructive.

→ **BERZÉ-LE-CHÂTEL ET VAL LAMARTINIEN** Long de 73 km, le "val lamartinien" égrène comme un chapelet poétique les lieux que fréquenta Lamartine. L'occasion de visiter également la forteresse de Berzé-le-Châtel (ci-dessus), à la silhouette majestueuse, et la chapelle des Moines, célèbre pour ses peintures murales du XIIe siècle.

L'abbaye de Cluny

L'influence de Cluny sur l'Europe et la chrétienté fut majeure. Fondée au Xe siècle selon la règle de Saint-Benoît, l'abbaye va connaître jusqu'à la fin du XIIe siècle un développement considérable et devenir la maison-mère de près de 2000 sites clunisiens. Elle rayonne alors sur toute l'Europe, jusqu'aux confins de la chrétienté, et devient le siège du plus grand ordre monastique d'Occident, l'ordre clunisien. Elle possède par ailleurs la Maior Ecclesia : la plus grande église de toute la chrétienté, dont la première pierre fut posée en 1088, sous l'abbatiat d'Hugues de Semur. Sa position se délite ensuite progressivement, et la Révolution française entraînera sa vente, puis sa destruction.

CARNET PRATIQUE

COMMENT S'Y RENDRE

Mâcon dispose d'une gare TGV, Mâcon-Loché, reliée en 1 heure 38 à Paris.

Le site Mobigo centralise les différents transports en commun sur le département. www.viamobigo.fr

OÙ SE LOGER ET SE RESTAURER

À Cluny, la *Maison Tandem* offre une escale parfaite en centre-ville. 06 67 27 82 46 ; maison-tandem.com

Dans les environs, la maison d'hôtes *Tomette singulière* fait aussi partie des plus belles adresses de la région. 03 85 39 86 16 ; www.tomettesinguliere.com

Près de la roche de Solutré, nous vous recommandons *La Courtille de Solutré*, dont la table est également excellente. Menu autour de 40 € ; 03 85 35 80 73 ; www.lacourtilledesolutre.fr

AGENDA

Chaque été, au mois de juillet, Chalon-sur-Saône vibre au rythme du festival Chalon dans la rue, consacré depuis 1987 au théâtre de rue. www.chalondanslarue.com

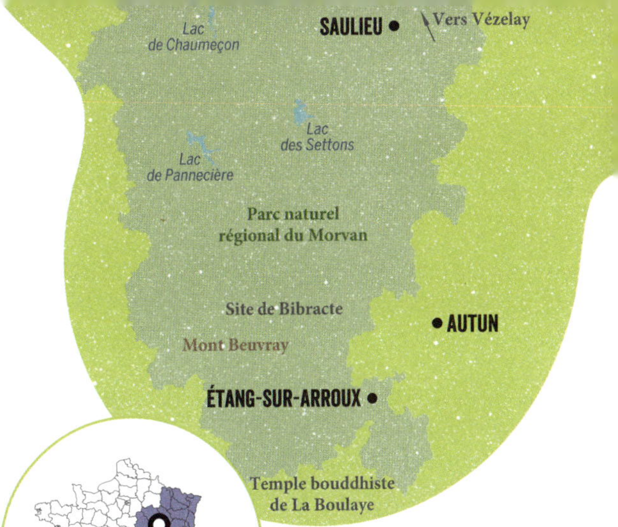

88

CÔTE-D'OR, NIÈVRE, SAÔNE-ET-LOIRE

Contempler les panoramas DU MASSIF DU MORVAN

Îlot de granit émergeant au centre de la France, à mi-chemin entre Lyon et Paris, le Morvan offre, malgré la hauteur relative de ses "montagnes", des panoramas exceptionnels. C'est notamment le cas au sommet du **mont Beuvray**, choisi à la fin du IIe siècle av. J.-C. par les Éduens, le plus puissant des peuples gaulois, pour y installer leur capitale, **Bibracte**. L'autre attrait du Morvan, ce sont ses **grands lacs artificiels** cernés de pins. Lac des Settons, de Pannecière, de Chaumeçon... Tantôt sauvages, tantôt aménagés pour la baignade et les sports nautiques, ces vastes plans d'eau justifient l'appellation de **"petit Canada"** accolée à cette terre de collines et de forêts touffues. On l'aura compris, cette mini-chaîne de montagnes regorge d'**activités nature** : randonnée, VTT, rafting, paddle, etc. Mais pas seulement. **Autun** et ses environs rassemblent de nombreux musées artistiques et historiques qui valent le détour. Cela tombe plutôt bien car les nuages venus de l'Atlantique rencontrent ici leurs premiers reliefs. Ce qui peut occasionner quelques ondées.

Révérer les femmes du musée Rolin

En face de la cathédrale d'Autun et de son célèbre tympan, l'hôtel particulier de Nicolas Rolin, chancelier du duc de Bourgogne au XVe siècle, abrite le musée Rolin, haut lieu de l'histoire de l'art. Il brille grâce à trois figures féminines : *La Tentation d'Ève* (XIIe siècle), fragment du portail latéral de la cathédrale, retrouvé par hasard au XIXe siècle, *La Vierge Bulliot* (XVe siècle), sculpture à la robe d'une incroyable complexité, et *La Nativité au cardinal Jean Rolin* (1480), tableau ultra-réaliste du primitif flamand Jean Hey (identifié comme le "Maître de Moulins") qui, à lui seul, attire les amateurs du monde entier. 03 85 52 09 76 ; www.museerolin.fr

Caresser Pompon du regard à Saulieu

On connaît François Pompon sans le savoir grâce à son fameux ours blanc, œuvre iconique exposée au musée d'Orsay. Mais le sculpteur qui, mieux que quiconque, donnait vie aux animaux en gommant ombres et aspérités de leur pelage ou de leur plumage n'est pas le père d'une seule œuvre. À Saulieu, le musée François-Pompon expose une trentaine de ses œuvres. À deux pas des chapiteaux romans de la basilique Saint-Andoche, autre offrande à l'art sculptural. 03 80 64 19 51 ; saulieu.fr/musee-francois-pompon

Prendre de la hauteur à Vézelay

À l'extrême nord du Morvan, à 1 heure 30 d'Autun, Vézelay (page ci-contre) domine depuis son mur d'enceinte l'un des plus beaux paysages de Bourgogne. En automne, cette mosaïque de vignobles, de prés et de champs de tournesols scintille tel un tableau impressionniste. Haut lieu de pèlerinage vers Saint-Jacques de Compostelle, la basilique Sainte-Madeleine, érigée au Xe siècle, est dotée d'un tympan considéré comme un chef-d'œuvre du style roman bourguignon. Elle abriterait les reliques de la sainte du même nom, qui font l'objet d'une procession dans le village chaque année, le 22 juillet. www.basiliquedevezelay.org

Réhabiliter les Gaulois

Au pied du mont Beuvray, le musée Bibracte restaure la réputation des Gaulois. Grâce à une muséographie illustrée et variée, on y apprend que nos ancêtres excellaient dans l'élevage, dans l'artisanat et... qu'ils savaient même écrire ! Les pièces exposées proviennent des fouilles effectuées à quelques centaines de mètres sur le site de l'oppidum-capitale bâti par les Éduens. Saint-Léger-sous-Beuvray ; 03 85 86 52 35 ; www.bibracte.fr

PLUS DE TEMPS ?

→ **ALLIGNY-EN-MORVAN** À 10 km du lac des Settons, le musée des Nourrices et des Enfants de l'Assistance publique d'Alligny-en-Morvan raconte un pan méconnu de l'histoire de France : celui de l'industrie nourricière. Témoignages, explications claires, photographies et objets d'époque... Tout est intéressant ! 03 86 78 44 05 ; www.museedesnourrices.fr

→ **TEMPLE BOUDDHISTE DE LA BOULAYE** Au sud, un bâtiment religieux inattendu vaut le détour : le Palden Shangpa La Boulaye, construit en 1985 par des artisans spécialement venus du Bhoutan. Tout un chacun peut assister aux rituels. Déconnexion garantie. paldenshangpalaboulaye.org

Une ville et deux mystères

Au Ier siècle apr. J.-C., pour mieux soumettre et séduire les Gaulois installés à Bibracte, l'empereur Auguste leur construit une ville de toutes pièces. Augustodunum (Autun) rivalise alors d'importance avec Lugdunum (Lyon). Son théâtre romain est le plus grand de la Gaule. De cette période subsistent les portes monumentales qui donnaient accès à la cité romaine. Ainsi que les vestiges de deux étranges bâtiments : le temple de Janus dont on ignore la fonction exacte, et la pierre de Couhard, mystérieuse pyramide sur les hauteurs de la ville.

CARNET PRATIQUE

COMMENT S'Y RENDRE

Les trains ne s'arrêtent plus en gare d'Autun. Des cars desservent Étang-sur-Arroux, la gare ferroviaire la plus proche, à 1 heure 40 de Dijon et 1 heure de la gare de TGV de Montchanin-Le Creusot.

Via l'A6, Autun se situe à 320 km de Paris (3 heures 40) et à 190 km de Lyon (2 heures 15).

OÙ SE LOGER

Autun concentre de belles chambres d'hôtes, comme la *Maison Sainte-Barbe* (03 85 86 24 77 ; www.maisonsaintebarbe.com) en plein centre, ou le *Château de Millery* (06 07 31 02 84 ; www.chateaudemillery.fr) à la campagne.

AGENDA

Course de chars, danses, feux d'artifice... Chaque année en août, le spectacle *Augustodunum* fait revivre les grandes heures romaines de la cité d'Auguste. Renseignements à l'office du tourisme d'Autun. 03 85 86 80 38 ; festivalaugustodunum.wordpress.com

QUERCY

89

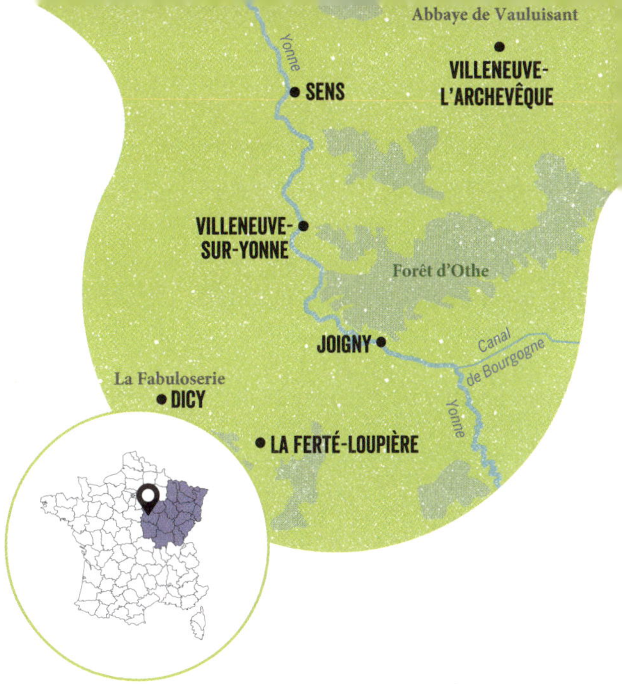

YONNE

Flâner entre ville et forêt DANS LA RÉGION DE SENS

On y trouve la première cathédrale de style gothique de France, de belles maisons à pans de bois du XVIe siècle et de magnifiques halles couvertes très animées, cernées de nombreux cafés-restaurants... Capitale de l'Yonne, **Sens** a le charme de ces villes moyennes héritières du riche patrimoine que leur a légué un passé glorieux. Au **musée de Sens**, sis dans l'ancien palais des archevêques, on retrouve ainsi les bijoux et les sculptures des Senons, le peuple gaulois qui contrôlait la région, non loin de tableaux de Pieter Bruegel et de Watteau. À deux pas, la **cathédrale Saint-Étienne** possède de rarissimes vitraux du XIIIe siècle, de toute beauté. Si le temps est de la partie, après une promenade dans les **ruelles** du centre-ville, évadez-vous dans les jardins et les serres tropicales du **parc du Moulin à Tan**, vaste parc paysager qui ravira aussi les plus jeunes. Au-delà de sa capitale, le **Sénonais** mérite une exploration. Partez à la découverte de ce coin de Bourgogne aux confins de l'Île-de-France et de la Champagne : remontez l'Yonne pour découvrir de **beaux villages** ou filez vers l'est en direction de l'immense **forêt d'Othe**.

Se gorger d'art brut

À 40 km au sud de Sens, le hameau de Dicy accueille un "fabuleux" centre d'art brut : La Fabuloserie. À l'intérieur, une exposition très riche montre les œuvres de nombreux artistes et évoque leur parcours singulier et leurs techniques. À l'extérieur, dans le "Jardin habité", plusieurs créations et installations – dont le fascinant manège de Petit Pierre – jalonnent un parcours autour d'un plan d'eau. 03 86 63 64 21 ; www.fabuloserie.com

Naviguer sur l'Yonne

Une balade sur les quais aménagés et piétonniers des bords de l'Yonne vous donnera peut-être envie de voguer sur l'eau. Pour ce faire, direction Villeneuve-sur-Yonne d'où vous pourrez partir en pénichette (06 68 18 30 57) ou en canoë-kayak (07 83 74 83 05 ; www.openkayaksarl.com). Cette charmante petite cité possède même une plage surveillée au bord de la rivière.

Lire une BD du Moyen Âge

À La Ferté-Loupière, à 45 km au sud de Sens, l'église Saint-Germain est renommée pour ses peintures murales représentant le *Dict des Trois Morts et des Trois Vifs* suivi par une Danse macabre, l'une des rares en France : 42 personnages, en habits du Moyen Âge, sont accompagnés par des hommes squelettiques à tête de mort, grimaçants ou moqueurs... L'émotion est au rendez-vous.

Boire un côte-saint-jacques à Joigny

En rouge, en blanc ou en gris, le plus septentrional des vignobles bourguignons s'est taillé une belle renommée depuis l'octroi de l'AOC Bourgogne-Côte-Saint-Jacques en 1996. Il domine la ville de Joigny, qui mérite le détour pour ses maisons à pans de bois et ses églises Saint-Thibault et Saint-Jean abritant une belle statuaire. Si vous êtes prêt à une folie, l'une des grandes tables bourguignonnes vous attend : La Côte Saint-Jacques (03 86 62 09 70 ; www.cotesaintjacques.com) du chef Jean-Michel Lorain.

Sillonner le pays d'Othe

Région naturelle à cheval entre l'Yonne et l'Aube, le pays d'Othe a le charme de ses douces collines, de sa vaste forêt et de ses pommiers dont on fait du jus et du cidre. À l'est de Sens, Villeneuve-l'Archevêque mérite une halte pour son église Notre-Dame, du XIIe siècle. En pleine campagne subsistent les beaux vestiges de l'abbaye de Vauluisant (visites guidées : 03 86 86 78 82).

PLUS DE TEMPS ?

→ **CANAL DE BOURGOGNE** Plébiscité par les promeneurs et les cyclistes pour son chemin de halage réaménagé en vélovoie, le canal s'étend de Migennes (40 km au sud de Sens) jusqu'aux châteaux du Tonnerrois.

→ **CHÂTEAU DE LA MOTTE-TILLY** À 45 minutes au nord de Sens, cet élégant château en brique et pierre est l'illustration parfaite d'un domaine du XVIIIe siècle. On peut visiter librement le parc et les jardins soigneusement entretenus, tandis que les intérieurs font l'objet d'une visite guidée (8 €). www.chateau-la-motte-tilly.fr

La cathédrale de Sens

À la fin du XIe siècle, une révolution architecturale bouleverse la manière dont vont bientôt être construites les églises : la croisée d'ogives. Désormais, les poussées de la voûte ne reposeront plus tout au long du mur, comme dans l'architecture romane, mais seront concentrées au sommet des piliers. Et éventuellement compensées par des arcs-boutants. Résultat, il est possible d'utiliser l'espace entre les arcs pour installer de larges baies et faire entrer la lumière. Édifiée à partir de 1130, la cathédrale Saint-Étienne de Sens est la première, avec la basilique Saint-Denis, à mettre en œuvre cette innovation, toujours efficace mille ans plus tard. Dégageant une impression de légèreté, le bâtiment semble s'élancer vers le ciel.

CARNET PRATIQUE

COMMENT S'Y RENDRE

Située à 100 km de Paris, Sens est très bien reliée à la capitale par le train. Comptez de 50 minutes à 1 heure pour rallier la gare de Bercy ou la gare de Lyon.

OÙ SE LOGER ET SE RESTAURER

Située en plein pays d'Othe, à 25 km de Sens, l'*Auberge des Vieux Moulins Banaux* (03 86 86 72 55 ; www.moulins-banaux.fr) respire le charme bucolique et sait travailler les bons produits régionaux.

AGENDA

À Sens, un spectacle son et lumière (gratuit) illumine la cathédrale les vendredis et samedis soir en juillet et août à 22h30.

90

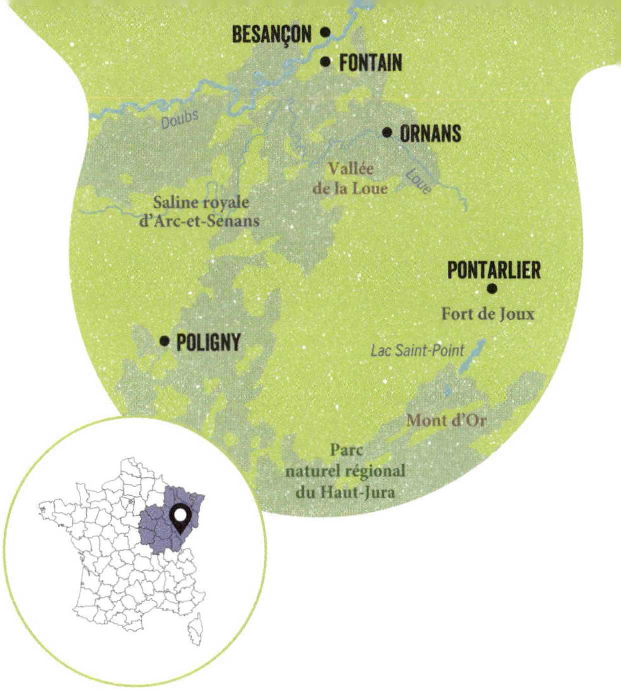

DOUBS

Prendre du bon temps EN TERRITOIRE FRANC-COMTOIS

« **Mais c'est très beau en fait !** » Au palmarès des villes méconnues à la réputation infondée, **Besançon**, capitale de la région historique et culturelle de Franche-Comté, figure en bonne place. Logé dans un méandre du **Doubs** aux portes du massif jurassien, surplombé d'une magnifique citadelle, le **berceau de l'horlogerie française** invite ses visiteurs… à prendre leur temps. Pour flâner le long des quais du Doubs. Pour monter à l'assaut de sa **forteresse Vauban** qui héberge désormais un parc zoologique (03 81 87 83 33 ; www.citadelle.com). Pour admirer ses belles demeures bâties au XVIe siècle en pierre de Chailluz. Celle qui vit naître **Victor Hugo** en 1802 abrite un musée (03 81 87 85 35 ; maison victorhugo.besancon.fr) retraçant les combats du poète-écrivain. **La Boucle** – le surnom de la vieille ville – renferme par ailleurs de superbes palais Renaissance, dont le palais Granvelle, siège du **musée du Temps**. En y découvrant les mille et une façons de le mesurer, on relativise le sentiment d'urgence et on se laisse aller à goûter les multiples attraits d'une région pourtant parmi les moins visitées de France.

Visiter l'utopie d'Arc-et-Senans

Inscrite au patrimoine mondial par l'Unesco, la Saline royale d'Arc-et-Senans (ci-dessous) est une ancienne manufacture de sel, construite au XVIIIe siècle par Claude-Nicolas Ledoux. Architecte visionnaire, cet idéaliste bâtit une usine en demi-cercle, à la symétrie parfaite, capable de pourvoir à tous les besoins de l'ouvrier. Une cité idéale devait compléter l'ensemble. Outre leur beauté harmonieuse, les lieux incarnent avec force ce socialisme utopique à l'œuvre chez les premiers architectes industriels. 03 81 54 45 45 ; www.salineroyale.com

Faire le plein de comté

Appellation d'origine protégée emblématique de la région, le comté se distingue par son goût fruité et légèrement salé. La grande taille de ses meules (pouvant atteindre les 75 cm de diamètre pour 45 kg) explique sa fabrication non dans des fermes mais dans des fromageries de village. Appelées fruitières, elles reçoivent chaque jour le lait récolté dans les exploitations alentour. La plus proche de Besançon est située à Fontain (03 81 57 21 05 ; www.facebook.com/fruitieredefontain). Pour tout savoir sur l'histoire de ce grand fromage, il faudra vous rendre dans le Jura, à la Maison du comté de Poligny (03 84 37 78 40 ; www.maison-du-comte.com).

Remonter aux origines de Courbet

Baigné par les eaux de la Loue, qui lui valent le surnom de "Petite Venise comtoise", le bucolique village d'Ornans vit naître le peintre Gustave Courbet. On retrouve une soixantaine de ses œuvres, dont de très beaux tableaux paysagers et animaliers, au musée Courbet. Les amateurs de balades en pleine nature se rendront aux jolies cascades de la Peusse et au saut de la Bonneille, ainsi que sur les hauteurs de la cité pour de vivifiants panoramas sur la vallée de la Loue. 03 81 86 22 88 ; www.musee-courbet.fr

Caresser (du regard) un taureau à trois cornes

Star du musée des Beaux-Arts et d'Archéologie de Besançon, le *Taureau d'Avrigney*, statue gallo-romaine en bronze du Ier siècle, représente le dieu celto-romain Tarvos trigaranus. Un taureau magique et… tricornu ! À ses côtés, momies égyptiennes et toiles européennes du XIVe au XXe siècle, de Rubens à Courbet, complètent les collections de ce très riche musée. 03 81 87 80 67 ; www.mbaa.besancon.fr

PLUS DE TEMPS ?

→ **HAUT-DOUBS** Partez en direction de la frontière suisse pour découvrir les trésors cachés du Haut-Doubs. À 5 km de Pontarlier, le fort de Joux (03 81 69 47 95 ; chateaudejoux.com) est une superbe forteresse perchée à l'histoire mouvementée. Poursuivez jusqu'au mont d'Or dont l'ascension est récompensée par un époustouflant panorama à 360° sur la chaîne des Alpes, avec en contrebas les eaux brillantes du lac Saint-Point. En hiver, les nombreux domaines que compte la région (Pré Poncet, Chez Liadet, Chapelle des Bois, etc.) sont de véritables paradis pour les skieurs de fond.

Une horloge à 57 cadrans

Édifice roman, gothique et baroque, la cathédrale Saint-Jean de Besançon se distingue par ses deux chœurs opposés et par son exceptionnelle horloge astronomique, classée monument historique. Heures à différents endroits du monde, saisons, durées du jour et de la nuit, éclipses lunaires et solaires, hauteurs des marées (très utiles à Besançon...), signes zodiacaux, etc. : ses 57 cadrans indiquent tout ce qu'il est possible d'indiquer ! Elle contient 30 000 pièces mécaniques, minutieusement assemblées par Auguste-Lucien Vérité entre 1857 et 1864. En rénovation en 2021, elle doit regagner sa cathédrale en 2022. 03 81 80 92 55 ; www.besancon-tourisme.com

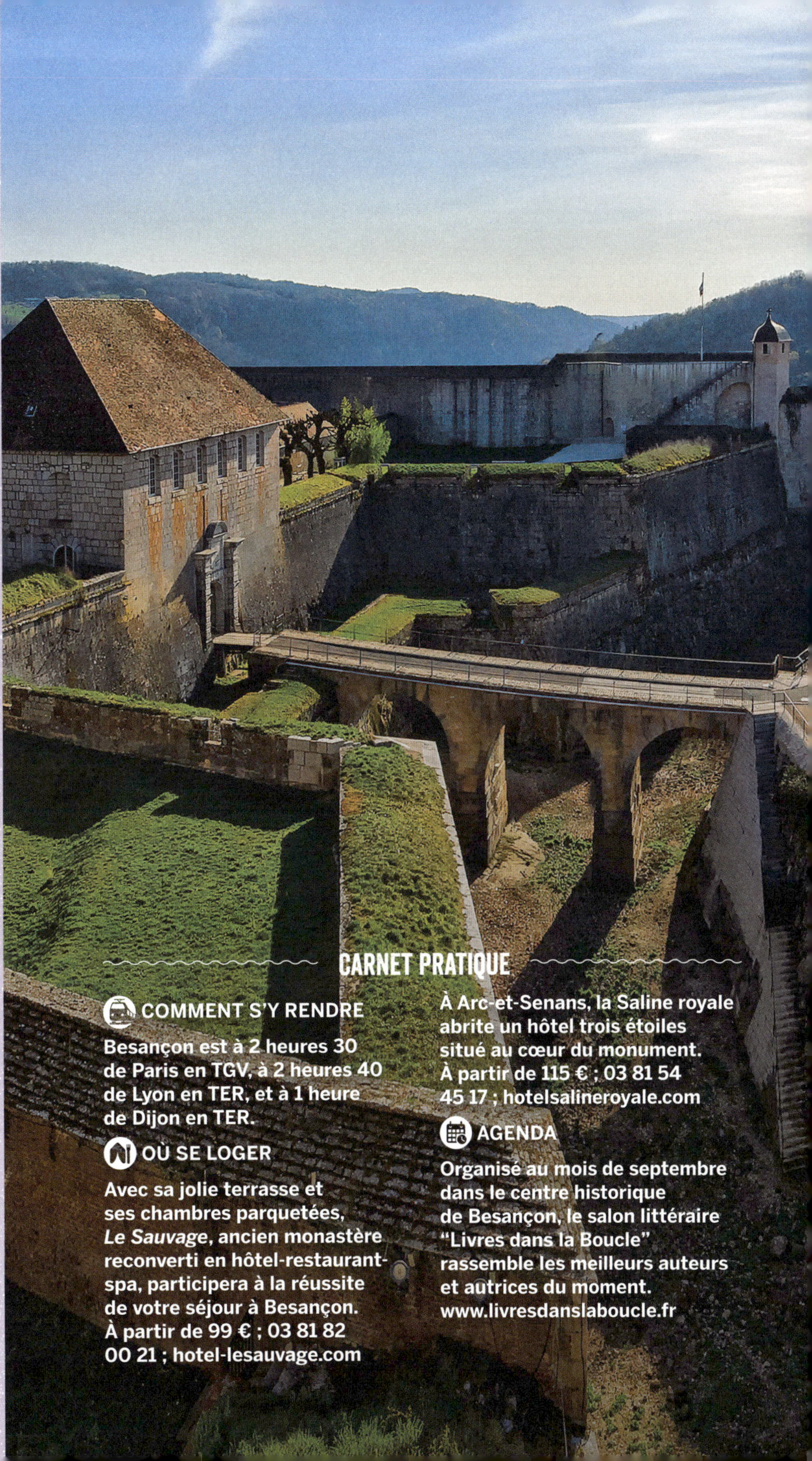

CARNET PRATIQUE

COMMENT S'Y RENDRE

Besançon est à 2 heures 30 de Paris en TGV, à 2 heures 40 de Lyon en TER, et à 1 heure de Dijon en TER.

OÙ SE LOGER

Avec sa jolie terrasse et ses chambres parquetées, *Le Sauvage*, ancien monastère reconverti en hôtel-restaurant-spa, participera à la réussite de votre séjour à Besançon. À partir de 99 € ; 03 81 82 00 21 ; hotel-lesauvage.com

À Arc-et-Senans, la Saline royale abrite un hôtel trois étoiles situé au cœur du monument. À partir de 115 € ; 03 81 54 45 17 ; hotelsalineroyale.com

AGENDA

Organisé au mois de septembre dans le centre historique de Besançon, le salon littéraire "Livres dans la Boucle" rassemble les meilleurs auteurs et autrices du moment. www.livresdanslaboucle.fr

91

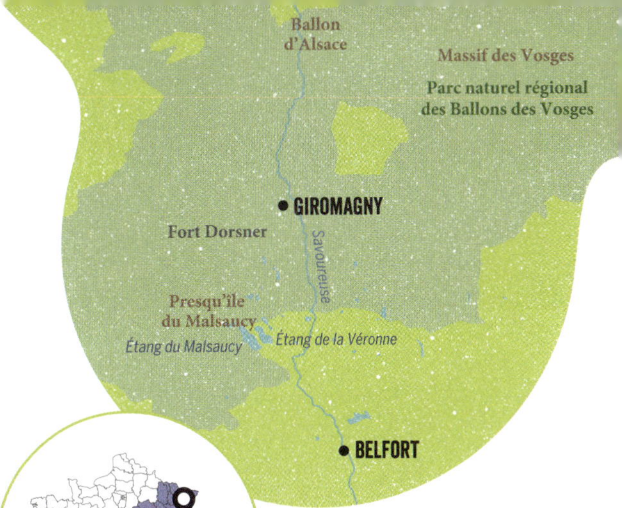

TERRITOIRE DE BELFORT

S'engager

DANS LA TROUÉE DE BELFORT

À la frontière des mondes rhénan et rhodanien, la trouée de Belfort, au pied du ballon d'Alsace, constitue le trait d'union entre Vosges et Jura, Alsace et Franche-Comté. Cette situation stratégique a fait de Belfort une **place forte militaire**, qu'il est impossible d'évoquer sans rendre hommage à la défense héroïque de la ville lors de la **guerre de 1870** contre les Prussiens. Durant les 103 jours de siège, soldats et civils ont tenu tête à l'armée du Kaiser, malgré les pluies de bombes. Grâce à la bravoure des troupes du colonel Denfert-Rochereau retranchées dans la citadelle – une immense **forteresse de grès rose aménagée par Vauban** –, Belfort et ses environs seront la seule partie de l'Alsace à rester française. Adossé à la bâtisse, le monumental **Lion de Belfort**, conçu par l'Alsacien Auguste Bartholdi, est l'emblème de la ville qu'il toise du haut de ses 11 m. Au-delà de sa dimension historique, la citadelle est un lieu de vie et de promenade. Des **événements culturels et festifs** s'y tiennent régulièrement en été. Tout comme sur les berges du **lac du Malsaucy**, qui accueille chaque année l'un des festivals musicaux les plus en vue de l'Hexagone.

Explorer les entrailles du fort Dorsner

C'est à la fois un chef-d'œuvre d'architecture militaire et un haut lieu de mémoire. Construit entre 1875 et 1879 sur une crête isolée, à l'écart de la commune de Giromagny, ce fort de grès rose offre une vue panoramique sur la trouée de Belfort et ses alentours. Prévu pour loger 650 hommes, il était destiné à s'intégrer dans un rideau défensif pour prévenir toute invasion venant de l'Est. La visite des pièces et des salles du fort permet de se familiariser avec le quotidien des soldats qui y étaient cantonnés. Le lieu accueille également des animations en période estivale. www.facebook.com/fort.dorsner

S'immerger dans la nature à la presqu'île du Malsaucy

C'est le poumon vert de la ville de Belfort. Ce territoire est composé d'étangs et de forêts qui forment une mosaïque verte et bleue du plus bel effet. Un parcours de 4 km permet d'effectuer le tour de l'étang de la Véronne et d'observer les ballets aquatiques des oiseaux migrateurs. Faites une pause à la Maison départementale de l'environnement (03 84 29 18 12 ; facebook.com/MDEmalsaucy) pour mieux comprendre l'écosystème du site. La partie sud de l'étang du Malsaucy est réservée aux loisirs, avec une base nautique et une plage de sable surveillée en été.

Apprécier l'art moderne à la donation Maurice Jardot

Belfort se prévaut d'un lieu unique en matière d'art moderne, une jolie maison de maître de la fin du XIXe siècle qui sert d'écrin aux œuvres léguées par le collectionneur Maurice Jardot, originaire de la ville. S'y laissent admirer plus d'une centaine de réalisations signées Picasso, Braque, Léger, Masson, Laurens… 03 84 54 25 51 ; musees.belfort.fr

S'évader au ballon d'Alsace

Émotions grandeur nature garanties au ballon d'Alsace (ci-dessous) ! À l'extrême sud du massif des Vosges, ce beau sommet arrondi (1 247 m) se prête à une multitude d'aventures à vivre au grand air en toutes saisons. Depuis le bourg de Giromagny, une route sinueuse mène à ce site naturel à cheval entre le Haut-Rhin, les Vosges et le Territoire de Belfort. En hiver, on y pratique le ski et la randonnée en raquettes, accompagné d'un guide. En été, on emprunte, à pied ou à VTT, l'un des nombreux sentiers balisés qui parcourent le massif. 06 82 24 04 33 ; www.randoemotion.com ; 06 72 15 35 95 ; www.bmba.fr

PLUS DE TEMPS ?

→ **FRANCOVÉLOSUISSE** Longue de 40 km, cette piste cyclable relie Belfort à Porrentruy dans le Jura suisse. Ce bel itinéraire transfrontalier sans grande difficulté longe les rivières Savoureuse, Bourbeuse et Allaine, et traverse des bourgades pleines de cachet. www.francevelotourisme.com

→ **PLATEAU DE CROIX** À plus de 500 m d'altitude sur les contreforts du Jura, le plateau de Croix procure un dépaysement total aux confins du Territoire de Belfort, du Doubs et de la Suisse. C'est un paradis pour les adeptes de tourisme vert et d'activités de plein air, dont la randonnée, à pied ou à vélo. À coupler avec la visite des charmants villages de Croix, Villars-le-Sec et Saint-Dizier-l'Évêque.

Galerie d'art Cheloudiakoff

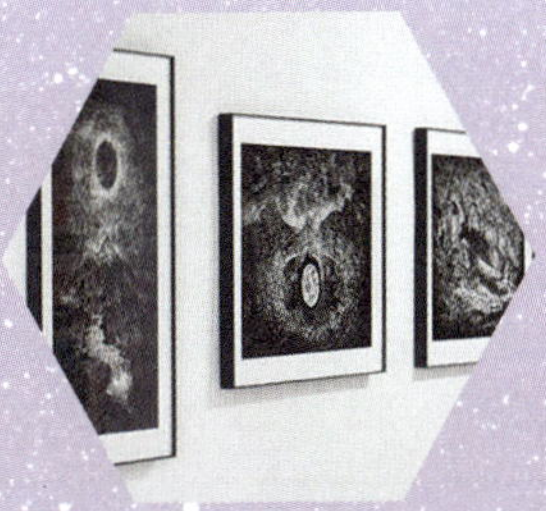

Le temple de l'art contemporain à Belfort ! Depuis 1989, cette galerie atypique installée sur deux niveaux dans une ancienne brasserie de la fin du XIXᵉ siècle présente les œuvres d'artistes nationaux et internationaux, confirmés ou émergents. Tous les courants artistiques sont représentés : abstraction, sculpture, street art, figuration narrative, etc. C'est dans cette galerie que Saype, artiste mondialement connu originaire du Territoire de Belfort, a fait ses débuts. Attenant à la galerie, un café-restaurant propose des plats de qualité. 03 84 22 64 16 ; www.cheloudiakoff.com

CARNET PRATIQUE

COMMENT S'Y RENDRE

Au départ de Paris, des TGV desservent la gare de Belfort-Montbéliard TGV en 2 heures 45.

En voiture, l'autoroute A36 (La Comtoise) passe à proximité de la ville.

OÙ SE LOGER

Qui ne rêverait pas de passer une nuit dans une cabane confortable, dans les arbres ou sur l'eau ? Cette expérience insolite est proposée par le *Domaine des Grands Reflets*. 03 84 77 00 10 ; www.cabanesdesgrandsreflets.com

AGENDA

Le festival musical des Eurockéennes de Belfort, sur la presqu'île du Malsaucy, est la manifestation phare du Territoire de Belfort, chaque année au début du mois de juillet. www.eurockeennes.fr

Autre manifestation de grande qualité, le Festival international de musique universitaire (FIMU ; www.fimu.com), pendant le week-end de la Pentecôte.

L'Île-de-France et le Nord

92

SEINE-ET-MARNE

Conjuguer nature et culture

AUTOUR DE FONTAINEBLEAU

Au tableau d'honneur de l'Unesco, Fontainebleau remporte une double palme : pour son château royal, inscrit au Patrimoine mondial, et pour sa forêt, classée réserve de biosphère ! Ancien domaine de chasse royal, vaste de plus de 22 000 ha, celle-ci présente une **exceptionnelle biodiversité**. Forêts de hêtres, de chênes et de pins, prairies calcaires, landes, mares, tourbières, étendues de sable et chaos rocheux gréseux, monts, vallées, gorges composent une étonnante **diversité de paysages**. Près de 6 000 espèces végétales et 6 600 espèces animales prospèrent au sein de ce massif forestier. Plus de 1500 km de routes forestières, dont 400 km de chemins balisés et près de 200 circuits d'**escalade** en font un formidable terrain d'aventure. L'office du tourisme de Fontainebleau vous fournira une foule d'idées pour vivre la forêt dans toutes ses dimensions. Et, pour varier les plaisirs, vous pourrez explorer **Barbizon**, **Milly-la-Forêt** ou **Moret-sur-Loing** (ci-contre), autant de bourgades de charme qui ont attiré nombre d'artistes et d'écrivains, séduits par la forêt et les rivières alentour. fontainebleau-tourisme.com

Prendre une leçon de styles au château de Fontainebleau

Qualifié de "maison des Siècles" par Bonaparte, le château de Fontainebleau a vu défiler tous les souverains du XIIe au XIXe siècle, et une trentaine y ont laissé leur marque. D'où un formidable éventail de styles. François Ier y introduisit l'esprit de la Renaissance en invitant les Italiens Rosso et Primatice à créer d'extraordinaires décors. Napoléon Ier remeubla entièrement le château et transforma la chambre du Roi en salle du Trône (un musée est dédié à l'Empereur). Napoléon III y fit installer un théâtre, et l'impératrice Eugénie, un musée chinois. En 1927, la République fit du château un musée. www.chateaudefontainebleau.fr

Se balader au fil de l'eau autour de Moret-sur-Loing

Cité médiévale, Moret-sur-Loing doit aussi son cachet à sa situation au confluent du Loing et de la Seine. Un charme qui incita le peintre impressionniste Alfred Sisley à s'y installer en 1882 et à peindre quelque 400 toiles des paysages alentour. De jolies balades à vélo vous mèneront le long du canal du Loing ou de la Seine, à la découverte du port fluvial de Saint-Mammès ou, à Thomery, de l'atelier de la grande peintre animalière du XIXe siècle, Rosa Bonheur, qui acheta son château avec le fruit de sa peinture (09 87 12 35 04 ; www.chateau-rosa-bonheur.fr). www.msl-tourisme.fr

Rencontrer Cocteau et le Cyclop à Milly-la-Forêt

Au cœur de la forêt de Milly se cache l'incroyable Cyclop (01 64 98 95 18 ; lecyclop.com), une gigantesque tête en acier de 22,5 m de haut, dotée d'un œil unique, et recouverte de milliers de fragments de miroirs. Au côté de Jean Tinguely et de Niki de Saint Phalle, 12 autres artistes participèrent à la création de cette œuvre titanesque. À Milly-la-Forêt, on retrouve l'émouvant souvenir du poète-artiste Jean Cocteau dans la maison qu'il habita de 1947 à 1963 (www.maisonjeancocteau.com), et dans la chapelle Saint-Blaise-des-Simples (01 64 98 84 94 ; www.chapelle-saint-blaise.org) qu'il décora et où il est enterré. Ne manquez pas non plus la superbe halle en bois du XVe siècle. 01 64 98 83 17 ; www.millylaforet-tourisme.com

Chercher l'inspiration des peintres de Barbizon

Hameau en lisière de forêt, Barbizon attira entre 1820 et 1875 de nombreux peintres épris de nature authentique. Ils trouvaient à l'auberge Ganne un logement bon marché et, en remerciement, y peignaient des décors. Le lieu sert aujourd'hui de cadre au musée des Peintres de Barbizon (01 60 66 22 27 ; www.musee-peintres-barbizon.fr). On visite aussi la maison de Théodore Rousseau (01 60 66 22 38) et celle de Jean-François Millet (01 60 66 21 55 ; www.musee-millet.com). Un circuit mène dans la forêt vers des lieux qui inspirèrent les peintres. Poursuivez par la route Marie-Thérèse jusqu'aux gorges d'Apremont : sublime !

PLUS DE TEMPS ?

→ **CHÂTEAU DE VAUX-LE-VICOMTE** Une pure merveille par le fameux trio d'artistes (l'architecte Le Vau, le jardinier Le Nôtre, le peintre-décorateur Le Brun) qui s'illustrera ensuite à Versailles. Nombreux événements : soirées aux chandelles (de mai à octobre), illuminations de Noël, journée costumée Grand-Siècle, chasse aux œufs de Pâques... vaux-le-vicomte.com

→ **DOMAINE DE COURANCES** Un château Louis XIII (visite guidée uniquement ; ci-dessus), et un parc conçu à la Renaissance comme un jardin d'eau : canaux, bassins, cascatelles accompagnent la promenade. Remanié au fil des propriétaires successifs, il est en constante évolution. 01 64 98 07 36 ; domainedecourances.com

"Surprendre la nature chez elle"

À partir du XIXe siècle, de jeunes artistes refusent la représentation de paysage historique pour aller peindre, "sur le motif", la nature telle qu'elle est. Partant de bon matin avec boîte de couleurs, chevalet et pique-nique, ils étudient toutes les variations de lumière, de saison, d'atmosphère. La forêt de Fontainebleau, avec ses troncs tourmentés, ses chaos de rochers, ses lumières filtrantes, les paysans aux champs, les animaux : voilà qui les inspire ! Corot, Millet, Rousseau, Jacque, Díaz de la Peña comptent parmi les plus illustres de la centaine de peintres qui séjourneront à Barbizon avant 1875. Leur intérêt pour les effets de lumière changeants fera figure de prélude à l'impressionnisme.

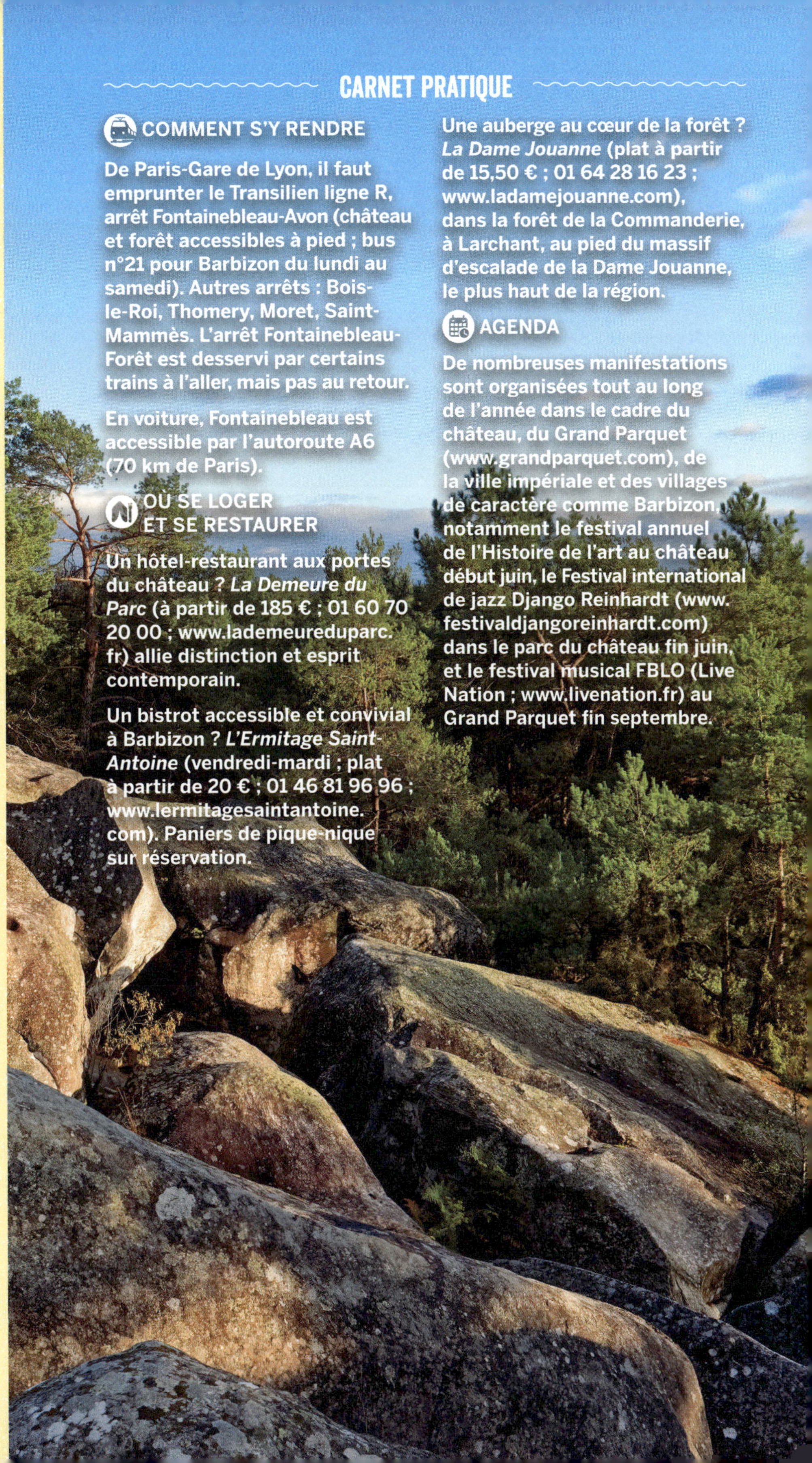

CARNET PRATIQUE

COMMENT S'Y RENDRE

De Paris-Gare de Lyon, il faut emprunter le Transilien ligne R, arrêt Fontainebleau-Avon (château et forêt accessibles à pied ; bus n°21 pour Barbizon du lundi au samedi). Autres arrêts : Bois-le-Roi, Thomery, Moret, Saint-Mammès. L'arrêt Fontainebleau-Forêt est desservi par certains trains à l'aller, mais pas au retour.

En voiture, Fontainebleau est accessible par l'autoroute A6 (70 km de Paris).

OÙ SE LOGER ET SE RESTAURER

Un hôtel-restaurant aux portes du château ? *La Demeure du Parc* (à partir de 185 € ; 01 60 70 20 00 ; www.lademeureduparc.fr) allie distinction et esprit contemporain.

Un bistrot accessible et convivial à Barbizon ? *L'Ermitage Saint-Antoine* (vendredi-mardi ; plat à partir de 20 € ; 01 46 81 96 96 ; www.lermitagesaintantoine.com). Paniers de pique-nique sur réservation.

Une auberge au cœur de la forêt ? *La Dame Jouanne* (plat à partir de 15,50 € ; 01 64 28 16 23 ; www.ladamejouanne.com), dans la forêt de la Commanderie, à Larchant, au pied du massif d'escalade de la Dame Jouanne, le plus haut de la région.

AGENDA

De nombreuses manifestations sont organisées tout au long de l'année dans le cadre du château, du Grand Parquet (www.grandparquet.com), de la ville impériale et des villages de caractère comme Barbizon, notamment le festival annuel de l'Histoire de l'art au château début juin, le Festival international de jazz Django Reinhardt (www.festivaldjangoreinhardt.com) dans le parc du château fin juin, et le festival musical FBLO (Live Nation ; www.livenation.fr) au Grand Parquet fin septembre.

93

YVELINES

Se la jouer "royal" À VERSAILLES

En 1682, Louis XIV délaisse le Louvre pour installer sa Cour à Versailles, qui deviendra le nouveau centre du royaume jusqu'en 1789. Désireux de manifester sa puissance, le Roi-Soleil s'attache les meilleurs artistes afin de métamorphoser le pavillon de chasse de Louis XIII en un **fastueux palais**, entouré d'un parc grandiose, de magnifiques écuries et d'une ville nouvelle, créée quasiment ex nihilo. Embelli par Louis XV et Louis XVI, Versailles devient, au XIXe siècle, un musée. Aujourd'hui, le domaine couvre 815 ha ; le château compte 2300 pièces, et les collections, plus de 60000 œuvres. Pour en apprécier la magnificence, parcourez la **galerie des Glaces** et les **Appartements royaux**, puis contemplez, depuis la terrasse, les **jardins à la française**, les **bassins** et l'**Orangerie**. Pour en découvrir les charmes plus cachés, faufilez-vous dans les appartements privés, flânez au **Hameau de la Reine** et visitez le **Potager du Roi**. Hasardez-vous aussi dans les secteurs historiques du Vieux-Versailles, de part et d'autre de l'avenue de Paris : le pittoresque **quartier Notre-Dame**, avec son marché et ses antiquaires, et le **quartier Saint-Louis**, qui abrite de nombreux monuments, dont la salle du Jeu de paume et les Carrés Saint-Louis.

Vivre Versailles en musique

On dit que le Roi-Soleil se faisait accompagner partout de ses musiciens. Comme lui, vivez Versailles en musique. Explorez les bosquets quand jaillissent les Grandes Eaux au son de musiques de Lully ou de Rameau. Le samedi, en été, cédez à la magie d'une sérénade dans la galerie des Glaces ou déambulez d'un bassin à l'autre au fil des Grandes Eaux nocturnes. Offrez-vous un opéra ou un concert baroque dans le cadre grandiose de l'Opéra royal ou de la Chapelle royale, ou encore, en juillet, profitez d'un concert au Potager du Roi. 01 30 83 78 00 ; www.chateauversailles.fr/grandes-eaux-jardins-musicaux

Remonter le temps à Saint-Germain-en-Laye

Édifiée au XIIe siècle pour Louis VI le Gros, remanié par les souverains successifs, le château de Saint-Germain-en-Laye fut transformé en pénitencier après la Révolution. Il doit sa survie à Napoléon III, qui, féru d'archéologie, le fit restaurer pour servir d'écrin au Musée gallo-romain créé en 1862. Devenu le musée d'Archéologie nationale, il nous raconte, à travers 30 000 objets, la vie de nos ancêtres du paléolithique au Moyen Âge. S'ajoutent le plaisir de la promenade dans les jardins (40 ha) et la sublime vue depuis la Grande Terrasse créée par Le Nôtre, sous Louis XIV. 01 39 10 13 00 ; musee-archeologienationale.fr

Explorer la ville de Versailles

Au sud du château, la salle du Jeu de paume, ancêtre du tennis, fut, le 20 juin 1789, le théâtre du serment du Jeu de paume qui signa l'amorce de la Révolution. Une peinture monumentale rappelle l'événement. De là, on peut s'enfoncer dans le quartier Saint-Louis, construit sous Louis XV, avec sa cathédrale et les pittoresques maisonnettes des Carrés Saint-Louis. Le quartier Notre-Dame, au nord-est du château, vaut aussi le détour pour son marché, ses antiquaires, son hôpital royal reconverti en lieu d'expositions temporaires (espace Richaud ; 01 30 97 28 66), et son musée Lambinet dédié à l'histoire de la ville (01 30 97 28 75). www.versailles-tourisme.com

Rêver "retour à la nature" au Hameau de la Reine

Fuyant la pompe de Versailles, la reine Marie-Antoinette aimait se réfugier au Petit Trianon, édifié par Louis XV. À partir de 1777, elle y fait aménager un jardin paysager, agrémenté d'une grotte, d'un belvédère, d'un temple de l'Amour et même d'un hameau. Il y a là un lac, un moulin, une tour, une laiterie, des chaumières... Le goût du retour à la nature triomphe à l'époque. Aujourd'hui restauré, le Hameau de la Reine invite à des promenades bucoliques émaillées de charmantes surprises.

PLUS DE TEMPS ?

→ **MARLY-LE-ROI** À Marly-le-Roi, la présence royale est encore tangible. La place de l'Abreuvoir donne accès au vaste domaine dans lequel se dressait autrefois le château de Marly, où Louis XIV aimait se retirer en compagnie de rares élus, et le musée du Domaine royal de Marly en évoque le souvenir. Une salle y est consacrée à la "machine de Marly", qui alimentait fontaines et bassins des jardins du château de Marly et du parc de Versailles.

→ **LE PORT-MARLY** Le château de Monte-Cristo (ci-dessus), construit en 1844 pour Alexandre Dumas, reflète la riche imagination de l'auteur des *Trois Mousquetaires*.

Le cheval à l'honneur

Occupant deux splendides bâtiments incurvés face au château, les Écuries royales ont été édifiées pour les 600 chevaux du Roi-Soleil. Des montures admirables, merveilleusement dressés. L'art équestre se doit, là encore, de refléter la grandeur du Roi ! Aujourd'hui, la Grande Écurie abrite l'Académie équestre de Versailles fondée par Bartabas en 2003, qui forme des cavaliers-artistes. Un corps de ballet unique, où les chevaux mènent la danse et où les cavaliers sont aussi formés à l'escrime, à la danse ou au chant. Des spectacles à ne pas manquer. 01 39 02 62 70 ; www.bartabas.fr/academie-equestre-de-versailles

CARNET PRATIQUE

COMMENT S'Y RENDRE

Le RER C dessert la gare de Versailles-Château-Rive-Gauche, tandis que les trains en provenance de Paris-Montparnasse rallient Versailles-Chantiers, et ceux au départ de Paris-Saint-Lazare, Versailles-Rive-Droite.

En voiture, Versailles est accessible par l'autoroute A13 (sortie n° 1 Versailles-Château).

OÙ SE RESTAURER

Envie d'un pique-nique au bord du Grand Canal ? Faites vos courses au marché Notre-Dame (mardi-dimanche). Vous préférez vous attabler ? Cafés et restaurants abondent autour du marché.

AGENDA

Les Grandes Eaux se déroulent de mai à octobre, et la saison musicale, d'octobre à juillet (01 30 83 78 89 ; www.chateauversailles-spectacles.fr). Des concerts ont lieu en juillet au Potager du Roi (06 50 76 93 75 ; www.idealaupotagerduroi.com).

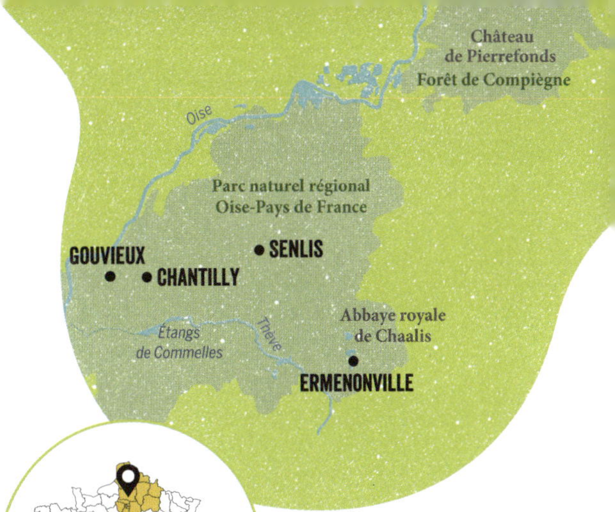

94

OISE

Se sentir hors du temps

DANS LES FORÊTS DU SUD DE L'OISE

Une étendue de forêts et d'étangs, constellée de châteaux, comme suspendue hors du temps, à moins d'une heure de Paris. Cette contrée, c'est d'abord celle de **Chantilly** et de ses deux joyaux : le château et les Grandes Écuries. Outre ses appartements et son parc, le **château** (03 44 27 31 80 ; chateaudechantilly.fr ; ci-contre) accueille la deuxième collection de peintures anciennes de France ; les **Grandes Écuries** abritent quant à elles le musée du Cheval, où sont donnés des spectacles équestres. Un conseil : arrivez par le carrefour des Lions, à la sortie de la forêt giboyeuse, la perspective sur Chantilly est saisissante ! Hors du temps, **Senlis** l'est aussi. Moins tape-à-l'œil, la ville a gardé un charme d'antan avec ses ruelles médiévales tortueuses et ses hôtels particuliers. Sa cathédrale, **Notre-Dame de Senlis**, a la particularité d'être l'une des plus petites de France. Les amateurs de peinture ne manqueront pas de faire un détour par le **musée d'Art et d'Archéologie** de Senlis, et ses quelques œuvres de Séraphine Louis, cette femme de ménage et peintre autodidacte dont le talent fut repéré par hasard par un marchand d'art allemand en 1912.

Marcher sur les pas de Rousseau à Ermenonville

La statue de Jean-Jacques Rousseau trône dans le charmant vieux village, et son âme flotte dans le parc à l'anglaise, aménagé au XVIIIe siècle en partie en s'inspirant de *La Nouvelle Héloïse*. On y trouve encore le cénotaphe où le philosophe fut enterré avant son transfert au Panthéon. Le parc est aussi le point de départ (ou d'arrivée) du sentier des Écrivains, une promenade de 10 km ponctuée de panneaux littéraires consacrés à Rousseau, Pivert de Senancour et Nerval, et qui mène à l'abbaye de Chaalis. Ce sentier, traversant des propriétés privées, est payant. Billet à l'abbaye de Chaalis. www.ccr-parc-rousseau.fr

Flâner le long des étangs de Commelles

Pour prendre un bain de nature, direction les étangs de Commelles, creusés par les moines de l'abbaye de Chaalis, un site au romantisme affirmé qui inspira notamment Chateaubriand. À l'ouest des étangs, qui épousent le cours de la Thève, les promeneurs jouiront d'un joli panorama sur le bucolique château néogothique de la Reine Blanche (www.chateaudelareineblanche.fr).

Découvrir les coulisses des Grandes Eaux de Chantilly

Bâti en 1778 au bord de la Nonette, le pavillon de Manse, aussi appelé "moulin des Princes", abrite les machines qui servaient à alimenter les fontaines et cascades du domaine de Chantilly, dessinées par André Le Nôtre. L'ensemble, restauré et en état de fonctionnement, permet de retracer trois siècles d'évolution des techniques hydrauliques. 03 44 62 01 33, 06 51 08 72 06 ; pavillondemanse.com

Explorer le quartier troglodytique de Gouvieux

La vallée de la Loire n'a pas l'apanage de l'habitat troglodytique, la preuve dans un petit quartier du village de Gouvieux, à 10 minutes de Chantilly. Une rapide visite permet de découvrir des maisons dans la roche, dont certaines sont occupées par des artisans d'art. Étonnant !

S'émerveiller à l'abbaye royale de Chaalis

L'abbaye cistercienne fondée par Louis VI le Gros n'est plus que ruine. Mais la chapelle Sainte-Marie (ci-dessous), décorée par le maître de la Renaissance Francesco Primatice, est aujourd'hui qualifiée de "Sixtine de l'Oise". Le palais abbatial accueille le musée Jacquemart-André, où l'on trouve, outre des meubles et objets d'arts, une collection sur Jean-Jacques Rousseau. Le parc, classé "Jardin remarquable", abrite une roseraie. 03 44 54 04 02 ; www.domainedechaalis.fr

PLUS DE TEMPS ?

→ **CHÂTEAU DE PIERREFONDS** Niché dans la forêt de Compiègne, le ravissant bourg de Pierrefonds est dominé par son château fort (page ci-contre), réinventé au XIXe siècle par Viollet-le-Duc. 03 44 42 72 72 ; www.chateau-pierrefonds.fr

→ **PARC ASTÉRIX** Le deuxième parc le plus fréquenté en France après Disneyland Paris propose une quarantaine d'attractions, dont des montagnes russes, autour de l'univers de nos ancêtres les Gaulois. 09 86 86 86 87 ; www.parcasterix.fr

La crème chantilly

Plus connue que la cité elle-même, la célèbre crème chantilly a été attribuée à François Vatel, pâtissier du Grand Condé qui l'aurait fabriquée en urgence en l'absence de crème. L'anecdote est cependant fausse, la première mention de la crème n'apparaissant qu'un siècle après sa mort dans une réception… à Chantilly. D'autres sources lui donnent une paternité italienne, mais une chose est sûre, vous pourrez en déguster notamment dans la boutique de L'Atelier de la Chantilly (mercredi-dimanche ; 03 44 54 65 24 ; boutique.delachantilly.fr) où elle est déclinée en parfum de rose, chocolat ou fleur d'oranger. On peut même y apprendre à la préparer !

CARNET PRATIQUE

COMMENT S'Y RENDRE

Des TER mènent directement de Paris à Chantilly en 25 minutes. Senlis, Chantilly et Ermenonville sont facilement accessibles depuis l'A1.

OÙ SE LOGER

Avec la proximité de la région parisienne, les possibilités de logement sont nombreuses dans le secteur. Senlis concentre plusieurs hôtels à des prix plus abordables qu'à Chantilly.

AGENDA

En mai, le festival de théâtre de Coye-la-Forêt (www.festivaltheatraldecoye.com) est l'un des plus anciens de l'Hexagone.

Autre rendez-vous théâtral, le festival La Scène au Jardin (www.lasceneaujardin.com) prend place dans le Potager des Princes les week-ends d'été.

En septembre, tous les deux ans, une foire médiévale a lieu à Senlis.

95

SOMME

Vivre l'Histoire DANS L'AMIÉNOIS

On pourrait y mettre deux Notre-Dame-de-Paris : avec 42 m sous les voûtes et 145 m de longueur, la cathédrale d'Amiens en impose ! L'intérieur de la vieille dame de 800 ans, inscrite au patrimoine mondial de l'Unesco, recèle quelques surprises, comme le chef de saint Jean Baptiste et la couronne votive du Paraclet. **Amiens** est le parfait concentré de cette terre chargée d'Histoire où se côtoient des **trésors patrimoniaux** de toutes les époques. Après avoir admiré la **tour Perret**, plus haut gratte-ciel d'Europe lors de sa construction après la Seconde Guerre mondiale, on se perd dans le **quartier médiéval Saint-Leu**. En bordure de la Somme, les ruelles aux maisons à pans de bois, occupées par des créateurs, brocanteurs ou bouquinistes, invitent à la flânerie. Une étape idéale avant la visite de la maison du plus glorieux des Amiénois, **Jules Verne**. Depuis la capitale picarde, on rayonne aisément à travers la campagne agricole pour gagner de beaux villages (**Boves**, **Conty**...), rejoindre la verdoyante **vallée de la Somme**, aux nombreux étangs, ou même filer vers la **baie de Somme** (70 km).

Naviguer entre les hortillonnages d'Amiens

Soixante-cinq kilomètres de canaux, des centaines de jardins flottants au cœur de la ville : les hortillonnages sont le joyau naturel de la capitale picarde. Des visites guidées de cet espace maraîcher de 300 ha sont organisées en barque, mais on peut aussi randonner le long du circuit de la Canardière (14 km, départ du pont Beauvillé face au parc Saint-Pierre). Un musée met à l'honneur les hortillons, ces maraîchers qui, durant des générations, ont façonné ces paysages (www.museedeshortillonnages.fr).

Visiter le musée de Picardie

Récemment restauré, le musée de Picardie (03 22 97 14 00 ; www.amiens.fr) fut le premier en France construit spécifiquement pour accueillir des œuvres d'art. Merci Napoléon III ! À l'intérieur, les riches collections d'archéologie, de sculptures, d'objets d'art et de peintures couvrent l'histoire de l'humanité avec un prisme sur les pièces picardes, et notamment une Vénus de Renancourt, découverte en 2014 après avoir sommeillé 23 000 ans sous terre...

Descendre dans l'étonnante cité souterraine de Naours

En picard, on les appelle les muches ("cachettes"). À 33 m sous terre, la cité souterraine de Naours se développe sur 2 km de galeries desservant 300 pièces. Du Moyen Âge au XVIIe siècle, elle servit de refuge aux habitants lors des invasions et des guerres. Durant la Première Guerre mondiale, des soldats en permission y ont laissé des graffitis. Dépaysement garanti ! www.citesouterrainedenaours.fr

S'étonner devant le château de Rambures

Huit tours et demie imbriquées composent ce château en brique et pierre, joyau de l'architecture militaire. Il appartient à la même famille depuis l'origine du domaine au XIe siècle. Outre les intérieurs, son parc labellisé "Jardin remarquable", avec un demi-millier de variétés de roses, mérite que l'on s'y attarde. www.chateau-rambures-picardie.fr

Découvrir le parc archéologique Samara

Occupée par l'Homme depuis des millénaires, la vallée de la Somme est devenue le cœur de la recherche préhistorique au XIXe siècle avec Jacques Boucher de Perthes. Depuis 1988, le parc de Samara met en scène ces travaux via des reconstitutions de techniques et d'habitats qui rendent l'archéologie vivante. On peut aussi accéder au "Camp de César", un oppidum où les troupes du Romain auraient séjourné lors de la conquête de la Gaule. Avril-novembre ; www.samara.fr

PLUS DE TEMPS ?

→ **HISTORIAL DE LA GRANDE GUERRE** Située sur la ligne de front, la Somme a subi les affres de la Grande Guerre. L'Historial de la Grande Guerre, avec ses deux musées à Péronne et à Thiepval, est un passage nécessaire pour saisir le premier conflit mondial dans toute son ampleur. www.historial.fr

→ **LONG** Avec son élégant château du XVIIIe siècle en pierre et brique rose, ses serres classées, son église et sa charmante maison éclusière, cet agréable village situé dans un cadre naturel exceptionnel tend les bras aux flâneurs ! www.terresetmerveilles-baiedesomme.com

La tour Perret

Le plus ancien gratte-ciel de France se trouve à Amiens ! Immanquable à des kilomètres à la ronde, la tour Perret culmine à 110 m au-dessus de la place Alphonse-Fiquet. Elle est l'œuvre d'Auguste Perret lors de la reconstruction de la ville après les destructions de la Seconde Guerre mondiale. À l'époque, la tour de 26 étages résonnait comme un exploit : c'était la première utilisation du béton armé pour un édifice aussi haut. L'exploit architectural a mis du temps à séduire. Débutée en 1949 et terminée en 1952, la tour n'accueillera ses premiers habitants et bureaux qu'au début des années 1960.

CARNET PRATIQUE

COMMENT S'Y RENDRE

La gare d'Amiens est directement connectée à Paris, Lille et Rouen. Par la route, la capitale picarde se trouve sur l'A16 et l'A29.

OÙ SE LOGER

Amiens ne manque pas de propositions d'hôtels à tous les prix. Possibilités de loger dans les hortillonnages, notamment dans les cabanes du domaine *D'une île à l'autre* (à partir de 120 € ; www.duneilealautre.fr).

AGENDA

Entre juin et octobre, le Festival international des jardins hortillonnages (www.artetjardins-hdf.com) accueille des plasticiens et des paysagistes. En juin, Amiens est le théâtre d'un festival de bande-dessinée réputé. En avril et octobre, les réderies (www.grande-rederie-amiens.com), immenses brocantes à ciel ouvert, réunissent quelque 2 000 exposants.

96

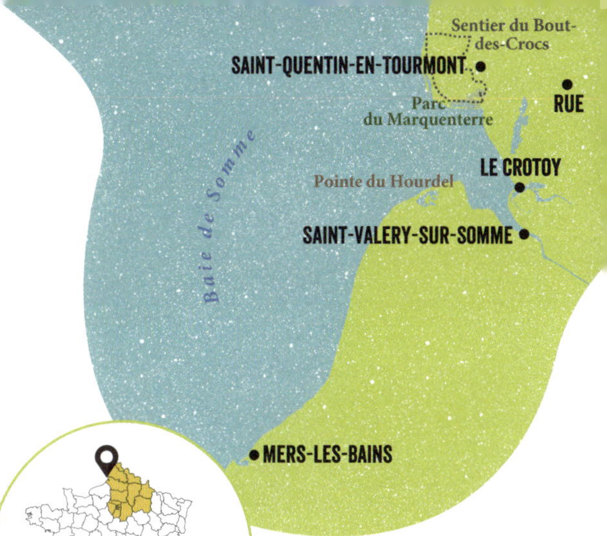

SOMME

Admirer les charmes DE LA BAIE DE SOMME

Les eaux qui se confondent avec le sable, un horizon qui semble infini, un kaléidoscope de couleurs changeantes selon la météo : la baie de Somme est un ravissement pour les yeux. La **traverser à pied** – toujours avec un guide (www.sortie-nature.fr) – lors d'une marche d'une demi-journée est une expérience incontournable, qui permet de découvrir un **écosystème exceptionnel** tout en goûtant les plantes salées, comme la fameuse salicorne. On peut aussi observer le spectacle sans effort depuis les trois villes de la baie. La plus belle vue se découvre depuis **Le Crotoy**, cité qu'affectionnait Jules Verne. En face, **Saint-Valery-sur-Somme** possède un beau patrimoine entre ses maisons d'armateurs sur le port, son quartier des pêcheurs sur les hauteurs (le Courtgain) et sa partie médiévale, à quelques centaines de mètres de la ravissante chapelle des Marins. Tout à l'ouest, **Le Hourdel**, où s'installe souvent une **colonie de phoques**, possède un charme de bout du monde, magnifié en début de matinée ou en fin de journée quand les touristes l'ont déserté. www.tourisme-baiedesomme.fr

Randonner sur un littoral sauvage

Pour une randonnée sauvage, direction le sentier du Bout-des-Crocs à Saint-Quentin-en-Tourmont. Après 3,5 km à travers la forêt puis dans les dunes, l'arrivée sur l'une des plages les plus sauvages du littoral, sans aucune construction à l'horizon, ne pourra pas vous laisser de marbre. C'est sportif, mais la vue vaut le détour. D'ici, possibilité de faire demi-tour ou de faire la boucle complète de 16 km à travers le Marquenterre. Départ du sentier au parking de la rue du Bout-d'Amont. Plan téléchargeable sur www.somme.fr

Pagayer dans la baie de Somme

Alternative ou complément à la traversée de la baie de Somme à pied : y pagayer ! Les pirogues-kayaks sont parfaites pour découvrir les richesses de la baie au ras de l'eau, en compagnie d'un guide. Parmi les sorties prisées, celles qui emmènent jusqu'à la colonie de phoques installée à la pointe du Hourdel. Dépaysant ! Sortie à partir de 40 € par personne ; www.kayak-baiedesomme.com

Faire le plein de senteurs à l'Herbarium

Un millier d'espèces – flore médicinale, plantes potagères ou d'agrément – poussent au cœur de cet ancien jardin de religieuses dans la vieille ville de Saint-Valery. C'est ravissant. Vous y découvrirez notamment la waide, une fleur qui fit la richesse de la Somme au Moyen Âge : avec ses fleurs jaunes, l'Isatis tinctoria permettait d'obtenir une teinture... bleue ! www.herbarium-des-remparts.fr

Observer les oiseaux au parc du Marquenterre

Spatules, canards sauvages, avocettes, hérons cendrés, cigognes... Des milliers d'oiseaux font une pause chaque année dans les 200 ha de dunes, de marais et de forêt du parc du Marquenterre. Plusieurs observatoires ponctuent deux parcours pédestres (3,5 ou 5,5 km). Un conseil : louez des jumelles à l'entrée ! www.baiedesomme.fr

Admirer l'architecture balnéaire de Mers-les-Bains

À 25 km au sud de Saint-Valery, au tout début des falaises de la Côte d'Albâtre, Mers-les-Bains séduira les amateurs d'architecture. De splendides villas Belle Époque colorées s'alignent le long de son front de mer et dans les rues adjacentes.

PLUS DE TEMPS ?

→ **TRAIN DE LA BAIE DE SOMME** Un train avec des wagons Belle Époque permet de rallier Saint-Valery au Crotoy. Chaque semaine, on peut également y... dîner ! Le train s'arrête devant le coucher du soleil entre molières et marais. Romantique ! www.chemindefer-baiedesomme.fr

→ **CHAPELLE DU SAINT-ESPRIT À RUE** Le gothique flamboyant picard illumine cette étonnante chapelle. Édifiée au XVe siècle, elle est finement travaillée avec de magnifiques clés pendantes. D'intéressantes visites guidées sont organisées par l'office du tourisme (03 22 25 69 94). Sinon, on peut voir le narthex à travers les grilles aux heures d'ouverture.

Les Henson

On repère facilement la silhouette des Henson : la baie de Somme est peuplée de ces chevaux de petite taille – 1,50 à 1,60 m au garrot. Cette race, l'une des rares créées au XXe siècle, résulte de croisements entre poneys Fjord et juments de selle. Ses initiateurs voulaient développer un cheval de loisirs rustique et polyvalent. L'espace équestre Henson-Marquenterre (www.henson.fr), à Saint-Quentin-en-Tourmont, propose une promenade découverte accessible aux débutants, tandis que, chaque mois d'octobre, plus de 250 chevaux s'élancent dans la baie pour la Trans'Henson.

CARNET PRATIQUE

COMMENT S'Y RENDRE

À 3 heures de Paris par l'A16, la baie de Somme a aussi une gare à Noyelles-sur-Mer.

OÙ SE LOGER

Saint-Valery et Le Crotoy sont bien dotées en chambres d'hôtes, hôtels et campings, mais les deux destinations peuvent être chères en saison. Parmi les bonnes adresses : *Les Pilotes* (135-200 € ; 03 22 60 80 39 ; www.lespilotes.fr), à Saint-Valery, et l'*Auberge de la Marine* (115 € ; 03 22 27 92 44 ; www.aubergedelamarine.com) au Crotoy.

AGENDA

En avril, sorties nature et expositions composent le programme du réputé Festival de l'oiseau et de la nature (www.festival-oiseau-nature.com). En juillet, Saint-Valery-sur-Somme passe en mode médiéval avec les fêtes Guillaume.

97

PAS-DE-CALAIS

Plonger dans le passé D'ARRAS ET DE SON BASSIN MINIER

Un décor quasi théâtral. Avec leur ensemble de façades baroque flamand alignées aux pignons à volutes, rythmées par 345 colonnes, les deux places d'Arras ne laissent jamais d'émerveiller de jour comme de nuit. Comme Arras en général. Car, au-delà de sa place des Héros et sa Grand-Place, la préfecture du Pas-de-Calais dispose d'un centre-ville ravissant avec **227 monuments classés** ! Ainsi le promeneur a-t-il souvent les yeux levés, notamment sur son **hôtel de ville**, alliant styles gothique flamboyant et Art déco, et sur son **beffroi** (dans lequel on peut grimper), ou sur sa **citadelle Vauban** inscrite au patrimoine mondial de l'Unesco. Autre atout majeur d'Arras pour un week-end : sa localisation. À quelques minutes, les verdoyantes **collines d'Artois** invitent à la randonnée et à la méditation sur les traces de la Première Guerre mondiale. C'est aussi une base idéale pour s'en aller explorer le **bassin minier**... et escalader les plus hauts **terrils** d'Europe à **Loos-en-Gohelle**. www.arraspaysdartois.com

Descendre dans les entrailles d'Arras

Les boves sont d'anciennes carrières de craie souterraines. Indépendantes les unes des autres, elles ont été reliées entre elles pendant la Première Guerre mondiale par des tunneliers néo-zélandais pour former un réseau de 20 km de galeries sous la ville – et permettre aux soldats de surgir directement sous le feu des lignes ennemies le 9 avril 1917. La carrière Wellington offre un bel aperçu de la vie des combattants et de ceux qui ont creusé ces galeries. 03 21 51 26 95 ; www.carrierewellington.com

Visiter le Louvre-Lens

Inauguré en 2012, le petit frère du Louvre prend place sur un ancien carreau de mine. Originalité du musée, sa Galerie du temps (ci-contre ; entrée gratuite) dont les œuvres sont régulièrement renouvelées par des prêts parisiens du Louvre et du musée du Quai-Branly. Elles sont présentées de manière chronologique, permettant d'embrasser 5 000 ans d'Histoire. S'y ajoutent de remarquables expositions temporaires (*Rome* en 2022, *Les Hiéroglyphes* en 2022-2023...). Exposition 12/5 € ; 03 21 18 62 62 ; www.louvrelens.fr

Randonner dans la campagne arrageoise

Surmonté des ruines de son abbaye démantelée à la Révolution, Mont-Saint-Éloi, avec ses quelques rues bordées de fermes et de maisons en pierre blanche, est un village des plus charmants dans l'Arrageois. Il est aussi le départ d'une randonnée de 16 km (le sentier des trois abbayes ; 4 heures) qui mène à la découverte d'un autre bourg ravissant baigné par les eaux de la Scarpe, Étrun.

Rendre hommage aux soldats de 14-18

Terre marquée par la Première Guerre mondiale, l'Artois est constellé de cimetières militaires et de lieux de mémoire. Les deux plus impressionnants, presque voisins, se trouvent sur les hauteurs. Deux tours blanches de 27 m dominent la crête de Vimy, où les Canadiens se sont battus en 1917. À Notre-Dame-de-Lorette (commune d'Ablain-Saint-Nazaire), 42 000 soldats reposent au pied de la tour-lanterne et de la basilique. memorial1418.com

Se plonger dans les méandres de l'histoire minière

Pour comprendre l'histoire de cette terre de charbon, le Centre historique minier de Lewarde (page ci-contre) est un passage obligé. Installé sur la fosse Delloye, surmontée de ses deux chevalements, le musée s'intéresse aux différentes facettes de l'extraction minière dans la région, avant d'emmener les visiteurs dans une galerie reconstituée. Optez pour la visite complète qui inclut une rencontre avec un ancien mineur. Adulte/enfant 14,30/8,50 € ; 03 27 95 82 82 ; www.chm-lewarde.com

PLUS DE TEMPS ?

→ **CITÉ DES ÉLECTRICIENS** Immortalisée dans une scène de *Bienvenue chez les Ch'tis*, la Cité des Électriciens, plus ancienne cité minière du secteur, a été complètement réhabilitée. C'est aujourd'hui un centre d'interprétation du patrimoine minier, qui accueille des résidences artistiques. citedeselectriciens.fr

→ **LOOS-EN-GOHELLE** Réputés les plus hauts d'Europe (186 m), les terrils de la Base 11/19 sont un fleuron du patrimoine minier de la région. Une visite guidée de 2 heures, avec ascension jusqu'à un belvédère, permet d'en apprendre beaucoup sur l'histoire, la géologie, la faune et la flore de ces anciennes friches minières. Association Chaîne des Terrils : 03 21 28 17 28 ; www.chainedesterrils.eu

Arras, une ville reconstruite

Si Arras dispose d'un centre-ville de toute beauté, ce n'était pas gagné en 1918 car la "ville martyre" a été détruite à 85% pendant la Première Guerre mondiale. Sur les deux places, une centaine de façades étaient tombées. L'inspecteur général des monuments historiques, Pierre Paquet, s'inspira de plans anciens et de photographies pour reconstruire à l'identique. Il utilisa en revanche des matériaux modernes, comme du béton armé pour le beffroi. Quinze ans de travaux seront nécessaires pour redonner à la ville son lustre passé.

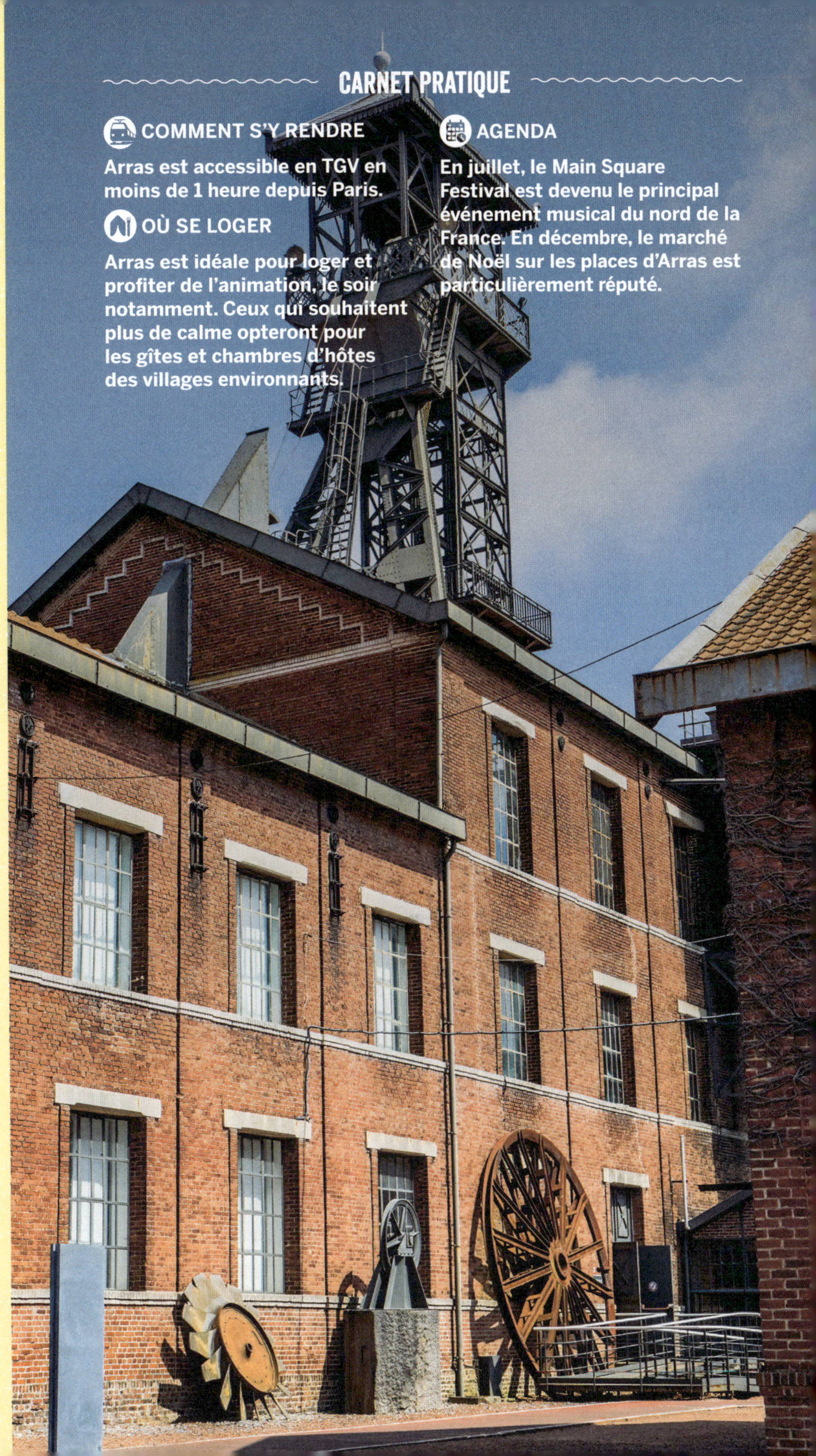

CARNET PRATIQUE

COMMENT S'Y RENDRE

Arras est accessible en TGV en moins de 1 heure depuis Paris.

OÙ SE LOGER

Arras est idéale pour loger et profiter de l'animation, le soir notamment. Ceux qui souhaitent plus de calme opteront pour les gîtes et chambres d'hôtes des villages environnants.

AGENDA

En juillet, le Main Square Festival est devenu le principal événement musical du nord de la France. En décembre, le marché de Noël sur les places d'Arras est particulièrement réputé.

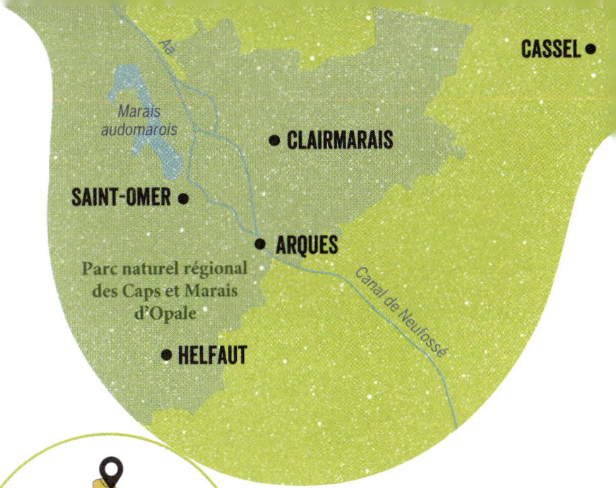

98

PAS-DE-CALAIS

Arpenter les contrées méconnues DE L'AUDOMAROIS

Des barques glissant paisiblement au fil de l'eau, des rives verdoyantes, parsemées de jolies longères : le marais audomarois invite à la rêverie. Façonné par l'homme au fil des siècles, le garde-manger de Saint-Omer n'a rien perdu de sa vocation maraîchère, mais il est désormais aussi un lieu de promenade. Avant ou après la balade sur l'eau (seul ou avec un guide), **La Maison du marais** (03 21 11 96 10 ; www.lamaisondumarais.com) offre à ses visiteurs une vision globale de l'écosystème, tandis que Les Faiseurs de bateaux (06 08 09 94 88 ; lesfaiseursdebateaux.fr) présentent leurs techniques de fabrication des **bacôves et escutes**. La nature n'est cependant pas la seule richesse de l'Audomarois, une terre méconnue qui dispose d'une capitale charmante et animée. Avec ses hôtels particuliers, ses maisons flamandes, ses jolies places et ruelles où se perdre et faire du shopping, **Saint-Omer** est agréable à arpenter. Parmi les incontournables, la **cathédrale**, ultime exemple d'architecture gothique de cette importance dans les anciennes provinces du Nord, qui comprend un astrolabe du XVIe siècle et un buffet d'orgues du XVIIIe siècle, et les superbes ruines de l'**abbaye Saint-Bertin**.

Plonger dans l'histoire de la Seconde Guerre mondiale

À 5 km de Saint-Omer, sous l'impressionnante Coupole d'Helfaut (71 m de diamètre pour 5 m d'épaisseur) se cache un bunker construit par les occupants allemands pour servir de base de lancement de missiles V2 contre Londres. Aujourd'hui, la Coupole abrite un musée dédié à l'histoire de l'Occupation dans la région, mais aussi à celle de la conquête spatiale, les V2 ayant ouvert la voie aux lancements de fusées. D'où le planétarium adossé. 03 21 12 27 27 ; www.lacoupole-france.com

Remonter le temps dans le palais de la Cathédrale

Construite au début du XIXe siècle dans le voisinage de la cathédrale Notre-Dame de Saint-Omer (ci-dessous), cette demeure en brique jaune a été restaurée et ouverte au public en 2019. L'occasion de pénétrer dans un intérieur bourgeois audomarois imprégné d'art et d'histoire, entièrement remeublé avec les collections du propriétaire. 03 21 98 08 51, 06 27 38 88 85

S'initier aux secrets de la bière à Arques

Bière rime avec Saint-Omer ! Plus que centenaire, la Goudale est une bière de référence, tirée à quelque 1 900 000 hl par an. La brasserie basée à Arques, près de Saint-Omer, est ouverte au public. Un film précède l'immersion dans les salles de brassage et de filtration, où vous découvrirez les processus de fabrication, la mise en conditionnement... avant de profiter d'une chaleureuse séance de dégustation ! 03 66 10 01 69 ; brasserie-goudale.com

Prendre de la hauteur à Cassel

À une petite demi-heure de Saint-Omer, Cassel domine les Flandres de ses 176 m de hauteur. Cette jolie bourgade pavée avec ses façades à l'architecture flamande a été élue Village préféré des Français en 2018. À ne pas manquer, son beau musée de Flandre (03 59 73 45 59 ; museedeflandre.fr) qui s'intéresse aux artistes flamands, du XIVe siècle à nos jours ; son estaminet typique, le T'Kasteelhof (03 28 40 59 29), avec sa vue imprenable sur la campagne... et l'Audomarois à l'horizon.

S'émerveiller devant les œuvres du musée Sandelin

Parmi les 3 000 œuvres du Moyen Âge au XIXe siècle du musée Sandelin, de splendides mosaïques médiévales, ainsi que le pied de croix de Saint-Bertin, datant du XIIe siècle, constituent des pièces de choix. Le musée audomarois se trouve dans un ravissant hôtel particulier du XVIIIe siècle. 03 21 38 00 94 ; www.musees-saint-omer.fr

PLUS DE TEMPS ?

→ **ARC INTERNATIONAL** Le géant verrier a compté jusqu'à 12 000 salariés à Arques ! Des visites permettent de découvrir cette usine toujours en activité... avant une incursion dans la boutique outlet des produits et arts de la table ! Réservation obligatoire. 03 21 12 74 74 ; www.arc-intl.com

→ **ASCENSEUR À BATEAUX DES FONTINETTES** Cet ascenseur à bateaux a été construit à Arques entre 1881 et 1887 pour remplacer une échelle de cinq écluses. Entièrement restauré, ce patrimoine industriel doit rouvrir en 2022, avec un musée sur la vie des mariniers... dans une péniche évidemment.

Le chou-fleur, star du marais

Cinq millions chaque année ! C'est le nombre de choux-fleurs qui sortent des terres du marais audomarois, parmi une cinquantaine d'autres variétés de légumes. Il peut y avoir trois récoltes successives entre juin et octobre. À Saint-Omer, le chou-fleur, dont la culture est historique, a même sa confrérie et sa fête en octobre. Et, bien évidemment, de nombreuses recettes sont déclinées sur les bonnes tables locales. On dit qu'il est plus léger en bouche que son cousin breton.

CARNET PRATIQUE

QUAND PARTIR

En juillet, le cortège nautique avec des chars sur le canal de Neufossé à Saint-Omer est incontournable.

L'été, un agréable marché sur l'eau se tient à Clairmarais pour acheter des légumes locaux !

COMMENT S'Y RENDRE

Saint-Omer dispose d'une gare SNCF. La destination est à 45 minutes de Lille en train, et à environ 2 heures 30 de Paris-Nord, avec correspondance.

La ville est en bordure de l'A26 (autoroute Reims-Troyes), et accessible en un peu plus d'une heure au départ de Lille et en 3 heures environ depuis Paris via l'A1 et l'A26.

OÙ SE LOGER ET SE RESTAURER

Les hôtels et chambres d'hôtes ne manquent pas dans le centre-ville de Saint-Omer. Les amateurs de verdure opteront pour les hôtels *Najeti de Lumbres* (à partir de 96 € ; 03 21 11 42 42 ; www.golf.najeti.fr) et de *Tilques* (à partir de 86 € ; 03 21 88 99 99 ; www.tilques.najeti.fr).

Parmi les très bonnes tables, ne manquez pas le *Claire'Marais* (menu à partir de 34 € ; 03 21 93 15 15 ; www.clairemarais.fr), à Saint-Omer.

99

NORD

Investir les temples de l'art moderne de la RÉGION LILLOISE

Il y a bientôt 20 ans, Lille accédait au rang de Capitale européenne de la culture. Depuis cette année 2004, riche en spectacles et en expositions internationales, plusieurs lieux se sont imposés dans l'univers de l'**art moderne et contemporain** au niveau national. **Le Tripostal**, accolé à la gare Lille-Flandres, accueille régulièrement des plasticiens et des créateurs renommés. À deux pas du beffroi, les anciennes halles de la gare de marchandises **Saint-Sauveur** abritent de vastes espaces d'exposition, tiers-lieu (le Bazaar St-So) et une scène festive (le Bistrot de St-So). Au cœur des quartiers populaires de Moulins et Wazemmes, **les Maisons Folies** continuent de jouer leur rôle de fabriques culturelles. Rangeons également le **Palais des Beaux-Arts de Lille** parmi ces temples du modernisme : outre une collection d'œuvres du XXe siècle comprenant des peintures de Pablo Picasso, Fernand Léger et Sonia Delaunay, le musée abrite *Les Vieilles* et *Les Jeunes*, deux tableaux célèbres de Francisco de Goya. Enfin, dans les environs proches de Lille, **Croix**, **Roubaix** et **Villeneuve-d'Ascq** comptent trois lieux à l'architecture exceptionnelle hébergeant des œuvres majeures de l'histoire de l'art.

Découvrir la villa Cavrois

Méticuleusement rénovée par l'État et ouverte au public depuis 2015, cette maison de famille de 2 800 m², commandée par l'industriel roubaisien Paul Cavrois et située sur la commune de Croix (juste au nord de Lille), est considérée comme le chef-d'œuvre de Robert Mallet-Stevens. Entre 1929 et 1932, cet architecte français emblématique du XXe siècle a érigé un manifeste époustouflant à la gloire du modernisme. Du bâtiment jusqu'au mobilier, tout ornement est banni pour s'attacher à l'aspect fonctionnel des choses. L'exigence d'une esthétique épurée atteint ici son summum. www.villa-cavrois.fr

Inspecter les œuvres du LaM

Le musée d'Art moderne de Villeneuve-d'Ascq (www.musee-lam.fr) possède de très riches collections d'art moderne et contemporain. On y croise Georges Braque, Pablo Picasso, Fernand Léger ou Joan Miró, mais aussi des artistes du Nord, comme Eugène Leroy (1910-2000) ou Eugène Dodeigne (1923-2015). La collection d'art brut est l'une des plus impressionnantes au monde, et les expos temporaires accueillent régulièrement les grands noms de la peinture du XXe siècle.

S'immerger dans La Piscine de Roubaix

C'est l'un des plus beaux musées du monde ! Implanté dans un sublime bâtiment Art déco – il abritait dans les années 1930 une piscine et des bains publics destinés aux ouvriers –, le musée d'Art et d'Industrie André-Diligent est agencé autour d'un bassin éclairé par deux demi-rosaces orangées, symboles du soleil levant et du soleil couchant. Peintures et sculptures (dont *La Petite Châtelaine* de Camille Claudel, considérée comme "la Joconde" du musée), céramiques, dessins et textiles... : la Piscine valorise avec panache l'art des XIXe et XXe siècles.

Prendre une bouffée d'Art déco

Avec ses motifs floraux en béton, ses balustrades en fer forgé et ses céramiques bleues vernissées, le beffroi de la mairie de Lille résume à lui seul le style "Art déco régionaliste", typique de l'architecture lilloise de l'entre-deux-guerres. Une centaine de marches puis un ascenseur conduisent à la terrasse qui surplombe toute la ville. Dans le Vieux-Lille, où s'alignent les maisons flamandes du XVIIe siècle, vous repérerez sans peine, au numéro 3 de la rue des Chats-Bossus, le bâtiment de l'ancienne poissonnerie l'Huitrière, un manifeste Art déco que s'est récemment offert le groupe Vuitton. Si vous préférez l'Art nouveau, dirigez-vous au 14, rue de Fleurus : l'immeuble, superbe, fut conçu entre 1898 et 1900 par Hector Guimard, le concepteur des bouches de métro à Paris.

PLUS DE TEMPS ?

→ **MATISSE AU CATEAU-CAMBRÉSIS** Au sud de Valenciennes, à 1 heure 10 en voiture de Lille, ce musée abrite, entre autres, quelque 700 œuvres (dont 23 peintures) du maître. Né dans cette petite ville du Nord en 1869, Henri Matisse a présidé lui-même en 1952 à l'ouverture de ce musée. www.museematisse.fr

→ **MUSÉE DU VERRE À SARS-POTERIES** À 1 heure 15 de Lille, ce musée au cœur de l'Avesnois présente un rare ensemble de "bousillés", objets du quotidien créés par les verriers de Sars-Poteries, et une collection d'œuvres en verre d'artistes contemporains venus de tous horizons. musverre.lenord.fr

Le Vieux-Lille

Malfamé dans les années 1970, le Vieux-Lille est aujourd'hui le plus chic des quartiers lillois. Le long de ses rues pavées, les belles maisons flamandes aux façades polychromes sont désormais occupées par des boutiques de luxe et des restaurants branchés. Pour un aperçu des intérieurs typiques du XVIIe siècle, mélanges de brique, de bois sculpté et de carreaux de faïence bleue, direction le musée de l'Hospice Comtesse (03 28 36 84 00), rue de la Monnaie. À deux pas, posée sur la motte castrale à partir de laquelle se développa la ville au Moyen Âge, la cathédrale néogothique Notre-Dame-de-la-Treille rappelle l'influence du catholicisme dans l'histoire lilloise. www.lille.fr

CARNET PRATIQUE

COMMENT S'Y RENDRE

Lille est à 1 heure de Paris en TGV. Tramway, métro et bus permettent de circuler aisément dans la ville et autour. La villa Cavrois est à 500 m de l'arrêt de tramway du même nom. La Piscine est accessible par la ligne 2 du métro (arrêt Gare-Jean-Lebas). Prenez le bus Liane 6, arrêt LaM, pour gagner le musée de Villeneuve-d'Ascq.

OÙ SE LOGER

Il est possible de loger pour pas cher au cœur du Vieux-Lille : propre et bien tenue, l'auberge de jeunesse *The People Hostel* (à partir de 60 € ; 03 20 06 06 80 ; www.thepeoplehostel.com/fr/lille) propose dortoirs ou chambres privées.

AGENDA

Expos, concerts, week-ends festifs... : tous les deux ans, les saisons de Lille 3000 ressuscitent Lille 2004. La prochaine édition se tiendra de mai à octobre 2022. www.lille3000.eu

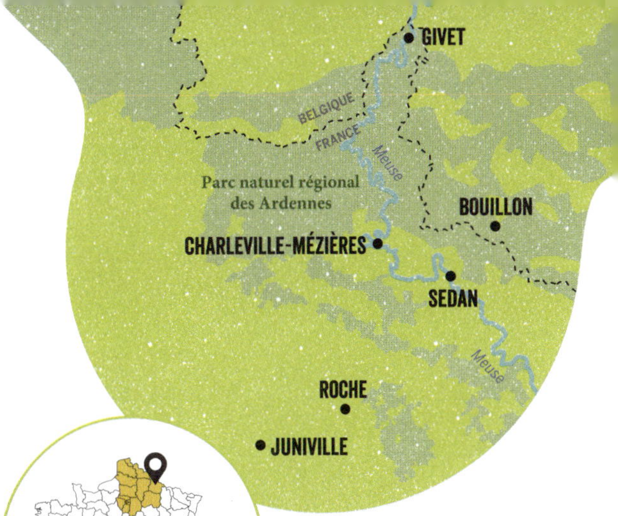

100

ARDENNES

Suivre Rimbaud et Verlaine SUR LES ROUTES ARDENNAISES

Pas rancunière Charleville-Mézières ! Traitée de "petite ville de province supérieurement idiote" par le plus célèbre de ses enfants, elle met aujourd'hui cet insolent rejeton à l'honneur. Un **"parcours Arthur Rimbaud"** suit les lieux que fréquentait le poète et plusieurs fresques murales illustrant ses vers les plus célèbres. Entre sa maison natale et le cimetière où il fut inhumé en 1891, on pénétrera dans le **musée Arthur Rimbaud** (03 24 32 44 65 ; www.musee-arthurrimbaud.fr) qui expose effets personnels et poèmes illustrés, et la **Maison des ailleurs** où le poète passa son adolescence et qui retrace sa rocambolesque épopée en Orient. Si cette balade rimbaldienne permet d'apprécier l'élégance de **Charleville**, créée de toute pièce en 1606 par Charles de Gonzague et superbe témoignage de l'architecture civile du XVIIe siècle, elle est aussi l'occasion d'un voyage dans l'histoire de France. Car la région où grandit Rimbaud, proche de la frontière, eut dès le Moyen Âge une vocation stratégique. En témoignent les fortifications médiévales du **quartier de Mézières**, la place forte de **Sedan** ou celle de **Bouillon**, côté belge.

Mesurer l'immensité de la forteresse de Sedan

Né en 1854 d'un père capitaine d'infanterie, Arthur Rimbaud assimile Sedan, à 20 km de Charleville-Mézières, à la défaite de l'armée française face aux Prussiens en septembre 1870. Une guerre qui lui inspirera le célèbre *Dormeur du val*. Une visite de son château fort (ci-dessous), bâti en 1424, rappelle entre autres événements cet épisode. Elle permet surtout de prendre la mesure de la plus vaste enceinte d'Europe : ses 35 000 m² de salles pouvaient accueillir 4 000 hommes. www.chateau-fort-sedan.fr

S'attabler avec Verlaine à Juniville

En 1880, Paul Verlaine achète une maison à Juniville, village à 15 km au sud de Rethel, où il exerce comme professeur. Quand son jeune amant Lucien Létinois n'est pas là, il fréquente assidûment l'Auberge du Lion d'Or, transformée aujourd'hui en musée Verlaine (09 61 25 97 33 ; www.musee-verlaine.fr). Lettres originales, extraits de poèmes, portraits... : on plonge d'autant plus facilement dans le quotidien du poète que rien, ici, n'a bougé depuis 140 ans. Et la buvette est toujours ouverte aux visiteurs.

Épouser les méandres de la Meuse

Cet itinéraire entre Charleville-Mézières et Givet, à la frontière belge, est incontournable pour saisir une partie de l'inspiration fantasmagorique des deux poètes. Ponctuée de beaux panoramas sur les boucles d'un fleuve majestueux cheminant paresseusement entre les falaises du massif ardennais, cette route de la Meuse se parcourt en voiture, en train... ou à vélo via une voie verte (EuroVelo 19) particulièrement agréable.

Prendre un aller-retour vers une saison en enfer

Arthur Rimbaud a écrit *Une saison en enfer* à Roche, hameau situé à 45 km de Charleville-Mézières et dont était originaire sa mère. Rasée pendant la Première Guerre mondiale, la ferme familiale a été remplacée par une maison, achetée par la rock-star américaine Patti Smith, grande admiratrice de Rimbaud. Les lieux sont l'occasion de belles balades dans la campagne ardennaise ; à pied ou, l'été, à bord d'un autorail des années 1950 (03 24 71 47 60 ; cftsa.free.fr) entre Amagne et Attigny.

PLUS DE TEMPS ?

→ THIÉRACHE À l'ouest des Ardennes, la Thiérache étale ses paysages vallonnés et verdoyants, parsemés çà et là d'églises fortifiées. De Parfondeval, qui doit une partie de son label de "Plus Beau Village de France" à sa superbe église Saint-Médard, une route des églises fortifiées de Thiérache conduit d'Aouste à Rocquigny en passant par Liart et son église Notre-Dame dotée d'une tour-porche redoutable. www.tourisme-thierache.fr

→ BOUILLON À 16 km au nord de Sedan, de l'autre côté de la frontière franco-belge, le château fort de Godefroy de Bouillon, du XIᵉ siècle, accueille des spectacles de fauconnerie... de haut vol. 00 32 61 46 42 02

Rimbaud et Verlaine

En septembre 1871, Arthur Rimbaud, bientôt 17 ans, débarque à Paris à l'invitation de Paul Verlaine. En juillet 1872, Verlaine quitte femme et enfant pour s'enfuir avec Arthur en Belgique. L'escapade scandaleuse se clôt un an plus tard par le "drame de Bruxelles" : après une énième dispute, Verlaine, ivre, tire au revolver sur Rimbaud, le blessant au poignet. L'auteur des *Fêtes galantes* est condamné à deux ans de prison pour blessure. Rimbaud s'isole dans la ferme familiale de Roche pour écrire *Une saison en enfer*. Les deux amants se croiseront une fois, en 1875 à Stuttgart, lorsque Rimbaud remet à Verlaine les manuscrits des *Illuminations* afin qu'il facilite leur publication.

CARNET PRATIQUE

COMMENT S'Y RENDRE

Charleville-Mézières est à 1 heure 45 de Paris en TGV. Des TER rallient Givet régulièrement en passant par Revin et Fumay.

OÙ SE LOGER

Deux adresses relax pour loger à Charleville-Mézières : la chambre d'hôtes *Charlestown* (à partir de 75 € ; 06 25 59 21 13 ; www.bnb-charlestown.com) et l'hôtel *Le Pélican* (à partir de 75 € ; 03 24 56 42 73 ; www.hotel-pelican-charleville.com).

AGENDA

En septembre, le Festival mondial des théâtres de marionnettes de Charleville-Mézières (www.festival-marionnette.com) attire les amateurs du monde entier.
En août, le festival Cabaret Vert (cabaretvert.com) rassemble les vedettes des musiques actuelles.

Index

Crédits photographiques

p. 2 : ©Friedberg/stock.adobe.com ; p. 4 : ©Jérôme Rommé /stock.adobe.com ; p. 5 (gauche) : ©Alessandro Cristiano /stock.adobe.com ; p. 5 (centre) : ©Leonid Tit/stock.adobe.com ; p. 5 (droite) : ©didier salou/stock.adobe.com ; p. 7 (gauche) : ©Donnerbold/stock.adobe.com ; p. 7 (centre) : ©Leonid Andronov/stock.adobe.com ; p. 7 (droite) : ©Freesurf/stock.adobe.com ; p. 10 : ©PUNTOSTUDIOFOTO Lda/stock.adobe.com ; p. 12 : ©olrat/shutterstock.com ; p. 13 (encadré) : ©atmospheric/stock.adobe.com ; p. 13 : ©Gwengoat/iStock.com ; p. 14 : ©Pecold/shutterstock.com ; p. 16 : ©Eleonora Lamio/stock.adobe.com ; p. 17 (encadré) : ©peresanz/stock.adobe.com ; p. 17 : ©Anneka/shutterstock.com ; p. 18 : ©T.W. van Urk/shutterstock.com ; p. 20 : ©Oliver Hoffmann/shutterstock.com ; p. 21 : ©david hughes/stock.adobe.com ; p. 21 (encadré) : ©Pack-Shot/shutterstock.com ; p. 22 : ©s4svisuals/stock.adobe.com ; p. 24 : ©jorisvo/stock.adobe.com ; p. 25 : ©RogerMechan/shutterstock.com ; p. 25 (encadré) : ©elfarero/stock.adobe.com ; p. 26 : ©S.BLEUET/shutterstock.com ; p. 28 : ©David Commenchal-Communauté urbaine d'Alençon/; p. 29 (encadré) : ©photosimysia/shutterstock.com ; p. 29 : ©Christian Musat/shutterstock.com ; p. 30 : ©lucienvatynan/stock.adobe.com ; p. 32 : ©Com' un Camion/stock.adobe.com ; p. 33 (encadré) : ©Krzysztof Pazdalski/shutterstock.com ; p. 33 : ©Vlad Ispas/shutterstock.com ; p. 34 : ©JeanMichel/stock.adobe.com ; p. 36 : ©Radomir Rezny/shutterstock.com ; p. 37 (encadré) : ©d_e_r_i_c/stock.adobe.com ; p. 37 : ©Irina Crick/shutterstock.com ; p. 38 : ©Jérôme Rommé/stock.adobe.com ; p. 40 : ©andre quinou/shutterstock.com ; p. 41 (encadré) : ©rdnzl/stock.adobe.com ; p. 41 : ©Jearu/stock.adobe.com ; p. 42 : ©eyewave/iStock.com ; p. 44 : ©S.Gallotta/; p. 45 : ©Philippe Paternolli/iStock.com ; p. 45 (encadré) : ©Moorefam/iStock.com ; p. 46 : ©Stephane Bidouze/shutterstock.com ; p. 48 : ©photlook/stock.adobe.com ; p. 49 (encadré) : ©Raymond/stock.adobe.com ; p. 49 : ©steve29/stock.adobe.com ; p. 50 : ©Louis-Michel DESERT/stock.adobe.com ; p. 52 : ©Richard Villalon/stock.adobe.com ; p. 53 (encadré) : ©photyo/stock.adobe.com ; p. 53 : ©guitou60/stock.adobe.com ; p. 54 : ©Rolf E. Staerk/shutterstock.com ; p. 56 : ©Anthony SEJOURNE/iStock.com ; p. 57 (encadré) : ©Joaquin Ossorio-Castillo/iStock.com ; p. 57 : ©photyo/stock.adobe.com ; p. 58 : ©Alexander Demyanenko/shutterstock.com ; p. 60 : ©Sébastien Delaunay/stock.adobe.com ; p. 61 (encadré) : ©david debray/stock.adobe.com ; p. 61 : ©Guillaume06560/stock.adobe.com ; p. 62 : ©savoieleysse/stock.adobe.com ; p. 64 : ©bensliman hassan/shutterstock.com ; p. 65 (encadré) : ©Thierry RYO/stock.adobe.com ; p. 65 : ©AUFORT Jérome/stock.adobe.com ; p. 66 : ©javarman /stock.adobe.com ; p. 68 : ©borisb17 /stock.adobe.com ; p. 70 : ©aterrom /stock.adobe.com ; p. 71 : ©Thomas Launois /stock.adobe.com ; p. 71 (encadré) : ©duncan1890/iStock.com ; p. 72 : ©RossHelen/shutterstock.com ; p. 74 : ©HUANG Zheng/shutterstock.com ; p. 75 : ©bensliman hassan/shutterstock.com ; p. 75 (encadré) : ©c-lazi/; p. 76 : ©Mistervlad/shutterstock.com ; p. 78 : ©Elie/stock.adobe.com ; p. 79 (encadré) : ©Bastien Chilloux/stock.adobe.com ; p. 79 : ©OUESTUSA/shutterstock.com ; p. 80 : ©saiko3p/shutterstock.com ; p. 82 : ©david hughes/stock.adobe.com ; p. 83 (encadré) : ©Pack-Shot/shutterstock.com ; p. 83 : ©Globe Guide Media Inc/shutterstock.com ; p. 84 : ©fotoluk1983/iStock.com ; p. 86 : ©Natalia Bratslavsky /stock.adobe.com ; p. 86 (encadré) : ©le point du jour/iStock.com ; p. 87 : ©phbcz/iStock.com ; p. 88 : ©saiko3p/stock.adobe.com ; p. 90 : ©Richard Semik/shutterstock.com ; p. 91 (encadré) : ©PhotoFires/shutterstock.com ; p. 91 : ©Philippe DEVANNE/shutterstock.com ; p. 96 : ©aluxum/iStock.com ; p. 98 : ©Jean-Paul Bounine/stock.adobe.com ; p. 100 : ©Elena Dijour/shutterstock.com ; p. 101 (encadré) : ©Oligo/stock.adobe.com ; p. 101 : ©Maxime Oung/stock.adobe.com ; p. 102 : ©guitou60/stock.adobe.com ; p. 104 : ©ImladrisO1/iStock.com ; p. 105 (encadré) : ©brunocoelho/shutterstock.com ; p. 105 : ©Marie/stock.adobe.com ; p. 106 : ©quentin/stock.adobe.com ; p. 108 : ©Eo naya/shutterstock.com ; p. 109 (encadré) : ©sylv1rob1/shutterstock.com ; p. 109 : ©Claude Coquilleau/stock.adobe.com ; p. 110 : ©Eric Cowez/iStock.com ; p. 112 : ©zzzz17/stock.adobe.com ; p. 113 : ©PJPhoto69/iStock.com ; p. 113 (encadré) : ©Francois Tourret/shutterstock.com ; p. 114 : ©AleksandarGeorgiev/iStock.com ; p. 116 : ©Picturereflex /stock.adobe.com ; p. 117 : ©felix17/shutterstock.com ; p. 117 (encadré) : ©DR/; p. 118 : ©rustamank/iStock.com ; p. 120 : ©Lotharingia/stock.adobe.com ; p. 121 : ©guy-ozenne/iStock.com ; p. 121 (encadré) : ©spatuletail/shutterstock.com ; p. 122 : ©IMAREVA /stock.adobe.com ; p. 124 : ©Martin M303/shutterstock.com ; p. 125 : ©Picturereflex /stock.adobe.com ; p. 125 (encadré) : ©Nicolas Gihr/iStock.com ; p. 126 : ©Francois BOIZOT/shutterstock.com ; p. 128 : ©arcachonphoto.com/shutterstock.com ; p. 129 (encadré) : ©Musat/iStock.com ; p. 129 : ©SpiritProd33/shutterstock.com ; p. 134 : ©oksanaphoto/iStock.com ; p. 136 : ©bbsferrari/stock.adobe.com ; p. 137 (encadré) : ©Elena/stock.adobe.com ; p. 137 : ©JackF/stock.adobe.com ; p. 138 : ©horstgerlach/iStock.com ; p. 140 : ©Sima_ha/iStock.com ; p. 141 (encadré) : ©AWP76/shutterstock.com ; p. 141 : ©Mike_O/shutterstock.com ; p. 142 : ©Xantana/iStock.com ; p. 144 : ©borisb17/stock.adobe.com ; p. 145 : ©Mimadeo/iStock.com ; p. 145 (encadré) : ©Marc/stock.adobe.com ; p. 146 : ©pkawasaki /stock.adobe.com ; p. 148 : ©thieury/shutterstock.com ; p. 150 : ©THIERRY/stock.adobe.com ; p. 151 (encadré) : ©dream79/stock.adobe.com ; p. 151 : ©rui vale sousa/shutterstock.com ; p. 152 : ©Ivoha/shutterstock.com ; p. 154 : ©guy-ozenne/iStock.com ; p. 155 (encadré) : ©JuliePrioleau/tourisme-lot/; p. 155 : ©Thomas Launois/stock.adobe.com ; p. 156 : ©chrisatpps/shutterstock.com ; p. 158 : ©Pecold/shutterstock.com ; p. 159 : ©Fotomicar/stock.adobe.com ; p. 159 (encadré) : ©valery121283 / stock.adobe.com ; p. 160 : ©meandering images/shutterstock.com ; p. 162 : ©Warpedgalerie/stock.adobe.com ; p. 163 (encadré) : ©Yvann K/stock.adobe.com ; p. 163 : ©Martin Burguillo Fotos/shutterstock.com ; p. 164 : ©stephanemedina81/stock.adobe.com ; p. 166 : ©goumi/shutterstock.com ; p. 167 (encadré) : ©Marie/stock.adobe.com ; p. 167 : ©PIKSL Aurelien KEMPF/shutterstock.com ; p. 168 : ©MisterStock/shutterstock.com ; p. 170 : ©Charles de Lisle/stock.adobe.com ; p. 171 : ©giannino/stock.adobe.com ; p. 171 (encadré) : ©Tony Skerl/stock.adobe.com ; p. 172 : ©Sergey Dzyuba/shutterstock.com ; p. 174 : ©christophe/stock.adobe.com ; p. 175 : ©Sasha64f/iStock.com ; p. 175 (encadré) : ©Ch.Allg/stock.adobe.com ; p. 176 : ©oversnap/iStock.com ; p. 178 : ©Pat on stock/stock.adobe.com ; p. 179 (encadré) : ©Stanislav Ostranitsa/stock.adobe.com ; p. 179 : ©yvon52/iStock.com ; p. 180 : ©saintho/iStock.com ; p. 182 : ©Damsea/shutterstock.com ; p. 184 : ©Kite_rin/shutterstock.com ; p. 185 (encadré) : ©Niall F/shutterstock.com ; p. 185 : ©Warpedgalerie/stock.adobe.com ; p. 186 : ©Gerald Villena/stock.adobe.com ; p. 188 : ©Dan Tiégo/stock.adobe.com ; p. 189 : ©JackF/stock.adobe.com ; p. 189 (encadré) : ©le Point du Jour/shutterstock.com ; p. 190 : ©Anibal Trejo/shutterstock.com ; p. 192 : ©Stéphane Bidouze/stock.adobe.com ; p. 193 (encadré) : ©Leonid Andronov/iStock.com ; p. 193 : ©Nicolas VINCENT/shutterstock.com ; p. 194 : ©Pascale Gueret/iStock.com ; p. 196 : ©Ldgfr Photos/stock.adobe.com ; p. 197 : ©sam/stock.adobe.com ; p. 197 (encadré) : ©Photoprofi30/iStock.com ; p. 198 : ©boggy22/iStock.com ; p. 200 : ©Unclesam/stock.adobe.com ; p. 201 (encadré) : ©Mylos/stock.adobe.com ; p. 201 : ©Pictures news/stock.adobe.com ; p. 206 : ©Gerald Villena/stock.adobe.com ; p. 208 : ©Anna Dufour /stock.adobe.com ; p. 209 : ©trabantos/shutterstock.com ; p. 209 (encadré) : ©Arif_S/shutterstock.com ; p. 210 : ©aronaze/iStock.com ; p. 212 : ©Giacomo Morini/iStock.com ; p. 213 : ©Florian Villesèche/stock.adobe.com ; p. 213 (encadré) : ©GitoTrevisan/iStock.com ; p. 214 : ©Kevin /stock.adobe.com ; p. 216 : ©jonas /stock.adobe.com ; p. 217 : ©Alexis Rostan /stock.adobe.

com ; p. 217 (encadré) : ©annapustynnikova /stock.adobe.com ; p. 218 : ©undefined undefined/iStock.com ; p. 220 : ©aterrom/stock.adobe.com ; p. 221 : ©Sergii Figurnyi/stock.adobe.com ; p. 221 (encadré) : ©Arnaud Abadie/iStock.com ; p. 222 : ©Fesus Robert/shutterstock.com ; p. 224 : ©yvon52/stock.adobe.com ; p. 225 (encadré) : ©kavram/iStock.com ; p. 225 : ©Flavio Vallenari/iStock.com ; p. 226 : ©Armando Oliveira/shutterstock.com ; p. 228 : ©Awana JF/shutterstock.com ; p. 229 : ©Lukasz Janyst/iStock.com ; p. 229 (encadré) : ©ermess /stock.adobe.com ; p. 230 : ©anemone /stock.adobe.com ; p. 232 : ©Margarita /stock.adobe.com ; p. 233 : ©Marta /stock.adobe.com ; p. 233 (encadré) : ©ewaplesna/shutterstock.com ; p. 238 : ©bbsferrari/stock.adobe.com ; p. 240 : ©Boris Stroujko/stock.adobe.com ; p. 241 (encadré) : ©M.studio/stock.adobe.com ; p. 241 : ©graemenicholson/iStock.com ; p. 242 : ©Jon Ingall /stock.adobe.com ; p. 244 : ©Rodolphe Antonetti/shutterstock.com ; p. 245 : ©Balate Dorin /stock.adobe.com ; p. 245 (encadré) : ©kazmierczak/iStock.com ; p. 246 : ©Markus Faymonville/iStock.com ; p. 248 : ©ralf werner froelich/stock.adobe.com ; p. 249 : ©ronnybas/stock.adobe.com ; p. 249 (encadré) : ©Souchon Yves/stock.adobe.com ; p. 250 : ©Andrew Mayovskyy/stock.adobe.com ; p. 252 : ©Andrew Mayovskyy/stock.adobe.com ; p. 253 : ©Diego Fiore/stock.adobe.com ; p. 253 (encadré) : ©Hoika Mikhail/shutterstock.com ; p. 255 : ©gui00878/iStock.com ; p. 256 : ©rudigobbo/iStock.com ; p. 258 : ©Alastair Wallace/shutterstock.com ; p. 259 (encadré) : ©Mike Workman/shutterstock.com ; p. 259 : ©Francois Roux/shutterstock.com ; p. 260 : ©Christophe Cappelli/shutterstock.com ; p. 262 : ©Michel PERES/shutterstock.com ; p. 263 (encadré) : ©Loïc Perron/Coopérative Haute Maurienne Vanoise/; p. 263 : ©estivillml/stock.adobe.com ; p. 264 : ©Gerry/stock.adobe.com ; p. 266 : ©jef77/shutterstock.com ; p. 267 (encadré) : ©RudiErnst/shutterstock.com ; p. 267 : ©jef77/shutterstock.com ; p. 268 : ©Maximastudio/iStock.com ; p. 270 : ©Xavier.D/stock.adobe.com ; p. 271 : ©Rolf /stock.adobe.com ; p. 271 (encadré) : ©patisserie du lac/; p. 272 : ©jeafish Ping/shutterstock.com ; p. 274 : ©Mionnet Daniel/shutterstock.com ; p. 275 (encadré) : ©Pierre-Jean DURIEU/stock.adobe.com ; p. 275 : ©Uolir/stock.adobe.com ; p. 276 : ©Gerald Villena /stock.adobe.com ; p. 278 : ©Henryk Sadura/stock.adobe.com ; p. 279 : ©mehdi33300 /stock.adobe.com ; p. 279 (encadré) : ©Henryk Sadura /stock.adobe.com ; p. 280 : ©Boris Stroujko/stock.adobe.com ; p. 282 : ©nomadkate/stock.adobe.com ; p. 283 : ©Carp71/iStock.com ; p. 283 (encadré) : ©Tilio & Paolo/stock.adobe.com ; p. 284 : ©juhumbert/stock.adobe.com ; p. 286 : ©Tanja Midgardson/shutterstock.com ; p. 288 : ©Hanjo/stock.adobe.com ; p. 288 (encadré) : ©Glenan07/stock.adobe.com ; p. 288 : ©HervMarcilloux/iStock.com ; p. 290 : ©mozZz /stock.adobe.com ; p. 292 : ©Bertrand Louis/shutterstock.com ; p. 293 : ©kodachrome25/iStock.com ; p. 293 (encadré) : ©B. Piccoli /stock.adobe.com ; p. 294 : ©Evan Frank/shutterstock.com ; p. 296 : ©Francisco Javier Gil/shutterstock.com ; p. 298 : ©milosk50/shutterstock.com ; p. 298 (encadré) : ©bluesky6867/stock.adobe.com ; p. 298 : ©Kiev.Victor/shutterstock.com ; p. 300 : ©PL.TH /stock.adobe.com ; p. 301 : ©Florent Giffard/; p. 301 (encadré) : ©FOOD-pictures/stock.adobe.com ; p. 302 : ©david hughes/stock.adobe.com ; p. 304 : ©saxoph/stock.adobe.com ; p. 305 : ©scottyh/iStock.com ; p. 305 (encadré) : ©PatternsBlooming/shutterstock.com ; p. 306 : ©Pecold/stock.adobe.com ; p. 308 : ©Nicolas/stock.adobe.com ; p. 309 : ©capude1957/stock.adobe.com ; p. 309 (encadré) : ©Marharyta Marko/iStock.com ; p. 310 : ©dronieguy /stock.adobe.com ; p. 312 : ©Ivonne Wierink/shutterstock.com ; p. 312 (encadré) : ©S. Galindo /stock.adobe.com ; p. 313 : ©capude1957 /stock.adobe.com ; p. 314 : ©Gerald Villena/stock.adobe.com ; p. 316 : ©Gerald Villena/stock.adobe.com ; p. 317 (encadré) : ©goumi/shutterstock.com ; p. 317 : ©Antonio/stock.adobe.com ; p. 318 : ©lamax/stock.adobe.com ; p. 320 : ©Jorge Alves/stock.adobe.com ; p. 321 (encadré) : ©AirelleS/shutterstock.com ; p. 321 : ©Fred/stock.adobe.com ; p. 322 : ©Tim Starke/iStock.com ; p. 324 : ©Guillaume Buffet/stock.adobe.com ; p. 325 (encadré) : ©Dom/stock.adobe.com ; p. 325 : ©Didier San Martin/stock.adobe.com ; p. 326 : ©Alessandro Cristiano /stock.adobe.com ; p. 328 : ©olrat/iStock.com ; p. 330 : ©HUPAYS/stock.adobe.com ; p. 331 (encadré) : ©Alexi Tauzin/stock.adobe.com ; p. 331 : ©Leonid Andronov/stock.adobe.com ; p. 340 : ©olrat/shutterstock.com ; p. 342 : ©aro49/stock.adobe.com ; p. 343 (encadré) : ©Traveller70/shutterstock.com ; p. 343 : ©Oleksandr Osipov/shutterstock.com ; p. 344 : ©familie-eisenlohr.de/stock.adobe.com ; p. 346 : ©ccorbel/stock.adobe.com ; p. 347 : ©HansJoachim/iStock.com ; p. 347 (encadré) : ©paugoga/stock.adobe.com ; p. 348 : ©didier salou/stock.adobe.com ; p. 350 : ©PHILETDOM/stock.adobe.com ; p. 351 (encadré) : ©David Siebert/Théâtre du Peuple/; p. 351 : ©prill/iStock.com ; p. 352 : ©inspire-metz.com/; p. 354 : ©ricochet64/iStock.com ; p. 355 : ©Alexi Tauzin/stock.adobe.com ; p. 355 (encadré) : ©inspire-metz.com/; p. 360 : ©DeepGreen/iStock.com ; p. 362 : ©coco/stock.adobe.com ; p. 363 : ©southtownboy/iStock.com ; p. 363 (encadré) : ©barmalini/shutterstock.com ; p. 364 : ©Eléonore H/stock.adobe.com ; p. 366 : ©JFL Photography/stock.adobe.com ; p. 367 (encadré) : ©Jeremie LORAND/stock.adobe.com ; p. 367 : ©Jeremie LORAND/stock.adobe.com ; p. 368 : ©Pascale Gueret/shutterstock.com ; p. 370 : ©Gerald Villena/stock.adobe.com ; p. 371 (encadré) : ©LianeM/shutterstock.com ; p. 371 : ©JeromeSauvage/shutterstock.com ; p. 372 : ©Poiseau Philippe/stock.adobe.com ; p. 374 : ©PierreC63/shutterstock.com ; p. 375 (encadré) : ©digital_eye/iStock.com ; p. 375 : ©AUFORT Jérome/stock.adobe.com ; p. 376 : ©Delpixart/iStock.com ; p. 378 : ©Leonid Andronov/stock.adobe.com ; p. 379 : ©Aurélien Ibanez/stock.adobe.com ; p. 379 (encadré) : ©Arnaud Tafilet/stock.adobe.com ; p. 380 : ©PHILETDOM/stock.adobe.com ; p. 382 : ©LI SEN/shutterstock.com ; p. 383 (encadré) : ©Philip Bird LRPS CPAGB/shutterstock.com ; p. 383 : ©Anatoliy Eremin/shutterstock.com ; p. 384 : ©LENS-68/shutterstock.com ; p. 386 : ©Christophe SCHULTZ/shutterstock.com ; p. 387 (encadré) : ©QuentinGuichard/Galerie Cheloudiakoff/; p. 387 : ©Tmasegosa/shutterstock.com ; p. 388 : ©Delphotostock /stock.adobe.com ; p. 390 : ©Aurore Kervoern/iStock.com ; p. 392 : ©Jrme/stock.adobe.com ; p. 393 (encadré) : ©Catalin Daniel Ciolca/iStock.com ; p. 393 : ©hassan bensliman/stock.adobe.com ; p. 394 : ©Fabianodp/iStock.com ; p. 396 : ©Elie/stock.adobe.com ; p. 397 (encadré) : ©Joop Hoek/shutterstock.com ; p. 397 : ©Ikonya/iStock.com ; p. 398 : ©Francois BOIZOT/shutterstock.com ; p. 400 : ©photogolfer/stock.adobe.com ; p. 401 (encadré) : ©DebbiSmirnoff/iStock.com ; p. 401 : ©SophySweden/stock.adobe.com ; p. 402 : ©mehdi33300/shutterstock.com ; p. 402 : ©aterrom/stock.adobe.com ; p. 404 : ©olivierguerinphoto /stock.adobe.com ; p. 404 : ©pascal/stock.adobe.com ; p. 405 : ©Ariane Citron/stock.adobe.com ; p. 405 (encadré) : ©Ludovic L'HENORET /stock.adobe.com ; p. 410 : ©hstiver/iStock.com ; p. 412 : ©Brad Pict/stock.adobe.com ; p. 413 : ©Gerald Villena/stock.adobe.com ; p. 413 (encadré) : ©Everett Collection/shutterstock.com ; p. 414 : ©Massimo Santi/stock.adobe.com ; p. 416 : ©olivierguerinphoto/stock.adobe.com ; p. 417 (encadré) : ©olivierguerinphoto/stock.adobe.com ; p. 417 : ©olivierguerinphoto/stock.adobe.com ; p. 418 : ©Carmina_Photography/shutterstock.com ; p. 420 : ©MisterStock/shutterstock.com ; p. 421 : ©365 Focus Photography/shutterstock.com ; p. 421 (encadré) : ©Marc Bruxelle/shutterstock.com ; p. 422 : ©Gp photography/stock.adobe.com ; p. 424 : ©olympus E5/stock.adobe.com ; p. 425 : ©traveller70/stock.adobe.com ; p. 425 (encadré) : ©JMP de Nieuwburgh/stock.adobe.com

100 WEEK-ENDS POUR REDÉCOUVRIR LA FRANCE
Lonely Planet

1re édition

92 avenue de France - 75013 Paris

@ www.lonelyplanet.fr

Imprimé en Espagne par EGEDSA

Dépôt légal Avril 2022

ISBN 978-2-81619-603-0

En Voyage Éditions | un département édi8

Auteurs Jean-Bernard Carillet, Olivier Cirendini, Christophe Corbel, Thérèse de Cherisey, Julie Hainaut, Bénédicte Houdré, Carole Huon, Alexandre Lenoir, Nicolas Montard, Charline Poullain, Amandine Rancoule, Élodie Rothan, Stéphanie Sinier, Émilie Thièse

Direction éditoriale Didier Férat

Responsable éditorial Dominique Bovet

Responsable prépresse Jean-Noël Doan

Édition Cécile Couet et Sandrine Gallotta

Graphisme Clémence Boulay / Bureau des affaires graphiques

Maquette Laurence Tixier

Cartographie Caroline Sahanouk

Correction Christiane Mouttet

Intégration des corrections Basile Mariton

Couverture Laure Wilmot

Fabrication Emmanuelle Laine

Photogravure Graphium

Photographie de 1re de couverture : Belvédère de la Roche de Hautepierre, Mouthier-Haute-Pierre © Hervé Lenain / hemis.fr

Photographies de 4e de couverture, de gauche à droite : Vieille église et vignobles du village de Hunawihr en Alsace, France © lukaszimilena / Shutterstock ; Dinard, panorama depuis la pointe du Moulinet, vue sur Saint-Malo et le voilier Le Renard © Franck Guiziou / hemis.fr ; château de Chenonceau © proslgn / Shutterstock

Photographies intérieures : p. 2 : château de Beynac (Dordogne) ; p. 4 : Aurel (Vaucluse) ; p. 5, de gauche à droite : environs de Ribeauvillé (Haut-Rhin), lac Blanc et mont Blanc (Haute-Savoie), phare de Saint-Valery-en-Caux (Seine-Maritime) ; p. 7, de gauche à droite : Port-Cros (Var), gorges de l'Ain (Ain), Saint-Cirq-Lapopie (Lot) ; p. 8 : île de Bréhat (Côtes-d'Armor) ; p. 66 : château de Sully-sur-Loire (Loiret) ; p. 96 : dune du Pilat (Gironde) ; p. 146 : château de Castelnaud (Dordogne) ; p. 180 : Porquerolles (Var) ; p. 254 : Gresse-en-Vercors (Isère) ; p. 326 : Hunawihr (Haut-Rhin) ; p. 288 : Griou (Cantal) ; p. 388 : Arras (Pas-de-Calais)